中國近現代史의 재조명 2

서울大學校 東洋史學研究室 編

지식산업사

中國近現代史의 재조명 2

초   판 제 1 쇄 인쇄 1999. 12. 23
초   판 제 1 쇄 발행 1999. 12. 27
엮 은 이 서울大學校 東洋史學研究室
펴 낸 이 김 경 희
펴 낸 곳 (주)지식산업사
등록번호 1-363
등록날짜 1969. 5. 8
주   소 서울시 종로구 통의동 35 -18
전   화 (734)1978·1958 (735)1216 팩스 (720)7900
천리안 ID jisikco

책 값 18,000원

ISBN 89-423-2031-7 93910
ISBN 89-423-0030-8(전2권)

*이 책을 읽고 필자에게 문의하고자 하는 이는
 지식산업사 편집부로 연락 바랍니다.

책을 펴내며

펑펑 쏟아지는 흰눈이 순식간에 꿈속 같은 雪景을 연출하던 스승의 마지막 강의 날로부터 꼭 2년이 지나서야 우둔한 제자들이 이렇게 또 하나의 논문모음집을 엮어, 學恩에 감사하는 자그마한 표시를 하게 되어 송구스러운 마음뿐입니다. 과제 마감일을 지키지 않는 것을 용서치 않으셨던 선생님께 그렇게 훈련을 받고도 이 모양이니, 그때 더 혹독하게 버릇을 고치지 못하셨음을 원망해야 할는지, 아니면 머리가 허옇게 되어 가도 구제불능인 저희들 자신을 탓해야 할는지요.

《中國近現代史의 재조명 2》라는 제목의 이 논문집은 1998년 12월에 출간된 《中國近現代史의 재조명 1》의 후속편이므로, 다시 중국근현대사 연구자로서 느끼는 공통의 감회를 반복할 필요는 없을 것입니다. 단지 엄격한 스승의 은근한 배려와 은혜를 받고도, 기대에 부응하지 못해 큰 빚을 가슴에 안고 사는 제자들이 얼마나 특별한 感謝와 남다른 自負와 한없는 敬畏를 느끼고 있는지, 알고 계시겠지만 꼭 한번 고백하고 싶습니다.

이 책을 위해 바쁜 일정에도 불구하고 애써 시간을 마련해서 논문을 투고해 주신 집필자 여러분과 한국의 역사학, 특히 동양사학의 발전에 큰 공헌을 해 오신 지식산업사 김경희 사장님과 편집을 위해 수고하신 모든 분들께 집필자 모두를 대신하여 깊은 감사를 표합니다.

    그리고 정년 후에도 여전히 왕성하게 학문의 길을 정진하고 계신 선생님께 늘 평강이 넘치시기를 기원하면서, 보잘 것 없는 이 논문집을 바칩니다.

1999년 12월
강명희·최희재

차 례

嘉道期 水手의 存在樣態

表 敎 烈

Ⅰ. 머 리 말

水手에 대한 각종 폐단은 이미 雍正年間부터 보고되기 시작하는데, 가령 雍正 원년의 諭旨는 다음과 같이 말하고 있다.

　本船의……頭舵工과 水手는 모두 本軍을 뽑아씀으로써……감히 조운을 잘못되게 하거나 사단을 일으키지 않았다. 근래에는 '無籍之徒'를 많이 고용함으로써 간사한 일을 행하고 운군의 지시에 복종하지 않으며, 조량의 교태가 끝난 뒤에는 시일을 끌며 화물을 包攬함으로써 조운을 지체되게 하고 얕은 곳에 쉽사리 좌초하게 하여 기한내에 통주에 도착할 수 없게 한다. 회공하여 산염지를 지날 때는 또한 '姦頑'과 통모하여 사염을 실으니, 이는 水手의 현저한 폐단들이다. 또한 많은 水手들은 사교를 숭상하여 무리들을 모아 흉악한 일을 행하며 한 사람이 부르면 백 사람이 호응하니, 근년 이래로 쟁투로 인하여 많은 사람들이 傷害를 입기도 한다고 한다. 혹은 鹽店을 겁탈하고 거주민들을 창탈하는 등 갖가지 흉악한 일을 행한다.……이후 양선은 본군내에서 배를 잘 모는 사람을 택하여 頭舵工·水手에 충당할 것이며, '無籍之人'의 고용을 허락하지 않는다. 또한 邪敎를 엄금한다.[1]

水手의 폐단을 집약적으로 말해 주고 있는 위의 글에서 우리는 다음과 같은 사실을 확인할 수 있다. 우선 水手는 원칙적으로 신원이 확실한 운군 가운데에서 배를 잘 모는 사람으로 충당해야 한다는 것, 둘째는 이들의 각종 '일탈적인' 행동의 연원은 연도에서 '無籍之徒'를 많이 고용하기 때문이라는 것, 셋째 일탈적인 행동의 내용은 운군의 지시에 복종하지 않으며, 私貨와 私鹽을 싣고 외부세력과 통모하며 邪敎를 숭상하고 집단적으로 쟁투를 일삼는다는 것 등이다. 이렇게 보면 여기에서 제시된 문제는 嘉道期 水手의 모든 문제를 담고 있다고 해도 과언이 아니다.

그러나 嘉道期가 되면 水手들의 '일탈적인' 소요 사태가 이전보다 자주 보도되고 있는데, 이는 이 시기에 조운의 폐단이 심화되어 가고 있었음을 고려하면 어찌보면 당연하다 할 것이다. 이 시기는 사회의 기강이 전반적으로 이완되고 있어 많은 경세가들의 우환의식을 야기시킨 시기였으니, 포세신이나 위원, 도주 같은 사람들의 우환의식은 조운 등의 폐단에서 연유하는 일반 농민들의 심상찮은 기운에서 비롯되고 있었다.[2] 사회적으로 의지할 곳이 없는 하층민들이 마지막으로 의지하는 직종 가운데 하나였던 水手는 그런 만큼 더욱 문제의 소지가 많은 곳이었고, 이들의 소요가 자주 보도된다고 해서 조금도 이상할 것이 없었다.

그런데 당시의 논자들은 이들 水手의 소요가 자칫하면 큰 사건을 양성할 수 있다고 볼 정도로 심각하게 받아들이고 있었다. 가령 道光 5년 하남순무 程祖洛은 水手와 羅敎와의 결합을 걱정하면서, 관리의 태도가 고식책으로 시종하기 때문에 '大案'을 양성할까 두렵다 하고 있고,[3]

---

1) 《淸會典事例》(光緖 25年) 卷208, 〈戶部〉57, 〈漕運〉, 〈漕運雜禁〉, 中華書局 影印本, 1991, p.417.
2) 表敎烈, 〈嘉道期 漕運改革論의 經世論的 展開─魏源의 海運論과 그 特性을 중심으로〉, 《東洋史學硏究》54(1996. 4), pp.77~78 참조.
3) 中國第一歷史檔案館 編, 《宮中檔硃批奏摺財政類》(마이크로필름 ; 이하 《宮中檔財政類》라 함) 卷14, 〈田賦─漕糧〉0248-050, 道光 5. 7. 27, p.002270. 0248-050은 中國第一歷史檔案館에서 분류한 案卷號─文件號를 가리킨다(이하 14-0248-050 식으로 표기함). 이 마이크로필름의 분류에 대해서는 《硃批奏摺財政類目錄》第1分冊

道光 15년 조운총독 朱爲弼의 경우도 10여 명이 살상된 廬州幇의 械鬪와 관련하여 水手들이 이렇게 발호하는 원인은 조무를 담당하는 관원이 재촉만 할 뿐 실력껏 정돈할 생각을 하지 않으며 지방관도 남에게 미루고 관망하기 때문이니, 매번 너그럽게 참기 때문에 '鉅案을 양성'한다고 하고 있다.[4] 양강총독 林則徐로부터 鎭江 前後兩幇 水手에 대한 우려를 보고받은 道光帝도 水手들의 흉포함과 무기의 휴대로 언제든 '鉅案을 양성'할 수 있음을 걱정하고 있고,[5] 이듬해 직예총독 琦善도 "水手가 본디 흉폭하여 움직이면 巨案을 양성한다"고 하고 있다.[6] 이렇듯 嘉道期 水手들의 활동은 이전의 시기에 비해 커다란 우환거리였던 것이다. 따라서 해운논쟁이 벌어질 때면 해운 반대론자들이 반대 논거 중의 하나로 실업 水手에 의해 조성될 사회적 불안을 드는 것도 당연했다.[7] 水手들의 활동에 대한 嘉道期 경세가들의 우려가 어느 정도인지 충분히 짐작된다.

그렇다면 嘉道期 水手집단의 '우려할 만한' 모습은 구체적으로 어떠한 형태를 띠고 있었는가. 이 글에서는 이들의 모습을 그들의 사회적 지위와 '일탈적'인 행동의 양상, 그리고 관료들의 이들에 대한 대응책 등을 통해 살펴보고자 한다.

水手의 행동에 대해서는 몇몇 기존의 연구가 있다.[8] 이들 연구는 대

(田賦 ; 北京, 1990), 〈前言〉 참조.

4) 《宮中檔財政類》 15-0266-028, 道光 15. 1. 15, p.002649(조운총독 朱爲弼의 주접).

5) 《宮中檔財政類》 15-0266-030, 道光 15. 1. 15, p.002651(주위필의 附片에 나오는 上諭). 이 上諭는 陶澍, 〈籌議約束水手章程摺子〉, 《陶文毅公全集》 卷7, 〈奏疏〉(漕務), 55b, 文海出版社, p.740과 《皇朝政典類纂》 卷53, 〈漕運〉 6, 〈漕船〉, 〈約束水手〉, 5a, 文海出版社, p.131에도 나온다.

6) 《宮中檔財政類》 16-0270-040, 道光 16. 7. 9, p.000300.

7) 가령 嘉慶 15~16년의 海運 논쟁에서 勒保 등의 반대론(《宮中檔財政類》 12-0215-056, 嘉慶 16. 閏3. 26, pp.002787~002793) 참조. 안휘순무 程祖洛도 道光 5년 안휘성은 남쪽과는 달리 水手의 문제가 없지만, 해운을 실시하면 반드시 실업자가 발생하기 때문에 안휘성도 장담하지 못한다고 하고 있다.(《宮中檔財政類》 14-0248-050, 道光 5. 7. 27, p.002270)

8) 森田明, 〈清代水手結社の性格について〉, 《東洋史研究》 13-5, 1955 ; 中原晃雄, 〈清

부분 나교와 水手와의 관련을 중심으로 하여 그들의 활동이 경제적 성격을 띠느냐, 정치적 성격을 띠느냐 하는 문제를 둘러싼 水手의 성격 규명에 치중되어 온 경향이 있다.[9] 그러나 이 글에서는 이들의 연구를 바탕으로 하면서 가능하면 많은 사례를 통해 이 시기 水手의 존재 양상에 접근하고자 한다. 이 글이 의도대로 기술된다면 아편전쟁을 전후한 嘉道期의 전반적인 사회상을 이해하는 데에 일조할 수 있을 것이다. 자료는 中國第一歷史檔案館의 《宮中檔硃批奏摺財政類》의 당안자료에 주로 의거했다.

II. 水手의 地位

원래 漕船이 出運할 때에는 선척마다 運軍(旗丁)이 1명씩 선발되고 그에 의해 水手 9명이 고용되는데, 이들 水手들은 신원이 확실하고 '배를 젓는 데 익숙한' 사람으로 충당하도록 되어 있었다.[10] 이에 따르면 水手의 숫자는 운행하는 조선의 숫자를 6, 7천 척으로 잡을 때, 5, 6만 명 정도로 추정될 수 있다. 이 수치는 배의 키를 조종하는 舵工, 배를 젓는 篙工 등 숙련된 기술을 필요로 하는 인원을 중심으로 그 밖에 배를 끄는 縴夫 몇 사람 등 배를 운행하는 데 필요한 최소한의 인력을 가리킨다고 볼 수 있다.[11] 그러나 重運 때에는 배가 무겁기 때문에 견부와

代における漕運の商品化について―漕運研究の一齣〉,《史學研究》70, 1958. 10 ; 星斌夫,〈淸代の水運勞動者の生態〉,《歷史敎育》12-9, 1964. 9(《明淸時代社會經濟史の硏究》, 東京, 1989 再錄) ; Kelly, David E., "Temples and Tribute Fleets: The Luo Sect and Boatmens's Associations in the Eighteenth Century", *Modern China*, Vol. 8-3, July, 1982 및 "Sect and Society: the Evolution of the Luo Sect among Qing Dynasty Grain Tribute Boatmen, 1700~1850", A Unpublished Thesis, Harvard Univ., 1986. 후자의 경우 水手 집단의 두 가지 성격, 종교적이자 동시에 세속적 경제적인 측면을 가진다는 점을 강조하고 있다.

9) 이러한 성격 논쟁에 대해서는 그러한 논쟁에 대해 비판적 시각을 보이고 있는 Kelly, David E.(1982), pp.365~368 참조.

10)《淸會典事例》卷205,〈戶部〉54,〈漕運〉,〈僉選運軍〉, 康熙 35年條, p.358.

쉬는 방[游幇]의 水手도 정원 외에 척당 20, 30인씩 임시 고용하여 출발하였다는 보고[12]를 고려하면 숫자가 상당히 늘어난다. 운도의 상황에 따라서는 연도에서 필요한 인원을 단기간 고용하기도 하였으므로 전체적인 숫자는 상당히 유동적일 수밖에 없었다. 당시의 논자들마다 상당한 편차를 보이고 있는 것은 이 때문이다. 가령 浙江의 湖州 幇船이 산동의 濟寧에서 정박중에 잠입한 賊人 3, 4명에 의해 약탈을 당했는데, 이 사건과 관련하여 裴靈額은 "조선의 旗丁, 舵工, 水手 등이 매선 30, 40명을 밑돌지 않는다"고 하고 있어, 전체적인 水手의 수는 20여 만 명에 이르는 것으로 볼 수 있다. 위의 '水手'에는 물론 견부까지 포함된 수치이다.[13] 雍正代 사람 方苞가 매선마다 뱃사공(篙工)을 계산해 보면 '수십 명 이상'이라고 한 것[14]도 마찬가지이다. 陶澍도 한 개의 幇이 많으면 수천 명, 적어도 천여 명을 내려가지 않는다고 했는데,[15] 가장 적은 선척을 가지고 있는 방의 경우 河南省의 通州 所幇이 20척이며, 강절의 경우는 興武 九幇이 24척으로 가장 적다.[16] 이를 25척으로 잡는다면 1척당 水手의 숫자는 40명이 되는 셈이다.

---

11) 魏源은 水手를 舵工·篙工과 沿途에서 필요할 때마다 고용하는 短縴의 두 종류로 나누고 있다.(〈上江蘇巡撫陸公論海漕書〉, 《魏源集》 上冊, 北京 : 中華書局, 1976, p.428) 林則徐는 水手를 외래인으로 충당하게 되는 연유를 '漕船이 무거워 팔힘이 강성한 사람이 아니고는 배를 모는 데 힘이 되지 못하기 때문'이라 하고 있다.[林則徐, 〈籌議約束漕船水手章程摺〉(道光 15. 11. 25), 中國近代人物文集叢書《林則徐集》(奏稿 上), 北京 : 中華書局, 1985, p.313] 일반적으로는 舵工과 水手를 함께 나열하여 사용하는 경우가 많은 것으로 보아 舵工은 숙련 기술공을 의미하고 水手는 단순한 육체노동자를 의미하는 것으로 보아 무리가 없을 것이다.

12) 《宮中檔財政類》 16-0283-026, 道光 29. 7. 30, pp.002505~002506.

13) 《高宗實錄》 卷1453, 乾隆 59, 5. 20(丙午), 《淸實錄》(中華書局 影印本, 1986) 27, pp.365~366. 星斌夫는 조선의 대형화 추세에 의해 水手의 숫자가 늘고 있는 것으로 보고 있는데[《明淸時代交通史の硏究》(이하 《交通史》라 함), 東京, 1971, p.308], 그러한 경향이 있을 것임은 분명할 것이나, '水手'에 縴夫 등 연도에서 임시로 고용된 사람까지 포함시킨 계산으로 보는 것이 더 타당할 것이다.

14) 方苞, 〈與徐司空蝶園書〉, 《淸經世文編》 卷44, 〈戶政〉 19, 〈荒政〉 4, 10a-b, 中華書局本, p.1058.

15) 《宮中檔財政類》 16-0269-012, 道光 15. 12. 16, p.000047 ; 陶澍, 〈籌議約束水手章程摺子〉, 《陶文毅公全集》 卷7, 〈奏疏〉(漕務), 55b, 文海出版社, p.744.

16) 潘世恩 編, 《欽定戶部漕運全書》(1844) 卷17, 〈幇船額數〉, 15a 및 3a.

한편 林則徐는 "배 한 척에 명부에 등록되어 있는 水手 10명을 기준으로 본다면 전 조선에 4만 명 이상인데, 이 밖에 遊幇의 短縴·短橛, 연안에서 쫓아다니면서 호구책을 찾는 자는 더욱 몇 배나 된다. 이른바 靑皮·散風의 부류도 그 사이에 위치하여 그 수치를 계산하기 어렵다"고 하고 있다.[17] 그러니까 배에 비치해 두고 있는 水手의 정식명단은 10명이지만, 短縴 등 연안에서 조선에 糊口之策을 찾는 사람들도 水手의 범주에 넣을 수 있는 것이다. 이렇듯 水手의 범주는 사용자에 따라 광범하게 사용될 수 있었다. 同治 이후에 씌어진 것으로 보이는 丁顯의 글에서는 "漕河 전성시에 양선의 水手와 河岸의 견부, 集鎭의 窮黎 등 이에 衣食을 의지하는 자가 수백만 명이 넘는다"고 하고 있는데,[18] 만약 水手에 견부까지 포함한 예비직업군을 내포시킬 경우 水手의 숫자는 위에 예거한 20여 만 명을 훨씬 넘어 '수백만' 명이 될 수도 있는 것이다.

이렇듯 水手의 개념이나 범주에 혼동을 보이고 있는 것은 水手의 출신성분을 고려할 때 충분히 이해가 간다. 淸初부터 水手를 언급하는 논자들은 예외없이 水手는 他省, 혹은 沿途에서 雇募되며 '貧民',[19] 飢寒에 허덕이는 곤궁한 무리,[20] 심지어는 '도둑'으로까지 규정하고 있으며,[21] '배에 있으면 水手요, 沿岸에 있으면 遊民'[22]인 그러한 존재였다. 후술하듯이 조운을 성공적으로 끝내기 위해서는 숙련된 기술자가 필수적인데, 이들을 구하기 위해 쟁탈전까지 벌일 정도로 구하기 힘들었고, 대

---

17) 林則徐, 〈稽查防範回空漕船摺〉(道光 16. 8. 25), 《林則徐集》(奏稿 上), p.344.
18) 丁顯, 〈河運芻言〉, 盛康 編, 《皇朝經世文續編》(이하 《經世文續編》이라 함) 卷47, 〈戶政〉 19, 〈漕運〉 上, 37a, 文海出版社, p.5123.
19) 《淸會典事例》 卷207, 〈戶部〉 56, 〈漕運〉, 〈優恤運軍〉, 雍正 13年條, p.396.
20) 王芑孫, 〈轉般私議〉, 賀長齡 編, 《皇朝經世文編》(이하 《經世文編》이라 함) 卷47, 6b, 文海出版社, p.1644.
21) 王芑孫, 위의 글; 《高宗實錄》 卷560, 乾隆 23. 4. 7(壬戌), 《淸實錄》 16, pp.97~98에 나오는 楊錫紱의 上奏. 楊은 모든 조선의 水手가 도둑인데, 旗丁이 이를 보고하지 않으려 한다고 한다.
22) 《宣宗實錄》 卷474, 道光 29. 11. 3(丙申), 《淸實錄》 39, p.954. 御史 趙東昕의 奏摺.

부분은 임시로 고용되는 단순노동자로 충당될 수밖에 없었다. 조선이 이들 신원이 확실하지 않은 '貧民', '遊民'들의 생활터전이 되고 있는 셈이었다.

水手의 수입이 넉넉할 리는 없었다. 그들의 일인당 '연간' 임금은 은 6~7량에 불과했던 것으로 보이는데,[23] 蘇州·松江 등에서의 改折率이 은 1량은 米 1석에 해당하고 가장 높은 湖廣 지방에서는 2.5석이라고 보면 6량은 6석에서 15석에 해당한다. 운군의 '月糧'이 江寧 지방이 12석, 소주·송강 지방이 9석 6두, 가장 적은 安徽 寧國 지방이 8석[24]인 것과 비교하면 水手의 수입이 운군의 그것과 비교해서 얼마나 적은지 짐작할 수 있다. 水手의 年 임금을 약 10石으로 잡는다면 운군의 '月糧'과 맞먹는 셈이니 약 1/10에 불과하다.

道光 5년 御史 王世紱의 奏摺에 의하면 "水手의 임금은 이전에는 (월) 1량 2전에 불과했던데, 근년에는 旗丁을 挾制하여 일인당 (연) 2, 3만 文(은 20, 30량)을 뜯는다"[25]는 보고도 있고 보면, 道光 연도에 들어서면 부수입도 상당히 증가한 것으로 생각할 수 있다. 가령 道光 11년 조운총독 吳邦慶이 舵工과 水手들의 임금이 넉넉하지 않으니 土宜(조선에 적재가 허락된 개인화물)를 30석 더 늘려 주자는 鄧廷楨의 제안에 반대하면서, "水手의 임금이 嘉慶 연간부터 점차 증가하여 9~11량(중운시 5, 6량, 회공시 4, 5량)이고 頭舵工이 10여 량인데, 근일에는 빌미를 잡아 협박하고 속임이 끝이 없다"고 하면서, 소주, 진해, 태창위 등의 守備의 말을 빌려, 임금 이외에 10여 항목에 이르는 '잡비'를 3천~4천 文(大錢)이나 지급받는다고 하고 있다.[26] 3, 4량이 더 는 것이다.

23) 康熙 2년 林起龍은 6兩이라 하고 있고(〈請寬糧船盤詰疏〉,《經世文編》卷46, 18b, p.1624), 嘉慶代의 周濟(《淸史列傳》卷72, 中華書局本, pp.5976~5977 참조) 는 7千文이라 하고 있다(〈淮鹺問答〉,《經世文續編》卷51, p.5676).

24)《淸會典事例》卷196,〈戶部〉45,〈漕運〉,〈官軍行月錢糧〉, pp.240~241 ; 星斌夫, 위의 책, pp.308~309 참조

25)《宮中檔財政類》14-0248-050, 道光 5. 7. 27, p.002266 ; 席裕福 等編,《皇朝政典類纂》卷53,〈漕運〉6,〈漕船〉,〈約束水手〉, 5a, p.131.

26)《宮中檔財政類》15-0261-017, 道光 11. 6. 26, pp.001550~001552.

14

그러나 水手보다 월등히 임금이 좋았던, 그리고 주현관으로부터 贈貼銀을 많이 우려내는 운군마저 곤궁으로 부득이 도망가지 않을 수 없는 경우도 있었고, 생활비를 보충하기 위해 갖가지 일탈적인 행동을 저지르지 않을 수 없게 했다면,[27] 그들보다 훨씬 여건이 좋지 않았던 水手의 경우는 더욱 그러하지 않을 수 없었을 것이다.

부수입은 기정을 협박해서 얻는 경우보다는 사화나 사염을 휴대함으로써 얻는 이익이 훨씬 컸을 것이다. 그러나 道光 13년 陶澍가 "대저 소금의 적재는 양선의 이익이 아니라 私梟·風客의 이익이다. 기정이 回空할 때는 주머니가 이미 바닥이 났고, 舵工·水手는 수당이 더욱 적으니 사염을 구매할 능력이 얼마나 될 것인가"[28] 지적하고 있듯이, 사화나 사염의 적재 행위도 풍객의 하수인 노릇에 불과했던 것이다. 앞의 吳邦慶도 土宜의 증액을 반대하는 이유 중 하나가 토의를 비축할 힘이 없는 자는 소외될 것[29]이기 때문이라 한 점도 이를 말해 준다.

후술하듯이 사화의 적재를 둘러싸고 旗丁과 水手의 이해가 대립되는 경우도 확인되지만,[30] 水手들의 행동을 책임져야 할 기정이 水手들의 사염 판매를 묵인해 온 것은 水手들의 궁핍함을 잘 알고 있기 때문이기도 했다.[31] 水手들의 곤궁이 일탈적인 행동을 하게 만든 요인이었던 것이다.

---

27) 운군의 수입과 지출 및 곤궁에 대해서는 表敎烈, 〈淸代 前期 漕運의 弊端―運軍의 存在樣態를 중심으로〉(《省谷論叢》 26, 1995. 6) 참조.

28) 陶澍, 〈再陳回空糧船未便任帶蘆鹽摺子〉, 《陶文毅公全集》 卷15, 文海出版社, pp. 1304~1305.

29) 《宮中檔財政類》 15-0261-017, 道光 11. 6. 26, p.001552.

30) 가령 嘉慶 5년 安慶의 前後幇 水手들이 통주에서 기정에게 수당을 요구하며 소란을 피웠는데, 그 발단은 기정이 객화를 水手의 숙소에까지 실어야 할 정도로 과다하게 싣고, 貨客으로부터도 운반비 외에도 8~9전을 추가로 요구하여 받고 있는 사실을 알고 자기네들에게도 나누어 줄 것을 요구하며 일어난 것이다. 주 48) 참조.

31) 《宮中檔財政類》 13-0228-010, 嘉慶 22. 8. 6, p.001893.(양강총독 孫玉庭의 주접). 海寧幇의 水手들이 가로에서 사염을 판매하고 있었는데 영운천총 孫廷魁는 타수들의 궁핍함을 생각하여 말리지 못했다고 하고 있다.

Ⅲ. 逸脱的 行動의 慢性化

水手가 곤궁을 벗어나기 위해 취한 방법은 운군의 그것과 거의 같은 것이었다. 조량의 盜賣, 사화 및 사염의 휴대 등이 그것이다.[32] '糊口之策'[33]을 위해 시작되었을 부득이한 일탈적인 행동은 이미 청초부터 시작되었으니, 일찍이 "頭舵·水手는 모두 官錢으로 召募되었을 뿐 명목은 운송을 맡는다는 것이지만 실제로는 조운을 좀먹는"[34] 존재로 지탄받고 있었다.

이들은 생활의 곤궁에 허덕이고 있었다는 점에서 운군과는 공동체적 운명이었다. 조량의 盜賣나 사화·사염의 휴대에서 대부분의 사료들이 '丁舵' 혹은 '舵水'라 하여 旗丁(운군)과 舵工(및 水手)을 함께 거론하고 있는 데에서도 알 수 있듯이, 이들은 적어도 이 부분에서는 상호의존적인 관계에 있었다. 사염 판매에 관한 몇 가지 사례를 들어보자.

嘉慶 8년에는 湖南 頭幇의 '丁舵' 胡文煥과 馮文遠이 사염을 수색하는 순시선의 千總 汪錦舒에게 100량의 뇌물을 주고 있음이 적발되고 있다.[35] 嘉慶 18년 호남순무 廣厚의 주접은 호남의 조선들이 사염을 적재한 사건에 대해 다음과 같은 내용의 결과를 보고하고 있다. 嘉慶 16년 호남성의 頭二三幇은 회공시 본선의 인원이 부족하여 楊村에서 7, 8명에서 10명에 이르는 短縴夫를 각각 고용하였는데, 그들과 舵水의 부녀들이 淮南일대의 소금값이 싼 것을 알고 어선과 노인, 어린이와 부녀들로부터 몇 근에서부터 수십 근까지 사들였다. 이 사건으로 처벌받는 자들은 적재량이 많지 않은 二幇을 제외하고 나머지 방의 기정 40여

---

32) 이들의 판매구조와 판매규모 등에 대해서는 表敎烈, 〈淸代 前期 漕運의 弊端—運軍의 存在樣態를 중심으로〉, pp.1512~1525 참조.

33) 姚文田, 〈論漕弊疏〉(道光 2), 《經世文編》 卷46, 7b, p.1602.

34) 鄭日奎, 〈漕議〉, 《經世文編》 卷47, 3a, p.1637.

35) 《宮中檔財政類》 11-0196-015, 嘉慶 8. 12. 5, pp.002670~002672(佶山의 주접) 참조.

16

명, 舵工·水手 50여 명에 이르고 있다. 이들은 이 사실이 법을 위반한
것인 줄을 몰랐고, 채소를 절이거나 식용으로 비축한 것이지 판매하기
위한 것이 아니기 때문에 각각 杖 80과 杖 100에 이르는 형벌을 가해야
한다고 하고 있다. 부녀들은 연도에서 임시 고용된 '출신이나 성명을
확인하기 어려운' 견부들과 마찬가지로 면책되고 있다.[36] 비록 그들은
불법인 줄을 몰랐으며 그것도 식용으로 사들인 것이고 양이 많지 않았
다고 하지만, 이 사건은 대규모의 기정과 水手들이 참여하고 있다는 점
에서 이들의 진술을 그대로 믿기는 어렵다. 오히려 佶山의 말대로 "江
廣의 회공선은 모든 배가 사염을 적재"[37]하고 있음을 말해 주는 사례라
할 것이다.

嘉慶 22년에는 (浙江의) 海寧所幇의 사염 판매가 보고되고 있다. 常
州營의 遊擊 張殿華의 보고에 의하면, 해령소방은 4월 초 無錫의 新安
지방에 이르러 뱃머리에 사염을 진열해 놓고 판매하다가 (순시선의) 千
總 李發源이 병사로 하여금 사염 2포를 압수하게 하자, 7호의 기정 林
茂森과 성명을 알 수 없는 타수 등이 각각 鐵木 등의 흉기를 들고 그들
을 구타하여 중상을 입히고 조총 세 자루를 빼앗아 간 뒤, 도리어 漕米
몇 말을 선내에 뿌리고 '조량을 창탈한다'고 소리쳐 저지하려 했다는
것이다. 이를 보고받은 조운총독 李奕疇 등은 이 보고가 미심쩍은 부분
이 많다고 하여 재조사를 요구했다.[38]

6월 浙江순무 楊護의 주접에 의하면, 그 방은 해령에서 출발할 때에
해령주의 관할하에 있는 長安鎭에서 기정 林茂森과 타수들이 사염 수
십 포를 휴대했다는 것이다. 장안진은 이들 방선이 정박하는 수차인데,

---

36) 《宮中檔財政類》 13-0220-058, 嘉慶 18. 3. 28, pp.000597~000600.
37) 《宮中檔財政類》 11-0196-015, 嘉慶 8. 12. 5, p.002671(佶山의 주접). 조운총독
    李奕疇도 종래 강광의 회공선은 매번 사염을 적재하는 일이 있는데, 이는 강광
    지방의 염가가 비교적 높고 天津 淮揚 등지의 염가는 싸서 丁舵, 水手들이 이득
    을 남기기 위한 것이라 하고 있다.(《宮中檔財政類》 13-0227-023, 嘉慶 22. 4.
    10, p.001741)
38) 《宮中檔財政類》 13-0227-023, 嘉慶 22. 4. 10, pp.001740~001741(조운총독 李奕
    疇 등의 주접).

상인들이 모이고 인구가 많아 식염이 많이 필요한 곳으로, 이들도 회공한 뒤부터 다시 출발할 때까지 지내기 위해 식염을 사들이는데, 식염 명목으로 수십 포를 사들여 다른 곳에서 팔아 이득을 취하려 했다는 것이다.[39]

두 달 후 양강총독 孫玉庭의 주접에 의하면 사건의 진상은 다음과 같았다. 7호 조선의 기정 林茂森은 중간에 舵工으로 고용한 錢萬中과 水手 7, 8명과 장안진에서 각자 100여 근에서 수십 근까지 모두 1,150근의 소금을 사들였으며, 無錫과 新安에 정박했을 때 뭍에 진열해 놓고 팔았다. (배의) 천총 손정괴는 이를 보고도 舵手들의 곤궁함을 생각하고 죄를 추궁하지 않았다. 그러나 배 위의 소금을 본 순시선의 천총 李發源은 병정 4명을 대동하고 판매를 금지시켰으나 듣지 않았다. 이발원은 조금 떨어진 곳에 있는 손정괴에게 조사할 것을 명령했으나, 손은 선상에 사염이 적재되어 있는 것을 알고 있었기 때문에 핑계를 대고 가려 하지 않으니, 이발원은 배를 돌려 운하 둑에 있는 소금 2포를 압수했다. 그러나 宋三 등의 水手가 좇아와 빼앗으며 피혁, 칼 등으로 이발원과 병사 여러 명에게 상해를 입힌 후, 조총 한 자루를 빼앗고, 이발원의 배에 쌀을 뿌리고 조량을 탈취했다고 죄를 덮어씌움으로써 벗어나려고 했다. 주민의 말에 의하면 그들은 식염을 3천여 근 샀다고 한다.[40]

물론 천총 손정괴는 혁직에 유배, 기정 임무삼과 舵工 전만중은 각각 유배 2천 리, 杖 100 등의 처벌을 받고 있다. 기정과 舵工, 水手뿐만이 아니라 천총까지도 한 무리가 되어 사염의 밀매에 가담하고 있음을 잘 보여 주는 사례이다. 그동안 그들로부터 3천여 근의 소금을 샀다는 주

---

39) 《宮中檔財政類》 13-0227-044, 嘉慶 22. 6. 3, pp.001801~001802(浙江순무 楊護 주접). 해령주는 관염을 파는 引店이 없고 '正副引籌' 350매를 정액으로 정하여 (의지할 곳 없는) 봇상[肩販] 429명에게 매일 관염 1担씩을 주어('肩引') 해령주 경내에서 판매하게 했다고 한다.(p.001802) '籌鹽'에 대해서는 佐伯富, 《淸代鹽政 の硏究》(京都, 1956), pp.168~169 참조.
40) 《宮中檔財政類》 13-0228-010, 嘉慶 22. 8. 6, pp.001892~001896(조운총독 孫玉 庭의 주접) 참조.

민의 말에 따르면 사염 매매가 한두 번이 아니었음을 알 수 있다.

道光年에는 강서성 九江府의 몇 군데에 사염을 검사하기 위한 관소를 설치했는데, 강서의 4개 방 13척의 舵水人 등이 조사를 못 받겠다고 하며 기물을 부수는 등 '다수를 믿고' 소란을 피운 일이 있었다.[41] 이 사건에 운관[幇弁]이 가담했는지는 확인되지 않았으나, 당시 현장에 없었다 하여 문책을 당하고 있는 점을 보면, 힘이 부족하여 도피했을 가능성과 함께 묵인했을 가능성도 배제할 수 없다.

비록 운군이 水手를 고용하고 감독하는 위치에 있었기 때문에 각종 이권에서 水手보다 많은 혜택을 누리고 있었을 것임은 충분히 짐작되지만, 그리고 水手를 무시한 운군의 지나친 이권독점에 대해서는 水手들의 반발을 불러일으키기도 했지만, 둘은 상호대립하면서도 의존할 수밖에 없는 관계에 있었다.

운하 연변의 거주민에 대한 약탈과 운하를 지나는 민간상선에 대한 약탈도 일탈적 행동의 두드러진 양상 가운데 하나였다. 운하 연변의 거주민에 대한 약탈은 특히 얼음에 묶여 회공하지 못하고 산동에 머물 때 두드러진 것으로 보이는데, 일찍이 雍正代人 方苞에 의하면,

　　근래에 들건대 濟寧 이북에 얼음에 묶인 漕船이 7,700여 척이라 하는데, 그들은 연도에서 약탈하며 백 명, 십 명씩 무리를 이루고 있다. 매선마다 뱃사공을 계산해 보면 수십 명 이상인데, 모두 貧民으로 집이 없으며 횡포하고 술주정을 하며 도박을 한다. 평소 回空할 때는 관의 감독이 晝夜로 행해지는데도 잠시 정박하면 부근 촌락의 客船은 반드시 절도를 당한다. 하물며 10여 만 명의 飢寒에 굶주린 무리를 수백 리 안에 주둔시켜 놓고, 또 산동의 흉악하고 굶주린 盜賊의 뒤를 이었으니 만약 교활하고 포악한 자가 있다면 이를 틈타 혼단을 일으킬 것이므로 이는 비단 거주민만의 害가 아니다.[42]

---

41)《宮中檔財政類》15-0260-008, 道光 10. 12. 17, pp.001331~001332(江西巡撫 吳光悅의 附片).
42) 方苞, 〈與徐司空蝶園書〉, 《淸經世文編》 卷44, 〈戶政〉 19, 〈荒政〉 4, 10a-b, p.1058.

평소에도 回空 때에는 연도의 민간 상선이 절도를 당했는데 한 곳에
오랫동안 굶주린 무리들을 주둔시켜 놓으면 민간의 피해뿐만이 아니라
더 큰 사단이 일어날 우려마저 있다는 것이었다.

道光 4年 魏元煜에 의하면 근년에 水手가 마음대로 惡行을 저지르니,
가령 蘇州·常州·鎭江·揚州의 각 府城은 운하가 좁아 매번 상인들의 배
를 가로막고 '마음대로 탈취하고 투쟁을 일삼는다'고 하고 있다. 따라서
이러한 상선에 대한 凌虐을 막기 위해서는 엄히 규정을 만들어 징벌해
야 한다는 것이었다.[43]

道光 13년 급사중 全應麟의 상주에서는 이와 같은 강절 水手의 민간
상선에 대한 횡포의 실태를 자세히 말해 주고 있다.

> 강절의 內河 일대는 700여 리나 되는데, 매년 조선이 수차로 돌아온 이
> 후 상인의 배가 지나갈 때 적으면 錢文을 갈취하고 크면 搶奪을 자행한
> 다. 그들이 갈취하는 방법은 조선으로 수로를 막고 왕래하는 선척으로부
> 터 돈을 받지 않으면 통행할 수 없게 한다. 이를 買渡錢이라 한다. 때로는
> 河道가 얕고 좁은 곳을 찾아 두 척의 배가 길게 나란히 정박하여 남북의
> 선척이 모두 다닐 수 없게 하면 반드시 1,100척이 積滯되어 3, 4일은 지체
> 된다. (이때) 河快라는 沿河의 地棍이 각 선척으로부터 錢文을 징수하여
> 조선에 給付한다.……이를 排幇錢이라 한다. 또 배를 잡고 미량을 옮겨싣
> 는다는 것을 명목으로 만약 화물을 많이 실은 상선을 만나면 水手가 糧米
> 1斗를 선창에 쏟아 넣고 비용을 주지 않으면 보내지 않는다. 그렇지 않으
> 면 조량을 搶奪했다는 죄목을 씌워 사람과 선척을 모두 구금하고 관청에
> 보내 치죄하겠다고 하면 즉시 錢文을 얻어낼 수 있다. 화물이 없는 선척
> 을 만났다 해도 억류하여 사화를 나누어 실을 용도로 삼아 淸江浦에 이르
> 러 사화를 부리면 놓아 준다. 아울러 미리 몇 명과 결탁하여 고의로 상선
> 에 시비를 걸면 불법의 水手가 곁에서 搶奪한다. 船戶가 이의를 제기하면
> 수중에 던져버리니, 조금도 거리낌이 없다. 商民은 주현관이 조사하거나
> 체포하려 들지 않기 때문에 감히 고소하지 못한다. 주현관은 조량의 交兌
> 때문에 그들을 지탄하지 못하고 듣지 못한 것으로 한다.[44]

---

43) 《宣宗實錄》 卷66, 道光 4. 3. 6(己巳), 《淸實錄》 34, p.41; 《皇朝政典類纂》 卷53,
〈漕運〉 6, 〈漕船〉, 〈約束水手〉, 4b, p.130.

水手의 상선에 대한 약탈 수법을 몇 가지 제시하고 있는데,[45] 그러한 폐단이 가장 심하게 나타나는 곳은 嘉興, 蘇州, 滸墅關, 常州, 鎭江府 丹陽縣, 丹徒縣이라는 것이며, 갈취한 금전은 방마다 모두 '總頭'가 관장하는데 各船에 나누어 주는 외에 領運員弁의 家丁·差役人 등에게도 나누어 준다고 한다. 운관뿐만이 아니라 주현관의 '묵인'하에 이들의 약탈 행위는 자행된 것이다.

이처럼 水手들의 일탈적인 행동은 水手에 의해서만 독자적으로 저질러진 것은 아니었다. 심지어는 운군의 '종용'하에 저질러지기도 했으니, 雍正 7년의 한 上諭를 보자.

浙江·호광성의 糧船에서는 사적인 원한 관계로 무기로 살상하는 경우도 있고, 回空시 얼음이 얼어 묶였을 경우 水手들을 종용하여 공공연하게 搶奪하게 하여 거주민을 괴롭히니, 이는 모든 사람들이 알고 있는 바다. 이로써 수년 동안 내외 臣工들이 기정의 불법자를 條奏한 것이 최소한 수백 장이 넘는다.[46]

水手들의 거주민 약탈이 기정들의 종용하에 이루어지고 있음을 말해 주고 있는 것이다. 이러한 水手의 상습화된 일탈적인 행동은 앞서 인용한 대로 적어도 조선 감독관[運弁]의 묵인이나 방조 없이는 불가능할 터였다. 道光 16년 직예총독 琦善도 水手가 심지어는 이들 운변이나 기정과 한무리가 되어 지방관을 挾制한다고 하고 있다.[47]

그러나 이러한 水手들의 일탈적 행동이 항상 운군의 묵인과 방조로 일관될 수는 없었다. 우선 둘 사이에는 부수입원을 둘러싸고 갈등이 자주 나타났다. 가령 사화나 사염의 적재를 둘러싼 갈등의 경우를 보자.

---

44) 《宣宗實錄》卷247, 道光 13. 12. 28(甲子), 《淸實錄》 36, pp.726~727.
45) 때로는 道光 16년 武城(산동)에서 興武5幇의 水手들이 그랬던 것처럼 鹽船을 사취한 경우도 있었다. 《宮中檔財政類》 16-0270-011, 道光 16. 5. 30, p.000228 (산동순무 鍾祥의 附片).
46) 《世宗實錄》卷81, 雍正 7. 5. 20(甲子), 《淸實錄》 8, p.72.
47) 《宮中檔財政類》 16-0270-040, 道光 16. 7. 9, p.000300(직예총독 琦善의 附片).

嘉慶 5년에는 앞에서 잠깐 보았듯이 私貨의 적재를 둘러싸고 水手들이 회공 때 통주에서 수당을 요구하며 소란을 피운 적이 있었다. 倉場侍郎 達慶의 보고에 의하면, 安慶의 前後 兩幇의 기정이 貨客으로부터 도자기, 종이 등의 객화를 받아 실었는데, 그들 기정은 貨客에게 운임 이외에 1량당 은 8전에서 9전의 추가비용을 요구하고 있었다. 이 사실을 알고 있던, 그리고 水手들의 숙소에 (기정들이 받은) 객화가 실려 있는 것도 알고 있던 水手들은, 주모자 林天富 등을 비롯하여 운임이 부족하다는 이유를 들어 금전을 색취하여 나누어 쓰기로 하고, 기정에게 운임을 올려줄 것을 요구하며 소란을 피운 것이다. 이틀에 걸친 요구 끝에 어떤 水手는 받아오기도 하고 다른 水手는 못 받기도 했지만, 임천부는 "양선이 短縴을 고용하는데 만약 棍徒가 가격을 멋대로 요구하고 무리를 모아 집단폭행을 하는 일이 있으면 그 우두머리는 近邊에 보내어 充軍한다"는 규정에 의하여 근변에 보내어 充軍되는 처벌을 받고 있다. 나머지 금전을 색취한 12명의 水手들은 2개월 동안 칼을 씌워 통주의 운하 연변 지방에서 온종일 군중에 조리돌리고 원적지로 돌려보내지고 있다.[48]

이와 대비되는 사례도 있었다. 嘉慶 24년, 그 전해에 杭州 二幇의 押空千總 李朝均이 水手의 잠자는 선창에 한 사람의 화물 200석이 적재되어 있다는 것을 알고 뱃머리가 너무 무거우니 가운데 선창으로 옮기라 했는데, 그 水手는 항거하여 도망갔다가 저녁 때 무리를 모아 흉기로 위협하고 기물을 파손하며, 도장과 의복류를 탈취하여 도망간 사건이 보고되고 있다.[49] 200석의 사화가 水手 한 사람의 것이라기보다는 여러 명의 것이라고 볼 수 있겠는데, 위의 기정이 과다하게 실은 경우와는 대비되는 사례라 할 수 있다.

嘉慶 23년에 어사 費丙章에 의하면 水手 등이 인원이 많은 것을 믿

---

48) 《宮中檔財政類》 11-0193-021, 嘉慶 5. 7. 17, pp.002249~002252.
49) 《宮中檔財政類》 13-0233-057, 嘉慶 24. 9. 13, pp.002901~002903(조운총독 成寧의 주접).

고 법을 위반하여 사화를 적재하고 사염을 휴대하며 심지어는 연도에
서 무리를 모아 쟁투를 일삼는다고 하면서, 浙江省 溫後幫의 水手는
산동성의 虎頭灣閘에서 錢文을 勒索하고 運弁과 幫役을 구타하여 부
상을 입혔다는 것이다.[50] 운군과 水手와의 갈등 관계가 점차 심화되는
것이다.

　그런데 이들의 대립과 갈등이 가장 첨예하게 나타나는 부문은 임금
과 관련된 것이었다. 물론 이러한 사건은 이전에도 보이고 있지만,[51] 운
하의 상태가 악화되는 嘉道期가 되면서부터 그러한 갈등과 충돌은 잦
아질 수밖에 없었다. 水手들은 특히 갑문을 통과할 때나 운하가 막혀
조그마한 剝船에 옮겨 운반해야 할 경우, 운하의 수량이 적어 노동력에
의존해야 할 경우 등의 상황에서 이를 빌미로 수당의 추가지급을 요구
하며 운관을 구타하는 일이 많이 나타는 것이다.

　嘉道期에 들어와서 수당과 관련된 최초의 사건은 嘉慶 3년, 각 선적
의 水手에게 수당을 강제로 뜯어내도록 종용한 長淮 頭幫의 水手 李開
泰를 체포하여 엄벌에 처하도록 한 일이다.[52] 이어 嘉慶 24년에는 閘門
의 작업과 관련하여 수당의 인상을 요구하다 방관을 구타한 다음과 같
은 사건이 보고되고 있다. (浙江의) 溫州 後幫의 水手들이 산동의 虎頭
灣閘口에서 매척 2명씩 내어 양안으로 나뉘어 갑문을 여는 작업을 하
고 있었는데, 주모자 艾三이 1인당 40문의 수당이 적다고 생각하여 伍
長에게 인상을 요구했으나 받아들여지지 않자, 큰 소리로 이 사실을 알
리니 水手들이 작업을 멈췄다. 幫弁 蔡德星이 애삼에 40대의 매질을 하
자, 水手들이 이에 불만을 품고 채덕성을 집중구타하기에 이른 것이다.
애삼은 매를 맞고 구타에 가담하지는 않았지만 주모자로 인정되어 近

　50)《仁宗實錄》卷348, 嘉慶 23. 10. 20(乙酉),《清實錄》32, p.601;《皇朝政典類纂》
　　　卷53,〈漕運〉6,〈漕船〉,〈約束水手〉, 4b, p.130.
　51) 乾隆 50년 毓奇의 주접에 의하면 處州衛의 前幫 水手들이 무리를 모아 추가
　　　임금을 강제로 요구하고 아울러 弁兵을 구타하여 부상을 입히고 있다.(《高宗實
　　　錄》卷1229, 乾隆 50. 4. 20(己亥),《清實錄》24, p.481).
　52)《宮中檔財政類》11-0189-045, 嘉慶 3. 2. 6, p.001764.

邊에 보내져 充軍되었는데, 얼굴에는 '不法水手'라 刺字하고 海州의 수차에서 칼을 씌우고 3개월 동안 조리돌림을 당하고 있다.[53] 이 경우는 갑문의 작업과 관련된 수당의 인상 요구였다.

道光 연도에 들어가면 水手들의 활동이 더욱 격렬해진다. 道光 5년은 운하가 막혀 이듬해에는 해운을 실시하기로 한 해였다. 황하의 물을 끌어들여 운행하는 '借黃濟運'의 채택으로 도리어 운도가 황토에 막히면서 청강포 이남의 조선이 적체되고 있었고, 조그만 배로 옮겨 나르는 '盤壩接運'이 실시되었는데, 그 인부와 더불어 水手의 수는 수만 명에 이르렀고, 음주와 도박, 절도가 행해지고 있었다는 것이다. 湖廣道監察御史 汪淋에 의하면, 사람이 모일수록 더욱 번잡해지고, 시간이 흐를수록 더욱 분규가 일며, 작으면 싸움질, 크면 도적떼가 되니 부근의 주민들의 고통이 적지 않다는 것이었다. 따라서 흔단이 발생하기 전에 미리 막아야 한다는 것인데, 浙江의 嘉興 水手의 쟁투로 이미 많은 사람들이 살상되고 있다고 한다.[54] 水手들이 모이는 것은 두려움의 대상이었다.

이러한 상황에서 그 해 5월 조운총독 顏檢은 浙江의 杭三, 嘉白 양방의 주범인 10여 명을 체포하고, 호북의 高郵에서 기정과 관리를 늑색하고 구타한 3개 방의 水手 10여 명을 체포하고 있다.[55]

같은 해 陳文述에 의하면 "근년에 이르러 水手는 운정을 위협하여 임금을 더 요구하고 많은 사람을 규합하여 관을 구타하는 습성이 일상화되었는데도 태연하게도 괴이하게 여기지 않는다. 배 한 척에 100, 200金에 이르기도 하고, 한 幫에 7천, 8천 金에 이르는 경우도 있다"[56]고

53)《宮中檔財政類》14-0234-048, 嘉慶 24. 12. 27, pp.000055~000058(浙江순무 陳若霖 주접).
54)《宮中檔財政類》14-0248-001, 道光 5. 5. 25, pp.002069~002070.
55)《宮中檔財政類》14-0248-006, 道光 5. 5. 28, pp.002087~002088(조운총독 顏檢의 附片).
56) 陳文述,〈造船遞年減造議〉,《經世文續編》47, 29b, p.5108. 陳文述(1771~1843)은 浙江 錢塘人, 字 退庵, 嘉慶 擧人, 江都縣 知縣. 이 글이 쓰여진 시기는 嘉白幫의 살인사건이 일어난 해이며, 停運 1년 후 반드시 하운으로 돌아와야 한다는 말이 있는 것으로 보아 해운 논쟁이 일었던 道光 5년의 글이다. 嘉白幫 사건은 道光

한다. 道光 15년 浙江순무 烏爾恭額과 강소순무 林則徐도 浙江 양선의
水手가 수당을 추가로 요구하며 潛墅關을 지나면서 소란을 피운 일이
일어났음을 보고하고 있다. 내용인즉 전해 12월 徒陽運河(강남운하의
북부)의 물이 말라 강소순무 임칙서의 지시에 의해 橫閘을 통해 가라고
지시하였는바, 杭州 三幫의 水手들은 橫閘이 焦山에 가까워 江路가 위
험하니 위험수당(性命錢)을 주어야 한다고 강요하며 배를 늦추고 勒索
을 했다는 것이다. 항주 삼방의 기정을 신문해 본 결과 寧波 後幫 등의
水手가 그의 배에 와서 1척당 1만 8천文, 頭舵에게 3,600文의 수당을 지
급하라는 쪽지(溜子)를 강제로 쓰게 했고, 이튿날에는 항주 삼방의 頭舵
두 명이 舵工 주영발에게 금전을 뜯으려 했으나 뜻을 이루지 못하자 구
타하고 도주했다는 것이다.[57] 署兩江總督 임칙서는 강소 지방의 水手의
폐단을 유형별로 나누면서 그 가운데 하나를 徒陽運河의 물이 적으면
江面을 數里나 가야 하기 때문에 기정으로부터 운임을 추가로 索取하
니 이를 '性命錢'이라 한다고 하거니와,[58] 이 사건은 바로 이 경우에 해
당되는 것이었다.

水手 가운데에는 이를 이용하는 자도 있었다. 道光 16년 (강소성의)
鳳中常幫이 북상시 韓莊閘에 이르러 水手들이 도망갔는데, 水手 錢占

5년의 일이다.(《宮中檔財政類》 14-0248-002, 道光 5. 5. 28, p.002071의 안휘순무
張師誠의 附片과 《宮中檔財政類》 14-0248-006, 道光 5. 5. 28, p.002087 조운총독
顔檢의 附片 참조)

57) 《宮中檔財政類》 15-0266-041, 道光 15. 2. 16, pp.002690~002691(浙江순무 烏爾恭
額의 주접) ; 林則徐, 〈漕船水手要求增加辛工爭飭筟務獲片〉(道光 15. 2. 28), 《林
則徐集》(奏稿 上), pp.219~220. 이들 水手와 각방 押空千總의 처벌에 관해서는 《宮
中檔財政類》 15-0266-044, 道光 15. 2. 2, pp.002697~002699(조운총독 朱爲弼의 주
접) 참조.

58) 林則徐, 〈稽查防範回空漕船摺〉(道光 16. 8. 25), 《林則徐集》(奏稿 上), p.344 ; 《皇
朝政典類纂》 卷53, 〈漕運〉 6, 〈漕船〉, 〈約束水手〉, 7b, p.136. 참고로 重運하는 糧
船이 揚子江을 건넌 뒤 儀徵이나 瓜洲에서 淮安까지는 6개 구역으로 나뉘어 연도
에서 短縴을 고용했는데, 그들의 고용가는 乾隆 30년까지는 일정하지 않으나 대
체로 일인당 每里 制錢 1~1.5文이었고, 수세가 급하거나 역류하는 곳에서는 적절
히 增額해 주고 있었다. 乾隆 30년에 정해진 바에 의하면 회안 이북의 수세가 비
교적 완만한 곳은 1.5文, 급한 지역은 2~3文이었다. 楊錫紱 編, 《漕運則例纂》(乾
隆 34 序) 卷13, 〈糧運限期〉, 〈沿途短縴〉, 51a-53b 참조.

元 등이 '夫頭'로 천거되어 수차에 돌아오면 임금 이외에 매일 쌀 한 되씩의 수당을 주겠다고 약속하여 水手 300명을 대신 모집한 일이 있었다. 그 후 회공시 瓜洲에 이르러서 전점원은 기정에게 물이 얕다는 이유로 수당을 요구하여 착복했고, 다시 추가로 요구하여 거절되자 10여 명의 水手를 동원하여 소란을 피웠다. 이들이 체포된 후 방선이 수차에 돌아오자, 이번에는 水手들이 약속한 수당을 요구하는 바람에 지급할 수밖에 없었다.[59] 이 사례는 운하의 상황에 따라 水手들이 도망갈 정도로 힘든 작업이 수반되기 일쑤였고 추가수당을 둘러싸고 말썽이 잦은 사정을 전해 준다.

물론 임금이나 수당의 과다한 요구에는 분명 문제가 있다. 그러나 위에 예거한 水手의 임금이나 수당의 추가지급이나 인상 요구는 갑문을 지난다거나, 화물을 옮겨 실어야 한다든가, 배를 끌어야 하는 경우이고 보면, 그들의 요구는 지극히 타당한 것으로 보인다. 사화·사염의 적재, 혹은 민간이나 상선에 대한 약탈행위에 대해서는 일반적으로는 水手와 운군이나 운관 사이에서는 상호 이해를 함께 할 수 있는 '공동사업'이었기 때문에 암묵의 합의가 존재한 셈이었다. 그러나 이제 운관이나 운군들이 부담해야 할 水手에 대한 임금 문제에서는 이해관계가 상치되고 있었던 것이다.

水手의 일탈적 행동이 만성화되어 가면서 水手와 기정과의 관계는 이제 역전이 되고 있었다. 陳文述의 진술에 의하면,

　　대저 漕運章程에는 幇官이 운정을 단속하고 운정이 水手를 조사하게 되어 있는데, 지금은 완전히 전도되어 거꾸로 된 지가 이미 오래다. 水手의 조선에서의 연령과 성명은 모두 거짓이다. 腰牌와 冊籍은 모두 형식적이다. 이를 기정에게 책임지워도 기정은 모른다. 舵工에게 물어도 舵工은 모른다. 사건이 있으면 반드시 攬頭에게 알려야 한다. 남두는 薦頭라고도 하

59)《宮中檔財政類》16-0270-005, 道光 16. 5. 21, pp.000208~000209(조운총독 恩特亨額, 양강총독 陶澍, 江南河道總督 麟慶의 주접).

며 한 척의 조선 혹은 여러 척의 조선에서 水手의 領袖이다.[60]

기정도 水手의 우두머리인 '남두'에게 완전히 통제당하고 있다는 것이다. 이는 水手집단이 道光 연대에 들어서 羅敎를 중심으로 단결했을 때의 모습인데, 이 시기에는 水手와 운정의 지위가 완전히 뒤바뀌어 있었고 후술하듯이 운정은 水手들의 임금인상 요구에도 따를 수밖에 없었던 것으로 보인다.

이들의 일탈적 행동은 嘉道期, 특히 道光代에 이르러 일상화되고 있는 것으로 보인다.[61] 물론 水手의 성분이 점차 '匪徒'化되어 가고 있는 상황에서 폭력성이 더욱 두드러질 것은 당연한 추세이다. 예컨대 道光 5년 御史 錢儀吉이 浙江省 嘉興의 예를 들어 客船이 지나가면 약탈한다는 내용과 함께, 手足을 잘라 河流에 던지니 사상자가 수십 명도 넘으며, 행인 가운데 도피하지 못하고 죽임을 당하고 성문도 며칠간 닫을 정도였다는 내용,[62] 강소의 松江幇의 水手가 관병 90여 명을 살상했다는 내용,[63] 그리고 道光 16년 水手가 연도의 부녀를 강탈한 사건,[64] 道光 16년 水手들이 차도록 되어 있는 요패를 차지 않고 칼을 들고 물에 올라 鹽船을 詐取하고 河役에 대항하여 상처를 입힌 사건,[65] 道光 23년 湖州 八幇이 淸江浦에서 무리를 모아 무기를 들고 武弁에 부상을 입힌 사건[66] 등이 그것이다. 道光 16년의 上諭에서는 이 해에 겨우 水手를 단속하기 위한 章程을 정했는데,[67] 오히려 水手가 사단을 일으키는 사건이

60) 陳文述, 〈造船遞年減造議〉, 《經世文續編》 47, 30a, p.5109.
61) 《宣宗實錄》 卷288, 道光 16. 9. 9(己丑), 《淸實錄》 37, p.448 참조.
62) 《宣宗實錄》 卷80, 道光 5. 3. 24(辛亥), 《淸實錄》 34, p.297. 林則徐에 의하면 39 구의 시체를 건졌다고 한다.(林則徐, 《林則徐集》(日記), 道光 5. 3. 11, 中華書局, 1984 重印本, p.121)
63) 林則徐, 《林則徐集》(日記), 道光 5. 3. 11, p.121.
64) 《宣宗實錄》 卷285, 道光 16. 7. 12(癸巳), 《淸實錄》 37, p.407.
65) 《宣宗實錄》 卷292, 道光 16. 12. 12(辛酉), 《淸實錄》 37, pp.520~521.
66) 《宣宗實錄》 卷402, 道光 24. 2. 5(壬寅), 《淸實錄》 39, p.17.
67) 대학사 賀長齡 등이 戶部와 회동하여 숨겨둔 흉기를 엄히 조사한다든가 하는 따위의 水手를 단속하기 위한 章程을 제정하고 있다.[《宣宗實錄》 卷280, 道光

자주 발생한다고 하고 있고, 임칙서도 강절 지방의 水手의 횡포를 걱정
하면서 그들의 횡포는 근년에 더욱 심해졌다고 하고 있다.[68]

특히 산동 지방은 운하가 비교적 길어 水手의 소란이 가끔 있었는데,
산동순무 鍾祥의 보고에 의하면 道光 15년만 해도 몇 차례 사건이 벌어
지고 있다는 것이었다. 가령 武城縣 지현 龔璁은 군대를 파견하여 7월
28일 무성 지방에서 江淮 九幇의 縴夫 南二를 체포했는데, 그는 도피중
인 短縴 王結 등과 함께 恩縣 지방에서 錢文을 약탈했다고 한다. 臨淸
營 副將 廣泰가 8월 13일 임청주 三里鋪 지방에서 鎭江 前幇 水手인 尙
得付, 倪貴, 劉登 등을 체포했는데, 이들은 모두 潘安敎 숭배자로서 유
등이 상득부의 옷을 훔치고, 상득부는 예귀와 함께 칼을 가지고 유등을
공격한 일이 있었다. 水手 간의 내부투쟁인 셈이다. 한 달쯤 뒤인 9월
18일에는 臨淸河汛의 千總 顧扶剛이 임청 삼리포 지방에서 老安敎徒인
顔芳이라는 자를 체포했는데, 이 자는 기정 姚大鋪 등을 搶奪한 뒤 칼
로 찌르고 도주했다가 체포된 경우였다.[69]

위에서 나타나듯 무기의 휴대나 조선내의 반입은 水手들의 폭력성을
더욱 잘 드러낸다. 조선내 무기의 반입을 금지하는 명령은 이미 雍正
연간부터 나오고 있는데, 대부분 사염의 적재와 관련되어 반입되고 있
었다. 가령 雍正 2년에는 회공하는 양선이 사염을 휴대하여 關閘에서의
조사에 응하지 않고 무기를 들고 항거하며 사람을 다치게 한 경우에 대
한 처벌규정이 정해지고 있고,[70] 雍正 3년의 상유에서는 사염의 휴대 풍

16. 3. 26(己酉),《淸實錄》37, p.325 참조]
68) 林則徐,〈稽査防範回空漕船摺〉(道光 16. 8. 25),《林則徐集》(奏稿 上), pp.343~
344. 임칙서는 오직 강력히 체포하여 懲辦하는 길만이 흉악을 그치게 할 수 있
을 것이라면서, 본년에 사단을 일으킨 水手 4명은 斬梟, 6명은 斬決, 1명은 絞決,
6명은 外遣, 4명은 充軍, 15명은 流徒, 20명은 분별하여 징계했으며, 그렇기 때문
에 본년의 양선이 水次를 출발하여 황하를 건너기까지 강남지역에서는 지난 해
보다 훨씬 안정적이었다고 한다.
69)《宮中檔財政類》15-0268-051, 道光 5. 10. 21, p.003127
70) 楊錫紱 編,《漕運則例纂》(乾隆 34 序) 卷16,〈通漕禁令〉,〈回空夾帶〉, 56b-57a
참조.

28

조를 엄금하라고 지시하면서 양선에 화포·조총·화약을 적재하는 자가
있는데, 그들은 모두 幫을 합하여 隊를 결성하고 다니며 도적질도 두려
워하지 않으니, 화포와 조총이 어디에 쓰일지 우려된다고 하고 있다.[71]
雍正 4년에도 사염과 사화의 휴대를 금지하면서 양선에 화포와 조총의
반입을 금하고 있다.[72] 각 양선마다 천총의 책임하에 조총 1정의 무기를
소지하도록 허락한 것도 당시의 상황을 잘 말해 주고 있다.[73]

그런데 道光 연대에 들어서면 무기의 반입도 대규모화하고 있는 것
으로 보인다. 임칙서에 의하면 道光 15년 조선이 회공할 때 鎭江에 주
재하면서 직접 조사했는데, 强悍으로 이름난 진강의 前後 兩幫은 들어
올 때에 선척마다 대소 무기를 수백 건 적재하고 있었다고 한다.[74] 강력
한 무장집단이 된 것이다. 이듬해 조선에 鐵匠의 탑승을 금지시킨 것도
궁여지책이었다.[75] 원래 철장은 조선에 필요한 기구를 만들기 위해 각
방마다 동승하고 있었는데, 철장이 이득을 얻기 위해 水手에게 무기를
만들어 주었던 것이다.[76] 무기의 자체 제조가 얼마나 성행했는지는 모
른다. 그러나 규모의 차이는 있을지언정 무기를 소지하는 풍조는 전체
방에 만연되어 있었다고 보아 무리는 없을 것이었다. 이는 조운총독 朱
爲弼이 鎭江 前後幫의 水手가 무기를 조선에 은닉하고 있음을 말하면
서 그 밖의 방도 마찬가지일 것[77]이라고 한 것으로 봐서도 알 수 있다.

道光 16년 직예총독 琦善의 보고는 이러한 풍조가 더욱 만연되었음
을 보여 준다. 기선에 의하면 그해에 南漕의 각방이 淮安을 통과하며

71) 《世宗實錄》 卷33, 雍正 3. 6. 20(丙戌), 《淸實錄》 7, p.508.
72) 《世宗實錄》 卷43, 雍正 4. 4. 2(甲子), 《淸實錄》 7, p.62.
73) 《高宗實錄》 卷560, 乾隆 23. 4. 7(壬戌), 《淸實錄》 16, pp.97~98 ; 星斌夫, 《交通史》, p.352 참조.
74) 林則徐, 〈稽査防範回空漕船摺〉, 《林則徐集》(奏稿 上), pp.344~345. 무기의 수색은 그 때와 장소가 미리 정해져 있다면 미리 은닉하기 쉽기 때문에 어느 곳에 停泊하건 불시에 수색해야 한다고 하고 있다.
75) 《淸會典事例》 卷208, 〈戶部〉 57, 〈漕運〉, 〈漕運雜禁〉, 道光 16年條, p.421.
76) 《宮中檔財政類》 15-0268-060, 道光 15. 11. 7, p.003152(조운총독 恩特亨額의 주접).
77) 《宮中檔財政類》 15-0266-030, 道光 15. 1. 15, pp.002651~002652.

받은 검사 결과 무기가 색출된 방이 적지 않았다는 것이었고, 직예에서 사단을 일으켜 체포된 水手들은 각기 조총, 장총, 刀鞭을 지니고 있었다고 한다. 더욱이 天津道 王允中의 보고에 의하면 진강방의 水手 陳玉堂 등을 특별심문한 결과, 강소 江都縣人 楊成은 일찍이 운하의 捕快를 지내다가 水手들과 왕래하면서 서로 사귄 사이였는데, 금년에 회안에 도착한 진강의 前後 兩幫이 무기를 모두 그에게 주어 대신 감추도록 하고 검문이 끝난 다음에 돌려 받았다는 것이다.[78]

그러하기에 陶澍도 출신이 확실하고 선량한 水手로 교체해야 한다는 상유에 대해, 갑작스런 水手의 교체는 불가능하고 점진적으로 흉악한 水手를 제거해야 한다고 주장하면서도, 흉기의 반입에 대해서는 설령 그것을 감추기만 했지 남에게 상해를 입히지 않았다 하더라도 新疆에 發遣하자고 할 정도로 엄격한 처벌을 주장하고 있다.[79]

일탈적 행동의 만성화의 또다른 현상으로 들 수 있는 것은 방끼리의 잔인한 쟁투이다. 道光 14년의 상유에 의하면 어사 章煒의 주접을 인용하여, 근일 山東 東昌府 境內에서 (安徽省의) 廬州幫의 水手가 무리를 모아 械鬪하여 수십 명이 죽은 사건이 발생했다고 하며, 양선이 통과하는 지방에 때로는 몸이나 사지가 잘라져 수면에 떠내려 오는 경우도 있는데, 이는 모두 水手의 소행이라 하고 있다. 임칙서도 이러한 흉포함은 근년에 더욱 심해졌다는 것인데, 여주방 사건 이외에도 연도에서 무리를 모아 쟁투를 시도하여 지방 문무관으로부터 진압되어 해산한 사례가 많다고 하고 있다.[80] 임칙서의 말에 의하면 당시 가장 맹위를 떨치

---

78) 《宮中檔財政類》 16-0270-042, 道光 16. 7. 9, p.000305(직예총독 琦善의 附片) 및 《宣宗實錄》 卷285, 道光 16. 7. 12(癸巳), 《淸實錄》 37, p.408.

79) 《宮中檔財政類》 16-0269-012, 道光 15. 12. 16, pp.000047~000048 ; 陶澍, 〈籌議約束水手章程摺子〉, 55b, 文海出版社, pp.744~746. 林增平은 도주의 이러한 정책이 효과를 거둬 事端이 감소했다고 한다.(林增平, 〈陶澍의 歷史業績〉, 何鵲志 主編, 《論陶澍》, 岳麓書社, 1992, p.20)《論陶澍》는 閔斗基 선생께서 1994년 湖南省을 답사하셨을 때 필자를 위해 구해 주셨기에 특기하여 감사드린다.

80) 《宮中檔財政類》 15-0266-028, 道光 15. 1. 15, p.002648(조운총독 朱爲弼의 주접) ; 林則徐, 〈嚴防糧船水手聚衆械鬪片〉(道光 14. 11. 25), 《林則徐集》(奏稿 上),

던 방은 진강의 전후 양방이었던 것 같다.

　강소성 진강의 전후 양방이 가장 兇悍하여 劫殺하고 노략질하는데 惡이
아니면 행하지를 않는다고 한다. 또 浙江 湖州府 소속의 八幇과는 쌓인
원한이 있어서 후자가 회공시 진강방의 水次를 통과하게 될 때 복수를 하
기로 했다는 소문을 듣고 지난 겨울에 신이 직접 그곳에 가서 징계의 뜻
을 보임으로써 그치게 되었다. 금년 겨울은 물이 적고 얕아 그들이 좁은
길에서 상봉하게 되면 반드시 사단이 일어날 것이다.……이에 丹徒의 境
內에 江邊의 鮎魚套 지방이 있는데, 이곳은 浙江선이 지나지 않아도 되는
곳이다. 현재 진강의 전후방이 모두 揚子江을 건너 入境했으니 그 두 방
의 선적을 鮎魚套에 진입시켜 정박하게 한 뒤 鎭江營의 參將으로 하여금
이들을 감독하게 하고 浙幇이 모두 出境한 후에 다시 수차로 돌아가게 함
으로써 충돌을 면하게 할 것이다.[81]

진강방과 호주방 간의 쟁투 관계를 언급하고 있는데, 강소순무가 직
접 그들의 충돌을 막기 위해 2년에 걸쳐 노력하고 있는 모습을 볼 수가
있다. 그 밖에 산동에서 소란을 일으킨 여주의 二幇도 연도에서 진해의
前幇, 소주의 白糧幇 등과 여러 차례 투쟁을 해 오고 있다면서, 官兵이
탄압을 하면 다행히 성사되지 않겠지만, 서로 같은 곳에 정박하지 않게
해두고, 운행도 시차를 두어 서로를 격리시킴으로써 싸우려는 마음을
막아야 한다고 하고 있다. 특히 얕은 곳은 수백 명의 인부를 고용하여
통과하는 데 몇 시간이 소요되므로 엄밀하게 防範해야 한다는 것이며,
이 때문에 자신은 丹徒에 주차하여 蘇州로 잠시 귀임하지 못하고 있다
는 것이다.[82] 강소순무가 직접 요충지에 나아가서 분쟁을 막기 위해 지
휘하고 있을 정도로 이들 방끼리의 쟁투관계는 심각했다.

　임칙서에 의하면 水手들이 사단을 일으키는 연유는 다음 몇 가지 유

---

　　pp.190~191.
81) 林則徐, 위의 글, p.191.
82) 위와 같음. 江浙 幇船의 水手가 더욱 심하다는 지적은 陶澍, 〈籌議約束水手章
　　程摺子〉, 《陶文毅公全集》卷7, 〈奏疏〉(漕務), 55b, 文海出版社, p.740에 나오는 道
　　光 15 년의 上諭도 참조.

형으로 나눌 수 있다고 한다. 앞서 언급한 기정으로부터의 운임을 색취하는 유형 이외에 棗梨와 같은 사화의 판매대금을 계산할 때 다투는 유형, 이듬해 出運을 위한 기술공(頭篙·頭繂)을 미리 확보하는데 뜻대로 되지 않으면 殘殺하는 유형(이를 '爭窩'라 한다 함), 서로 원한이 쌓인 방이 만날 때마다 양보하지 않고 쟁투하는 유형 등이 그것이다. 위에 든 진강방 등의 유형은 마지막의 범주에 드는 것인데, 규모로 보면 이들 방끼리의 쟁투가 가장 큰 것일 수밖에 없었다. 따라서 강소순무로서의 임칙서도 이에 대한 대책에 집중했던 것이다. 이들 원한이 쌓인 방들은 重運 때에는 출발이 달라 그래도 다른 방이 사이를 가로막지만, 회공 때에는 한쪽 방이 정박하는 수차에 다른 방이 경유하기 때문에 이때 복수극이 많이 벌어진다는 것이다.[83]

이들이 원한 관계를 갖는 요인에 대해서는 임칙서는 언급하고 있지 않지만 적어도 이들 船團은 거대한 남북 상품 流通團이었기 때문에 각종 이권이 개재되고 있었을 터이고, 이를 둘러싸고 쟁패가 벌어질 것임은 충분히 짐작할 수 있다. 이렇게 보면 임칙서가 들고 있는 방끼리의 쟁투 요인의 상당 부분이 경제적 요인과 그에 따르는 치열한 경쟁적 상황이라고 해도 틀리지 않을 것이다. 陶澍도 水手의 쟁탈과 '仇殺'은 본래 '爭窩'에서 비롯된 것이라고 하고 있다.[84] 유능한 뱃사공을 구하는 것은 곧 시일을 다투는 조운의 성패와 관련되고, 이는 곧 그들의 수입과도 직결되기 때문이다.

운도가 자주 막히는 상황에서는 더욱 그러했다. 예컨대 道光 15년 어사 岳鎭南의 주접에 의하면 통주의 東關沿河 일대에서 윤6월 초에 鳳中幫과 鎭江幫이 서로 다투어 여러 명을 살해하는 사건이 발생했다는 것인데, 이에 대한 직예총독 琦善의 진단에 의하면 근래에 조선들이 기한에 맞춰 황하를 건너지 못하기 때문에, 뒤늦게 건너는 방들은 매번

83) 林則徐, 〈稽查防範回空漕船摺〉(道光 16. 8. 25), 《林則徐集》(奏稿 上), p.344.
84) 陶澍, 〈籌議約束水手章程摺子〉, p.744.

7, 8월 사이에 직예의 경계에 한꺼번에 몰려 북상하게 마련이고, 이 틈을 타 사단이 일어나기 쉽다는 것이다.[85] 운도의 상황이 방끼리의 쟁투를 더욱 악화시킨 또 하나의 요인이었다.

Ⅳ. 羅敎와 水手 조직

위에서 살펴보았듯이 水手 집단의 일탈적 행동이 일상화되었다면 운관이나 운군이 수적으로 압도적 다수인 이들을 통제할 수 있기를 기대한다는 것은 무리일 것이다. 이러한 사정은 가령 乾隆 23년 楊錫紱이 주접에서 "모든 배의 水手가 도둑인데 기정이 이를 보고하지 않으려 한다"는 것이며, 또 "이웃 배가 비상을 당해도 구호하려 하지 않는 것이 관례가 되어 있는데, 이는 후일의 보복을 두려워하기 때문"이라 하고 있는 데에서 잘 나타난다.[86] 여기에서 도적이란 말은 조량을 盜賣하고 민간에 대해 약탈하는 水手를 의미하는 것만은 아닐 것이며, 水手의 성분이 '匪徒化'되었음을 아울러 지칭한다 할 것이다. 이렇게 '비적화'된 水手집단을 운관이나 기정은 통제할 힘이 없을 뿐만이 아니라, 오히려 그들에게 통제받게 된 사정을 말하는 것이다. 보복을 두려워하여 이웃 배의 조난을 못 본 체 지나갈 때, 운관으로서의 자긍심은 이미 상실된 지 오래되었을 터였겠지만, 한편으로 이들 水手 집단이 얼마나 강력한 상호 결속력으로 응집되어 있으며, 강력한 지휘자에 의해 영도되고 있는가를 짐작하게 한다.

水手집단의 비도화 내지는 비도와의 연계에 대한 우려는 건륭연대 후반쯤부터 자주 나타나고 있는 것으로 보인다. 가령 건륭 39년에 도적[賊人]이 무기를 들고 회공선이 경과하는 壽張縣城에 잠입하여 아문을

포위하고 창고를 점거하는 사건이 벌어졌는데,[87] 이에 대해 철저한 조
사를 촉구하고 있는 고종은 壽張 일대에 있는 방선은 水手를 이곳에서
고용함으로써 '賊匪'들이 잠입하게 하면 안 된다고 하여 경계하고 있
다.[88] 건륭 59년 浙江의 湖州 幇船이 산동의 濟寧에서 정박중에 잠입한
'도적' 3, 4명에 의해 약탈을 당했는데, 이 사건을 두고 裴靈額은 奏議에
서 매선 30, 40명이나 되는 水手 등의 눈을 피해 도적이 잠입했다는 것
은 모두 배를 떠나 감시를 소홀히 했거나 비도가 내부에 잠입했기 때문
일 것이라 하고 있다. 연도에서 견부가 많이 고용되기 때문에 충분히
비도의 잠입 가능성이 있다는 것이다.[89]

이러한 우려는 嘉道期에 들어오면 더욱 심화된다. 嘉慶 3년 조운총
독 富綱의 보고에 의하면, 조그만 배를 타고 방을 좇아 다니면서 화물
을 실을 때마다 사취하고 음식을 빼앗는 '匪徒' 熊圖發을 체포하고 있
다.[90] 嘉慶 5년 鐵保는 "조선이 지방을 통과할 때 지금까지 無賴와 棍徒
가 水手와 결탁하여 임금을 강제로 올리고 심지어는 배를 부수고 소란
을 일으키니 지방관에게 엄히 조사하여 처리하도록 해야 할 것"이라 하
고 있다.[91] 無賴·棍徒[92]까지 水手와 결탁하여 운임의 索取에 가담하고
있다는 것이다. 嘉慶 20년, 한 급사가 주접도 비도들이 사사로이 무리
[黨與]를 결성하여 방을 따라다니며 舵工·水手와 결탁하여 詐取하고 사
단을 일으킨다고 보고하고 있다.[93]

道光 연간의 순무들은 각성의 조선들이 모두 出境할 때마다 水手들
의 안정을 보고하고 있는데, 그 보고 속에는 운하 연변의 遊幇의 匪徒

---

87) 《高宗實錄》 卷966, 乾隆 39. 9. 5(乙卯), 《淸實錄》 20, p.1112.
88) 《高宗實錄》 卷966, 乾隆 39. 9. 6(丙辰), 《淸實錄》 20, p.1114.
89) 《高宗實錄》 卷1453, 乾隆 59. 5. 20(丙午), 《淸實錄》 27, pp.365~366.
90) 《宮中檔財政類》 11-0189-045, 嘉慶 3. 2. 6, p.001764.
91) 《皇朝政典類纂》 卷53, 〈漕運〉 6, 〈漕船〉, 〈約束水手〉, 4b, p.130.
92) 청대 棍徒(無賴)의 종류와 개념에 대해서는 陳寶良, 《中國流氓史》(北京, 1993),
    pp.272~315 참조.
93) 《仁宗實錄》 卷309, 嘉慶 20. 8. 12(甲子), 《淸實錄》 32, p.105.

들과 결탁하고 있지 않다는 말이 항상 들어가 있다. 물론 출발한 직후이기 때문에 이렇다 할 사건이 일어날 가능성은 희박하여 무사하다는 보고가 대부분이다.[94] 비도와의 결탁을 걱정하고 있는 것이다.

道光 15년, 급사중 周開麒의 주접은 강절 양선의 水手들이 羅敎의 老官의 지휘하에 사단을 일으키고 있으니 이를 엄하게 다스려야 한다면서 다음과 같은 정황을 전하고 있다.

> 양선의 水手 외에 또 無籍遊匪가 있는데, 이들은 短縴을 핑계삼아 숙식을 선내에서 하고 있다. 이들 遊匪는 많으면 각선의 水手보다 몇 배에 이르는데 모두 鹽梟劫盜들이며, 도둑질을 한 후에 도피하기 위해 入敎하여 그 비호를 받고 있다. 따라서 이들은 연도에서 거침없이 탈취하고 싸움을 벌이며 기정은 그들의 挾制를 받고 해당 관리들도 단속할 수 없다. 단지 老官師父만이 처벌할 수 있어서 감히 (이에) 위반하거나 범하지 못한다. 遊匪는 水手의 지휘를 받으며, 水手가 무리를 모을 때 遊匪에게서 도움을 얻지 않음이 없다.[95]

遊匪 혹은 鹽梟와 水手의 결탁관계를 말하고 있거니와 조선은 이들 遊匪의 도피처가 되고 있을 뿐만이 아니라 기정은 그들의 통제를 받고 있다는 것이다. 이에 대한 상유는 관리들도 그들의 수에 밀려 묵인할 뿐 감히 체포하지 못하고 비도들은 더욱 흉악해짐이 거리낌이 없으니 실로 동남 漕務의 '좀벌레'라는 것이고, 따라서 이를 통렬하게 정돈하여 行旅를 편하게 하고 거주민을 안전하게 해야 한다고 하고 있다.[96] 동남 漕務의 핵심적인 사안의 하나로 떠오른 것이다. 같은 해에 임칙서도,

---

94) 가령, 浙江순무 劉彬士의 주접(《宮中檔財政類》 15-0259-005, 道光 10. 3. 28, p.001149) ; 강서순무 吳光悅의 주접(동상, 15-0259-019, 道光 10. 4. 19, p.001181 및 0260-045, 道光 11. 3. 22, p.0014140 ; 산동순무 納爾經額의 주접(동상, 0259-052, 道光 10. 6. 17, p.001263) ; 호북순무 楊懌曾의 주접(동상 0260-038, 道光 11. 3. 6, p.001399) 등 참조.

95) 《宮中檔財政類》 16-0269-014, 道光 15. 12. 20, p.000055(浙江순무 烏爾恭額의 주접). 《宣宗實錄》 卷270, 道光 15. 8. 30(丙戌), 《清實錄》 37, p.164.

96) 위의 실록 및 위 《宮中檔財政類》, pp.000055~000056.

연안의 游幫 비도는 가령 短縴이나 短橛에 종사하는 무리로서 모두 방에 따라다니는데, 혹은 放散風, 혹은 青皮라 하며 모이고 흩어짐이 無常하여 가장 조사하기 어렵다. 대체로 搶竊刦殺 사건은 游幫者의 소행이 더 많다. 그러나 양선의 水手 중에는 아마도 이들과 더불어 비밀히 결탁하는 자가 있어 그들 비도는 더욱 믿는 바가 있다. 總運과 幫弁에게 책임을 지워 旗丁·頭舵人 등과 더불어 때때로 엄격히 검사하여 만약 游幫에 사단을 일으키는 사람이 있으면 즉각 연도의 주현의 營汛에 알려 체포하도록 해야 한다.[97]

조운의 운송을 담당하지 않는 한가로운 游幫이 短縴에 종사하는 匪徒의 거점이 되어서 搶刦사건을 일으키고 水手와 결탁하고 있다는 것이다.

道光 17년 浙江巡撫 烏爾恭額의 주접도 비슷한 사정을 전해주고 있다. 이들 비도는 배에 은닉하여 水手로 가장하기도 하며 연안에 흩어져 短縴에 가탁하기도 하기 때문에 水手와 短縴에 腰牌를 차게 함으로써 연도에서 수시로 검사할 수 있도록 해야 한다는 것이다.[98]

이렇게 보면 원래 원적지가 분명한 숙련 뱃사공으로 충당되어야 하는 水手가 無籍의 '貧民'으로 충당되다가 점차 '匪徒', '棍徒'에 잠식당하여 嘉道期에 들어서면 水手와 견부가 이들 '비도'와 확실한 구별이 없는 상태로까지 된 것이다. 위에서처럼 유방의 '水手'들이 '비도'가 되고 있다면 이들 간의 구별이란 고용되었느냐의 여부에 불과하다고 해도 과언이 아닌 것이다. 水手도 언제든지 '비도'가 될 수 있는 것이다. 이들은 다 같이 운하 연변에서 조선에 생계를 기댈 수밖에 없는 존재라는 점에서 둘의 구별은 그다지 의미가 없다고 할 것이다. 물론 관의 입장에서 보면 水手집단에 '匪徒'들이 잠입하고 상호 연계 속에서 활동함으로써 그들이 더욱 흉포해진 것으로 이해하게 될 터였다.

그런데 앞서 給事中 周開麒의 주접에서 말하고 있듯이 遊匪가 양선

---

97) 林則徐, 〈籌議約束漕船水手章程摺〉(道光 15. 11. 25), 《林則徐集》(奏稿 上), p.314.
98) 《宣宗實錄》卷293, 道光 17. 1. 9(丁亥), 《清實錄》37, p.537.

내에서 숙식을 하며 악행을 저지른 후 入教하여 보호를 받으며 입교자
들은 老官만이 처벌할 수 있다든지, 이웃 선단이 비상을 당해도 보복이
두려워 구제하지 못한다는 대목은 바로 水手집단 혹은 '비도'들이 나교
를 중심으로 결집해 있음을 말해 주는 것이다. 道光 5년 어사 王世紱의
주접에 의하면,

　　각 양선의 舵工과 水手는 潘安, 老安, 新安이라는 三教를 세우고 있는
　데, 제사지내는 神의 이름은 羅祖라 한다. 각 教에는 '老官'이라는 '主教'가
　있으며, 각 幇에는 老官船 1척이 있어 羅祖를 供設한다. 입교하는 자는 노
　관에 절을 하고 스승으로 모신다. 각 선의 水手는 聯名資助한다. 三教를
　합하면 4만, 5만 명을 넘는데 연도의 縴手는 이에 포함시키지 않은 수치
　이다. 水手의 고용가는 이전에는 1량 2전에 불과했는데, 근년에는 기정을
　挾制하여 일인당 2만, 3만(20, 30량)을 뜯는다. 꼬리를 물고 전진할 때 갑
　자기 정박하여 노관이 溜子라는 한 장의 종이를 건네주어 (水手의) 雇價
　를 증액해 줄 것을 요구하면 기정은 따르지 않을 수 없다. 水手가 사단을
　일으키면 반드시 노관에게 보내어 다스리는데, 가벼우면 벌을 받고 무거
　우면 즉시 처형하여 물속에 가라앉힌다. 연도에서 縴手를 招雇하는 데는
　반드시 (노관의) 추천을 받아야 하는데, 일찍이 械鬪에서 부상을 얻은 자
　를 두목으로 삼는다. 쟁투가 있어 붉은 젓가락(紅箸)으로 신호를 보내면
　사람들이 즉시 모인다. 新安教에 匪徒가 더욱 많다.[99]

나교에는 세 교파가 있는데, 각 교파에는 '노관'이라는 主教가 있어
기정에게 水手의 임금을 증액해 주도록 강요하며 水手에 대한 징벌권
을 가질 뿐만이 아니라 견부와 水手(縴手)를 고용하는 데에서도 추천권
을 갖고, 쟁투가 있을 때는 이를 지휘하기도 하는 절대적인 존재라는
것이다. 이 교단에 가입한 水手도 연도의 縴手를 제외하고 4만, 5만 명
을 넘는다 하니 강남의 거의 모든 水手는 나교에 가입했다고 해도 과언
이 아니다. 말하자면 水手들은 자신들에게 편안한 보금자리를 제공하

---

　99) 《宮中檔財政類》 14-0248-050, 道光 5. 7. 27, pp.002265~002266(하남순무 程祖
　　洛의 주접); 《皇朝政典類纂》 卷53, 〈漕運〉 6, 〈漕船〉, 〈約束水手〉, 5a, p.131.

는[100] 나교를 중심으로 강력한 結社를 조직하고 있었던 것이다.

이보다 앞서 嘉慶 20년 조운총독 李奕疇는 어사 胡承珙이 나교와 노관에 대해 고발한 것에 대해 이들을 철저히 단속할 것임을 말하면서, 조선에 나교가 전교될 수 있는 까닭을 다음과 같이 말하고 있다.

> 기정이 重運을 이끄는데 부유한 방은 결단코 '無籍匪徒'를 받아들여 방에 숨기지 않는다. 단지 한두 빈핍한 방이 水手들의 임금과 식량이 종종 부족하고 빚을 갚지 못하여, 그들 水手들이 오랫동안 (서로 나교에) 이끌고 들어가 웅거[盤踞]하기에 이른 것이다. 기정도 그들의 통제를 받지 않을 수 없다.[101]

곤궁한 방의 水手들의 빈핍이 나교와 결합하게 했다는 것이다. 방마다 빈부의 차이가 나게 마련이지만,[102] 이 시기에 가난한 방이 한두 방에 불과했을 리는 없을 터였다.

원래 나교는 羅淸(羅祖)이 세운 불교계통의 교파로서, 나청은 산동 출신으로 한때 水手였다고 한다. 명말부터 그의 제자들이 水手에게 전교를 하여 17세기 중반에는 운하의 종점인 항주에, 18세기 초에는 소주에 대규모 근거지가 형성되어 1768년 건륭제의 탄압으로 파괴될 때까지, 조운을 마치고 돌아와도 고향에 돌아갈 방도가 없는 水手들에게 보금자리를 제공하고 있었다.[103]

---

100) 水手는 매년 회공한 뒤에는 해산되는데 이들은 모두 항상 羅敎의 암자에서 기거하게 된다고 하며, 이것이 그들이 羅敎에 귀의하게 되는 유래라고 한다.(《史料旬刊》第12期, 乾隆 33. 11, 崔應階의 주접, 星斌夫, 《交通史》, pp.309~310에서 재인용)

101) 《宮中檔財政類》 13-0224-037, 嘉慶 20. 10. 21, pp.001215~001216(조운총독 李奕疇의 주접).

102) 幇끼리의 貧富 차이에 대해서는, 表敎烈, 〈淸代 前期 漕運의 弊端—運軍의 存在樣態를 중심으로〉, p.1486 참조. 강소 지방의 각방이 받는 錢糧의 차이에 대해서는 《宮中檔財政類》 11-0192-021, 嘉慶 4년, pp.002103~002104(조운총독 蔣兆奎의 주접) 참조.

103) Kelly, David E., "Temples and Tribute Fleets ; The Luo Sect and Boat-mens's Associations in the Eighteenth Century", *Modern China*, Vol. 8-3, July, 1982, pp.361~365.

陳文述의 다음 기술은 水手집단이 나교에 귀의할 수 있었던 요인이
어디에 있는가를 나교의 來源을 통해 잘 설명해 주고 있다.

　(조선에는 水手의 領袖인) 攬頭 외에 또 두 종류가 있는데 하나는 老鸛
(老官, 老菴)이고 하나는 拜師(新菴, 潘菴)이다.……老菴의 선조는 본래 翁
錢 二姓으로 조선이 北運하는 초창기에 이 두 사람이 연도에서 남을 위해
治病을 해주고 약을 주며 경을 읽고 기도를 해주며 사람들에게 持齋하고
법을 지키도록 권고하며, 사람이 죽으면 추렴하여 묻어주니 (水手들이)
오랫동안 솔선하여 귀의해 왔다. 지금도 翁錢 두 성의 무리들은 그 가르
침을 지켜 범인이나 사단을 일으키는 사람은 받아들이지 않으며, 소속된
水手는 (그러한 규율의) 단속에 따른다. 이것이 老菴이다. 潘菴은 음주·도
박에 음란한 짓과 도둑을 일체 금하지 않는다. 따라서 사람들이 즐거이
따른다. 악을 쌓은 교활한 도적이나 반란사건의 도망범, 오랫동안 誅殺을
기다리는 巨盜, 살인하고 망명한 凶徒들이 모두 섞여 있다. 따라서 老官
소속이 拜師者들보다 현명하다. 그런데 금년 嘉白幫(嘉興白糧幫)에서 살
인한 자는 老鸛의 무리였으니, 그 모두 믿을 수 없다. 糧船의 頭艙을 소굴
로 삼아 무기와 贓物이 없는 것이 없으니, 마땅히 이때를 틈타 깨끗이 씻
어내야 한다. 여비를 주어 스스로 흩어지게 해야 한다.[104]

　여기에서는 앞의 王世紱과는 달리 나교를 老菴(安)과 新菴(安：潘
菴)의 두 교파로 파악하여, 老菴派는 潘菴派와는 달리 부정한 범죄집단
이 아니라 결백하고 규범을 지키는 사람들만이 가입할 수 있고 治病 등
을 해주는 일종의 자선단체의 성격을 띠고 있었으며, 지금까지도 그 전
통의 일부는 살아있다고 파악하고 있다.[105] 물론 이제는 그러한 구별이
없어지고 潘菴과 마찬가지로 범죄의 소굴이 되었다는 것이지만, 이와
같은 상호부조의 성격 때문에 당국의 탄압을 받으면서도 나교와 水手
와의 관계는 嘉道期에 들어와서도 지속될 수 있었다. 1768년 이후에도

---

104) 陳文述,〈造船遞年減造議〉,《經世文續編》47, 30a-b, pp.5109~5110.
105) 羅敎의 유래와 水手의 관계, 翁錢二幫과 潘門에 대해서는 周育民,《中國幫會史》
　　(上海, 1993), pp.26~41 ; 鈴木中正,《中國史における革命と宗敎》(東京大, 1974),
　　pp.190~202 등 참조.

가령 道光 15년 안휘순무대리 佟景文에 의하면 "종전에 안휘성의 正觀
門, 康濟門 바깥에 '水手公所'가 있어서 회공하는 양선의 '謝神'과 연로
한 水手들의 휴식처가 되었는데, 嘉慶 20년과 道光 5년 두 차례에 걸쳐
단속하여 건물을 팔고 公所의 이름을 쓰지 못하게 하였다"면서, 이제
다시 옛 관행을 답습할까 두려우니 관원을 파견하여 엄밀히 조사하여
금지시켜야 한다고 하고 있다.[106] 강절 지방뿐만이 아니라 안휘성에서
도 단속에도 불구하고 '水手公所'가 운영되고 있었으니, 水手公所는 곧
나교의 水手結社를 지칭한다 할 것이다.

이렇게 공고한 결속력을 바탕으로 나교 조직은 앞서 본 대로 강절 지
방의 대부분의 水手를 포용할 수가 있었다고 한다면, 이는 곧 인력시장
을 장악하고 있었다는 말도 될 것이다. 노관이 水手의 인사권 문제에
관한 한 지속적인 권위를 가질 수 있었던 요인은 바로 여기에 있었다
할 것이다. 운관이나 기정들은 기술을 요하는 험한 곳을 통과해야 하고,
조운을 기일에 맞추어 원할하게 수행하기 위해서는 절대적으로 숙련된
기술자들을 필요로 했다. 佟景文에 의하면 布政使署理 周天爵과 安察
使署理 胡調元의 말을 인용하여, 안휘 지방에서는 숙련된 뱃사공들이
부족하여 산동 등의 타성 출신을 고용할 수밖에 없는데, 따라서 그 가
운데 일부는 老官師父가 불가피하게 水手를 대신 고용할 수밖에 없는
사정[勢]이라 하고 있다. 동경문은 노관이 선발권을 주지할 수밖에 없
는 연유를 좀더 구체적으로 다음과 같이 말하고 있다.

　(그것은) 게으른 기정[惰丁]이 스스로 운송하지 않고, 새로운 기정[新丁]
은 운송에 익숙하지 않기 때문이다. 게으른 기정은 본성이 안일을 추구하
여, 매번 조량의 인수[交兌]가 끝나면 '包費'를 의논하여 정하고 선척을 통
주까지 운송하는 일을 다른 사람에게 위탁하여 인계하는데, 이것을 '包丁
帶舵'라 한다. 새로운 기정은 그때그때 조운을 담당할 기정에 뽑히는데,
운송이 생소하기 때문에 또한 水手를 招募할 권한을 다른 사람에게 맡긴
다. 이것이 老官師父가 좌지우지할 수 있는 유래다. 게다가 숙련된 기정이

---

106)《宮中檔財政類》15-0268-059, 道光 15. 11. 7, pp.003145~003146.

라 하더라도 고용하는 水手 역시 모두 스스로 모집하는 것이 아니다. 外地 사람은 그 내력을 알 수 없어 자칫 匪類를 부를 수 있고 더욱이 배를 잘 몰지 못할까 두렵기 때문에 매번 頭舵, 網司에게 대신 선발하도록 맡긴다. 이것은 비록 老官師父가 주지하는 것은 아니지만 이 또한 폐단이 없을 수 없다.[107]

기정이 미숙한 대리인[包丁]을 내세우기 때문에 水手 선발권은 타인에게 위임될 수밖에 없고, 숙련급 기정이라 해도 외지인을 선발할 경우 그 출신성분이나 숙련도를 알 수 없기 때문에 또한 타인에게 위임될 수밖에 없는 구조라는 것이다. 노관이 水手 선발권을 장악하고 있는 것은 이러한 구조적 요인 때문이기도 했으니, 결국은 인력이 풍부한 나교집단에 의존할 수밖에 없는 것이었다.

이렇듯 水手집단은 나교조직의 보호하에 운군뿐만이 아니라 선단을 장악하고 있었다.[108] 앞서 보았듯이 노관의 활동 가운데 가장 두드러지는 측면이 임금인상이나 수당확보 투쟁에 있었으며, 노관이 水手들의 임명권을 실질적으로 행사하고 있었다고 한다면, 이는 나교가 水手에게 안식처를 제공하는 전통적인 구제행위뿐만이 아니라, 임금인상을 위해 투쟁하고 노동조건을 개선해 주며 일자리를 마련해 주는 데까지 발전한 것이다. 이렇게 보면 노관은 水手집단에게는 종교적 권위와 함께 세속적 권위까지 겸비한 절대적인 존재였던 것이다.[109] 따라서 기정이나 운관들이 노관에게 통제당하고 있는 것은 水手의 압도적 숫자의 위세에 눌린 탓이기도 하겠지만, 그러한 권위에서 비롯된 측면도 있다

---

107) 《宮中檔財政類》 15-0268-059, 道光 15. 11. 7, p.003146 ; Kelly, "Sect and Society", pp.214~218도 참조.
108) 淺井紀에 의하면 羅敎는 無極正派와 靈山正派로 나뉘는데, 후자는 老官齋로도 불렸으며 건륭 13년에 복건성에서 미륵불의 下生을 주장하며 봉기하고 있다고 하여 이를 민중봉기와 관련있는 계파로 규정하고 있다.[〈羅敎の繼承と變容－無極正派〉, 《和田博德古稀記念明淸時代の法と社會》(東京, 1993) 참조.]
109) 켈리는 노관의 권위는 두 가지에서 비롯된다고 한다. 하나는 고용조건 협상 뒤 조직을 제공하고 통제하는 노동자의 우두머리라는 점이고, 다른 하나는 교주로서 인정받는 데에서 기인하는 것이라 하고 있다.(Kelly, "Sect and Society", p.186.)

할 것이다.

水手집단 간의 쟁투는 道光 5년 운하의 막힘이 주요한 계기가 된 것 같다. 水手의 운송작업이 어려워지고 일거리가 줄어들자 이것이 생활과 밀매활동에 영향을 주어 경쟁이 심각해지면서 일련의 소동이 일어나고 있는 것이다. 이전과는 달리 老安幇과 潘安幇 사이의 경쟁이 필사적이고 철저한 쟁투로 변질되고 있었다.

그해 봄 潘安幇과 老安幇 간에 8척의 新船의 점유권을 둘러싸고 老安幇이 嘉興의 潘安幇을 공격함으로써 潘安幇 水手 40, 50명이 살해되거나 추방되는 대규모의 械鬪가 일어난 것이다.[110] 같은 해 御史 錢儀吉이 浙江의 水手들이 여러 명을 慘殺했음을 말하면서 이는 '爭敎' 때문에 일어난 것이라 하고 있고, 또 浙江省의 水手들이 근년에 老安敎·潘安敎 등을 세우고 번번이 紛亂을 일으키곤 했는데, 이번에는 水次에서 兩敎가 며칠 밤낮에 걸쳐 무기를 들고 살인을 하며 뭍으로 도망을 가면 쫓아가 죽였다는 보고[111]는 바로 이 사건을 가리킨 것으로 보인다. 新船의 확보는 水手들의 일자리와 활동을 넓힐 수 있는 중요한 이권이었던 것이다. 주목되는 것은 이 쟁투에는 전해에 해고된 실업자들과 이듬해 실시될 해운으로 실직이 예상되는 水手들이 참여했다는 점이다.[112]

道光 5년 浙江省의 두 방 간의 쟁투는 3년 뒤인 道光 8년의 복수극으로 이어졌다. 嘉興 白糧幇의 潘安 水手 가운데 한 사람인 王大小가 통주에서 술취한 臺州 前幇의 노안파 水手에 의해 맞아죽자, 이 소식을 들은 潘安 지도자 楊德이 臺州幇을 공격하여 老安幇의 水手를 살해했고, 이틀 뒤 處州 後幇을 공격하여 潘安幇의 水手를 살해하거나 내쫓고 있다.[113]

같은 방 내에서도 분란이 나타났다. 道光 15년 산동순무 鍾祥은 廬州

---

110) 周育民, 앞의 책, pp.39~40 ; Kelly, "Sect and Society", pp.286~291 참조.
111) 《宣宗實錄》卷80, 道光 5. 3. 24(辛亥), 《淸實錄》34, p.297.
112) Kelly, "Sect and Society", p.287, 293.
113) *Ibid.*, pp.293~294 참조.

二幇의 石安派 水手 王汶擧가 산동의 淸平縣에서 많은 老安派 水手를 살해한 사건에 대해 보고하고 있다. 鍾祥은 翁安, 錢安, 潘安의 3교를 설명하면서 앞 두 교가 합하여 老安이 되었고, 潘敎는 新安이라고도 하는데, 노안에서 다시 石安의 한 지파가 나왔다는 것이다. 당시 廬州 二幇의 배는 모두 44척으로 25척이 石安에 속하여 王汶擧 등을 우두머리 [會首]로 하고 있었고, 19척은 노안파 소속으로 楊萬春을 우두머리로 삼고 있었다. 양파는 서로 잘 지내왔는데, 양만춘이 우두머리가 되어 모든 방선을 장악하려 하면서부터 양파는 혼단이 벌어지게 되었고, 道光 14년 북상 때부터 여러 차례 다투어 원한이 날로 깊어가 결국 8월 회공시에 석안파 왕문거가 노안파를 몰아내고 19척의 선적을 빼앗는다는 것이다.[114] 여기에서도 선단을 장악하려는 의도에서부터 분규의 발단이 되고 있었다.

　　나교의 水手집단은 임금투쟁과 같이 외부집단과 갈등이 벌어질 때에는 공통의 의식과 목표를 가지고 자기 동질성을 확인할 수 있었는데, 道光年경부터 이권쟁탈이 심화되면서 내부에 분열이 생기고 갈등이 심화된 것이다.[115]

V. 水手 대책과 관리들의 태도

　　마지막으로 水手들의 일탈적인 행동에 대한 관리의 태도를 살펴보자. 水手와 운관들과의 관계는 한편으로는 상호 의존적이었기 때문에 그들의 묵인하는 태도는 충분히 이해가 간다. 그런데 연도의 문무 관리들이 조선의 행패를 탄압하지 못하는 데에도 나름대로의 충분한 이유

---

114) *Ibid,* pp.295~297 ;《宮中檔財政類》15-0266-031, 道光 15. 1. 20, pp.002659~
　　002662 참조.
115) 켈리는 그럼에도 불구하고 조직이 상당기간 지속되고 적응할 수 있었던 것은
　　水手집단의 이중적 성격, 즉 종교적 단체이자 공통의 직업 단체라는 성격에서
　　비롯된다고 한다.("Sect and Society", p.304)

가 있었다. 嘉慶 초에 쓰인 것으로 보이는 글에서 王芑孫은 조선이 연도에서 강을 막고 금전을 탈취하든가 배를 빼앗아 기물을 훼손하며 商民을 괴롭히고 官長에 항거하는데, 문무 관리가 이를 탄압하지 못하는 것은, '天庚'임을 의지하여 구실로 삼고 漕督을 護符로 삼기 때문이라는 것이다.[116] 그런데 無賴와 棍徒가 水手와 결탁하여 소란을 피운다는 鐵保의 상주에 대한 상유는 그들이 소란을 피우는 것은 문무 지방관이 구태의연하고 병사들이 해이한 데에서 연유하는 것이라고 하고 있다. 만일 사단이 생기면 임의로 미봉하여 사건을 축소시킴으로써 거리낌없이 제멋대로 일을 처리한다는 것이다.[117] 그러니까 이제는 '天庚正供'의 위세에 눌려 기능을 발휘하지 못하는 것이 아니라 미봉책만 추구하고 어떻게든 사건을 축소하려고만 하는 관리들의 무사안일주의적 태도에 그 요인이 있다는 인식이다.

道光代에 들어서면서 그러한 관료계의 태도는 더욱 심했졌던 것으로 보인다. 가령 道光 5년 程祖洛도 관료들은 '조운을 그르친다'는 말을 평계삼아 (사건을) 없애려는 데에 뜻을 두는데, 사실은 (자신의) 처벌을 피하고 단지 운행이 무사하기만을 도모할 뿐 (그러한 행동이) 우환을 끼치는 것임을 생각하지 않는다[118]는 비판도 그러한 맥락과 닿는다. 같은 해 어사 錢儀吉이 浙江水手들의 난동을 보고하는 주접에서도 관리들의 그러한 태도가 비난받고 있다. 여러 날 동안 낮에도 성문을 닫는 상황임에도 불구하고 해당 府縣의 군대[營汎]는 앉아서 바라볼 뿐 無策이며, (출동한) 병정들도 누구 하나 배에 올라가 체포하는 자가 없고 해산하도록 종용하는 일도 없다는 것이다.[119] 이는 물론 앞서 보았듯이 나교 水手집단의 위세를 말해 주는 것이기도 하겠지만, 동시에 당시 관료계의 실상을 그대로 보여 주는 대목인 것이다.

116) 王芑孫, 〈轉般私議〉, 《經世文編》 47, 6a, p.1643.
117) 《皇朝政典類纂》 卷53, 〈漕運〉 6, 〈漕船〉, 〈約束水手〉, 4b, p.130.
118) 《宮中檔財政類》 14-0248-050, 道光 5. 7. 27, pp.002270~002271.
119) 《宣宗實錄》 卷80, 道光 5. 3. 24(辛亥), 《清實錄》 34, p.297.

道光 15년 조운총독 朱爲弼이 廬州 二幇의 소요사태에 대한 대책을 말하면서, 다음과 같이 지적하고 있다.

법은 엄하지 않을 수 없다. 그러나 水手가 溜子를 전달하여 무리를 모으는 풍속이 여전히 그치고 있지 않으니, 그 원인을 캐보면 모두 漕務를 맡는 관원들이 단지 (조운의) 재촉만을 도모할 뿐 힘써 정돈하지 않기 때문이다. 지방관도 일이 漕務에 속한다고 생각하고 책임을 미루고 관망만 하니, 관용으로 참을 때마다 鉅案을 양성한다.[120]

道光 15년 관련 지방관들에게 水手대책을 세우라 지시하는 상유에서도 水手가 발호하고 기정이 통제를 당하는 요인을 각급 관리들의 무사안일주의에서 찾고 있다.

듣건대 水手는 모두 籍貫이 없는 匪徒로서 성질이 사나운데, 이는 모두 習敎하는 老管師父가 (이들을) 고용하여 배에 오르기 때문이다. 각 당파들은 무리를 믿고 강한해져 중도에서 서로 싸워 살상하거나, 행인을 겁탈하는 일이 자주 보인다. 가령 지난해 산동의 淸平縣 지방에서 廬州 二幇 水手 王汝擧 등이 많은 사람을 싸워 죽였고, 금년 봄에 진강 전후방의 水手는 다시 무기를 숨기고 火器를 쏘았다. 각 사건은 모두 旗丁이 挾制를 받고 있기 때문이며, 연도의 주현과 營汎의 각 관리들 또한 조선의 운행시 정박을 허락하지 않으니, 싸움이나 겁탈사건이 있어도 단지 사태를 끝내고 조운이 잘못되지 않게 되기만을 바라고 있다. 이로써 큰 사건을 축소하고, 있는 사건도 없는 것으로 만드니, 주민과 상인, 여행자들이 받는 피해가 실로 얼마인지 알지 못한다. 이러한 積習이 이어져 와서 심히 통한할 따름이니, 사후에 처벌하느니보다 미연에 우환을 막는 것이 낫다.[121] (밑줄 필자)

運弁이나 기정은 물론이려니와 연도에 있는 군대의 員弁들도 械鬪나 搶劫 사건이 일어나면 단지 일이 빨리 끝나고 조선의 운행에 지장이 없

---

120) 《宮中檔財政類》 15-0266-028, 道光 15. 1. 15, pp.002648~002649.
121) 《宮中檔財政類》 15-0268-059, 道光 15. 11. 7, pp.003144-003145(안휘순무대리 佟景文의 주접). 이 상유문은 조운총독 恩特亨額, 양강총독 陶澍, 강소순무 林則徐 등 조운 관련 지방관의 주접문에 거듭 나오고 있다.

게 되기만을 기다리기 때문에, 큰 사건은 작은 사건이 되고, 있었던 일이 없던 일이 되고 만다는 것이다. 관리들의 무사안일주의적 태도가 근원적인 요인이라는 것이다. 임칙서도 水手들의 흉폭함의 근본적인 원인은 관리들이 어려움을 두려워하고 무사함만을 추구하는 데 근본적인 문제가 있다면서, 하나는 그들의 인원수가 많은 것을 두려워하기 때문이고, 다른 하나는 조운이 잘못될 것을 두려워하여 단지 일이 끝나기만을 도모하기 때문이라고 한다.[122]

陳文述의 다음과 같은 고발은 당시 水手집단의 발호와 관리들의 태도가 어떠했는지 단적으로 나타내 준다.

　　금년은 嘉白幇(嘉興白糧幇)의 水手가 셀 수 없을 정도로 많은 사람을 살인했는데, 官府 앞에서 사람을 육시를 해도 감히 누구냐고 묻지 못한다. 호남 방의 水手가 幇官을 구타하여 부상을 입혀 범인이 구속되었는데, 江西幇의 水手가 그를 탈옥시키는데도 누구냐고 감히 묻지를 못한다.[123]

가히 무정부상태였던 것이다.

이러한 소극적 태도 외에 더욱 적극적으로 水手와 결탁하는 경우도 종종 보고되고 있다. 가령 앞서 인용한 운하의 포졸[捕快]이었던 楊成이라는 자가 淮安에서의 무기검사 때에 진강의 전후 양방의 무기를 대신 감추어 준 사례는 대표적인 예이다. 硃批와 諭旨에서 道光帝는 '관리'로서 무기를 대신 은닉시켜 준 것에 대해 이는 가증할 만한 일이며, 법을 무시하기가 이렇게 심할 수 있는가 통탄하고 있다.[124] 비슷한 시기 恩特亨額의 주접에 의하면,

　　水手가 연도에서 사단을 일으키는 것은 모두 沿河 集鎭의 捕役과 河快로부터 비롯된다. 이들은 평소 水手와 서로 의기를 통한다. 그 중에는 老

---

122)《宮中檔財政類》16-0269-002, 道光 15. 11. 25., p.000014.
123) 陳文述, 〈造船遞年減造議〉,《經世文續編》47, 29b, p.5108.
124) 주 78) 참조.

安·潘安 등의 교인도 있다. 지방관은 匪徒를 조사할 때 부득이 이들 河快
와 捕役에 일임할 수밖에 없다. 금년 각성에서 수백 명의 匪類를 잡았는
데, 해당 군대(營汎)의 兵丁 등이 포획한 수가 많고 포졸(捕役·河快)이 체
포한 숫자는 매우 적다.[125]

沿河의 치안을 정찰해야 할 河快와, 水手나 이들과 내통하는 匪徒를
단속해야 할 沿河地方의 捕役 가운데 水手와 통모하고 비호하며 나교
에 가입하는 자도 있다는 것이니, 상유에서 말하듯이 이는 실로 '숨은
우환'(幫中隱患)이라 할 만했다.

그런 만큼 조정이 이들 집단에게 취한 대책이 효과를 거둘 리가 없었
다. 그 대책은 우선 이들의 부정한 행동에 대한 엄격한 처벌이다.[126] 가
령 嘉慶 3년, 興武 8幫의 水手의 소란에 대해 張湖廣에 대해서는 斬首
와 梟示, 白丈奎에 대해서는 絞殺하되 범행한 지역에서 처형하도록 함
으로써 水手들에 경종을 울리고자 했다. 梟示를 하거나 범인에게 칼을
씌워 조리를 돌림으로써 경각심을 일깨우는 것은 가장 기본적인 방식
이었다. 水手의 범행이 날로 발달해 가자, 道光 5년에는 법률을 강화하
여 水手가 무리를 모아 溜子를 전달하여 운변을 속이고 능욕하며 기정
으로부터 금전을 멋대로 색취하는 등 정황이 흉악한 자는, 〈惡棍說法
詐財例〉에 따라 우두머리는 즉각 처형[斬立決]하고, 함께 위협하고 사
취한 흉악범은 교수형[絞監候], 단지 부화뇌동한 자는 신강에 보내어 관
병의 노예로 삼는다는 것이다. 道光 6년 江淮 9방의 水手들이 산동 지
방에서 기정을 협박하여 금전을 사취하고 압운천총을 구타한 일이 발
생했을 때, 주동자는 도주했지만 劉成이라는 水手가 마지막 조항의 처
벌을 받고 있다.[127]

특히 貫籍이 확실하지 않은 無賴들의 고용을 막는 방법에 역점을 두

125) 《宣宗實錄》卷292, 道光 16. 12. 22(辛未), 《淸實錄》37, p.528.
126) 《宮中檔財政類》11-0192-044, 嘉慶 5. 5. 16, p.002184(조운총독 鐵保의 주접).
127) 《宮中檔財政類》15-0252-051, 道光 7. 1. 16, pp.000030~000031(양강총독 琦善
의 주접).

고 있었는데, 가령 인적사항을 철저히 파악하여 명부를 만들어 각 선척마다 비치하고 양도와 조운총독청에 보낸다든가, 腰牌를 발급하여 차고 다니게 한다든가, 그리고 본선의 두타와 水手는 상호 연대보증을 서며 10척 단위로 연좌제를 실시하여 한 사람이 사단을 일으키면 보증을 선 사람들도 죄를 묻고, 한 배가 일을 일으키면 10척이 연좌되는 조치가 취해지고 있었지만,[128] 陳文述의 말대로 그러한 조치는 형해화되고 있었다.

가령 道光 15년 給事中 周開麒가 浙江 양선의 水手 가운데에 王七[129]과 蕭老라는 자가 있는데, 여러 차례 살인을 저지르고도 현재 (강소의) 鎭海幇과 (浙江의) 金衢幇의 선상에 있다는 주접을 올리자, 道光帝는 조운총독서리 恩特亨額에게 다수라고 하여 두려워하지 말며, 일을 胥役에게 맡기지 말 것을 지시한 바 있었다. 이에 대해 恩特亨額은 근년에 水手가 여러 차례에 걸쳐 흉악한 짓을 저지르며, 수시로 엄하게 징벌하는데도 불구하고 조금도 그칠 줄 모른다면서 신속한 체포를 다짐하고 있다.[130] 여러 차례에 걸쳐 살인을 저지르고도 여전히 다른 방에서 지내고 있는 모습이며, 관리들이 모름지기 서리나 하급관리에게만 책임을 미루고 있는 안일한 태도, 그리고 엄한 처벌만 가지고는 水手들의 횡포를 막을 수 없다는 조운총독의 고백을 확인할 수 있는 것이다.

연도에서 水手가 사단을 일으키면 해당 관원도 처벌한다는 방법[131]도

---

128) 《淸會典事例》 卷205, 〈戶部〉 54, 〈漕運〉, 〈僉選運軍〉 雍正 3年條, p.358;《宣宗實錄》 卷66, 道光 4. 3. 6(己巳),《淸實錄》 34, p.41;《宮中檔財政類》 15-0266-028, 道光 15. 1. 15, pp.002649~002650(조운총독 朱爲弼의 주접) ; 林則徐, 〈籌議約束漕船水手章程摺(道光 15. 11. 25), pp.313~314;《宣宗實錄》 卷295, 道光 17. 3. 22 (己亥),《淸實錄》 37, p.580 등 참조.

129) 王七은 嘉慶 말경부터 廬州 二幇 鎭海 前幇의 水手로 있으면서, 기정과 다른 水手 등과 다투고 부녀자 강간치상, 행인의 錢袋와 茶葉 강탈 등을 일삼다 道光 15년 9월 체포되어 '斬立決'에 처해진 뒤 범죄를 저지른 지역에 梟示되고 있다.[《宮中檔財政類》 16-0270-004, 道光 16. 5. 21, pp.000198~000204(恩特亨額, 陶澍, 麟慶의 주접) 참조]

130) 《宮中檔財政類》 15-0268-042, 道光 15. 9. 26, pp.003109~003110.《宮中檔財政類》 16-0269-061, 道光 16. 5. 1, pp.000166~000167(恩特亨額, 陶澍, 麟慶의 주접) 도 참조.

궁여지책 가운데 하나였다. 어떻게든 타향 출신들이 체류하여 사단을 일으키지 않도록 回籍시킨다거나[132] 遊幇의 水手를 산동 일대에서 해산시키는[133] 방법을 취하기도 했다. 물론 이 경우 다른 집단과 연계하여 事端을 일으킬 것을 가장 두려워하고 이에 대한 철저한 감독을 지시하였음은 물론이다.

道光 5년 王世紱의 주접을 받은 道光帝는 지방관의 무사안일주의를 지적하며 水手대책을 세울 것을 지시하여 지방대신들이 각자 대책을 제시하고 있으나, 위에서 크게 벗어나는 방안은 없다. 道光 15년 水手대책을 강구하라는 上諭에 대한 관련 지방관들의 대책도 위의 내용에다가 엄벌주의를 강조하는 범주에게 크게 벗어나지 못하고 있다.

안휘순무 대리 佟景文은 水手의 기정에 대한 挾制는 (水手의) 고용권한이 老官師父에 돌아가고 있기 때문이니, 이러한 폐단을 없애려면 먼저 기정을 신중하게 뽑아 적습을 제거한 후에 水手의 고용권을 책임지울 수 있다고 하고 있다.[134] 그러한 폐단이 기정이 조량의 운송을 대리인에게 맡긴 데에서부터 비롯된 것이기 때문에 타당한 측면이 있지만, 기정이 바뀐다고 해서 바로잡힐 일은 아니었다.

조운총독 恩特亨額은 철장으로 하여금 水手를 위한 무기를 제조하지 않는다는 서약서를 받는다는 것과, 江浙의 문제의 20여 개 방에 대해서는 특별히 군대를 파견하여 감시를 강화할 것, 准安에 감금된 범인들을 봄에 조선이 올라갈 때 칼을 씌워 조리돌림으로써 水手로 하여금 경각심을 일으키자고 한다.[135] 양강총독서리 겸 강소순무 林則徐와 강소순

---

131) 《宣宗實錄》卷403, 道光 24. 3. 12(己卯), 《清實錄》39, p.42. 《宮中檔財政類》 16-0270-050, 道光 16. 7. 22, pp.000325~000326(조운총독 恩特亨額의 주접)에는 水手를 단속하지 못한 運弁들에 대한 각종 죄목이 열거되어 있다.

132) 《清會典事例》卷207, 〈戶部〉56, 〈漕運〉, 〈優恤運軍〉p.396; 《宣宗實錄》卷294, 道光 17. 2. 24(壬申), 《清實錄》37, p.562; 《宣宗實錄》卷474, 道光 29. 11. 3(丙申), 《清實錄》39, p.954 등 참조.

133) 《宣宗實錄》卷471, 道光 29. 8. 18(癸未), 《清實錄》39, pp.926~927 및 卷472, 道光 29. 9. 27(辛酉), 《清實錄》39, pp.940~941 참조.

134) 《宮中檔財政類》15-0268-059, 道光 15. 11. 7, pp.003145~003147.

무서리 겸 포정사 陳鑾도 규정에 나와 있는 대로 연좌제, 명부 비치, 요패 소지 등을 제시하고 있을 뿐이다.[136) 호남의 水手는 아직 안전하다는 호남순무 吳榮光과 강서순무 周之琦도 이와 비슷한 원론만 제시하고 있다.[137] 양광총독 도주의 경우는 앞서 언급했듯이 무기의 반입에 대해서는 엄격하게 다스려야 한다고 하면서 무리를 10인 이상 동원했는지, 무기를 지니고 있었는지 등의 기준에 따라 법률 적용을 달리하자고 한다.[138]

이들보다 약간은 특이한 정책을 제시한 사람은 浙江巡撫 烏爾恭額이었다. 그는 浙江의 水手의 대부분은 직예, 산동 출신이라면서 갑자기 이들을 쫓고 새로운 水手를 받아들이면 도로에 생소할 뿐만이 아니라 선척의 운행이 지체되어 조운에 장애가 많을 것이라 한다. 老官師父는 浙江의 水手 약 1만 명은 출입이 잦아 일정하게 머무는 곳이 없다는 데에 착안하여 이들과 은밀히 결탁하였는데, 이익을 다툴 때나 爭窩할 때는 많은 사람을 규합하여 械鬪하고 살인한 후에 각기 흩어지며, 재물을 보면 백주건 혹야건 약탈한 뒤 그에게 도망가면 관리들은 종적을 찾기 힘들다는 것이다. 바로 水手들이 살인과 도둑질을 두려워하지 않는 것은 범행 후 잠적하여 법망을 빠져나갈 수 있기 때문이니, 이들을 분산시킴으로써 요행히 법망을 피할 수 있다는 생각을 근절시켜야 한다고 한다. 그러나 '안식'할 수 있는 여건을 제공하지 않고 분산시킨다는 것이 효과적인 방책일 수는 없다.

烏爾恭額이 제시하는 또 하나의 독특한 해결책은 노련한 水手(頭舵)를 이용하는 방법이다. 頭舵는 통상 가족을 거느리고 있기 때문에 다른 水手들과는 달리 법을 두려워할 줄 알고 속이지 않는다고 한다. 浙江에

135)《宮中檔財政類》15-0268-060, 道光 15. 11. 7, pp.003152~003154.
136)《宮中檔財政類》16-0269-002, 道光 15. 11. 25, p.000015.
137)《宮中檔財政類》16-0269-006, 道光 15. 12. 4, pp.000028~000029;《宮中檔財政類》16-0269-007, 道光 15. 12. 7, pp.000031~000032.
138)《宮中檔財政類》16-0269-012, 道光 15. 12. 16, pp.000047~000049.

는 또 가장 오래되고 숙련된 水手가 있어서 외래인에 대해 모든 것을 알고 있고 성실하기 때문에, 방마다 몇 명을 뽑아 水手들의 왕래를 감독하게 하여 방을 통제하는 두목으로 삼아왔는데, 지금은 형식적인 규칙이 되어 水手에게 아무런 책임을 맡기지 않는다는 것이다. 따라서 금일의 방책은 오로지 그 권한을 기정에게 주어, 매척마다 노련한 두타를 두목으로 선발하여 그로 하여금 착실한 사람을 雇募하여 水手에 충당시키는 책임을 맡기라는 것이다.[139] 이는 가장 현실적인 방안처럼 보인다. 이는 道光 5년 하남순무 程祖洛이 水手는 숫자가 많기 때문에 부득이 勢도 舵水 가운데에서 나와야 된다며 노련하고 담량이 있는 자를 골라 두목으로 삼고 조사할 수 있는 자격을 준다는 방식과 흡사하다.[140] 다만 정조락이 잘하면 단속에 도움이 되지만 못하면 도리어 사단을 일으키는 괴수가 될 수 있다고 하듯이, 외부의 영향을 받지 않고 독자적인 책임하에 선발할 수 있는 두타[水手]가 존재할 것인지는 또다른 문제인 것이다.

그러나 그 어느 것이든 뚜렷한 효과를 거둔 것으로 보이지는 않는다. 이 또한 당시의 사회상의 일면을 단적으로 보여 주는 것이라 하겠다.

Ⅵ. 맺음말

嘉道期 江浙 지역의 水手집단을 중심으로 벌어진 일탈적인 행동은[141] 기본적으로 생활의 곤궁에서 기인하는 것이었다. 이를 타개하기 위한 사화의 적재, 사염의 휴대 등의 행동은 운군의 경우와 동일한 것이었으

139) 《宮中檔財政類》 16-0269-014, 道光 15. 12. 20, pp.000056~000058.
140) 《宮中檔財政類》 14-0248-050, 道光 5. 7. 27, p.002271.
141) 조운총독 恩特亨額은 道光 15년에 강절지역의 80여 개 방중에서 水手들의 소요가 있었던 방은 20여 개 방에 '불과'하다며, 보통의 水手들은 흉악한 무리가 아니라고 하고 있다.(《宮中檔財政類》 15-0268-060, 道光 15. 11. 7, p.003153)

니 양자는 상호 의존적 관계에 있었다. 그러나 水手집단이 임금의 인상이나 수당의 추가지급을 요구할 때는 갈등과 대립의 관계에 있을 수밖에 없었다. 이들의 이러한 요구는 운하가 자주 막히는 嘉道期의 상황과 맞물려 있었다. 갑문을 통과할 때라든가, 조량을 작은 배로 옮겨실어야 할 경우, 기타 수량이 적어 선척을 끌어야만 되는 어려운 상황에서였다. 이는 가뜩이나 생계를 이어나가기가 어려운 이들에게는 당연한 요구였다. 운군이나 운관(방관)에 대한 폭행이 자주 벌어진 것은 그러한 그들의 정당한 요구가 거부되었기 때문이었다. 이들로 하여금 점차 일탈적인 행동으로 나아가게 한 것은 그들의 곤궁과 嘉道期라는 제반 어려운 상황이었던 것이다.

嘉道期에 이들의 활동이 자신들을 지휘하는 운군을 누르고 한때 나름대로의 조직과 세를 얻을 수 있었던 중요한 요인 가운데 하나는 나교라는 종교조직 덕분이었다. 나교는 상호부조의 원리에 입각하여 갈 곳 없는 이들에게 생활과 정신의 안식처가 되면서 水手들의 결사체를 조직할 수 있도록 해준 것이고, 그 조직의 힘으로 적어도 水手의 모집에 관한 한 권한을 스스로 행사할 수 있었던 것이다. 이것은 한편으로는 水手라는 전문적 노동력을 장악하고 있었다는 자체의 강점과, 한편으로는 기정이 미숙한 사람에게 임무를 대신 맡기며[包丁], 水手의 모집권도 남에게 위임할 수밖에 없는 조운 운영체계의 구조적인 약점 때문이기도 했다. 老官의 권위는 종교적인 권위말고도 이러한 세속적인 권위까지 갖는 그러한 존재였던 것이다. 다만 水手집단 내부에서도 파벌이 생기고 운하의 상황이 악화되어 생존경쟁이 치열해지자, 내부 쟁투가 격심해지면서 세력을 잃을 수밖에 없었던 것으로 보인다.

水手집단의 일탈적 행동에 대한 청조 내지는 관리들의 대응은 당시의 사회상을 여실히 드러내는 것이었다. 사건을 가능하면 모른 체 피하고 있는 일도 없는 것으로 하려는 무사안일주의와 미봉책은 관료계에 뿌리깊이 퍼져 있었다. 그런 만큼 여러 가지 대책이 나오더라도 효과적인 처방이 될 수가 없었다. 이러한 현상들은 당시의 사회 전반에 걸친 부패구조와 맞물려 표출되는 현상이었다.

이렇게 보면 청조측에서 강조하고 있는 水手의 '폭력적' 행동이라든가, 노관의 水手에 대한 '절대적인' 지휘권의 소지 등을 부정적인 측면에서 너무 강조하는 것은 적절하지 못하다고 본다. 불가피한 생존경쟁에서 부수적으로 나온 일탈적인 행동이었고, 노관의 권위는 갈 곳 없는 水手집단에게 안식처를 제공하고 그들의 취업을 위해 노력한 데에서 주어진 당연한 귀결이었기 때문이다.

이들의 행동을 곤궁한 생활을 벗어나기 위한 부득이한 탈법적 행동과, 생계유지와는 직접적 관련성이 없는 폭력성이 강한 행동으로 나누어 이해될 수도 있다. 그러니까 전자의 성격을 강조할 경우, 운군에 임금의 인상을 요구한 점은 '노동조합 운동'이고 고용자에 대한 '생활상의 공동이익 방위 단체'의 성격을 나타낸 것이며, 이러한 反관적 反권력적 '경제활동'을 통한 상호부조의 필요가 水手결사로 하여금 단순한 신앙단체로서가 아니라 선원조합적인 '직업교단'으로서의 길드적인 기능을 다하고 있었던 것[142]이라 평가하기도 한다. 반면 후자의 성격을 강조하게 되면, 가령 이들의 활동은 경제적 이익의 옹호라는 목적에서 일탈하여 반사회적인 행동으로 발전했으며, 비밀종교로서의 나교의 '반청적' 활동의 영향을 받아 점차 '정치적' 행동도 활발히 하고 있기 때문에 오히려 '반청적 정치단체'라고 해야 한다[143]는 평가가 내려지기도 한다.

사실 道光期에 들어선 이후 水手집단의 행동은 '큰 사건'(巨案)으로까지 연계될까 두려워할 정도로 경계의 대상이었다.[144] 그들의 행동에

---

142) 森田明, 〈淸代水手結社の性格について〉, 《東洋史硏究》 13-5, 1955, pp.23~27. 鈴木中正도 종교결사의 相互扶助的인 성격을 강조한다.[《中國史における革命と宗敎》(東京大學, 1974), p.200 참조]

143) 星斌夫, 《交通史》, pp.350~351, 354~358 참조.

144) 주 3)~6) 참조. 특히 道光 15, 16년에 사건이 많이 보고되고 있는데, 가령 道光 16년 직예총독 琦善에 의하면 그해 7월 초에 이미 2백 수십 명의 水手를 체포했다고 하고(《宮中檔財政類》 16-0270-040, 道光 16. 7. 9, p.000300), 7월 말경의 보고에는 216명이 추가되어 400여 명으로 늘어났다고 하고 있으며(《宮中檔財政類》 16-0270-054, 道光 16. 7. 26, p.000338), 다시 9월의 보고에서는 7월 말부

는 생활보호를 위한 '경제적 목적' 이상의 반사회적 행동, 비밀종교적
성격이 강하게 나타나고 있는 것도 사실이다. 그러나 이것을 곧장 '반
청적 정치행동'이라 규정하는 것은 적절하지 않은 것 같다.[145] 더욱이 水
手의 이러한 행동을 굳이 '경제적'이라든가 '정치적'이라는 개념으로 엄
격히 구분하는 것이 가능한지도 의문이다.[146]

그들의 '반사회적' 행동의 대부분은 본래 방끼리의 이권경쟁이 치열
해지는 상황에서 초래된 것이었음을 상기할 필요가 있다. 중요한 것은
이와 같은 水手집단의 존재가 이후 외부의 반청세력이나 반란세력과
연계되어 언제든지 '巨案'으로 발전할 소지가 내포되고 있었다는 점이
라고 해야 할 것이다. 그러하기에 청조에서도 그들의 다른 집단과의 연
계를 두려워하고 있었고 이후 조운개혁론, 특히 水手들의 해산이 전제
가 되는 해운론이 제기될 때, 이들의 실업대책('安揷') 문제가 하나의 쟁
점이 될 수밖에 없었던 것이다.

道光 7년 給事中 王丙이 해운의 방선은 타수인 등이 모두 필요없으
니 이들을 안삽시키기 위해서 吳淞江의 준설공사에 傭工으로 응모하게
하도록 하는 방안을 제시하기도 했고,[147] 道光 28년, 조운총독 楊殿邦은

터 8월 하순까지 160여 명을 체포했다고 한다(《宮中檔財政類》 16-0271-008, 道
光 16. 9. 19, p.000395).

145) 星斌夫는 水手 집단의 행동이 '정치적'인 것이라는 증거의 하나로서 水手 속에
영국이 보낸 漢奸이 잠입하여 천진 일대에서 잠복하여 소요를 일으킬지도 모른
다는 上諭[《宣宗實錄》 卷368, 道光 22. 2. 21(庚子),《淸實錄》 38, p.621]의 내용
을 들고 있다.(《交通史》, p.360) 그러나 이는 논리의 비약이다. 朝廷이 漢奸의
水手 집단으로의 잠입 가능성을 보았다고 해서 水手 집단이 '정치적 행동'을 했
다는 증거로 보는 것은 적절한 것 같지 않기 때문이다. 참고로 牛鑑의 奏摺에
의하면 "漢奸은 모두 閩廣浙江의 匪類이고 漕船의 水手는 본적이 모두 江蘇·山
東·直隸 소속으로 閩廣·浙江의 匪徒는 없다"(《淸實錄》 38, p.621)고 하고 있고,
켈리도 水手의 출신지가 대부분 산동과 안휘 지역이라 지적하고 있다(Kelly, op.
cit., p.364 참조).

146) Kelly는 18세기와 19세기를 경계로 羅敎의 성격이 종교적 성격의 사원 중심의
조직에서 이권이 개입되어 있고 水手의 직업을 확보해 줄 수 있는 선단 중심의
조직으로 옮겨가는 경향으로 크게 변화했다고 하여, 18세기와 19세기를 동일한
차원에서 논의하는 것에 대해 경계하고 있다.(Kelly, 위의 글, pp.367~368)

147)《宮中檔財政類》 15-0254-062, 道光 7. 10. 20, p.000434.

54

해운이 실시될 경우에 대비하여 실직된 水手의 명단을 적어 이들에게
노잣돈을 주어 속히 回籍시킬 것을 요청하기도 했다. "배에 있으면 水
手요, 해산시키면 곧 遊民"인 이들을 해산시키기 위해서는 운관(幇弁)
에게만 책임지울 수 없고 조정이 직접 나서야 한다는 것이었다.[148] 이듬
해 수재가 난 杭嘉湖 지방에서도 水手 문제가 핵심사안으로 떠올랐었
다. 태반은 안주하지 못하는 水手들이 회공하면 사단이 일어날 가능성
뿐만이 아니라 식량도 적어져 물가가 오를 것을 걱정하는 浙江순무 吳
文鎔은 水手들이 회공하기 전에 하북에서 미리 해산시키는 방안을 제
시하고 있는 것이다.[149]

　이렇듯 嘉道期의 水手집단은 위험성이 상존하는 존재였고, 그러한
의미에서 심각한 정치·사회적 의미를 지니고 있었다. 함풍 초년부터 본
격화되기 시작한 해운의 실시로 실업하게 된 상당수의 水手들은 그 향
방이 어떠했는가. 이들의 향방과 비밀결사 내지는 태평천국과의 관련
성이 주목된다 하겠다.

---

148)《宮中檔財政類》16-0280-018, 道光 28. 1. 22, pp.001995~001996.
149)《宮中檔財政類》16-0283-026, 道光 29. 7. 30, pp.002505~002506. 이 방안은 강
　　소순무, 양강총독, 조운총독, 浙江순무의 합동회의에서 추인이 되고 있다.《宮中
　　檔財政類》16-0283-043, 道光 29. 9. 23, pp.002554~002555(강소순무 傅繩勛, 양
　　강총독 陸建瀛, 조운총독 楊殿邦, 浙江순무 吳文鎔의 주접) 참조.

光緒初의 先儒推尊運動과
顧炎武·黃宗羲 文廟從祀論議*

崔 熙 在

Ⅰ. 머 리 말

明末淸初의 大儒 王夫之, 顧炎武, 黃宗羲에 대한 평가는 이후 청조 통치의 성쇠에 따라 주목할 만한 변화를 보이고 있다. 그들이 宋明 理學의 공소화를 비판하면서 經世를 위한 實學을 천명하고 철저한 고증의 방법론을 발전시켜 청대 학술·사상의 발전에 큰 영향을 미치게 되었음에도 불구하고, 무엇보다 中華와 夷狄세계의 차이를 강조하는 민족의식과 과도한 군권의 집중에 대한 비판적인 인식 등과 관련된 정치사상이 이민족 왕조인 淸朝체제의 전개과정에서 당면의 긴급한 과제가 바뀌게 됨에 따라 새로운 각도에서 재평가될 수 있었기 때문이다.

잘 알려져 있듯이 집권적인 체제와 이민족 지배에 대한 비판의식은 만주족 지배체제의 확립과정에서 적극적인 통제의 대상이 되었던 까

※ 이 논문은 1997년도 단국대학교 대학연구지원비로 연구되었다.

56

닭에, 초기에 그들 사상의 영향력은 정치성이 배제된 채 순수하게 학술적인 영역으로 제한될 수밖에 없었다. 그러나 청조의 지배체제가 이완·동요하게 됨에 따라, 정치적인 측면에서도 그들 사상의 영향력이 점차 증대되어 마침내는 청조체제를 비판하는 입장에서뿐 아니라 체제의 유지·온존을 지향하는 입장에서도 그들의 사상을 긍정적인 방향에서 전면적으로 재평가하는 경향이 대두하게 되었다.

물론 그러한 흐름은 19세기 말 20세기 초 청조체제의 위기가 심각한 상황에 이르게 되면서 분명하게 부각되기 시작하였다. 무엇보다 당시의 시대적 요구와 관련하여 그들 사상의 基底에 위치한 反滿의식, 反君權주의, 分權論 등의 요소가 새롭게 재평가되고 크게 고취되기 시작하였던 것이다. 예컨대 개혁운동의 시기에 梁啓超와 譚嗣同 등이 君權의 집중을 비판한 黃의《明夷待訪錄》초록을 수만 부 발행하여 배포한 후 孫文과 다른 혁명파 동료들도 그 節錄을 간행하여 혁명선전자료로 활용하기도 하였으며, 혁명파의 章炳麟도《명이대방록》의 군권비판 주장을 排滿혁명론과 관련시켜 중시하였고, 劉師培는 그 주장을 루소의 民約論과 비교하며 높이 평가하기도 한 결과 오랫동안 금서로 묶였던 그런 저서들의 간행·보급이 크게 확대되기도 하였다.[1] 그 중에서도 華夷관념이 특히 강렬했던 王夫之 현창은 두드러진 바가 있었다. 예컨대 湖南 출신 유학생이었던 楊毓麟은 王夫之의 저서가 經義, 史論으로부터 稗官小說에 이르기까지 종족과 국가의 슬픔과 아픔을 강조한 결과, 그로 인해 종족의 비극이 湖南人의 뇌리에 깊이 유전되게 되었다며 분명하게 그의 민족주의적 입장을 부각시켰고, 章士釗는 王의 화이론이 강하게 표출되어 있는《讀通鑑論》을 자신의 排滿論과 연결시키면서, 王의 史說로써 國魂을 진작시켜야 한다는 점을 역설하기도 하였다.[2]

---

1) 朱維錚,〈在晚淸思想界的黃宗羲〉,《求索眞文明－晚淸學術史論》, 上海古籍出版社, 1996, pp.351~360.
2) 김배철,〈淸末民國初 湖南에서의 王夫之사상－그 수용과 현창〉,《역사학보》 114, 1987, pp.71~74.

이렇게 한편에서 개혁·혁명의 요구와 관련하여 이들 명말청초 3大儒 사상의 중요성이 새롭게 강조되면서 그 영향력이 커지게 됨에 따라, 다른 한편에서는 반대로 체제수호와 민심통합의 수단으로 유학을 새롭게 현창하려는 노력도 전개되고, 이와 관련하여 王夫之, 顧炎武, 黃宗羲에 대한 재평가도 괄목할 만하게 진행되게 되었던 것으로 보인다. 그 내용과 의미에 대해서는 더 깊이 있는 별도의 분석이 필요하다고 생각되지만, 우선 孔子을 섬기는 文廟제사가 遣官致祭가 가능했던 中祀의 위치에서 황제의 참여가 원칙인 大祀의 위치로 승격된 데 이어, 王, 顧, 黃의 경세사상에 대한 전면적인 재평가가 진행되는 가운데, 1908년 9월에는 그들의 문묘종사가 확정되었다는 사실에서 그러한 경향을 확인할 수 있을 것이다.[3]

이러한 명말청초 3대 학자에 대한 평가의 변화가 청조체제의 동요와 밀접하게 관련되고 있음은 재론의 여지가 없어 보이는데, 이와 관련하여 중국근대사의 흐름 속에서 또 하나 간과할 수 없는 문제는 太平天國과 제1·2차 中英戰爭이라는 내외의 위기로부터 벗어나 왕조의 중흥이 이루어지고 있다는 의식이 확산되고 있던 光緖初에 들어서 王夫之, 顧炎武, 黃宗羲의 文廟從祀 요구가 제기되어 그에 관한 논의가 전개되고 있다는 사실이다. 光緖 2년에 郭嵩燾에 의해 王夫之의 문묘종사가 제기된 데 이어, 光緖 10년에는 陳寶琛에 의해 黃宗羲와 顧炎武의 종사 건의가 제기되어, 이전의 여타 종사 요구의 경우와는 달리 조정 내에서 그 문제를 둘러싸고 본격적인 토론이 전개되었던 것이다. 물론 그럼에도 불구하고 당시에 그 요구가 바로 실현될 수 있었던 것은 아니지만, 그러한 문제의 제기 자체도 이전에는 상상하기 어려웠던 것으로 중요한 의미가 있다고 생각된다. 따라서 이 글에서는 그러한 논의가 어떻게 전개되었고 이후의 개혁·혁명론과 결부된 주장들과 비교하여 어떠한 성격을 띠고 있었던가 하는 문제를 살펴보고자 하는데, 먼저 그러한 논

---

3) 《淸朝續文獻通考》卷98 學校 5,《10通分類總纂》, 鼎文書局, pp.9-240, 241.

의가 대두하게 된 배경을 구체적으로 살펴보고자 한다.

II. 咸同期 以期 先儒從祀의 실태

滿洲族 지배층은 入關 후 곧 유가사상을 지배이념으로 확정하여 '崇儒重道'를 기본국책으로 추진함으로써 체제의 안정을 도모하고자 하였다. 특히 康熙 연간에 들어서는 李光地, 陸隴其, 張履祥 등 理學名臣을 중용하고, 文廟내 朱子의 위치를 東廡 先賢의 자리에서 大成殿 10哲의 지위로 격상시키는 등 주자학 현창이 두드러지게 확대되었다.[4] 그와 함께 유교적 이념에 입각한 풍속의 교정과 교화의 실현을 위해 '敦孝悌以重人倫, 篤宗族以昭雍睦, 和鄕黨以息爭訟' 등을 포함한 聖諭16條를 반포하였다. 雍正 연간에는 그것을 통속적 언어로 강해한 聖諭廣訓을 제정하고 전국 각지에서 정기적으로 宣講토록 하여 지속적으로 민간에 유교적 덕목을 고취시키고자 하였다.

乾隆期에 들어서 사회의 안정과 번영을 배경으로 考據를 중시하는 漢學이 융성하게 되면서 程朱理學을 핵심으로 한 宋學의 영향력은 상대적으로 크게 약화되었으나, 乾隆末·嘉慶期에 이르면 각종 사회모순이 첨예하게 표출되기 시작하면서 白蓮敎, 天理敎 등의 반란이 분출하고 있었음에도 불구하고, 漢學은 支離의 폐를 드러내고 宋學은 空疎함에 빠져 사회문제의 규명과 해결에 거의 기여를 하지 못하고 있었다. 이에 한편에서는 유학의 경세성을 회복하려는 움직임이 점차 확대되면서 常州今文學의 발전 등이 진행되기 시작하였지만, 道光·咸豊期에 이르면 中英戰爭과 태평천국으로 대표되는 내외 양면에서의 새로운 문제의 대두로 체제위기는 더 크게 증폭되었다.

이에 기왕의 漢學, 宋學의 문제점에 대한 비판이 확대되면서 유학의

---

4) 趙云田 主編, 《中國社會通史 淸朝前期券》, 山西敎育出版社, pp.463~483 등 참조.

실천성과 사회성을 회복하려는 움직임이 점차 크게 부각되었다. 그러한 중에서 특히 魏源, 龔自珍, 林則徐 등 상주공양학 전통의 계승자들의 활동이 주목되지만, 일반적인 수준에서도 유학의 실천성이 새롭게 강조되게 되었던 것으로 생각된다. 이와 관련하여 조정에서도 특히 정주학의 현창을 새롭게 강화하려는 흐름이 나타나는데, 그와 함께 先儒의 文廟從祀 노력도 道光期부터 활발하게 진행되기 시작하였다.

文廟는 국가의 중요한 유교전례가 행해지던 곳으로 거기에 누가 配享되었는가 하는 것은 당대 유학의 흐름과 위치를 엿볼 수 있게 하는 하나의 가늠자가 된다고 볼 수도 있다. 청초 국자감 동쪽에 설치되었던 문묘는 명대의 예를 따라 大成至聖文宣先師로 추존된 공자의 神位를 중앙에, 양 옆으로 復聖顔子, 述聖子思, 從聖曾子, 亞聖孟子 등의 4배위와 先賢 閔子, 冉子 등 10哲의 신위를 모신 大成殿과 역대 선유를 배향한 東·西 兩廡로 구성되어 있었다.[5] 주자의 학문을 특히 중시한 康熙帝의 치세 말기인 康熙 51년에는 원래 東廡에 있던 주자를 대성전 내 10哲의 다음 자리에 배향하게 되었으며, 同 54년에는 학문의 純正함과 경륜의 탁월함을 인정하여 范仲淹을 서무에 봉안하도록 결정하였다. 乾隆 연간에는 元年에 선유 陸隴其의 종사가 이루어지고 6년에는 直省의 先賢·先儒신위 순서를 태학 문묘의 것과 일치시키도록 하는 상유가 내렸으나,[6] 이후 한학이 크게 발달하는 가운데 乾隆 말기까지는 추가적인 先儒의 문묘종사가 진행되지 않았다.

그러나 유학의 경세성에 대한 관심이 새롭게 환기되기 시작한 道光期에 이르면 先儒從祀 노력이 활발하게 진행되기 시작하여, 2년에 明儒 劉宗周, 3년에 淸初의 湯斌, 5년에 明儒 黃道周, 6년에 明儒 呂坤과 唐臣 陸贄, 8년에 明儒 孫奇逢의 從祀가 이루어졌다.[7] 9년에는 어사 牛鑑이 李容의 종사를 건의하였으나 조정에서는 "先儒의 學宮升附는 祀典

---

5) 《淸會典事例》 5冊, 卷436, 中華書局 影印, p.939.
6) 위의 책, pp.940~941.
7) 위의 책, pp.941~942.

이 지극히 크므로 반드시 그 사람 학술의 精純과 경륜의 탁월함이 인정
되어야만 종사를 허락할 수 있다"고 강조하고, 만일 저술가에 불과하여
心性은 천명한 바가 있을지라도 躬行實踐함이 없었다면 鄕賢祠에 入祀
하는 것으로 족하다며 그 요구를 기각하였다.[8] 23년에는 宋臣 文天祥의
종사가, 그리고 29년에는 宋儒 謝良佐의 종사가 이루어졌다.[9] 이러한
흐름과 관련하여 魏源은 학교에서 존중하는 5경이 본래 周公에 근원을
두고 있다고 강조하면서 周·漢의 제도를 회복하여 학궁내 공자의 조상
을 모신 啓聖殿을 先聖殿으로 바꾸어 주공의 신위를 봉안토록 하자는
주장을 펴기도 하였다.[10]

　태평천국의 발흥으로 한편에서 명교적 질서에 대한 도전이 전면적으
로 확산되는 咸豊期에 들어서면, 다른 한편으로는 名敎扶持의 필요성
에 대한 새삼스러운 호소가 대두하면서 모범이 될 만한 선유를 문묘에
종사하여 현창해야 한다는 주장도 전에 비해 두드러지게 확대되었다.
咸豊 1년에 閩撫 徐繼畬의 요청에 의해 忠義를 권장하고, 나약하고 완
악한 자를 격려하기 위함이라는 이유로 宋儒 李綱을 西廡에 봉안하게
되었고, 2년에는 河南巡撫 등의 주청에 따라 충성을 장려하고 실학의
숭상을 도모하기 위함이라는 이유로 宋儒 韓琦의 종사가 실현되었다.[11]
3년에는 先賢 孔明儀의 東廡從祀가 이루어졌으며, 6년에는 河南學政
兪樾이 '文廟祀典記'를 奏定하고 아울러 선현 鄭大夫·孔孫僑의 서무종
사와 공자의 형 孟皮의 崇聖祠 배향을 주청한 바, 7년에 孔孫僑의 종사
가 결정되었고, 9년 8월에는 宋儒 陸秀夫가 서무에, 10년에는 明儒 曹
端이 동무에 종사되게 되었다.[12]

　이같이 선유종사 요구가 늘어나게 되자 조정에서는 종사 요청의 기

---

8) 위의 책, p.942.
9) 위와 같음.
10) 《淸朝文獻通考》, 《10通分類總纂》, pp.9-234, 235.
11) 위의 책, pp.9-235, 236.
12) 위의 책, p.9-236.

준을 좀더 명확히 하고자 咸豊 10년에 장정을 마련하여 '聖學을 천명하고 道統을 전수한 것'이 평가의 기준이 되어야 한다는 점을 분명히 하였다. 그 장정은 아울러 참으로 "著書立說이 경전을 밝히고, 철저하게 실천궁행한 사람인 경우에만 그 사실을 근거로 종사를 주청할 수 있다"는 점을 강조하며, 그 외 忠義激烈者는 昭忠祠에, 言行端方者는 鄕賢祠에, 도로써 군주을 섬겨 그 혜택이 백성에 미친 경우에는 名宦祠에 입사케 하되, 그 외의 濫請은 불허하고 아울러 이미 역대 帝王廟에 배향된 자의 경우도 역시 종사재청을 불허한다는 점을 천명하였다.[13]

하지만 그러한 노력에도 불구, 同治期에 들어서도 종사의 요구는 계속 이어져, 2년에는 魯人 毛亨, 明臣 呂柟, 그리고 明儒 方孝孺의 배향이 허용되었다.[14] 이와같이 종사 요청이 계속되자 조정에서는 곧 다시 廟廷에 부향하는 것은 祀典이 중대하다는 점을 재차 강조하며, 각성 督撫·學政들에게 咸豊 10년의 정장을 엄격히 준수할 것을 지시하며 좀더 구체화된 종사 요청의 조건을 제시하였다.[15] 즉 종사가 필요한 선현·선유가 있으면 督撫들이 學政과 회동하여 상의한 후 조정의 승인을 요청하도록 하되, 그때 아울러 그 인물의 평생 저술과 사적을 자료로서 제출하면서 欽定서적 속의 인용문과 論贊 약간 조, 그리고 선유들의 서적에서 인용 및 논찬 약간 조씩을 첨부하여 제시하여야 한다는 것이었다.

이에 대해 어사 劉毓楠은 새로운 규정이 너무 엄격하다며 附祀兩廡新章의 완화를 요구하기도 하였으나, 조정에서는 그 요구를 기각하고, 예부의 주도로 선유의 兩廡位次를 다시 정리하고 '先賢先儒祀典次序會圖'를 작성하여, 각성에 반발하는 등 祀典정비를 단행하였다.[16] 그리고 3년에는 曲阜縣의 聖廟와 각성의 學宮을 修建하도록 지시하였다.[17] 그

---

13) 《淸會典事例》 5冊, 卷436, pp.942~943.
14) 《淸朝續文獻通考》 卷98, 《10通分類總纂》, pp.9-236.
15) 위와 같음.
16) 위와 같음.
17) 위와 같음.

후 종사 요구는 다소 줄어들어 이후 同治 연간에는 7년에 宋臣 袁燮, 그리고 10년에 淸初 유신 張履祥의 종사가 이루어지는 데 그쳤다.[18]

III. 光緖初의 先儒推尊運動

光緖 연간에 들어서면서 다시 선유종사 요구와 함께 先儒·先賢推尊 움직임이 확대되기 시작하였다. 예컨대 光緖 1년에는 선유 陸世儀의 종사가 이루어진 데 이어 국자감사업 王鳴鑾이 훈고학에 공이 큰 선유 毛亨이나 傳經의 공이 큰 鄭成康 등은 이미 종사되었으나 역시 經訓에 공이 클 뿐 아니라 朱子도 그 저서를 매거할 수 없을 정도로 인용한 許愼은 제외되었다며 그의 종사를 주청한바, 2년에는 漢儒 許愼의 文廟從祀가 실현되었다.[19] 2년 윤5월에는 內閣中書 吳大澂이 古聖 倉頡의 列入祀典과 明儒 王建常의 문묘종사를 주청하였으며,[20] 3년 5월에는 江蘇巡撫 吳元炳이 婁縣신사 前戶部主事 姚光發 등의 呈疏에 의거하여, 이미 唐代부터 종사된 叔仲會와 함께 공자 당시에 좌우에서 그를 시위했던 先賢 孔璇의 문묘종사를 요청하였다.[21]

이어 6월에는 河南學政 費延釐가 漢儒 河間獻王 劉德이 經籍散亡 후 經典의 保殘補缺에 진력하여, 《春秋左傳》, 《毛詩傳》, 《周禮》, 《禮記》, 《儀禮》 등의 傳承을 가능하게 함으로써 聖學道統의 유지에 기여했다며 그의 문묘종사를 건의하고 아울러 前禮部尙書 張伯行의 종사도 요청하였는데, 禮部에서의 검토를 거쳐 9월에는 劉를 文廟 西廡의 董仲舒 다음 자리에, 張은 東廡에 配享하도록 결정되었다.[22] 4년 3월에는 蘇州

---

18) 위와 같음.
19) 위의 책, pp.9~237.
20) 朱壽朋 纂修, 《光緖朝東華錄》 1, 大同書局, 三貴文化社 影印本, p.227 ; 顧廷龍, 《吳愙齋先生年譜》, 文海出版社, 1934, p.61.
21) 《光緖朝東華錄》 1, p.410.
22) 위의 책, pp.461~462.

藩司 勒方錡가 太倉, 鎭洋 2현에서 州縣紳民이 나서서 건립한 倉頡專祠
에 대해서도 河南省 成案(劉德·張伯行從祀案)에 따라 列入祀典을 허락
하여 지방관이 春秋로 致祭할 수 있도록 요청하여 재가를 받았다.[23] 또
5년에는 宋儒 輔廣의 종사도 이루어졌다.[24]

곧 光緒 초에 들어서 일부 중앙관과 지방관들이 현지 신사들의 여론
을 근거로 주청하여 선유들을 위한 建祠와 從祀가 활발하게 진행되었
음을 확인할 수 있다는 것인데, 그와 동시에 여론을 근거로 전임 지방
관이나 殉難士民을 表奬하려는 노력도 확대되고 있었다. 물론 그 같은
노력도 이미 咸豊·同治期부터 '士氣와 官箴을 진작시키고 천하의 豪傑
을 고무시키기 위한' 방편으로 淸廷에서 순난자와 유공자의 현창을 확
대하는 가운데 부각되고 있었지만, 특히 同治 말년에는 아마도 지역적
인 경쟁의식도 결부되어 현지 지방관뿐만 아니라 京官들도 빈번하게
同鄕의 殉難 官紳들에 대한 諡號의 賜與를 비롯한 표창을 요청하였다.
이에 同治 12년 윤6월에는 각지의 殉難官員에 대한 표창은 당해지역의
독무들이 철저한 조사를 한 뒤에 具奏토록 허용하고 同鄕京官의 具奏
는 不許한다는 상유가 내려지기기도 했다.[25] 그 결과 光緒 초에는 주로
지방관들이 현지 신사들의 聯名上疏 등을 근거로 殉難士民과 前任지방
관의 표창을 요구하게 되었다.

예컨대 3년 9월에는 양강총독 沈葆楨이 督師剿捻時의 曾國藩의 공적
과 관련하여, 江蘇 徐州 신사들의 여론을 근거로 그의 專祠 설립을 요
청하여 재가를 받았으며, 沈은 다시 4년 3월에 江寧布政使 孫衣言 등의
요청에 따라 복건, 강소학정을 역임하고 강소 鐘山書院에서 主講한 前
大理寺卿 李聯琇를 國史館에 宣付하여 立傳하도록 요청하여 그를 國史
儒林傳에 列入하여 碩學을 표창하라는 上諭가 내리기도 하였다.[26] 그해

23) 위의 책, p.559.
24) 《淸會典事例》 5冊, 卷436, p.944.
25) 《淸實錄》 同治朝 7, 卷354, 中華書局, p.674.
26) 《光緖朝東華錄》 1, p.463, 562.

4월에는 裕祿이 안휘성 紳耆들의 요청을 근거로 烏魯木齊都統 英翰에 대한 표창을 요청하여 그의 事蹟을 國史館에 宣付하고 鳳陽, 壽州 등지에 그의 專祠를 건립하도록 승인이 내려졌으며, 李鴻章도 前馬蘭鎭總兵 겸 내무부대신 文謙의 專祠를 天津에 건립하겠다고 주청, 승인을 받았다.[27]

이 같은 흐름 속에서 光緖 5년 1월에는 黎培敬이 道光 연간 雲貴총독 재임시 실책으로 두 차례 견책을 받아 革職되었던 賀長齡의 一生政績을 거론하며, 原官復職과 專祠 건립의 승인을 요청하였는데, 이에 대해 조정에서는 黎와 賀가 모두 호남인으로 偏袒同鄕의 뜻이 없다고 보기 어렵다는 이유로 그 요청을 기각하며, 黎에 대해 降3級調用의 처분을 내리고, 차후로는 앞서 언급한 同治 12년의 유지를 철저하게 준수할 것을 지시하였다.[28] 이에 따라 당분간은 建祠의 요청이 눈에 띄게 줄어들었던 듯한데, 光緖 7~8년 이후에는 다시 그러한 움직임이 새롭게 강화되었다.

光緖 7년 말에는 陝甘총독 楊昌濬이 역시 신사들의 公呈에 의거하여 前 총독 琦善이 3년의 재임기간 동안 지방의 정돈에 노력하였다는 점을 강조하며 甘肅省에 그의 專祠를 설립하도록 승인해 줄 것을 상주하여 상유의 재가를 받았는데, 이에 대해 11월에 청류의 일원 陳寶琛이 부당하다며 이의를 제기하였다.[29] 陳은 어린이들조차 여전히 琦善을 '禍國의 괴수'로 생각하고 있을 뿐 아니라 총독으로서의 善政이란 것도 보잘 것이 없는데, 아마도 그의 아들 恭鏜이 烏魯木齊都統이라는 점과 관련하여 專祠 건립의 요구가 제기되었을 것이라며 專祠 설립 승인의 철회를 요청하였던 것이다. 이에 조정에서는 琦善專祠의 撤銷를 명하고 楊昌濬에 대해서는 신사의 呈請을 근거로 率行具奏하였다는 이유로

---

27) 위의 책, p.565, 566.
28) 《光緖朝東華錄》 2, pp.671~672.
29) 陳寶琛, 《滄趣樓奏議詩集》(《近代中國史料叢刊》 40), 《陳文忠公奏議》 卷上, pp. 55~56.

嚴行申飭의 처분을 내렸다.[30]

그러한 중에도 光緒 9년 2월에는 前兩江總督 陶澍, 前署廣西巡撫 林則徐의 專祠를 江寧省城에 合建하도록 승인이 내려졌던바,[31] 지방관들의 建祠 요구가 끊이지 않고 이어지고 있었음을 알 수 있다. 그 같은 흐름과 관련하여, 역시 청류로 거론되기도 하는 鄧承修는 그 해 8월의 상주에서 "軍興 이래 倖門이 널리 열리고 仕途의 冗藝이 이루어져 그것만으로는 인재를 분발시키기에 부족하게 되었으나, 오직 易名建祠의 영예만은 아직 쉽게 수여하지 않아 그래도 조정에서 士氣와 官箴을 진작시키고 천하의 호걸을 고무시키기 위한 수단으로 그것을 이용할 수 있었는데, 근래에는 그러한 奏請이 보이지 않는 달이 거의 없을 정도로 疆臣들의 분분한 瀆請이 제기되고 있다"고 비판하기도 하였다.[32]

鄧은 이어 李鴻章의 경우를 예로 들면서, 분별없는 建祠요청의 증가로 물의가 야기되고 있다고 주장, 濫請의 폐단을 교정할 것을 요청하기도 하였다. 李는 앞서 신사들의 合詞간청에 따라 馬繩武가 知府로서 勤政愛民하였다는 점을 강조하며 그의 附祀를 요청하였는데, 鄧에 따르면 馬의 '善政'이라는 것은 일상적인 行政에 불과한 것으로 별 달리 볼만한 政績이 없는데도 李가 "小惠私恩을 巨典濫請으로 갚고자 하여 사방의 웃음거리가 되었다"고 한다. 鄧은 또 이른바 신사의 聯名呈請이라는 것도 1~2명의 劣紳이 결탁한 것으로 "本官의 私慝이 아니면 子弟의 營求의 결과"라면서 앞으로는 建祠·附祀奏請時 예부로 하여금 都察院과 회동하여 검토하게 한 후 上諭의 재가를 얻어 시행해야 한다고 주장하였다.

鄧의 상주에 따라 禮部에서 곧 대책을 논의하여, 9월에는 祀典의 중요성을 강조하면서 馬繩武의 附祀요청을 기각하도록 상주한바, 그대로 재가되었다.[33] 그 상주에 따르면, 청초부터 嘉慶 18년 會典重修時까지

30) 《光緒朝東華錄》 2, p.1211.
31) 《光緒朝東華錄》 3, p.1457.
32) 위의 책, p.1564.

170년 동안에 專祠가 인정된 것은 30여 개소로, 忠節의 경우 正祀가 27인, 附祀 4인이고, 名宦의 경우 正祀가 5인, 附祀가 1인에 불과하였는데, 咸豊 이후 專祠의 요청이 계속되어 예부에서는 濫請을 막기 위해 光緒 5년에도 〈崇祀章程〉을 奏定하여 入祀題請은 人身이 사망한 지 30년이 지난 후에 할 수 있도록 하였다.

禮部는 또 별도의 상주에서 專祠의 설립과 각성의 賢良·名宦祠에의 入祀를 奏請할 때에는 舊章을 철저하게 준수해야 하며, 처리과정에서도 엄밀한 사실 확인을 거쳐야 된다는 점을 재차 강조하였다.[34] 그 상주는 《會典》의 규정에 따르면 각성 功臣의 專祠는 列聖의 特旨에 따라 설립토록 되어 있어 신하들이 감히 擅請할 수 없을 뿐 아니라, 京師나 각성에 昭忠祠와 賢良祠, 각 府州縣에 名宦祠가 설립된 것을 비롯, 祀典이 이미 상비되어 있는데도 다시 專祠의 설립을 요청하여 1인이 1祠 혹은 여러 개의 祠廟를 갖게 된다면 舊制에도 어긋나고 世道人心에도 장애가 될 것이라고 주장하였다.

지금까지 살펴본 道咸 이후 光緒 初에 이르기까지 종사된 선유 중에는 宋學계열에 속한 인물들이 다수를 차지하고 있지만 許愼을 비롯해 특히 漢學과의 관련성이 큰 인물들도 포함되어 있는데, 대체로 그들의 실천궁행, 경제실용에 기여한 정도, 傳經의 공 등이 폭넓게 거론되고 있다는 점에서 경세를 표방하며 漢宋兼採, 古今兼用을 중시하게 된 당시의 학문적 경향을 반영하는 것으로 볼 수 있을 것이다. 즉 그간 전문화되고 분파대립이 확대되면서 시대의 요구에서 멀어진 유학을 經世의 목표를 매개로 종합, 절충함으로써 위기에 처한 청조체제와 명교적 질서를 다시 확립시키려는 노력의 일면을 엿볼 수 있다는 것이다. 그와 함께 專祠의 설립이나 名宦·鄕賢祠에의 입사 등을 통해 순난사민이나 공신과 현자를 기리려는 노력도 확대되었던바, 그 과정에서 道光期의

---

33) 위의 책, p.1572.
34) 위의 책, p.1573.

대표적인 경세관료였던 陶澍, 賀長齡, 林則徐 등의 업적에 대한 적극적인 재평가도 이루어지게 되었다.

이러한 흐름을 배경으로 하여 한 단계 더 나아가서는, 이전까지 그들의 민족의식과 청조에 대한 비판적 인식과 관련하여 공개적이고 전면적이 현창이 꺼려졌던 淸初의 3遺老에 대한 적극적인 재평가 요구도 대두하기 시작하였다. 그 단서는 光緒 2년 郭嵩燾에 의해 王夫之 종사 요구가 제기됨으로써 열리게 되었다. 郭은 福建按察使 등을 역임한 후 光緒 초에 예부당관으로 임명되었다가 곧 청조의 초대 주영공사로 파견되게 되는데, 出使 직전인 光緒 2년 8월, 즉 劉德 등의 종사 논의가 진행중인 시점에서 淸初의 儒臣 陸隴其, 湯斌, 孫奇逢, 張履祥, 陸世儀 從祀에 이은 당시의 劉德, 張伯行과 王建常의 從祀 논의는 모두 先儒를 표창하고 학교에서 모범으로 삼기 위함이라고 주장하면서 王夫之의 문묘종사를 건의하였던 것이다.[35]

물론 아직 여건이 충분히 성숙하지 못한 등의 원인도 작용하여 그 요구는 곧 본격적인 논의를 불러 일으키지는 못하고 예부에서의 협의를 거쳐 기각되는 것으로 비교적 조용하게 처리되게 되었지만,[36] 그 요구의 제기 자체가 이미 간과할 수 없는 의미를 지닌 것이었다. 왕부지는 청초 3유로 가운데에서도 가장 철저하게 청조를 부정하며 은거생활을 하며 저작에 전념하였기 때문에 고염무나 황종희에 비해 제자관계를 통한 학문적 영향력이 지역적인 한계를 넘어 크게 확대되지 못하고 있었는데, 그에 대한 전면적인 재평가 요구가 공개적으로 대두하였다는 것은 시대의 변화를 반영하는 동시에 이후 사조의 흐름에 큰 영향을 미칠 수 있는 것이었기 때문이다.

기실 고염무나 황종희가 강남지역을 중심으로 한학의 전성기에도 제한적으로나마 지속적인 영향을 미치고 있었으며, 道光期 이후 경세학

---

35) 《軍機處錄副奏摺》 光緒朝 內政類, 2년 8월 20일자(第1歷史檔案館藏).
36) 胡思敬, 《國聞備乘》 卷3, 《近代稗海》 1, 四川人民出版社, 1985, pp.278~279.

이 발흥하는 과정에서는 점차 적극적인 현창의 대상으로 등장하고 있었던 데 비하면, 왕부지의 현창은 상대적으로 늦게까지 이루어지지 못하고 있었다. 그런데 咸豊·同治期 湘軍의 활약과 연관된 湖南經世學의 발전과 관련, 특히 호남 출신 관신들 사이에서 王夫之 현창의 움직임이 부각되기 시작하였다.[37] 그 과정에서 同治 4년에는 曾國藩·曾國荃 형제에 의해 종래 부분적으로 간행되었던 王夫之의 저술이 규모와 내용면에서 획기적인 56책 288권의 《船山遺書》로서 간행되고, 8년에는 王闓運에 의해 그 교정본이 발행되기도 하였다. 이같이 왕부지 현창이 호남의 관신들에 의해 전개되는 가운데 특히 중심적인 역할을 담당한 인물이 바로 곽숭도였다. 그는 同治 9년 10월에 船山祠를 건립한 데 이어 12년에는 長沙에 思賢講舍를 건립하는 등 누구보다 王夫之 학문의 현창에 큰 관심을 기울이고 있었다.

이렇게 왕부지의 현창에 앞장서 온 곽이 앞에서 본 대로 光緖 초에 종사 요구가 활발하게 진행되자 왕의 종사를 건의하게 되었던 것이다. 그러나 아직 호남관신 외에는 적극적인 동조자를 확보하지 못한 가운데, 결국 '一鄕阿好'의 의도 등이 거론되면서 그 요구는 기각되었지만,[38] 이로써 청초 3유로의 공개적인 현창에 대한 기휘의 풍조가 제거됨으로써 이후 곧 그들에 대한 더욱 본격적인 종사 논의의 길이 열릴 수 있게 되었다.

IV. 顧炎武·黃宗羲 從祀 요구의 대두

앞서 언급한 대로 고염무와 황종희는 乾嘉漢學의 전성기에도 영향력이 지속되며 강남관신들 사이에서는 폭넓은 숭배의 대상이 되고 있었

---

37) 김배철, 앞의 글 ; 高田淳, 〈淸末における王船山〉, 《學習院大學文學部硏究報告》 30, 1984, 《中國關係論說資料》 26, 3-上, 1984, p.107 등 참조.
38) 胡思敬, 《國聞備乘》 卷3, 《近代稗海》 1, pp.278~279.

는데, 道光期 이후 경세학이 다시 발흥하기 시작하면서 적극적으로 그
들을 현창하려는 움직임도 대두하기 시작하였다. 특히 古文經學을 발
전시켜 이후 乾嘉漢學 방법론의 확립에 기틀을 제공한 것으로 평가된
顧炎武의 경우 그 현창의 움직임이 두드러지게 나타나고 있었다. 道光
연간에 들어 주로 長江 하류지역 등지에서 고염무의 업적을 기리고 그
정신을 되새기려는 노력이 본격화하는 가운데, 北京에서도 何紹基, 潘
溪玉 등의 주도하에 慈仁寺 옆에 顧炎武祠가 건립되어 이후 정기적으
로 致祭가 이루어지고 있었다.[39] 이후 淸流의 중견으로 등장하는 張之
洞도 同治 말에 고염무사에 참배한 바 있었으며, 곧 살피게 될 바와 같
이 光緒 초 고·황종사 논의과정에서 중심적인 역할을 하게 되는 翁同
龢와 潘祖蔭 등도 同治 말, 光緒 초에 고염무사에 참배하고 있었다.[40]
그와 함께 그의 저서의 傳抄와 刊刻을 통한 보급도 확대되는 가운데,
사적인 수준에서나마 그의 문묘종사의 필요성이 논의되기 시작하였
다.[41] 황종희의 경우는 고염무에 비해 영향력이 좀더 제한적이었던 듯
하지만 역시 道光 원년에 會稽 박진각본《明儒學案》이 간행된 사실등
을 확인할 수 있는바, 경세의 중요성이 강조되는 풍조 속에서 그의 사
상도 새롭게 주목되기 시작하였던 것으로 생각된다.[42]

그러한 터에 咸同期 이후 光緒 초에 이르기까지 위에서 살핀 바와 같
은 흐름이 전개되자 일부 강남지역 관신들은 아마도 王夫之현창운동의
대두를 의식하면서 顧炎武·黃宗義의 학문을 현창하려는 노력을 강화
하였다. 그 과정에서 光緒 5년에는 愈樾 등의 서문이 첨부된《歸·顧·朱

---

39) James Polachek, *Inner Opium War*, Council on East Asian Studies,
   Cambridge, 1992, pp.217~223.
40) 陳義杰整理,《翁同龢日記》3, 中華書局, 1993, p.1189. 翁은 어렸을 때부터 부친을
   따라 常熟 語濂涇의 顧炎武祠를 참배하였으며, 고향을 떠나 北京 등지에서 仕宦할
   때도 책상 앞에 늘《日知錄》을 두고 있었다고도 한다.(謝俊美,《翁同龢傳》, 中華書
   局, 1994, pp.276~277 참조).
41) 陸心源,〈儀顧堂炎武從祀議〉,《儀顧堂集》, pp.126~130.
42) 朱維錚,〈在晚淸思想界의黃宗義〉,《求索眞文明―晚淸學術史論》, 上海古籍出版
   社, 1996, pp.351~360.

三先生合刻年譜》가 간행되고, 11년에는 席威·朱記英에 의해《亭林先生遺書彙集》이 완성되어 1888년에 간행되고, 역시 光緖 초에《崑山顧氏全集》의 간행도 이루어졌다.[43] 이 같은 흐름의 다른 한편에서는 光緖 초에 들어 言路의 개방이 확대된 가운데 청류파의 선도하에 다방면에 걸친 정치·사회적 문제에 대한 비판이 확대되고 있었다.[44] 따라서 종래 금기시되던 주장들에 대한 논의도 활발하게 진행될 수 있는 여건이 조성되었다고 생각된다.

이 같은 상황 속에서 光緖 10년 3월에는 청류파의 건장 陳寶琛에 의해 顧와 黃의 문묘종사가 정식으로 건의되었다. 陳은 同治 연간에 진사 급제하여 翰林院庶吉士가 된 후 禮部侍郎, 內閣學士, 江西學政 등을 거치면서 光緖 초에는 張之洞, 張佩綸과 함께 '2張1陳'이라고 병칭될 정도로 적극적인 시정비평을 전개하며 청류의 활동을 선도하고 있었다. 앞서 언급한 대로 祀典濫請의 폐를 비판하기도 하였는데, 특히 士人의 신분에 강한 자긍심을 표명하면서 서원의 재건 등을 적극적으로 후원하기도 하였다.[45] 강서 재임시에는 馮桂芬의 아들인 芳植 등과 접촉하면서 馮이 1861년에 초고를 완성하여 스스로 내용의 과격함을 인정하고 출판을 보류하였다가 그 일부만 1876년에《顯志堂稿》로 출판하고, 남겨두었던 것들을 별도로 출판하도록 권유하기도 하였는데,[46] 결국 1884년 말에 이르러 馮의《校邠廬抗議》가 公刊될 수 있었다.

陳의 顧·黃종사요구 상주가 제출된 당시에는 월남문제를 둘러싼 淸佛간의 긴장이 고조되어 무력충돌이 확대되기 시작하였다. 그 내용을

---

43) 席威·朱記英은 특히《崑山顧氏全集》에서 曾國藩·曾國荃 형제의《船山遺書》간행과 彭玉麟의 船山書院建立 요청 등을 언급하며 顧炎武 저작 合刻의 필요성을 강조하였다.

44) 崔熙在,〈光緖初 權力關係의 변화에 대하여〉,《東洋史學硏究》55, 1996 ;〈光緖初 淸議經世論의 발전과 그 지향〉,《史學志》29, 1996 참조.

45) 江西학정 재임시 士習과 文風이 옛날과 같지 못함을 우려하며 적습을 혁파하고 舊章을 회복할 것을 주장하면서, 白鹿洞書院의 재건을 추진하기도 하였다.《陳文忠公奏議》卷下, pp.7～13, 23～25 등 참조.

46) 馮桂芬,《校邠廬抗議》, 豫章閣本, 1884, 馮芳植跋.

검토하기에 앞서 그러한 상황에서 그 상주가 제출되게 된 배경을 좀더
구체적으로 살펴볼 필요가 있다고 생각되는데, 이와 관련하여 간과할
수 없는 부분은 甲申易樞와 그에 따른 정치적 상황 변화이다. 1883년
말 이후 월남문제를 둘러싼 淸佛의 충돌이 본격화되면서 곧 청조 측의
대응이 무력하다는 점이 드러나기 시작하였는데, 기왕의 정책에 대한
비판과 더불어 주전적인 여론이 고조되기 시작하는 가운데, 1884년 4월
에 들어 盛昱이 군기대신들의 무기력함을 비판하며 발분을 촉구하도록
요구하는 상주를 제출하자, 분위기 일신의 필요성을 절감한 서태후가
공친왕을 수반으로 한 군기대신을 모두 파출하는 획기적인 조치를 단
행하여 이후 정치적 파장이 크게 일어나게 되었다는 점[47]에 주목할 필
요가 있다는 것이다.

易樞의 후속조치로서 사기진작을 위해 그간 여론을 선도해 온 청류
의 중견분자들에 대한 파격적인 기용이 이루어져, 吳大澂이 北洋防務
會辦, 張佩倫이 南洋防務會辦, 陳寶琛이 福建防務會辦에 발탁되는 정치
권의 큰 변화가 진행되었다.[48] 즉 청류파의 활동과 실제적인 권력이 확
대되었다는 것인데, 그와 관련하여 청류진영 내부의 입장의 차이와 상
호경쟁도 분명하게 드러나기 시작하였는데, 그러한 맥락 속에서 陳의
顧·黃從祀요구가 제기되었다는 것이다. 기실 청류진영 내부에서의 인
재추천과 정책제안 등을 둘러싼 경쟁은 이전부터 부각되고 있었다. 예
컨대 張佩綸이 光緒 9년 당시 '최대의 善政'이라고 평가한 停捐의 후속
조치로 吏治문제의 해결을 촉구한 데 이어, 陳啓泰는 吏治정돈의 전제
로 學額, 敎官, 書院, 學政 등 학교와 관련된 여러 문제의 해결을 요청하
기도 하였다.[49] 鄧承修는 앞서 언급한 대로 建祠'瀆請'을 비판하였고, 王
懿榮은 古文尙書와 今文尙書의 병용을 주청하기도 하였다.[50] 그러한 과

47) 寶成關, 〈略論光緒甲申朝局之變〉, 《史學月刊》 1988-5, pp.54~59 참조.
48) 《光緒朝東華錄》 3, p.1672 ; 陳勇勤, 〈論甲申易樞後淸流黨人任海疆三會辦問題〉, 《歷史檔案》 1992-1, pp.121~125 참조.
49) 崔熙在, 〈光緒初 官僚機構의 정비와 法律行政의 정돈〉, 《歷史學報》 154, 1977, pp.176~181 참조.

정에서 진보침이 내각학사로 기용된 데 이어 곧 徐致祥, 尙賢 등 청류
와 밀접하게 관련되었다고 여겨지는 인물들이 내각학사로 발탁되었고,
11월에는 張佩綸이 總署行走 명령을 받고 光緖 10년에 들어서는 山西
순무로 나가 있던 張之洞이 兩廣총독으로 전격 발탁되는 등의 변화가
진행되고 있었다.[50]

이 같은 배경 하에서 강남지역 사인의 동향에 대해 깊은 관심과 이해
를 갖고 있었던 陳寶琛이 易樞 직후인 光緖 10년 3월에 "實學을 장려하
여 인재를 고무시키고자 함"이라는 이유로 顧와 黃의 文廟從祀를 건의
하게 되었던 것이다. 陳은 먼저 先儒를 學宮에 升祔할 때에는 "학술의
精純과 경륜의 탁월"을 중시해야 한다는 道光 9년의 諭旨와 "著書立說
이 羽翼經傳하고 진실로 능히 實踐躬行할 수 있었던 자"에 대해서는 從
祀의 주청을 허락한다는 咸豊 10년의 廷議를 거론하며, 다음과 같이 상
주하였다.

이에 臣이 삼가 살펴보건대 浙江 餘姚縣 先儒 황종희와 江蘇 崑山縣의
선유고염무는 모두 勝朝의 遺獻으로 영향력 있는 當代(昭代)의 儒宗이 되
었습니다. 종희는 明 어사 尊素의 아들이고, 염무는 明 贊善 紹芳의 후예
로서 (모두) 집안에서 忠孝를 이어받고 학문에 淵源을 갖고 있었습니다.
그들이 활동한 때는 明末의 시기로서 經術이 荒蕪하여 학자들이 혹은 性
理의 空談에 빠지거나 制義의 俗體에 몰두하여 漢注唐疏를 棄置不談하는
상황이었습니다. (이에) 黃宗義가 앞에서 창도하고 顧炎武가 뒤에서 계승
하여 이후 承學之士들이 비로소 百經을 학습하기 시작한바, 그때 閻若璩,
胡謂, 顧祖禹, 惠周惕과 같은 무리와 그 후 王鳴盛, 錢大昕, 江永, 戴震 등
과 같은 무리가 그 학풍을 듣고 흥기하여 천박함에서 깊은 곳까지 이르러
찬란하게 저술을 하여 옛날과 같은 공을 이루게 되었습니다.……
黃은 劉宗周의 가르침을 전승하여, 良知의 末流를 교정하고 愼獨을 근
본으로 삼았으며, 顧는 (청초 理學名臣인) 李光地와 서로 지면을 갖고 陸
王의 幾微를 分辨하며 紫陽(朱子)을 목표로 삼는 등의 차이가 있었으나,

50)《光緖朝東華錄》3, pp.1639~1640.
51) 위의 책, p.1652.

兩家의 학문은 모두 宋儒에 深入하면서도 또 능히 許愼, 鄭玄의 精髓를 들추어 내고, 賈誼·孔安國의 오류를 판별할 수 있어 애초 抱殘守缺을 목표[止境]로 하지 않았으며 또 考據家의 유폐를 드러내지 않았으니 이는 고귀한 바입니다. 삼가 《四庫全書總目提要》를 보니 黃의 저서가 14종, 顧의 저서가 22종 채택되어 있습니다. (그들은) 대체로 天下事를 자기의 일로 삼고 聖賢을 자신의 스승으로 삼아 크게는 制作의 근원을 살피고 사소한 문제에 관한 것일지라도 역시 견문에 도움을 제공하고 있습니다. 《提要》에 이르기를 "宗羲는 究心事理하여 空疏·無用한 談論에 빠지지 않았으며 炎武는 博贍通貫하고 學問에 根柢를 지님이 우리나라에서 가장 앞선 바가 있다"라 하였으니 그들이야말로 이른바 '羽翼經傳, 眞能躬行者'가 아니겠습니까?

그런 까닭에 同治 2년 明儒 呂枏과 方孝儒의 從祀논의시 禮臣들이 앞에서는 《學案》을 인용하고 뒤에서는 《師說》에 기대는 등 黃의 주장을 근거로 삼았으며, 《國史儒林傳》에서는 (당시까지의) 200여 년의 역사 가운데 80여 명을 선정하면서 顧를 처음, 黃을 두 번째로 수록하는 등, 그 생평에 대한 평가가 내려진 지 이미 오래되었습니다. 그 학문으로 말하면 明體達用에 이르고 그 사람으로 말하면 유약한 사람을 세우고 완고한 사람을 염치있게 하여, 進退에 마땅함을 얻었고 문장에 구차함이 없었으며, 傳志에는 근거가 분명하여 진실로 이론의 여지를 남기지 않아 學術精純·經綸卓越의 (기준을 제시한) 諭旨에도 거의 그대로 부합한 바, 그들을 춘추로 附祀하여 崇報함에 부끄럼이 없기를 바랍니다. 근년의 世變의 방향을 보면 사풍이 점차 부패하여 과거에서 요행을 바라고 詩書를 폐기하여, 그 중 혹은 훈고에 粗通한 자는 宋儒를 함부로 욕하고, 時務를 대략 파악한 자는 또 王道를 迂遠視하는 경향이 증대되는데, 인재의 성쇠는 학술에서 시작하는바, 만일 종희, 염무 2인을 얻어서 풍기를 세우고 그들의 觀感을 감동시켜 천하가 모두 學問經濟에 본원이 있으며, 理는 空談이 아니고 功은 순식간에 이루어지는 법이 없음을 깨닫게 하고, 행동함에는 부끄러움을 느끼는 것을 실질로 삼고, 독서는 유용함을 기준으로 삼게 하면 功名(을 이룰 때)도 氣節의 부끄러움에 빠지지 않고 풍속은 師儒의 이익을 받게 될 것이니, 그 轉移敎化함이 진실로 적지 않을 것입니다.[52]

즉 陳은 당시의 우려할 만한 상황, 즉 사풍이 점차 타락하여 과거에

---

52) 《陳文忠公奏議》 卷下, pp.26~28.

서 요행을 바라며 詩書를 폐기하고 가벼이 訓詁를 논하여 宋儒를 모독할 뿐 아니라 時務를 평계로 王道를 迂遠視하는 현실을 비판하여, 學問經濟에 본원이 있음과 理는 空談이 아니며 功業이란 하루에 이루어지는 것이 아님을 깨닫게 하고, 나아가 행동할 때에는 염치를 지키고, 독서하면서는 유용성을 중시하는 풍조를 조성하고자 고염무와 황종희의 학술을 현창하면서 그들의 종사를 요구하였다는 것이다.

이 같은 陣의 주장은 다른 청류 성원들과의 폭넓은 협의를 거쳤다거나 조직적인 준비를 거쳐 제기된 것은 아닌 것으로 보인다. 오히려 앞서 설명한 것과 같이 청류성원들 간에도 정책제안의 경쟁이 이루어지는 분위기 속에서 독단적으로 이루어졌던 것으로 생각된다. 때문에 그 건의 직후 몇 달 동안 적극적인 지원이나 동조의 움직임은 전혀 나타나지 않고 있었다. 오히려 한림학사들 사이에서도 그 주장에 부정적인 입장이 강하였으며, 심지어는 陣의 건의는 '기이한 것'이라는 평가도 내려지고 있었다.[53] 비판적인 입장의 논자는 顧某는 겨우 조그만 《日知錄》 한 권만 참고할 만할 뿐이고 黃某는 누구인지도 알 수 없다고 주장하기도 하였으며, 尙書 畢道遠은 격분하여 두 사람의 학문은 차치하고 품행으로 말하자면 康熙 연간에 모두 出仕를 거부하였는데, 어찌 종사를 허용할 수 있겠는가라며 명백하게 반대 입장을 천명하기도 하였다.[54]

그러나 문제는 앞서 살펴본 바와 같은 고·황 현창의 움직임에서 엿볼 수 있듯이 그 주장이 이미 상당한 지지세력을 확보하고 있었다는 것이었다. 그리하여 표면으로 크게 부각되지는 못하고 있었지만, 한편에서는 그 기회를 이용하여 고·황의 종사를 추진하고자 하는 움직임도 대두하고 있었다. 예컨대 그 소식을 들은 馬蔚林이 청의의 대변자를 자처하고 있는 李慈銘을 찾아가 그 사실을 전하며 대책을 협의하기도 하였다.[55] 때문에 그렇게 비판적인 의견이 강하게 일어났음에도 불구, 예

---

53) 吳語亭 編註, 《越縵堂國事日記》 6, 文海出版社本, p.3230.
54) 《越縵堂國事日記》 6, p.3231.
55) 위와 같음. 그에 대해 이자명은 그 요구가 福建人에 의해 제기된 것 자체가 욕

부 堂司 각 관원들이 어떻게 대처해야 할지 결정을 못 하여 몇 달 후인 10년 말경까지 논란이 계속되었다고 한다.[56]

《清實錄》,《光緒朝東華錄》 등의 단편적인 관련 기록에 비추어 볼 때 이전의 從祀 요구들의 경우에는 비교적 간단한 절차를 거쳐 可否가 결정되었던 것으로 생각되는데, 이미 顧·黃현창의 노력이 폭넓게 확산되고 있던 상황에서 제기된 그 건의는 상대적으로 큰 파장을 불러 일으키게 되었다는 것이다. 아마도 清佛戰爭의 와중이라는 요인도 있어서 그 주장을 둘러싼 공개적인 논의는 잠시 보류되었던 듯하지만, 그 건의에 대해 신중하게 처리할 필요성은 느낀 조정에서는 곧 본격적인 논의를 위한 준비를 시작하였다. 즉 차후의 결정을 위해 江蘇, 浙江의 순무들에게 顧·黃의 서적들을 수집하도록 지시하였던 것이다. 그에 따라 11년 8월에는 浙江순무 등이 黃宗羲의 저서 9종, 顧炎武의 저서 5종 등을 送付한바, 禮部에서 《四庫全書總目提要》 등의 기록을 근거로 그 내용에 대한 재검토를 시작하면서 곧 그 문제를 둘러싼 공개적인 논의가 전개되게 되었다.[57]

V. 顧炎武·黃宗羲 從祀 논의의 진전과 결과

光緒 11년 후반에는 清佛戰爭이 종결되어 청조의 정치가 안정을 회복하게 된바, 당시까지 추진되었던 체제정비작업을 일단락지으려는 움직임이 대두하였다. 예컨대 해방의 강화를 위한 海軍衙門의 설립이 실현되고, 邊方관제 정비의 총결로서 新疆省의 설치에 이어 臺灣建省도

된 것인 터에 山東의 '一字도 모르는' 尙書에게 뜻을 굽혀 협조해 주도록 구하는 것이 두 선생을 위한 것이 못 된다고 하면서 그 상주는 '今日의 계책이 아니다'는 점을 강조하였다.

56) 《越縵堂國事日記》 6, p.3230.
57) 《光緒朝東華錄》 4, pp.2011~2012.

이루어지게 되었을 뿐만 아니라, 錢法의 정비·개혁 등도 활발하게 추진되기 시작하였으며, 11월에는 다음해인 光緖 12년 1월부터는 태평천국의 난 등으로 인한 재정의 궁핍 때문에 그간에 감봉되었던 王公과 중앙관원, 그리고 兵丁의 봉급을 원래대로 회복시킨다는 상유도 하달되었다.[58] 이같이 체제의 정비를 일단 마무리하려는 단계에서 고·황문묘종사문제도 마무리짓기로 한바, 곧 예부당관, 내각대학사와 9경 등이 참여한 가운데 본격적인 논의가 시작되었다.

그에 관한 내각회의는 11년 11월 1일(12. 6)에 시작되었는데, 주무부서였던 예부에서는 비판적인 입장을 정리하여 초안을 제출하였으나, 그 회의에는 顧·黃從祀에 찬성하는 翁同龢 등은 참여하지 않았던 등의 이유도 있어, 본격적인 논쟁이 전개되지는 않았다. 그러나 회의에 참석했던 孫家鼐 등을 통해 그 내용이 알려지자, 다음날 곧 盛昱이 翁同龢를 방문하여 상의한바, 翁은 盛昱에게 고·황종사를 지지하는 상주초안을 작성하도록 요청하였다.[59] 翁은 이어 潘祖蔭을 방문하여 그 문제를 논의하였으며, 마침내 盛昱의 초안이 마련되자 5일에는 翁과 潘이 모여 盛昱, 孫家鼐, 孫詒經, 龍湛霖 등이 연명으로 상주를 올리기로 결정한 결과,[60] 그에 관한 찬반논쟁이 벌어지게 되었다.

먼저 11월 21일(12. 26)에는 直督兼大學士 李鴻章, 大學士 額勒和布, 吏部尙書 徐桐, 禮部尙書 畢道遠 등 51명의 연함으로 고·황종사에 반대하는 상주가 제출되었다. 그 상주에서 그들은 黃의 《孟子師說》, 《易學象數論》, 《明儒學案》, 顧의 《左傳杜解補正》, 《日知錄》, 《天下郡國利病書》 등의 저술의 한계에 대한 《四庫全書總目提要》의 평가를 간략히 다시 정리하며 그 純駁是非에 대한 평정이 정당하다고 강조하였다. 예컨대 《명유학안》조에서 황종희가 '勝國門戶之餘風'을 지니고 있으며 그외에 《今水經》과 같은 각종 저서의 경우 搜羅考據에 정밀한 부분이 있는가 하면 소략한 부분도 있다든가, 고염무 《일지록》의 경우 30여 년의 노력으로 一書를 이루어 정력이 발휘된 것으로 '博瞻而能通貫'한 점은 인정되지만, 그가 明末에 살면서 경세의 일을 즐겨 이야기하였음에도 불구하고 그 주장은 혹은 우원하여 행하기 어렵고 혹은 괴팍하여 과도하게 예민한 점이 있다는 점 등이 《提要》에서 이미 천명되고 있는데, 그러한 평가가 전적으로 타당하다는 것이었다. 아울러 그들의 生平 擧行이 다만 저술가에 속할 뿐 躬行實踐은 없어 '闡明聖學·傳授道統'의 기준에는 미치지 못한다는 《國史儒林傳》의 평가도 합당하다고 강조하였다. 그러나 그들이 '志節矯然 博瞻通貫'하여 閭黨의 모범이 되기에는 족하다는 점은 인정할 수 있다면서, 따라서 다만 家言을 저술하고 心性을 천명하였을 뿐 궁행실천의 업적이 없는 경우에는 鄕賢祠에 入祀하라는 道光 9년의 上諭에 따라 문묘종사 요구는 기각하되 그들을 향현사에 入祀하도록 허용할 것을 건의하였다.[61]

위의 상주가 정식으로 제출되기 전에 협의·서명과정에서 翁, 潘 등에게도 의견이 타진되었던 듯하지만 이미 앞서 별도의 상주를 제출하기로 한 바 있었던 그들은 서명을 거부하고, 곧 고·황종사의 필요성을 강조하며 그 문제에 대해 좀더 많은 관원들이 참여하는 확대회의를 열어 논의할 것을 요구하기로 하였다.[62] 그리하여 署兵部尙書 潘祖蔭, 工部尙書 翁同龢, 吏部左侍郎兼通政司使 周家楣, 戶部左侍郎兼署禮部侍郎 孫詒經, 戶部右侍郎 孫家鼐, 都察院左副都御史 徐樹銘, 國子監祭酒 宗室 盛昱, 署祭酒 龍湛霖, 司業 奎明, 署司業 陳秉和 등 10명이 연함으로 상주를 제출하였는데, 주요 내용은 다음과 같다.[63]

그들은 먼저 顧·黃의 생평과 遺緖를 살펴보건대 그들이 '傳經之功·

---

61) 《軍機處錄副奏摺》 3-146-7209-5호, 光緒 11년 11월 21일자 ; 《光緒朝東華錄》 4, pp.2011~2013.
62) 《翁同龢日記》, pp.1978~1979 ; 謝俊美, 《翁同龢傳》, pp.276~277 참조.
63) 《軍機處錄副奏摺》 002295호 ; 《光緒朝東華錄》 4, pp.2013~2014.

衛道之力'과 '崇正遏邪의 實效'를 지니고 있음이 분명하다면서, 그들의
종사가 필요한 이유로서 '古誼', '今制', '成憲' 등을 상세하게 거론하였
다. 먼저 '古誼'와 관련하여, 청대에 들어 文治가 창명하고 經師들이 대
거 배출되어, 경전마다 전문가들이 생기고 각기 疏義를 펴내며 小學을
精研하고 두루 群經을 섭렵한 자를 모두 다 거론할 수 없을 정도가 된
바, 3대 이후 경학이 청조에 들어서야 극성기에 이르렀다고 할 수 있는
데, 그 연원을 살피면 '辨書古文之僞, 發古韻之微, 深通天算, 博稽地理'
등 모든 博學의 전문분야가 顧·黃의 遺緒라고 할 수 있다고 주장하였
다. 그리하여 당시까지 사람들이 그들의 저술을 옆에 두고 익혀 이미
폭넓게 전파가 되었다고 할 수 있는데, 그 저서를 읽고 언행을 익히는
자들은 모두 그들을 '轉相授受의 本師'로 삼고 있다고 강조하였다. 그
증거로 이미 道光 연간에 京朝의 各官들이 京師에 顧炎武祠를 건립하
였으며, 이후 春秋 양차에 걸친 致祭가 계속되고 있다는 점을 지적하기
도 하였다. 요컨대 어떤 결정을 할 때는 우선 인심의 소재를 중시해야
하므로 古誼를 중시하지 않을 수 없는데, 이와 같이 황종희와 고염무가
존중을 받고 있으므로 그들의 종사가 마땅하다는 것이었다.

　그들은 이어 종사의 요건으로 '學術精純, 闡明聖學, 傳授道統, 經綸卓
越' 등을 요구하는 '今制'에 비추어 보아도 고·황의 종사가 적절한 것이
라고 주장하였다. 그에 따르면, 황종희의 《明儒學案》은 200년 學術昇
降의 근원을 종관하여 '會通融貫'하였다 할 수 있으며, 비록 劉蕺山에게
서 나왔지만 姚江末派를 통렬하게 비판한 고로 河東, 姚江 모두 그 올
바름을 얻을 수 있었으며, 《宋元學案》에서는 파별을 조리있게 분류하
면서, 朱子를 극도로 추존하는 등 다만 正論을 받들고 邪說을 배척할
뿐 다른 것이라고 주벌하고 같은 것만을 편드는 일이 없었다고 한다.
또 고염무는 講學의 이름을 내걸지는 않았지만 도를 실천한 實效가 있
었으며 학문의 취지를 논하면서 성인의 도는 '博學於文, 行己有恥'에 있
다고 하고 당시의 理學이 禪學에 빠지고 있음을 비판하였던바, 그들의
학술은 하나같이 '肫篤精實'하며 囂張의 풍기나 門戶의 사사로움이 없

으므로 學術精純의 항목에 부합된다는 것이었다.

그와 관련하여 그들은 또 明末 心學이 성행하여 李贄, 何心隱 등의 무리가 일어나 狂禪을 표방하며 束書不觀하여 학술이 무너지고 국운도 기우는 상황에서 황종희가 그 근본을 배척하고 고염무는 그 가지를 잘라 그들로부터 禪學이 종식되고 이후 樸學이 일어나게 되었으므로 그들이야말로 바로 또 闡明聖學·傳授道統의 기준에도 부합되는 것이 아니겠는가고 반문하였다. 經綸卓越의 항목과 관련하여서는, 비록 그 육신이 末運을 맞고 마음은 전 왕조에 있어 스스로 크게 떨치고 일어날 수는 없었으나, 그들이 經濟를 중시하며 각기 자신들의 偉略을 서술하여 큰 영향을 끼치게 되었으니, 예컨대 顧가 《日知錄》에서 蘇松重賦의 문제를 지적하고 直隷州의 증설과 州縣의 改倂을 주장한 것을 비롯하여, 明代의 過失을 거울삼아 淸朝의 法을 연 것이 헤아릴 수 없이 많고 黃의 《明夷待訪錄》도 經濟家들이 반드시 참고해야 할 저서라고 주장하였다. 또 만일 經濟를 빈말로 이야기한 것이라면 한때는 속일 수 있어도 후세에까지 계속 영향을 미칠 수 없을 것인데, 200여 년간 그들의 주장이 전해지면서 독자들이 거기서 법을 취하고자 하니, 그들이 빈말로 경제를 이야기한 것이 아니라고 강조하고, 따라서 이같이 今制에 비추어 볼 때 그들의 종사는 마땅하다고 강조하였다.

다음으로 成憲을 살펴본다면, 고·황의 저서가 《四庫全書》에 수록되고 그 褒許의 평가가 《提要》에 기록되어 있는 외에도 欽定 《國史儒林傳》은 〈황종희전〉에서 그가 고금을 오르내리며 群言을 파헤치고 천문지리로부터 九流百家의 가르침에 이르기까지 세밀하게 연구하지 않은 바가 없었고, 또 蕺山에게서 그 학문이 나왔지만 '誠意愼獨'의 설을 들음에 '縝密平實'하였다고 칭찬하였으며, 〈고염무전〉에서는 그가 浮華함을 경계하고 내실을 기하고자 하며 뭇 폐단을 교정하고 (국가를) 위기에서 구하고자 하였다고 높이 평가하였음을 확인할 수 있다고 주장하였다. 그러나 《提要》 가운데 한두 가지의 잘못을 바로잡은 것이 있으므로 그 주장이 설득력이 없는 것이 아닌가 반문이 제기될 수 있지만, 《제요》는 解題를 목표로 한 '敍錄'의 체제로서 개별적인 책들을 다룰 뿐이지 모든 저서를 통론하고 있는 것이 아니므로 개별적인 책의 하자가 언급되어 있다고 해서 그들의 업적 전체를 부정해서는 안 된다고 강조하였다. 이와 관련하여 《詩》에 正·變이 있고, 《書》에 眞·僞가 있지만 모두 經으로 받들고 있으며, 陸世儀, 陸隴其, 孫奇逢, 張伯行 등은 그 저서의 한계가 분명하게 지적되어 있거나, 또는 저서 가운데 한 권도 〈儒家存目〉에 등재되지 않고 있는데도 청대에 종사가 허락되었다는 사실도 거론하였다. 뿐만 아니라 청초에 종사된 유자 가운데 '至純至正者'로 평가되는 湯斌이 황종희의 학문은 大禹가 導水導山하여 맥락을 분명하게 한 것 같이 '吾黨의 斗杓'가 되었다고 찬양하였으며, 고염무는 도가 기운 지 오래된 때 후세를 위해 다행스럽게도 그것을 다시 크게 천명하였음을 높이 평가하였다고 강조하였다. 그리하여 이와 같이 성군, 현신들이 높은 평가를 내리고 있는바, 이같은 成憲에 비추어 그들을 종사함이 마땅하다는 것이었다.

그들은 마지막으로 陳寶琛이 종사 요구를 하면서 黃이 앞에서 주창하고 顧가 뒤에서 호응하였다고 한 말은 사실과 다르지만, 위와 같이 古訓을 살피고, 여론에 비추어 보건대 실로 이들 선유의 종사는 인심에 순응하는 것일 뿐 아니라 成例에도 어긋나는 것이 아니라고 하면서, 그 요구는 헛된 의론을 불러 일으키려는 것이 아니라 실로 平天下를 위한 時政에 관련되는 것이라는 점을 강조하고, 따라서 大學士, 6部, 9卿과 翰詹科道會議에서 다시 상세하게 검토하게 해 줄 것을 요청한바, 이에 따라 재론을 지시하는 상유가 바로 하달되었다.[64]

이에 조정에서 그 문제가 공식적으로 다시 거론되게 되었으나 대다수의 관료들이 顧·黃의 文廟從祀에 반대하거나 소극적인 입장을 취한 가운데, 그것을 적극적으로 주장하는 입장은 수적으로는 절대적인 열세를 면하지 못하고 있었다. 그리하여 光緒 12년 2월 15일에는 대학사

額勒和布, 閣敬銘, 恩承 등 159명이 聯名으로 顧·黃從祀 건의의 기각을 건의하는 상주를 제출하였다.[65] 그 상주는 먼저 兩廡종사는 典禮가 至重한 것이라는 점을 재차 강조한 후, 潘 등의 고·황종사 주장이 樸學을 闡揚하고 空陋의 풍조를 극복하고자 하는 깊은 충정에서 우러나온 점은 이해할 수 있지만, 顧·黃의 학술은 저술가의 것으로 躬行實踐의 공적은 없어 闡明聖學·傳授道統의 기준에는 미치지 못한다고 한 禮臣 등의 原議는 《제요》 등의 평가와 聖訓과 定章 등을 두루 검토한 뒤 신중하게 결정된 것임을 아울러 강조하였다. 그리고 이어 雍正, 道光, 咸豊, 同治期에 종사기준의 엄격한 준수를 요구한 상유들을 다시 거론하면서, 청조에 들어서 "文敎가 昌明하여 碩儒가 林立하고 漢·宋 兩學이 아울러 극성하게 되었는데, 만일 그 저술의 瑕疵가 이미 欽定鑑別된 바 있고 학술의 精純, 經綸의 卓越도 아직 모두 衆望에 부합하지 않은 경우에 대해서까지 從祀를 推廣하도록 요청한다면 愼重하게 禮를 밝히는 바가 되지 못할 것"이라고 강조하였다. 그리고 顧·黃 2儒의 학술은 '篤信好古의 측면에서는 남음이 있지만 純粹以精의 면에서는 부족하므로' 禮臣들의 原奏에 비추어 文廟從祀 대신 鄕賢祠에 入祀하도록 해야 한다고 주장하였다.

그러나 工部尚書 潘祖蔭, 戶部尚書 翁同龢 등은 자신들의 입장을 굽히지 않고 署吏部左侍郎兼 通政司使 周家楣, 戶部左侍郎 孫詒經, 戶部右侍郎 孫家鼐, 國子監祭酒 盛昱, 署國子監祭酒 龍湛霖과 연명으로 다시 顧·黃의 從祀를 요구하는 상주를 제출하였다. 역시 12년 2월 15일자로 된 그 상주에서[66] 그들은 顧·黃이 모두 忠孝를 근본으로 삼고 實事

---

65)《光緒朝東華錄》 4, pp.2041~2042.《軍機處錄副奏摺》光緒內政 16冊,〈額勒和布等摺〉, 12년 2월 15일. 이부상서 徐棟, 이부우시랑 李鴻藻을 포함 대부분의 대학사, 6부당관, 9경 등이 서명에 참여하였는데, 주목할 만한 점은 淸議와의 연계가 깊은 給事中 劉恩溥, 孔憲穀, 胡隆洵 등이 그 속에 포함되어 있으며, 앞서 11년 11월의 상주에서는 서명에 참여하였던 병부좌시랑 黃體芳, 좌부도어사 吳大澂과 함께 대학사 李鴻章 등은 그 명단에서 빠져 있다는 점이다.
66)《軍機處錄副奏摺》 3-105-5543-21호.

求是의 태도로 明末 空談心性의 폐단을 일소하여 古聖의 遺經이 제대로 전승될 수 있었을 뿐 아니라, 이전의 상주에서 언급한 대로 그들의 生平과 學行이 《國史》 등에 뛰어난 것으로 기록되고 있으며, 천하의 사대부들이 推仰하고 있다는 점을 재차 강조하면서, 閣臣 등이 禮部의 原奏에 의거하여 顧·黃은 저술가에 불과할 뿐 躬行實踐의 功이 없다고 하는 데 동의할 수 없다고 주장하고 그들의 從祀를 위한 宸斷을 요청하였다.

禮部右侍郎銜 內閣學士 尙賢, 內閣學士 汪鳴鑾, 翰林院侍讀學士 李文田, 陝西都監察御史 朱一新 등 7명도 顧·黃從祀에 찬성하는 별도의 상주를 제출하였다.[67] 역시 2월 15일자로 된 상주에서 尙賢 등은 먼저 양측 입장의 차이에 대해 언급하면서, 潘 등의 상주의 뜻은 實學을 진흥하여 空疏의 폐를 구하고자 하는 데 있으며 禮臣과 閣臣들 주장의 요점은 '愼重明禮 嚴防推廣'에서 그 持論이 반드시 같은 것은 아니나 모두 聖學을 尊崇하고 道統을 유지하고자 하는 점에서는 크게 다르지 않다고 강조하였다. 그리고 이어 顧·黃의 학술과 경륜은 모두 本末이 있어 尋常한 저술가와 비교할 바가 아니라고 주장하며, "근년 각성에서 實學이 稍替하고 士習이 漸浮해지는 상황에서 2儒를 表奬하여 모범으로 삼는 것은 綱常名敎의 防隱이 될 뿐 아니라 學問身心에도 도움이 될 것"이라고 하며 그들을 文廟에 종사하기 위한 宸斷을 주청하였다. 太僕寺少卿 徐致祥도 별도의 상주에서 顧·黃從祀의 주장에 찬성의 뜻을 표명하였다.[68]

그러나 이같은 고·황종사 주장에도 불구하고, 곧바로 額勒和布 등 압도적인 다수의 주장대로 顧·黃의 文廟從祀 건의는 기각하고 애초의 예부에서 제출한 原議대로 그들을 鄕賢祠에 入祀하도록 지시하는 상유가 하달되었다.[69] 이로써 光緖初에 들어 고조된 功臣과 名儒의 建祠와

---

67) 《軍機處錄副奏摺》 3-153-5543-20호.
68) 《軍機處錄副奏摺》 3-105-5543-19호.
69) 《光緖朝東華錄》 4, p.2042.

從祀 요구를 배경으로 대두한 顧·黃從祀 논의는 일단 종결됨으로써
고·황사상에 대한 전면적인 현창은 유보될 수밖에 없게 되었다. 그러나
黃의 《명이대방록》이 經濟에 유용하다는 평가에서 볼 수 있듯이 그들
의 사상을 전면적으로 긍정하는 주장이 공개적으로 유력한 조정대신들
에 의해 제기되고 상당한 지지세력을 확보하게 되었을 뿐만 아니라, 공
식적으로 그들을 향현사에 입사하는 것이 승인된 결과, 머지않아 적극
적인 개혁이나 혁명을 도모하는 진영에서뿐만 아니라 청조체제의 온존
을 도모하고자 하는 세력들 사이에서도 나름대로의 입장에서 그들을
새롭게 평가하며 그들에 대한 현창을 확대하려는 움직임이 대두하게
되었던 것이다.

VI. 맺음말

지금까지 살펴본 고염무·황종희 종사 논의는 어떠한 성격과 시대적
의미를 지니고 있을까? 그 의미와 관련하여 翁同龢에 관한 專著을 펴
낸 謝俊美의 경우 그 논의는 徐桐, 李鴻藻 등 '篤行祖訓'의 구호 아래
宋明理學을 견지하려 했던 입장과 翁, 潘, 陳 등 '古爲今用'을 지향하며
經世的 학문의 현창을 추구했던 입장의 대립을 반영한 것이라는 견해
를 제시하기도 했지만,[70] 그러한 해석의 전제로 요구되는 논의의 배경
이나 전후맥락에 대한 충분한 검토가 이루어지고 있지 못하였기 때문
에 그것을 설득력 있는 설명으로 받아들이기 어렵다. 오히려 그 주장에
동의 여부만을 갖고 기본적인 입장의 차이가 확연한 것으로 너무 쉽게
단언하여 다소 무리한 도식화가 이루어지고 있다고 보이기도 하는바,
여기서 앞서 분석한 논의의 내용을 당시의 정치적 사회적 상황과의 관
련 속에서 다시 정리해 보고자 한다.

---

70) 謝俊美, 《翁同龢傳》, p.276.

먼저 顧·黃從祀 논의의 제기시점과 전개과정과 관련된 문제이다. 왜, 그리고 어떻게 그러한 주장이 光緒初에 오랫동안의 금기를 깨고 공개적으로 제기될 수 있었던 것인가? 이에 대해서는 우선 그 직접적인 배경으로서 앞서 살핀 바와 같이 從祀와 建祠의 요구가 크게 확대되고 있었다는 점과 아울러 淸議的 언론의 확산과 이른바 淸流派의 활동이 강화되고 있었다는 점을 지적할 수 있다. 이미 강조한 대로 그러한 배경 속에서 다방면에 걸쳐 체제이완의 문제가 거론되면서, 체제의 정비·개혁 방안에 관한 관심이 증대되고, 그와 관련하여 서구의 의원제에 대한 긍정적인 이해도 확대될 수 있는 상황이 조성되어 그같은 요구도 부각될 수 있었다는 것이다.

그러한 상황 속에서, 淸流派의 일원으로서 적극적인 시정비평활동을 전개하였으며, 당시로서는 아직도 급진적인 것으로 간주될 수 있었던 馮桂芬의《校邠廬抗議》를 公刊하도록 권유하면서 洋務의 중요성도 거듭 강조하였고, 江西學政으로서는 白鹿洞書院의 재건을 추진했을 뿐 아니라 從祀의 濫請에 대해서는 비판하기도 했던 陳寶琛이 그 요구를 공개적으로 제기하는 역할을 담당할 수 있었다. 하지만 淸佛戰爭을 둘러싼 대외적 긴장의 고조로 인해 그 주장이 곧바로 별다른 반응을 불러일으키지는 못했었는데, 전쟁 종결 후 그간의 체제정비 노력을 일단 매듭지으려는 단계에서 그 문제에 관한 본격적인 논의가 전개되게 되었던 것이다.

이미 앞서 언급한 바이지만 특히 光緒 10~11년에 들어서는 정치적인 측면에서 괄목할 만한 변화가 진행되고 있었다. 그 가운데 제일 중요한 것은 光緒 10년 3월의 易樞를 계기로 권력의 最高上層에서 恭親王세력이 배제되고 이후 西太后의 독점적인 권력이 확립되는 한편, 그와 관련하여 醇親王과 孫毓汶 등의 권한과 역할이 크게 증대되었다는 점이다. 同治期 中興의 진행과정에서 滿洲집권층 중 최대의 견인차 역할을 담당했던 恭親王의 권한은 同治初에 비해 중·후기 이후에는 西太后의 견제로 상대적으로 약화되고 있었으며 그의 실제적 활동도 위축

되고는 있었으나, 光緖期에 들어서도 초반까지는 그가 여전히 軍機處
의 수반이자 總署 수반으로서의 위치를 유지하고 있었으며, 그의 영향
력은 아직도 강대한 것이었다. 따라서 아무리 그동안에 西太后의 권력
이 상대적으로 강화되고 있었다고 해도 그러한 恭親王을 권력의 중추
에서 완전히 배제하는 것은 문제성이 있었다.[71]

따라서 서태후도 그같은 문제점을 외면할 수 없었던바, 이후 새로운
권력관계를 구축하면서 체제를 공고히 하려는 노력을 강화해 가는 가
운데, 한편으로는 淸佛 관계와 관련하여 증대된 淸議의 主戰論에 대해
더 포용적인 자세를 취하면서 張佩綸, 陳寶琛, 吳大澂 등 淸流의 건장
들을 연해지역 海防업무 會辦으로 기용하기도 하였던바, 그러한 상황
에서 陳의 顧·黃從祀 건의가 제기될 수 있었던 것이다. 그러나 서태후
는 동시에 李鴻章, 左宗棠 등 유력 양무파 지방관들과의 관계도 召見의
확대 등을 통해 강화하고자 하고 있었다. 하지만 명분과 원칙을 중시하
며 主戰的인 입장을 취하는 淸議의 지향과 현실을 중시하며 타협을 통
한 전쟁종식을 주장하는 李鴻章 등 일부 유력 양무파 관료들 사이의 입
장대립은 해소되지 못하고 오히려 점차 증폭되는 경향이 나타나게 되
었다. 그러한 터에 공식적인 개전결정에 따른 戰端의 확대과정에서 主
戰論을 선도했던 張佩綸이 馬尾에서 참담한 패배를 겪는 등 海戰에서
의 실패가 거듭되자, 서태후는 결국 和議의 방침을 확정하면서 李鴻章
의 활약에 의해 淸佛 天津條約이 체결되어 전쟁은 종결되었다.

그 과정에서 李鴻章을 대표로 한 일부 현실주의적인 양무파 관료들
과 서태후측과의 관계가 더욱 긴밀해지고, 중앙의 최고권력구조의 내
부에서는 孫毓汶을 중심으로 한 醇親王 측근세력이 서태후 의지의 대
행자로서 권력을 강화하여 가는 현상이 나타나게 되었다. 李鴻章과 醇
親王·孫毓汶 사이의 협력관계 강화를 축으로 西太后의 권력이 확고하

---

71) 때문에 樞臣의 무능을 비판하여 易樞의 단서를 제공했던 盛昱조차도 그 결과
에 놀라움을 나타내며 불만을 토로하기도 하였다.(寶成關, 〈略論光緖甲申朝局之
變〉, 《史學月刊》 1998-5, p.57 참조).

86

게 확립될 수 있었다는 것인데, 그와 함께 이전부터 추진되어 온 집권적인 지배체제 정비의 노력에도 일단의 매듭이 지어지게 되었다. 서태후가 海防의 강화와 錢法의 정돈문제 등에 관해 적극적인 관심을 표명한 가운데, 海軍衙門의 설립과 新疆과 臺灣의 建省 등이 이루어지고 재정확충의 노력도 강화되어 咸豊期 이래 지속되어 온 京官減俸 등의 조치도 해제되기에 이르렀던 것이다.

이같은 흐름의 다른 한편에서는 馬尾해전 등의 참패와 관련하여 光緒 10년 말에 陳寶琛과 張佩綸 등이 견책을 받고 곧 言路에 대한 압박이 강화되게 됨에 따라 淸流세력의 時政批評과 관련된 '敢言'활동은 현저하게 위축되게 되었다. 따라서 淸議를 중시하는 세력들 사이에서도 경세적 학술의 현창을 좀더 강조하는 경향이 부각되었던 듯하다. 또 그와 관련 淸流성원들의 상호관계와 내부구성의 측면에서의 변화도 진행되었다. 즉 중앙에서 時政批評을 선도했던 淸流健將 가운데 2張1陳뿐 아니라 吳大澂 등도 外放되거나 혹은 혁직처분을 받아 淸議를 응집할 역량이 크게 약화되었던바, 그 외연에서 그들의 활동을 지원하며 특히 江南 출신 淸議인사들과의 우호적인 관계를 폭넓게 유지하여 그들의 지지를 받고 있던 翁同龢와 潘祖蔭 등이 그 구심점으로서 영향력을 확대하기 시작하였던 것으로 생각된다.

그렇다면 顧·黃從祀 요구는 일면에서는 그같은 淸議진영의 재편과정에서 무원칙하게 현실적이고 타협적인 정책을 강조하는 경향의 강화에 대응하여, 그동안 추진해 온 체제정비의 기반으로서 그들의 經世學의 위치를 확고히 하려는 노력의 일환으로 제기된 것이었다고 볼 수 있겠다. 하지만 그러한 노력은 소기의 성과를 거둘 수 없었다. 기실 그 노력 자체가 체계적이고 조직적으로 전개되었던 것도 아니고, 그 과정에서 지역적인 관념이 해소되지 못해 일반적인 경세의 지향이나 청의론적 관점에는 공감하는 관료들조차도 顧·黃만을 특별하게 현창하는 데에는 소극적인 입장을 취하여 그 주장이 중앙의 관료기구 내부에서 충분한 동조자를 확보할 수는 없었기 때문이다. 즉 그들의 경세학에 대한 관심의 확대에도 불구하고 아직은 顧·黃從祀 요구를 관철시키기에는 외형상의 여건도 충분히 성숙되지는 못하고 있었다는 것이다. 그러나 그보다 더 근본적인 요인은 비록 분명하게 천명되고 있지는 않지만, 체제문제와 관련하여 그들의 사상이 내포하고 있는 잠재적인 위험성을 간과할 수 없었다는 점에 있는 것으로 보아야 할 것이다. 주지하듯이 黃宗羲의 《明夷待訪錄》〈原君〉편의 反君權論이나 王夫之 《黃書》의 華夷論은 후일 梁啓超, 陳天華 등에게 民權論으로 받아들여지기도 했던바, 기실 청조체제의 유지를 전제로 하는 한 그대로 수용하기가 어려운 것이었기 때문이다.[72]

하지만 그럼에도 불구하고 顧·黃從祀의 요구가 완전히 무위로 돌아간 것만은 아니었다. 그들의 학술에 대한 일반적인 관심이 확산되고 고위관료들 가운데서도 적지 않은 수가 그들의 현창을 적극 주장하고 있었기 때문에 그들을 鄕賢祠에 입사하도록 승인하여 제한적으로나마 그들에 대한 현창을 공식적으로 인정하게 된 결과, 이후 그들의 經世學問에 대한 관심이 더 증대되면서 마침내는 청조체제의 동요가 더 분명하게 의식되게 된 단계에 이르러 전면적인 재평가의 길이 열릴 수 있었던 것이다.

---

72) 閔斗基, 〈淸代封建論의 근대적 변모〉, 《중국근대사 연구》, p.267. 따라서 顧·黃 및 王夫之의 文廟從事는 이후 豫備立憲이 천명되고 이어 諮議局章程 등이 반포된 뒤인 光緖 34년 9월에야 실현될 수 있었다.(《光緖朝東華錄》 10, p.5975)

淸末 地方自治의 實行과 紳士層의 動向
— 江蘇省의 경우

金衡鍾

Ⅰ. 머 리 말

이 글에서 다루고자 하는 것은 淸末 新政期 江蘇省에서의 地方自治의 실행과 그것을 둘러싼 地方紳士層의 동향이다. 필자는 이러한 작업의 일환으로 종전에 淸末 江蘇省에서의 地方自治가 준비, 성립되는 과정을 분석한 적이 있었다.[1] 그에 따르면 淸末 宣統年間에 立憲準備의 일환으로 본격적으로 시행에 옮겨지는 지방자치는 江蘇省의 경우 官紳의 적극적인 추진 아래 章程을 변통하여 다른 지역보다 앞서 성립이 추진된 점이 특징적이었다. 특히 江蘇巡撫 관할 하의 蘇屬은 自治 준비가 부진했던 兩江總督 관할 하의 寧屬보다 훨씬 준비가 앞서, 蘇屬에서는 宣統 2년에 自治의 첫단계인 城廂自治가 거의 완전하게 성립되었다.

---

1) 金衡鍾, 〈淸末 地方自治의 成立과 地方紳士層－江蘇省에서의 自治準備過程〉, 《東洋史學研究》 63, 1998. 7.

하지만 그 다음 단계로 설정된 鎭鄕自治와 廳州縣自治의 준비는 宣統 2년 이후 집중적으로 발생하는 鄕民의 폭동과 반발 때문에 상당히 큰 장애를 만났다. 그럼에도 불구하고 宣統 3년 전반기까지 蘇屬의 경우 420餘區 가운데 320餘區에서 鎭鄕自治가 성립될 정도로 앞선 성적을 거두었으며, 가장 上級의 自治인 府廳州縣의 경우도 특히 太倉州에 소속된 州縣 모두가 원래 예정하였던 시기인 宣統 3년 9월까지 성립을 완료하는 등 일부에서 상당히 진전된 성과를 거두었다.[2] 이 지역에서는 물론 공통적으로 지방신사층의 적극적인 활동과 참여가 두드러진 현상으로 나타나고 있어 지방자치의 성패는 바로 (下層)紳士層의 대응이 관건이 된다는 점을 재확인하였다.

그러나 이상의 분석은 自治의 성립과정 자체에만 초점을 맞추어서 그 과정에서 나타난 여러 분쟁이나 문제들, 또는 準備가 끝난 지역에서 자치가 본격화되면서 나타나는 문제에 대해서도 다룰 여지가 없었다. 따라서 淸末의 지방자치의 全體像을 파악하기 위해서는 이러한 부분을 좀더 보완해야 할 필요가 있다고 생각한다. 물론 자치는 科擧의 중단으로 仕途가 막힌 紳士層에게는 하나의 새로운 出路로 간주되는 것이었던 만큼 그 중심에는, 특히 太平天國 이후 수가 급증하였지만, 就業에 곤란을 겪던 下層의 地方紳士들이 자리를 잡고 있었다.[3] 따라

---

[2] 이 점은 청말의 지방의회를 집중적으로 분석한 Roger R. Tompson, *China's Local Councils in the Age of Constituitional Reform, 1898~1911*, Harvard University Press, 1995에서도 확인된다(p.122의 표를 참조). 톰슨에 의하면 1911년 가을까지 전국적으로는 城議事會 1,150개소, 鎭議事會 550개소, 鄕議事會 3,000개소 및 縣議事會 300개소 등 모두 합해 약 5천 개소의 地方議會가 성립되었다고 한다(제6장 pp.109~136).

[3] 金漢植 等譯, 《中國의 紳士》(Chang Chung-li, *The Chinese Gentry : Studies on their role in Nineteenth Century China*, Seattle, 1955), 신서원, 1993, pp.124~136, 143~162 ; Marianne Bastid-Bruguière, "Currents of Social Change", in John King Fairbank and Kwang-ching Liu eds., *The Cambridge History of China, Vol. 11 Late Ch'ing, 1800~1911*, Part II, Cambridge University Press, 1978, pp.536~571. 張仲禮의 평가에 의하면 江蘇省의 경우 태평천국 이전 生員 총수는 41,632명에서 이후의 53,754명으로 30%가 증가하였으며, 인구에서 차지하는 비율도 0.14%에서 0.25%로 늘어났다. 주로 연납을 통해 자격을 획득하였으며 하층신사의 주요 성원을 이루는 監生의 경우도 태평천국 이전보다 50% 정도가 늘어나면서

서 自治와 관련된 문제나 紛爭 역시 대부분 이들의 동향과 밀접하게
관련되어 있어 이 분석은 더불어 下層 地方紳士의 동향을 파악할 수
있는 기회가 될 것이다. 이러한 하층 지방신사(또는 지방엘리트)의 동
향이나 국가권력에 의한 이들의 통제는 淸末·民國時代 국가권력의 지
방(특히 縣 이하의 지역) 침투에서 관건적인 위치를 차지하고 있기도
하므로[4] 20세기 中國 地方社會의 變動을 이해하는 데에도 하나의 실
마리를 제공해 줄 것이다. 淸末과 民國初期의 짧은 시간 최초로, 그리
고 유일하게 시행되었던 지방자치는 20세기 중국의 과제였던 立憲制
民主主義에 기초한 근대적 국민국가의 건설을 위한 중요한 실험의 하
나였기 때문이다.

　앞서 인용한 분석에서는 自治의 성립과정을 다루었으므로 여기서는
그 뒤를 이어 우선 자치의 준비·실행과정에서 기본적인 전제가 될 수
밖에 없었던 自治經費의 확보와 이와 관련된 지방의 公款公産의 처리
문제부터 살펴보기로 하겠다.

　하층신사에서 차지하는 비중이 더욱 확대되었다. 한편 淸末 江南의 書院과 社會變
化를 분석한 Barry C. Keenan, *Imperial China's Last Classical Academies,
Social Change in the Lower Yangzi, 1864~1911*, Institute of East Asian Studies,
University of California Press, 1994도 태평천국 이후 급증하였지만(태평천국 이
후 재개되거나 개설된 書院을 통해 배출된 學生의 수가 1900년에 이르기까지 약 3
만에 이른다고 추정하고 있다) 취업하지 못한 하층신사의 존재가 淸末의 정치적
불안·변동과 연결되어 있음을 지적하면서 이들이 敎育改革에의 적극적인 참여를
통해 활로를 모색하였음을 논증하고 있다.
4) 이 문제에 대해서는 Philip A. Kuhn, "Local Self-Government under the
Republic : Problems of Control, Autonomy, and Mobilization", in Frederick
Wakeman, Jr., and Carolyn Grant eds., *Conflict and Control in late Imperial
China*, California University Press, 1976 및 Philip A. Kuhn, "The development
of local government", in John K. Fairbank and Albert Feuerwerker eds., *The
Cambridge History of China, Vol. 13, Republican China 1912~1949*, Part 2,
Cambridge University Press, 1986이 잘 정리해 놓고 있다. 한편 淸末民初 江蘇
省 太倉州屬 寶山縣의 地方自治와 地方엘리트의 동향을 분석한 田中比呂志, 〈淸
末民初における地方政治構造とその變化－江蘇省寶山縣における地方エリートの
活動〉, 《史學雜誌》 第104編 第3號, 1995와 川沙縣의 反自治暴動과 地方엘리트를
다룬 黃東蘭, 〈淸末地方自治制度の導入と地域社會の對應－江蘇省川沙縣の自治風
潮を中心に〉, 《史學雜誌》 107-11, 1998도 좋은 참고가 된다.

II. 自治經費의 確保와 公款公産의 處理

1. 自治經費의 徵收方案

清末 新政期의 財政狀況이 상당히 어려웠다는 점은 이미 널리 알려져 있고 江蘇省의 구체적인 상황에 대해서 필자가 분석한 바 있지만,[5] 自治의 준비나 실행과정에서도 이 점은 마찬가지로 두드러진 특징으로 나타났다. 특히 地方自治의 經費는 그 來源을 규정하는 〈城鎮鄉地方自治章程〉(이하 '章程'이라 함)에서도 本地의 公款公産(종래 地方의 紳董이 관리하던 것)과 本地方公益捐(官府에서 징수하는 것에 약간 부가하여 公益捐으로 삼는 附捐과 官府에서 징수하는 것 외에 따로 종류나 명목을 설정해서 징수하는 特捐이 있었다), 그리고 自治規約으로 부과하는 罰金만으로 충당하도록 규정하고 있었다.[6] 기존에 官(國家나 省)에서 동원해 왔던 財源을 自治機構가 침식·이용하는 것을 철저하게 차단하겠다는 清朝의 의도가 여기에는 잘 나타나 있지만, 종래 地方紳董이 관리해 오던 公款公産의 정리는 쉬운 일이 아닌데다가 敎育改革에 관한 필자의 분석에서도 보았듯이 그 管理者의 新·舊交替는 상당한 분란의 소지를 내포하면서 치열한 利權爭奪의 대상이 되기도 했었다.[7] 또한 이미 自治의 準備나 實行 이전부터 新政期에 부과된 수많은 苛捐雜稅와 그에 대한 대중의 반발은 새로운 公益捐의 징수 자체를 상당히 어렵게 하였으며, 新政과 豫備立憲 推進을 위한 財政支出의 增大 역시 財政 곤란을 강화시켰다. 罰款 역시 敎育改革에 대한 분석에서 살펴보

---

5) 金衡鍾, 〈清末 新政期의 敎育改革과 財政問題－江蘇省의 事例를 中心으로〉, 《外大史學》 8, 1998.

6) 〈憲政編査館奏核議城鎮鄉地方自治章程并另擬選擧章程摺〉(光緒三十四年十二月二十八日), 《政治官報》 16, pp.531~552.

7) 金衡鍾, 〈清末 江蘇省의 新政과 紳士層〉, 서울대 대학원 박사학위논문, 1997. 8, pp.68~72.

았듯이 地方民의 강력한 반감을 초래할 가능성을 내포하고 있었다.

따라서 실제 淸末 自治의 準備나 實行은 自治經費의 확보라는 첫 단계부터 심각한 곤란을 겪어야만 하게 되었다. 일례로 江蘇蘇屬自治籌辦處(이하 '籌辦處'라 함)에서 발행한 《自治公報》에 실린 한 論說은 다음과 같이 自治經費의 어려움을 지적하고 있었다.

> (地方自治는)……원래 地方紳士가 義務를 다하는 것이고 局所는 菴觀·寺院이나 善堂을 빌려서 설치하지만 그래도 修繕費用, 器具의 備置, 辦事人의 火食, 僕役의 薪工이나 紙張 등 얼마간 자금이 필요한 것도 사실이다. ……때문에 章程에서는 總董·董事·鄕董·鄕佐에게 모두 薪水를 지급하도록 정하고 있고 기타 文牘이나 庶務 등 常駐하면서 일을 맡는 職員은 말할 필요도 없다. 議長·副議長은 薪水를 지급하지 않지만 公費를 酌給하도록 章程에 규정하고 있는 것 역시 이들을 體恤하기 위해서이다. 하지만 이런 데 필요한 자금조차 대부분 無着한 상태이고, 종래 公款公産을 經管해 오던 사람 가운데에는 和盤托出하지 않는 경우도 많고, 원래 내놓을 것이 별로 없는 경우도 있고, 심지어는 그것을 완전히 私有化하다시피 一切를 把持하고 있어 조금도 淸釐를 허용하지 않는 경우도 있다. 또 帶徵하는 自治經費인 忙漕에 附加하는 款項도 일시적으로 수령하지 못하거나 自治準備過程에서 縣署에 빚을 져서 우선 그것을 갚아야 되는 경우도 있고, 어떤 곳은 아예 그 액수가 미미하거나 아니면 縣에서 稅則을 획정하지 않아 일시적으로 給發하지 못하는 경우도 있다. 雜稅를 抽捐하려 해도 民窮財盡한 各處의 狀況은 거두려야 거둘 게 없는 상태인데다가 稟准立案한 稅 역시 실행은 어렵고 오히려 風潮만 불러오기 쉽다. 一般愚民의 식견으로는 自治의 道理를 이해하지 못하므로 抽捐으로부터 着手하면 그들은 더욱 의심을 갖게 되어 이로부터 온갖 힘을 다해 반대하게 된다. 이런 몇 가지 원인으로 오늘날 地方自治를 실행하는 사람들의 경제문제는 곤란이 極點에 달하고 있다.[8]

이와 같은 서술은 自治의 준비나 실행을 추진하면서 부딪치는 財政

8) 〈論自治經費之不易〉, 江蘇蘇屬地方自治籌辦處 編, 《江蘇自治公報類編》(沈雲龍 主編, 《近代中國史料叢刊》三編 第53輯의 pp.521~523, 臺北：文海出版社 影印) 卷六 論說 第56期, pp.537~538(앞으로 이 책은 《自治公報》로 약칭하고 《自治公報》6-56의 방식으로 인용하겠다).

的인 곤란이 보편적인 장애라는 점을 잘 설명해 주고 있다. 이런 곤란
이 극복되기 위해서는 省이나 州縣 등에서의 재정적인 整理나 國家稅
와 地方稅의 획분, 지방의 公款公産의 청리 등 여러 가지 문제가 해결
되어야 할 필요가 있었지만[9] 自治를 준비하거나 겨우 自治會가 성립
되고 있던 당시의 단계로서는 거의 기대하기 어려웠다. 더구나 章程에
서는 地方公款이나 公益罰款 외에는 自治經費의 來源을 제한하고 있
었고, 심지어는 度支部에서 江蘇省 宣統 3년 豫算을 삭감하면서 籌辦
處와 自治研究所는 本省人이 本省의 일을 하는 것으로 '義務' 事項이니
開支를 裁撤하라는 통보를 하여 豫算案에서 籌辦處의 豫算을 삭제시
키려고까지 하였기 때문에[10] 自治準備의 초반부터 이러한 經費의 부족
은 중요한 懸案으로 등장하게 되었다.

이에 따라 일부 지역에서는 抽捐 등의 방법에 의해서 이 문제를 해결
하려고 하였다. 이를테면 蘇州府의 常熟·昭文兩縣의 경우 城廂自治의
준비를 담당한 紳董들이 自治經費의 부족을 호소하면서 종전의 사례대
로 串捐을 거둠으로써 이를 충당하겠다고 公稟을 올렸지만, 籌辦處에
서는 章程에 규정된 附捐이나 特捐은 議事會가 성립된 이후에야 公議
가 가능한 것이고 籌備期間에 필요한 經費는 舊來의 公款公産에서 暫
行借用해야지 갑작스럽게 附捐을 징수하겠다고 논의하여 물의를 일으
켜서는 안 된다고 거절하였다.[11] 常州府의 靖江縣에서도 忙漕串捐에 7

9) 民政部에서는 뒤늦게 宣統 3年 8月에 가서야 地方自治經費收支規則을 마련하
여 自治經費에 대해 더 상세하게 규정하였지만(〈民政部會遵擬府廳州縣地方自
治經費收支規則暨預算程式摺〉, 宣統 3年 八月 十四日, 《政治官報》50, pp.143~
152), 이것은 시기적으로 보아 이미 실행이 불가능한 상태였다. 가장 먼저 자치
를 시험적으로 도입한 天津縣의 경우를 보아도 자치기구의 존속과 자치의 실행
에서는 자치경비와 확보가 가장 곤란한 문제로 등장하였다는 점을 확인할 수 있
다(貴志俊彦,〈〈北洋新政〉體制下における地方自治制の形成-天津縣における各級
議會の成立とその限界〉, 橫山英·曾田三郎 編,《中國の近代化と政治的統合》, 溪水
社, 1992).
10) 이에 대해 籌辦處에서는 地方稅가 확정된 상태도 아니고 따라서 어느 入款이
地方行政費用에 충당될 수 있는지 결정되지도 않았는데 무조건 '義務'라고 예산
을 삭감한다면 自治準備에 크게 장애가 될 것이라고 반발하였다.〈詳覆撫憲奉飭
部電擬將籌辦處研究所裁撤各情乞示遵行文〉,《自治公報》8-36, pp.445~446.

文을 帶收하여 自治經費에 충당하겠다고 요청하였지만 마찬가지의 답변을 받았으며,[12] 蘇州府의 吳江·震澤 二縣의 경우도 紳士들이 縣의 승인도 없이 宣統元年 諮議局에서 결정한 忙漕帶徵과 稅捐의 扣收을 실행하여 自治經費에 충당하겠다고 요청하였다가 반박을 당하기도 하였다.[13] 또한 이 점은 自治經費의 帶徵이 시작된 이후에도 사정은 비슷하였다. 이를테면 自治準備 이전 실행되었던 諮議局選擧 籌辦經費(이 역시 마찬가지로 地方에서 충당하였다)로 인한 결손을 메꾸지 못해 문제가 생기는 경우도 있었다. 常州府의 宜興·荊溪縣이나 蘇州府 長洲縣에서는 自治經費로 帶徵한 것에서 諮議局 選擧를 준비하면서 차용한 자금을 반환하겠다고 요청하였지만, 籌辦處에서는 諮議局의 결정에 따라 이러한 轉用을 허용할 수 없다고 지적하였던 것이다.[14] 또한 長洲·元和縣에서는 自治經費인 忙漕帶徵經費를 自治調査費用에 모두 써버렸다고 하면서 이후의 준비를 위한 대책을 마련해 달라고 요청하기도 했지만 籌辦處에서는 역시 이미 정한 표준을 넘겼으므로 地方에서 따로 自治費用을 마련해야 할 것이라고 답변하였다.[15]

이상의 사례는 사실 부분적인 경우에 지나지 않는다. 실제로 自治의 성립 이후 이루어지는 公益捐의 징수는 상당히 광범위한 반발을 초래하기도 했기 때문이다. 그러나 일단 이러한 自治經費의 문제는 동시에 宣統元年 9月에 성립된 諮議局에서 관할하는 범위에 속하는 것이기도

---

11) 〈批常昭兩縣詳自治經費請援案辦理串捐由〉, 《自治公報》 8-4, p.334.

12) 〈批靖江縣請於忙漕串捐帶收錢文以充自治經費詳請示遵由〉, 《自治公報》 卷七 批牘類, p.9.

13) 〈札飭江震二縣奉督批核飭具覆該二縣詳請本屆冬漕帶徵自治經費補詳到處文〉, 《自治公報》 8-16, p.374.

14) 〈詳請督撫憲逐賜札飭各廳州縣凡忙漕帶徵自治經費應照諮議局議決案辦理不准蒙稟那撥由〉, 《自治公報》 8-68, pp.623~624. 하지만 太倉州 嘉定縣의 경우 宣統元年分 忙漕帶徵經費의 일부를 江寧의 太倉州屬 諮議局議員 公宇建築費用으로 전용하기도 하였다(民國 《嘉定縣續志》 卷六 〈自治志〉 自治經費, 21b)고 하므로 이런 지시가 그대로 준수된 것 같지는 않다.

15) 〈移復藩司處會詳奉撫憲批長洲縣城自治開辦調査經費如何核銷一案業經會核飭遵文〉, 《自治公報》 8-68, p.619.

96

하였기 때문에 諮議局의 의결이 사실상 自治經費의 調達方法을 결정하는 중요한 지침으로 작용하게 되었다. 宣統元年의 諮議局의 常年會에 제출된 議案을 보면 地方自治經費에 관한 것이 巡撫에 의해 1件, 議員에 의해 5件, 人民請議에 의해 2件이나 제출되고 있어 이 문제가 상당히 중요시되었음을 알 수 있지만, 결국 이 議案들은 常年會에서의 심의를 거쳐 宣統元年 10月 15日에 〈籌定地方自治經費案〉으로 통합되어 의결되었다.[16] 원래 江蘇巡撫가 交議했던 原案은 기존의 公款公産이 城鎭鄕이나 廳州縣 등 어느 自治의 범위에 귀속되고 어떤 용도로 쓰여야 하는지를 결정하는 문제와 公益捐의 徵收方法에 대한 대책을 요구한 것이었다.[17] 이것은 各州縣의 公款公産이 自治準備에 필요한 經費를 제대로 충당해 주지 못하기 때문에 公益捐의 징수로 이를 보충하게 해 주려는 의도에서 제안되었다고 하므로[18] 自治經費의 부족문제에 대처하기 위한 목적이었음을 알 수 있다. 그런데 실제로 各議案들이 통합되어 의결된 결과 (1) 公款公産에 대한 규정은

1) 宣統元年 10月 1日부터 기존의 公款公産은 모두 管理人을 責成하여 預·決算表를 작성하여 公布하도록 한다.
2) 각기 廳州縣·城鎭鄕에 속하는 公款公産의 預·決算案은 議事會에서 의결한다.
3) 廳州縣自治가 성립하여 그 來源과 用途를 分析하기 이전에는 城이나 鎭鄕에 專屬한다는 明文이 없는 公款公産을 城鎭鄕自治公所에서 擅用할 수 없다

는 등의 내용이었다. 또한 (2) 附捐·特捐에 관한 규정은

---

16) 江蘇諮議局 編, 《江蘇諮議局第一年度呈准公布案彙編》(上海, 1911?), 5a~8a의 〈撫部院交議籌定自治經費案〉.
17) 위의 글, 7b~8a의 〈原交議案〉.
18) 〈江蘇巡撫寶棻奏加捐地方自治經費請立案片〉(宣統二年 四月 十九日), 《政治官報》 33, p.335.

1) 寧屬의 江南自治總局에서 종전(光緒 34年)에 每地丁銀 一兩當 自治
   經費 錢 20文, 漕米 一石當 自治經費 錢 40文을 帶徵하여 本年에는 省
   城의 自治硏究所의 學費로 暫充하고 이후에는 영구히 地方自治專款으
   로 삼는다고 정한 바 있기 때문에 蘇屬에서도 本年 冬漕부터 이 成案
   에 따라 같은 액수의 公益捐을 거두어 城鎭鄕의 自治經費에 충당하기
   로 한다.
2) 田房契稅의 경우 每契價 銀一兩當 公益捐 3文(正稅 전체는 모두 9文
   이므로 그 1/3)을 扣收하여 本地方의 自治經費로 삼는다(이것은 憲政
   編査館의 심사 결과 現行稅率에 맞지 않는다고 해서 허용되지 않았다
   -인용자).
3) 종전에 錫箔捐은 售價 100文當 1文을 抽收하기로 정했었지만 제대로
   거판되지 않았는데 이것은 迷信에 속하는 것으로 稅率도 낮기 때문에
   5文으로 인상하여 寧蘇兩屬에서 일률적으로 公益捐으로서 징수한다

는 내용이었다. 이 밖에도 煙酒捐·茶捐·肉捐과 같은 奢侈·消耗品, 戲捐·
經懺捐과 같은 無益한 일에 대해 地方自治公所에서 特捐을 징수할 수
있으며, 民間에서 내는 款項이지만 종래 胥吏나 董保의 소득이 되었던
것도 그 성질에 따라 自治公所로 옮겨질 수 있는 것은 地方官에 呈請하
여 核辦할 수 있다는 조항이 있었다.[19] 이 마지막 조항은 巡撫의 原案에
는 없었던 것으로 諮議局의 논의과정에서 추가된 것이지만, 이 議決案
은 督撫에 의해 승인되어 公布施行되었다. 다만 蘇屬의 경우는 이미 上
下忙의 徵收가 시작되거나 심지어는 完徵된 지역도 있었기 때문에 江
蘇巡撫의 會議廳에서 12月 3日에 冬漕項下의 公益捐만 宣統元年 겨울
부터 징수하고 上下忙의 公益捐은 宣統 2年부터 징수하기로 결정하여
시행에 옮겼고[20] 寧屬은 宣統 2年의 上下忙부터 징수하여 영구히 城鎭
鄕地方自治經費로 삼게 되었다.[21] 그리고 이 議決案은 自治公所에서 실
제적으로 징수된 自治經費를 수령하여 이용하는 방법을 언급하지 않아

19) 위의 글, 5a~7b의 〈呈報議決原案〉.
20) 〈移藩司議決本年冬漕起帶徵自治經費公益捐文〉,《自治公報》8-14, pp.369~370.
21) 江蘇諮議局 編,《江蘇諮議局第一年度呈准公布案彙編》, 140a~141a의 〈寧蘇兩屬
    忙漕帶徵自治經費領用分配辦法案〉.

다시 宣統 2年 3月 28日의 諮議局 臨時會에서〈寧蘇兩屬忙漕帶徵自治
經費領用分配辦法案〉이 의결되었다.[22] 이 議決案은

1) 寧·蘇兩屬의 忙漕帶徵 公益捐은 寧·蘇에서 각기 宣統元年의 冬漕와
   宣統 2年 上忙부터 징수하지만 各城鎭鄕自治公所가 성립되기 이전에
   는 우선 地方自治의 籌備經費로 이용할 수 있다.
2) 各廳州縣에서는 이 公益捐을 分忙分漕마다 징수하여 전체를 한꺼번
   에 주고받아야 하며, 구실을 빌려 미룸으로써 挪移·虧欠과 같은 일이
   나타나지 않게 해야 한다.
3) 自治經費의 지급과 수령은 정해진 折價에 따라야 하며 임의로 값을
   올려 出入額數에 큰 차이가 나게 하거나 胥吏를 종용하여 需索하도록
   해서는 안 된다.
4) 이 公益捐은 城鎭鄕自治公所(未成立時에는 籌備公所)에서 수령하지
   만 각 鎭鄕에서 수령할 액수는 城廂自治公所나 廉正한 기존의 紳董가
   운데 3인 이상을 公擧하여 대신 수령·보존한다.
5) 위와 같이 대신 수령한 경우는 따로 장부를 만들어 보존하되 다른
   용도로 옮길 수 없으며, 鎭鄕의 自治公所가 성립되거나 籌備公所가
   稟准을 받은 경우 원금과 이자를 함께 반환한다.
6) 이 帶徵款項은 오로지 城鎭鄕地方自治에 쓰이는 것이며 各省鎭鄕에서
   는 區別로 분배해야 한다(이전에 徵하던 廳州縣 公用의 경우는 예외).
7) 이상 各條는 寧蘇兩屬에서 일률적으로 처리한다

는 내용이었다. 이 案의 주안점은 당시 준비되고 있던 自治經費를 忙漕
帶徵款項으로부터 제대로 확보하는 데 있었던 것으로 보이지만, 이 自
治經費의 丁漕帶徵方法은 全省의 '加捐'에 관한 것이기 때문에 江蘇巡
撫가 그 승인을 奏請하였고,[23] 淸朝는 宣統 2年 4月 12日 "丁漕加捐을
실행하는데 民間에 窒礙가 없고 民力이 能히 支持할 수 있는지 상황을
살펴 斟酌辦理하라"고 지시함으로써 이를 승인하였다.[24] 兩江總督은 뒤

---

22) 위와 같음.
23) 〈江蘇巡撫寶棻奏加捐地方自治經費請立案片〉(宣統二年 四月 十九日),《政治官報》
   33, p.335.
24) 〈呈報撫憲奉督札准部咨丁漕帶徵自治經費一案請查考文〉,《自治公報》8-30, p.420.

이어 徐州府 沛縣에서 이상과 같은 帶徵經費로는 부족하다고 加收를
요청한 것을 계기로 해서 寧屬 전체에 대해 每銀一兩當 錢60文, 每一石
當 錢80文을 징수하기로 결정하고 이를 奏請하였다.[25]

　한편 公益捐과 더불어 自治經費의 기본적인 財源이 되는 公款公産의
淸査方法도 諮議局에서 결정되었다. 이 公款公産에 대해서는 宣統元年
8月에 籌辦處에서〈淸査公款公産辦法綱要〉를 마련하였고 蘇省 會議廳
에서 이에 따라 各部處에 淸査公所를 설립하라고 지시한 바 있었지만
이 역시 자치범위 내의 문제인데다가 本省單行法에 해당되는 것이므로
자의국의 의결을 거친 후 다시 통행해야 되었기 때문이다.[26] 그래서 자
의국에서는 巡撫가 넘긴 綱要案에 약간의 수정을 가하여 宣統元年 10月
17日 이를 통과시켰다. 그 내용은 요점만을 든다면 1) 各廳州縣에는 公
款公産事務所를 설치하여 地方官이 城鄕士紳 가운데 공정하고 信望이
있는 紳士 5인 이상을 遴派하여 충임한다, 2) 經收捐款處나 地方公款公
産을 옮겨쓰거나 捐款을 支辦·徵收하는 各團體는 모두 淸査하며(義莊·
祠堂·家菴·公所·會館 가운데 私人資格의 소유인 것은 제외), 3) 先賢祠
廟·社廟 등 公建한 모든 재산은 公款公産으로 간주한다, 4) 淸査가 끝나
면 地方官은 10日內에 公款公産表를 公款公産의 소재지에 제시해야 한
다(이 항목은 諮議局에서 추가한 것이다) 는 등 14조의 내용이었다.[27] 이
에 따라 籌辦處에서는 各府州에 淸査公所, 州廳縣에 淸査公款公産事務
所 설립하되 細則과 分期次序는 각기 마련하고 光緖 34年을 기준으로
宣統元年 11月 16日부터 宣統 2年 4月 20日까지 淸査報告書의 작성을
완결하라 지시하였다.[28] 이러한 조치에 따라 실제로 각지에서는 점차적

25)〈兩江總督張人駿又奏江寧各屬由積穀項下抽收地方自治經費辦法請立案片〉(宣統
　　二年 五月 二十二日),《政治官報》34, p.371.
26)〈呈送遵批更正本處呈擬淸査公款公産辦法綱要淸摺文〉,《自治公報》8-5, p.341.
27) 江蘇諮議局 編,《江蘇諮議局第一年度呈准公布案彙編》, 9a~11a의〈撫部院交議
　　淸査公款公産辦法綱要案〉.
28)〈札飭各府州遵照辦理淸査公款公産竝發辦法綱要分岐次序表總表分表各件文〉,《自
　　治公報》8-12, p.361.

으로 淸査公款公産事務所가 설치되기 시작하였으며, 宣統 2年 7月까지의 自治準備成績을 보고한 내용에 따르면 일부 지연되는 곳이 있기는 하지만 公款公産의 淸査 자체는 완료되었던 것으로 보인다.[29]

2. 自治經費의 不足 - 武陽과 蘇州의 事例

이리하여 自治經費의 확보를 위한 제도나 준비 자체는 점차적으로 체계를 갖추었지만 실제 자치경비의 부족이라는 당면문제가 쉽사리 해결된 것으로는 보이지 않는다. 이에 대해서 살펴볼 수 있는 사례는 상당히 많지만 여기서는 일단 常州府의 武陽(武進·陽湖)과 蘇州府(長·元·吳縣)의 경우만을 들어보도록 하겠다.[30]

武陽의 城廂自治는 城鄕間의 區域紛爭 때문에 다른 곳보다 훨씬 뒤늦게서야 성립되었지만[31] 城廂自治가 성립된 이후에도 이곳의 自治實行은 상당한 어려움을 안고 있었다. 그것은 우선 董事會의 總董 임명부터 문제가 발생하였던 데서 잘 나타나고 있다. 城議事會에서는 章程에 따라 總董의 후보자로서 2명을 선출하여 임명을 요청하였던바, 江蘇巡撫가 인선과정에서 1순위(正) 후보를 제치고 2순위(倍) 후보를 선발하는 '舍正用陪'라는 형식을 취했기 때문에 이러한 조치를 '議會의 수치'이고 議長에 대한 불신임이라고 생각한 議事會의 議長 孟森이 辭職하겠다고 반발하자 總董으로 선임된 史成이 다시 辭職을 품청하는 상황이 출현하였던 것이다.[32] 史成은 사직을 요청하면서 이렇게 서술하고 있었다.

29) 〈詳報督撫憲遵飭將本年七月分止籌辦各事宜情形成績呈請鑒核彙奏文〉,《自治公報》8-40, pp.463~467.
30) 다른 지역의 사례에 대해서는 王樹槐,《中國現代化的區域硏究—江蘇省 1860~1916》(臺北 : 中央硏究院近代史硏究所, 1985), pp.202~204 참조.
31) 金衡鍾, 〈淸末 地方自治의 成立과 地方紳士層—江蘇省에서의 自治準備過程〉, pp.14~15. 또한 이 글의 IV장 참조.
32) 〈詳請撫憲據武陽二縣城董事會總董史成立請撤銷應否准行乞示遵文〉,《自治公報》8-40, pp.460~462.

朝廷이 維新의 上諭를 내려 商學人等이 각기 會所를 설치하여 遵章辦事토록 하였지만 成效를 거둔 경우를 보기 드문 것은 意見이란 두 글자가 인심 속에 뿌리 뽑기 어려울 정도로 자리잡고 있어 일이 생기면 서로 爭執하고 분분히 攻許하기 때문입니다. 따라서 설사 열심히 辦事하는 사람이 있다고 하더라도 역시 다방면의 견제를 받아서 이런 것들을 돌아보기에 바쁘니 地方公事는 해가 다 가도록 擾攘 속에서 銷磨되어 버리는 것입니다. 따라서 見識이 깊은 사람은 自治의 開辦에서 으뜸 가는 과제는 各方의 의견을 消除하는 것이라고 생각하며 大部定章의 출발점도 역시 여기에 특히 주의를 기울이고 있습니다.

史成의 이와 같은 발언은 新政의 추진 이래 지방에서의 그 주된 담당자인 紳士層 내부에서의 '意見'이란 단어로 대표되는 분쟁과 갈등이 상당한 장애로 작용하여 그 성과를 제한해 왔으며, 지방자치에서도 그 점은 마찬가지였음을 보여 주고 있다. 이와 같은 사퇴 요청은 籌辦處에서 挽留하여 史成은 다시 總董으로 복귀하지만,[33] 이후에도 어려운 사정은 그다지 나아지지 않았다. 그가 복귀한 이후 개최된 宣統 2年 10月 26日의 第一次 董事會에서는 여러 議案이 통과되었지만, 대부분 '緩辦', '再議', '査察', '調査' 등의 결정이 붙은 것이었으므로 "이런 지방자치는 차라리 지방자치를 하지 않은 것보다 못하다"는 평가를 받을 정도였기 때문이다.[34] 실제로 다음 해 2월이 되면 이렇게 議事會의 議決案이 거의 실행에 옮겨지지 않아 董事會는 議員들의 질책을 여러 차례 받게 되었지만 經費가 없어 이를 실행할 수 없다는 입장을 보였고, 따라서 上屆의 議案도 실행 못했는데 벌써 다음 회기가 다가오니 더 이상 버틸 수 없다고 하여 董事會를 해산하겠다고 呈請하고 鈐記를 모두 縣에 반납해 버렸다.[35] 결국 籌辦處에서는 武陽의 城董事會의 해산을 승인하고 章程에 따라 15일 내에 재조직하라고 지시하였으며, 3월에 다시 職員의 재선이 치러져 總董에 于定一이 선출됨으로써 董事會가

---

33) 《時報》宣統二年 九月 二十五日 3面, 〈武陽城自治公所紀聞〉.
34) 《時報》宣統二年 十月 二十九日 3面, 〈武陽第一次城董事會議決案〉 ; 〈時評二〉.
35) 《時報》宣統三年 二月 十二日 4面, 〈武陽城董事會呈請解散〉.

조직되었다.[36)]

　이러한 初期의 곤란은 주로 自治經費 때문으로 생각되지만 그 밖의
여러 요인도 여기에 작용하고 있었다. 이를테면 宣統元年 1月 18日에
는 武陽縣籌備自治公所 전체대회가 개최되었지만 당시 鄕鎭自治는 5
鄕이 성립된 것 외에는 나머지가 모두 기한을 넘겨 성립되지 않고 있
었다. 나머지 5~6鄕에서는 장차 선거를 치를 예정이고 이 밖에는 모
두 2월 내에 성립될 예정이었만, 太平鄕에서는 縣署에서 발출한 公文
이 모두 '墨諭'를 썼다는 데 반발하여 이를 照會로 고쳐 달라고 요구하
면서 모든 자치준비의 진행을 중지하였으며, 縣自治籌備公所의 經費
역시 各鄕에서 分任하고 城廂에서는 1/3을 담당하기로 했으나 各鄕에
서는 아직 전혀 납부하지 않은 상태였다.[37)] 여기서 자치경비문제 외에
도 지방관과의 마찰이라는 측면이 자치준비에 장애로 작용하고 있음
을 알 수 있지만, 宣統 3年 2月 이후가 되면 武進縣의 欽風鄕과 陽湖縣
豊西鄕에서 호구조사에 반대하는 鄕民의 폭동이 발생하고 호구조사와
자치준비에 대한 鄕民의 반발이 아주 완강하여서 그 해결에 몇 개월이
걸렸으므로(이에 대해서는 후술) 鎭鄕自治의 준비도 예정보다 훨씬 지
체되었다.

　더구나 지방자치에 참여한 紳士層 내부에서의 분쟁도 큰 몫을 하였
다. 宣統 2年 말에는 城議事會의 의원이 議事會의 '違法'을 고발하는
내분이 나타났으며[38)] 다시 宣統 3年 7月에는 일부 紳士가 城自治會를
巡撫와 籌辦處에 稟控하여 自治公所의 改選이 연기되었다.[39)] 이런 상
황의 출현은 '學款'을 둘러싼 마찰이 계기가 되었던 것으로 보인다. 自
治가 성립되면서 章程에 따라 기존에 勸學所에서 관리해 왔던 學款이

36) 〈札武陽二縣本處詳奉撫批城董事會准其解散文〉,《自治公報》8-58, pp.555~556 ;
　　《時報》宣統三年 三月 十八日 4面,〈武陽城自治組織董事會〉.
37)《時報》宣統三年 正月 二十四日 3面,〈武陽縣自治公所開會紀事〉.
38)《時報》宣統二年 十二月 十一日 3面,〈武陽城自治議員之風潮〉.
39)《時報》宣統三年 七月 初三日 4面,〈武陽城自治改選緩期之實情〉.

自治公所로 넘어가야 함에도 불구하고 이를 勸學所에서 이를 차일피
일 미루면서 거부하는 등[40] 學款의 관리권을 둘러싼 이권쟁탈전을 벌
렸던 것이다. 이 점은 자치경비의 가장 중요한 來源인 公款公産을 정
리하여 自治公所에서 장악하는 것이 상당히 곤란하였으며, 이를 둘러
싸고 地方紳士層 내부에서 상당한 분쟁과 갈등이 전개되었다는 점을
잘 보여 주고 있다.

한편 長·元·吳三縣, 즉 蘇州의 경우에서도 武陽과 아주 유사한 상황
이 나타났다. 蘇州의 省城에서 城議事會가 성립된 것은 宣統 2年 4月
이전이었다. 議事會의 議長은 潘祖謙, 副議長은 吳本善이었고, 董事會
의 總董은 尤先甲, 董事에는 倪開鼎, 吳本濟, 孔昭晉 등이 선출되었기
때문에[41] 蘇州의 저명한 紳商들이 여기서 주도적인 역할을 하고 있음
을 알 수 있지만 이러한 長元吳 城議事會의 경우에도 자치경비의 부족
으로 인한 곤란에서 벗어나지 못한 점은 마찬가지였던 것이다. 이 때
문에 城自治公所의 경우 宣統 2年 5月에서 宣統 3年 6月까지 열린 5차
의 회의에서 2/3 이상의 의원이 참석한 것은 2차에 지나지 않을 정도
로 반응이 냉담하였고,[42] 나아가 성립된 지 1년 만인 宣統 3年 3月末
蘇州의 城董事會는 자치경비의 곤란에 이미 극에 달해 더이상 버텨도
방법이 없으므로 武陽의 전례를 따라 董事會의 해산을 요청할 수밖에
없다는 입장을 표명하였다.[43] 이미 빌렸던 辦事員의 開支도 이미 모두
다 써버린 데다가, 그 밖에도 借用한 액수가 많아 더이상 빌릴 데도 없
으며, 이 때문에 議決案件도 제대로 집행할 수 없고 公款公産도 여러
곳의 견제로 인해 이용할 수 없으므로 아무리 補救之策을 논의해 보아
도 더이상 방법이 없다는 것이었다.

---

40) 《時報》宣統三年 七月 初三日 4面,〈武陽勸學所又與城自治公所爲難〉.
41) 《時報》宣統二年 四月 初二日 3面,〈蘇州長元吳城自治職員名單〉.
42) 王樹槐,《中國現代化的區域硏究—江蘇省 1860-1916》(臺北 : 中央硏究院近代史
硏究所, 1985), pp.201~202.
43) 《時報》宣統三年 三月 二十四日 3面,〈蘇州城董事會束手之會議〉.

104

그리하여 蘇州城董事會는 3月 24日 회의를 열어 전체 董事會의 辭職을 의결하고 地方官에게 呈請하였다.[44] 이 사직을 보고하면서 總董은 一年以來 日用需款과 選擧費用으로 莊款 1千兩 외에도 數百元을 借用했지만 처리해야 할 일에 대한 費用需要가 너무 커서 董事會에서 더 이상 감당할 수 없다는 태도를 표명하였고, 自治監督은 이를 만류하였지만 결국 名譽董事나 不在中인 사람을 제외한 22명 전체가 사직하였다.[45] 이 記事를 보도하면서 記者는 표면상으로는 '力不勝任'을 내세우나 그 밖에도 여러 원인이 있음을 시사하고 있지만, 여하튼 籌辦處에서도 '款項의 無着'이 실제적인 상황임을 인정하면서도 만류하였으나 이미 해산되어 버린 董事會에게는 효력이 없었고 議事會 역시 이를 만류할 권한이 없다는 이유로 自治監督의 만류 요청을 부결시켰다.[46] 결국 籌辦處에서는 董事會의 사직을 승인하고 다시 선거하라고 지시할 수밖에 없었으며 6月 13日에 議員의 談話會를 열어 18日에 선거를 치르기로 결정하였다.[47] 그리하여 蘇州의 城董事會는 6月 18日에 議員 46인이 참가하여 總董 劉傳福과 董事 江衡, 倪開鼎, 方炳勳, 孔昭晉 등을 선출함으로써 다시 성립되었다.[48]

이렇게 蘇州의 城議事會가 파행을 겪은 것은 물론 자치경비의 부족이 부족이 가장 큰 원인이었다고 하겠지만, 물론 그 밖의 여러 원인이 작용하고 있었으며 자치감독인 지방관과의 갈등도 큰 문제였다. 앞서 武陽에서도 나타난 적이 있지만 자치의 실행 이후 그 권한에 상당한 제약이 뒤따르게 됨으로써 자치 자체에 대해 반감을 품게 된 지방관의 自治機關에 대한 태도가 갈등을 낳는 것이다. 이것은 宣統 3年 2月에 蘇州城議事會에서 自治監督의 지시에 '墨標', '墨遵'이라는 字句가 있어

44) 《時報》宣統三年 三月 二十五日 2面,〈專電〉.
45) 《時報》宣統三年 三月 二十八日 3面,〈蘇州城董事會全體辭職續誌〉.
46) 《時報》宣統三年 四月 十八日 4面,〈蘇籌辦處批留董事〉; 宣統三年 五月 十七日 4面,〈蘇州城自治議事會臨時會議紀〉.
47) 《時報》宣統三年 六月 十六日 3面,〈蘇州城自治定期重擧董事〉.
48) 《時報》宣統三年 六月 二十日 4面,〈蘇州城自治董事會重行成立〉.

이것은 규정된 文書程式을 어긴 것이라[49] 받아들이기 어렵다고 하면서
籌辦處에 대해서도 그 이유를 질문하는 등 반발했었는데도 다시 이후
에 董事會에 대한 吳縣監督의 諭文이 硃標와 下行用 封套를 쓰고 시일
을 硃標하는 등 上司가 下屬에게 쓰는 程式을 사용하였기 때문에 의도
적인 멸시라고 판단한 董事會가 반발하는 사건으로 표면화되었다.[50] 결
국 董事會에서 대부분 화평스러운 처리를 주장하여 諭文을 지방관에게
되돌려 주는 것으로 마무리되었지만 "그렇지 않았다면 이 문제가 반드
시 爭執을 낳아 解散의 惡兆를 양성했을 것이다. 近來 官紳의 自治辦理
가 자칫하면 禍를 부르게 되는 경우가 많은 것은 紳士의 허물이 아니라
실은 지방관이 의식적으로 도발해서 이루어진 것이다"는 지적[51]은 지
방관의 불만과 반감이 상당히 고조되었음을 알려 주고 있다.

그리고 蘇州의 城廂自治會가 自治經費의 곤란을 겪게 된 것은 아울
러 지방관과의 갈등이 특히 公款公産을 처리를 둘러싸고 더욱 증폭된
데에도 원인이 있었다. 長元吳三縣에서도 앞서 서술한 바와 같이 자치
성립을 위한 준비과정을 거치면서 公款公産의 淸査를 실행하였고, 그
결과 기존의 豊備義倉[52]도 "三縣의 本城 賑荒事宜를 專辦하는 것"으로

---

49) 章程 第8章의 〈文書程式〉은 城鎭鄕議事會와 董事會 및 鄕董은 감독인 地方官
에 대한 行文의 경우 '呈'(즉 上行文)을 쓰고, 地方官이 城鎭鄕議事會나 董事會
및 鄕董에 대해서는 '諭'(下行文)를 쓰도록 규정하고 있었다. 따라서 형식적으로
보면 地方官과 自治機構의 관계는 平行關係로 아니라 上下關係로 볼 수 있는데
議事會나 董事會는 上級官衙의 權力과 威嚴을 보이는 이러한 標朱의 형식에 반
발하였던 것 같다. 이런 문제는 지방관과 자치기구의 관계설정이 불명확하였던
것에 기인하는 것으로 생각되지만 議·董事會가 대등한 입장에서 지방관의 권위
에 대해 도전하려는 자세를 보인다는 점은 주목할 만하다. 한편 앞서 든 Roger
R. Tompson의 地方議會研究에서도 四川省의 成都城議會가 관련된 이와 비슷한
문제를 다루고 있다(pp.131~133). 成都省議會는 知縣 및 諮議局과의 평행관계를
요구하여 知縣에 대해서는 牒과 移, 諮議局에 대해서는 知會라는 平行文을 써야
한다고 고집하였는데 이것이 단순한 예절이나 언어의 문제가 아니라 바로 政治
權力의 行使라는 문제와 직결된다고 지적하고 있는 것이다. 淸代文書程式에서
標朱와 朱標가 지닌 의미에 대해서는 張我德等 編著,《淸代文書》(中國人民大學
出版社, 1996)의 〈通論〉 부분(pp.246~248)을 참조.

50)《時報》宣統三年 三月 初四日 3面, 〈自治監督對於自治團體之惡感〉.

51) 위와 같음.

52) 이 시기의 문제까지를 다루지는 않지만 豊備義倉과 그것을 둘러싼 蘇州紳士의

파악하였기 때문에 당연히 城廂自治會의 관할이라 간주되었다.[53] 따라서 城議事會(議長 潘祖謙)에서는 '蘇城豊備義倉'이란 圖記의 字句를 근거로 諮議局의 의결안에 따라 長元吳城自治의 公款公産에 歸入하고자 하였고 宣統 2年 6月 18日에 呈請하여 7月 28日에 자치감독의 핵준을 받기도 하였다.[54] 하지만 기존에 이 豊備義倉을 관할해 온 倉董이기도 했던 潘祖謙이 議長에서 물러난 다음에 圖記의 明文은 언급하지 않은 채 이후 碑記나 기타 歷來의 平糶處理過程을 들어서 豊備義倉이 城廂에 專屬하는 것이 아니라고 문제를 제기하여 지방관과 籌辦處에 해결을 呈請하게 되었고 여기서 豊備義倉의 歸屬問題가 다음해까지 중대한 논란거리로 등장하여 자치회와 지방관 사이의 갈등을 증폭시키게 되었다.[55] 물론 議事會에서는 이를 城廂에 專屬한다는 입장을 누차 확인하였지만 籌辦處에서는 '蘇城'이라는 圖記의 명칭은 字數를 맞추기 위한 것으로 근거가 될 수 없으므로 豊備義倉은 縣自治會에 속한다는 결정을 재확인함으로써 이를 거부하였다.[56] "다시 宣統 3年 3月 17日에 長元吳議事會에서 종전의 지시를 更正해 달라는 요청을 해왔지만 城鎭鄕章程 이전에는 城區 獨立이란 이야기가 없었으며 豊備義倉은 省城에 있었으므로 奏案에서 蘇州省城 또는 蘇州府城이라고 倉庫의 所在地를 가리킨 것일 뿐 奏案의 城이란 글자를 가지고 城區에 속한다고 하는 것은 인정할 수 없다"는 지시였던 것이다.

그렇지만 계속해서 城廂自治會가 이에 반발하자, 자치감독인 知縣

문제를 다룬 것에 星斌夫, 《中國近世社會福祉政策史の研究》(國書刊行會, 1985)의 第5章 〈淸代の義倉の盛衰〉; 山本名史, 〈淸末江蘇省の義倉―蘇州の豊備義倉の場合〉, 《東洋學報》 58-1·2, 1976 등이 있다.

53)《時報》宣統二年 六月 初十日·十一日 5面,〈審査蘇州城自治公款公産報告書〉.

54)《時報》宣統三年 三月 十五日 4面,〈蘇州城自治公款公産之阻力〉; 四月 初一日·初二日 4面,〈蘇州城自治公所議事會呈請撫憲更正前批豊備義倉文〉.

55)《時報》宣統三年 四月 初一日·初二日 4面,〈蘇州城自治公所議事會呈請撫憲更正前批豊備義倉文〉.

56)〈札長元吳三縣本處詳豊備義倉專屬本城一案奉撫批文〉,《自治公報》8-57, pp.547~548;〈札蘇州府准潘撫批長元吳三縣豊備義倉暫由城自治會接收一案核辦通詳文〉,《自治公報》8-65, pp.594~596.

등은 豊備義倉은 三邑의 義倉과 더불어 一董이 經管해 왔으므로 이것
은 全縣에 속한다는 明證이라고 주장하면서 倉董인 潘祖謙이 이미 사
퇴했고 縣自治는 아직 성립하지 않았으므로 잠시 官에서 관리하고 아
울러 公正紳士를 加倍數로 擇定하여 城自治會에서 공동으로 선거하여
이들이 일단 自治의 名義를 벗어나 接管케 함으로써 분쟁을 막겠다는
결정을 내렸다. 縣自治가 성립된 이후 다시 전체적인 상황을 보아 방
법을 마련하되, 豊備義倉의 息款內에서 4千元은 借撥하여 城自治會의
급한 用度에 사용하게 한다는 방침이었던 것이다.[57] 이러한 분란이 계
속되는 시기는 바로 앞서 서술한 城董事會의 해산과 같은 때이므로 城
董事會의 해산은 이 豊備義倉의 문제와도 연결되어 있음을 짐작하게
하지만, 自治監督이 위와 같은 결정으로 豊備義倉을 통해 自治經費를
마련해 주면서 동시에 董事會의 再選을 지시하였던 것은 이 점을 분명
히 확인해 준다.[58] 물론 城議事會는 圖記를 제외하고도 議事會에서 제
시한 여러 奏案에 나온 明文을 인정하지 않는 籌辦處의 조치를 납득할
수 없으며, 또한 城에 속하지 않는다고 해도 곧바로 縣에 속한다는 논
리도 있을 수 없다고 반박하였지만[59] 앞서 서술한 대로 城董事會가 6
月 18日에 再選을 통해 성립됨으로써 이 문제는 일단 마무리되었던 것
으로 보인다.[60]

　이상에서 武陽과 蘇州의 두 사례를 보았다. 이 두 지역은 蘇屬에서
도 결코 뒤떨어진 지역이라 할 수 없는데도 모두 自治經費의 부족 때

---

57) 《時報》宣統三年 五月 十日 4面, 〈蘇州城自治監督爲豊備義倉詳籌辦處司道文〉.

58) 《時報》宣統三年 五月 十八日 4面, 〈蘇州城自治監督諭知憲批豊備義倉文〉; 〈札
　　長元吳三縣詳豊備義倉暫由官管提撥息款以充自治經費撫批文〉, 《自治公報》8-66,
　　pp.607~609.

59) 《時報》宣統三年 六月 十一日 3面, 〈蘇州城自治議事會呈籌辦處憲文〉.

60) 그러나 豊備義倉의 귀속문제는 결국 民國初期에도 여전히 분란의 대상이 되었
　　다. 1913年 개회한 縣議會가 豊備義倉을 縣有로 귀속시키기로 결정하고, 이에 대
　　해 市議會(청말의 城議事會)가 그런 결정을 받아들이려는 知事에 대해 違法訴訟
　　을 제기하려 하는 등 갈등이 지속되고 있기 때문이다. 《時報》1913年 3月 15日
　　5面, 〈蘇垣自治談〉; 1913年 3月 19日 4面, 〈蘇州市公所之爭執二事〉 등을 참조.

문에 董事會가 해산을 自請하는 양상을 보이는 등 자치의 실행이 첫 단계부터 순조롭지 못할 것이라는 점을 잘 보여 주고 있다. 따라서 여기서 다루지 않은 다른 지역의 경우에도 역시 이와 비슷한 상황에서 벗어나지 못했으리라는 점은 쉽게 추측할 수 있을 것이다. 자치기구의 성립 이후에도 지방자치는 그 전제가 되는 經費의 확보 자체부터 상당한 곤란에 직면하며, 나아가 이러한 문제를 둘러싼 분쟁이 初期 地方自治의 前途를 어둡게 만들고 있었던 것이다.

III. 自治의 實行과 反自治暴動

1. 自治議案의 實行을 둘러싼 施行錯誤

앞에서는 주로 地方自治 成立 前後時期의 自治經費 문제를 살펴보았지만, 地方自治는 이 시기에 와서 처음으로 제도화되고 실행에 옮겨지는 것이었던 만큼 수많은 시행착오가 뒤따르는 것은 필연적이었다. 이를테면 自治會가 성립된 지역에서 가장 큰 문제로 등장한 것 가운데 하나는 議事會와 董事會의 충돌과 같은 문제였다. 이것은 기본적으로, 특히 城廂이나 일부 鎭鄕의 議事會에서 통과시킨 議案들이 董事會나 鄕董에 의해 실행에 옮겨지지 않은 경우가 많았던 것으로 잘 드러난다. 앞서 살핀 蘇州나 武陽의 사례에서 알 수 있듯이, 그것을 집행할 수 있는 재정적인 여력이 부족했던 것이나, 그 查核을 담당하는 自治監督(地方官)의 반대가 원인이었던 것처럼 보이지만, 여하튼 이러한 상황은 자치의 진행에 상당한 곤란을 가져다 주었다. 그래서 이 때문에 籌辦處에서는 議事會의 議決案이 제대로 실행될 수 있도록 하기 위한 방안 4조를 마련하지 않을 수 없었다.[61] 이 방안은

---

61) 〈詳送撫憲會議擬定實行城鎭鄕自治議事會議決案方法四條乞示遵行文〉,《自治公報》

1) 議事會 議決案은 監督에게 呈報한 후 5日內에 査核을 완료해야 하며, 期限內에 査核文을 議事會에 보내지 않는 경우는 議事會에서 董事會나 鄕董에게 넘겨 집행시킬 수 있다. 議案이 章程에 위배될 땐 監督이 糾正할 책임이 있다.
2) 董事會나 鄕董은 議事會의 議決案을 받은 후 기한이 정해진 것은 기한대로 실행해야 하며, 기한이 없는 것은 下季의 開會 이전까지가 斷限이 된다.
3) 董事會나 鄕董은 城鎭鄕章程 제69조에 의거하여 覆議하는 것 외에는 천천히 擧辦한다거나 아직 더 조사가 필요하다는 등의 얼버무리는 말로 議決案을 방치해서는 안 된다.
4) 董事會나 鄕董이 이를 어기면 議事會에서는 章程 41조에 의해 처리하여 議事會의 監察權을 다 한다

는 내용이었다. 다시 말해 이것은 지방관이나 집행기관인 董事會·鄕董이 議案의 집행을 연기하지 못하도록 하는 데 초점이 두어진 것이었다. 그러나 이 방안이 通飭된 이후에도 이를테면 長元吳三縣에서 會禀을 올려 의결안의 실행이 면제가 가능하거나 아니면 기한을 변통하여 연장시킬 수 있는지 질문하였다가 이러한 任意推置는 准行하기 어렵다고 籌辦處에 의해 거절당하는 사례[62]가 있는 것을 보면 여전히 문제는 남아 있었던 것으로 보인다. 또한 蘇州府 吳江縣 同里鎭의 自治職員들이 의결안이 집행되지 않고 반대가 많자 사퇴를 의결한 데 대해 籌辦處에서 吳江縣으로 하여금 신속한 조치를 지시하면서 이들의 사퇴를 만류하는 사례도 있었다. 이 의안은 例禁에 속하는 酬神塞會를 금지하는 내용이었으나 이 地域의 靑年子弟 및 游手閑徒들이 이를 어기고 아무런 거리낌도 없이 크게 夜會를 개최하는 등 의안이 아무런 효력도 갖지 못하자 自治職員들이 이에 반발하여 사퇴하겠다고 했던 것이다.[63]

8-48, pp.505~506 ;《時報》宣統二年 十二月 二十三日 3面,〈蘇籌辦處詳定實行議事會議決案方法四條〉.
62)〈札行長元吳三縣禀核覆議事會議決案期限奉撫批文〉,《自治公報》8-54, p.534.
63)〈札吳江縣准藩移督批該縣同里鎭龐元潤等呈執行無效議決告退一體飭遵文〉,《自治公報》8-58, pp.553~554.

이 두 가지 사례는 실질적으로는 그 내용이 서로 다르지만 의안의 집
행여부가 문제가 되었던 점에서는 공통성이 있다. 특히 위의 방안에서
自治監督에게 5日內 査核이라는 제한을 가한 것은 자치의 실행에 대해
반감을 가지거나 아니면 자치라는 새로운 환경에 아직 적응하지 못한
지방관들의 반발을 초래하는 원인이 되기도 하였다. 이 점은 특히 宣統
3年初 松江府의 華婁縣에서 자치에 반대하는 鄕民의 폭동이 일어나면
서 새로운 논란의 대상으로 떠오르게 되었다.

그러면 華婁縣 新十車梵鄕에서의 鄕民暴動에 대해 살펴보도록 하자.
이 지역은 다른 곳보다 앞서서 자치의 준비가 진행되어 宣統 2年 12月
9日 鄕自治公所가 성립되었으며, 11日에는 第一屆 冬季常會가 개최되
었다. 거기서 논의된 의안 가운데 하나가 猪茶捐의 추수였는데 自治會
에서는 이 의안을 12月 27日 縣에 보고하였지만 다음날인 28日 知縣이
死去하는 바람에 29日에 새로운 知縣이 接篆하였고, 그는 곧바로 앞서
나온 籌辦處의 議決方法 4條를 各區에 諭行하였다. 新十車梵鄕의 議事
會는 1月 3日에 위의 방법의 第1條에 따라 (5日이 지났는데도 査核이
없었으므로) 이 의안을 董事會에 넘겨 집행하게 하였다. 그런데 千蒲涇
의 肉店主人인 莊董 胡人傑 父子가 선거 때문에 품은 감정을 가지고 이
捐務를 구실로 삼아 馬海桃 등을 사주하여 22日 千蒲涇의 罷市를 선동
하였고. 이것은 바로 新橋鎭에도 파급되어 이곳의 自治公所가 파괴당
하는 鄕民의 反自治暴動으로 발전하였다. 그리고 27日에 이 일을 해결
하려 下鄕한 知縣은 鄕民에게 포위당하는 곤경에 처하자 이 猪茶捐을
자신은 核准한 적이 없다고 선포해 버렸다. 自治會에서 示諭를 기다리
지도 않고 抽捐을 통고해서 실행했다는 점에 대해 그는 불만을 품고 있
었던 것이다. 이 사건의 영향으로 29日 이곳의 鄕董과 議員은 전체가
사직하였으며, 學堂도 잠시 폐쇄되고 勸學員도 사퇴한 데다가, 自治 성
립 이후 실행해 온 煙賭의 금지도 중단되어 '聚賭賣煙'의 풍조도 되살
아나게 되었다.[64]

이상이 新十車梵鄕 鄕民暴動의 간략한 경과이다. 중간에 知縣의 교

체라는 중요한 변동이 있었지만 5일이라는 기한이 지났다는 이유로 새
知縣의 承認과 示諭를 거치지도 않고 곧바로 실행에 옮겨 버리는 자치
회의 모습은 이들이 자치감독인 知縣의 위상을 무시하고 있었음을 시
사해 주며, 반면에 公益捐의 징수가 鄕民暴動의 빌미가 되자 그에 대한
책임을 떠넘기는 데 급급한 知縣 역시 자치회에 대해 강한 반감을 표출
하고 있었다. 따라서 이 사건에서는 자치회와 知縣 사이의 갈등 내지는
대립이라는 구도가 잘 나타나고 있지만, 사후 이 사건을 처리하면서 松
江府 知府는 5日內 議案의 查核이란 기한을 문제로 삼아 이것을 연기
해 줄 것을 巡撫에게 요청하게 되었다.[65] 籌辦處에서는 이에 대해 松江
府 知府가 新十車梵鄕의 因捐滋事를 전적으로 5日內 查核을 규정한 籌
辦處의 책임으로 돌리는 것은 잘못이고, 議事會에서 公益捐을 제의하
려면 반드시 章程을 마련해서 縣의 核准을 받고 縣에서 다시 示諭를 한
다음에 鄕董이 章程대로 징수했어야 하는데 과연 核准과 出示曉諭가
제대로 이루어졌는지를 밝혀야 한다고 반박하였지만,[66] 巡撫가 이러한

---

64) 이 사건의 경과에 대해서는 《時報》宣統三年 正月 三十日 3面,〈自治公所…打〉;
　　二月 初二日 3面,〈華邑新十車梵聯區鄕自治公所被毁始末記〉; 二月 初六日 3面,〈松
　　江新十車梵自治所被毁後餘談〉을 참조.

65)〈詳撫憲奉批松江府戚守稟議事會呈報議案五日爲限乞賜寬展一案悉心核議切實申
　　明呈請示遵文〉,《自治公報》8-63·64, pp.583~586.

66) 위와 같음. 또한 華亭縣의 知縣은 自治가 이제 萌芽段階라 議事會의 청을 거절
　　하기 어려웠던 까닭에 核准했다고 보고했지만, 松江府知府는 自治機構에서 기회
　　를 노리고 있다가 5日限이라는 것을 빌미로 감독의 查核 없이 董事會에 넘겨 집
　　행시켰다고 주장하는 등 책임을 미루려고 하였다. 그리고 華亭縣의 知縣은 新十
　　車梵鄕公所의 직원 가운데 辦事를 제대로 하는 사람은 慰留하고 衆望에 부응하
　　지 못하는 사람은 撤退하기 위해 이 문제를 城自治諸紳에 의논했더니 모두 동의
　　했으며, 提議한 議案도 많았지만 장애가 많아 어려운 것은 城自治會에 넘겨 覆
　　議케 한 뒤 知縣이 잠작하여 집행토록 했다고 보고했다. 이에 대해 籌辦處에서
　　는 籌備紳董의 경우 衆望에 부응하지 못하면 撤退하는 것은 제대로 된 일이지만
　　選擧로 선출된 議員이나 鄕董은 知縣이 督撫에게 撤銷를 요청할 권한만 있을 뿐
　　이며, 城鎭鄕은 동일한 下級機關으로 城에서 鄕을 통괄할 수 없는데 鄕自治職員
　　을 撤銷하면서 城의 自治紳士와 논의한다거나 鄕의 議案을 城自治에서 覆議한다
　　는 것은 터무니없는 일이라 반박하였다. 이와 같은 知府나 知縣의 언동에서는
　　自治를 담당하는 紳士들에 대한 반감을 엿볼 수 있지만 동시에 知縣의 보고는
　　그가 실제적인 自治의 手續이나 章程의 내용에 대해서는 제대로 알고 있지 못했
　　음을 보여 주고 있다.

기한 연장의 문제를 승인하였기 때문에 籌辦處에서는 결국 기존 방법을 수정하여 公益捐과 特捐은 一般議決案과 분리하여 각기 5일, 10일과 1개월로 그 기한을 연장하였으며, 아울러 巡撫의 지시에 따라 그 기한도 呈報한 날이 아니라 정보가 지방관의 衙門에 도착한 날로부터 계산하게 되었다.[67] 결국 다음과 같이 바뀌게 된 것이다.

1) 城區의 議案은 5日內에 査核을 완료해야 하며, 鎭鄕은 10日內에 완료해야 한다. 이 기한은 모두 呈報가 地方官의 衙門에 도착한 날로부터 계산하며, 기한을 넘기고도 覆議가 없으면 董事會나 鄕董에 넘겨 집행한다.
2) 自治經費를 籌集하거나 公益捐을 創辦하는 것에 관한 議案은 城區는 15日內, 鎭鄕各區는 1個月內에 核定하여 准駁해야 한다. 이를 승인할 경우에는 한편으로는 諭復하고 다른 한편으로는 이를 曉諭해야만 城鎭鄕章程 第90條에 따라 징수를 시작할 수 있다.
3) 董事會나 鄕董은 실행기한이 결정된 것은 그에 따르고 그렇지 않은 것은 下季 開會 이전까지 실행해야 한다.
4) 城區董事會나 鄕董의 議事會에 대한 議復은 下季 開會 10日 이전까지 이루어져야 하면 중요한 사안은 議長에게 臨時會의 개최를 요청할 수 있다.
5) 城區董事會나 鄕董은 議事會에 復議한 것 외에는 천천히 擧辦한다거나 아직 더 조사가 필요하다는 등의 얼버무리는 말로 議案을 방치해서는 안 된다.
6) 董事會나 鄕董이 이러한 사항을 위배할 경우 議事會에서는 章程 第41條에 의해 처리하여 議事會의 監察權을 다한다.[68]

이것은 앞서의 방법과 비교하면 城區와 鎭鄕의 지역을 분리하고, 아울러서 査核이나 議復의 기한을 좀더 연장시키는 점에 특징이 있으며, 따라서 좀더 진전된 내용을 가지고 있었다고 할 것이다. 여하튼 이렇게 해서 議案의 집행을 둘러싼 문제는 무마되었지만, 동시에 이러한 상황

67) 〈通飭府廳州縣札發展長査核自治議案限期條文並原詳文〉,《自治公報》 8-65, pp.599~600.
68) 〈附展長査核議案限期條文〉,《自治公報》 8-64, p.587.

의 전개는 자치 실행 初期에는 議事會나 董事會를 구성하는 紳士層이
나 이를 감독하는 지방관 모두가 자치의 手續이나 章程의 내용과 그 해
석을 둘러싸고 상당한 혼란을 겪고 있었으며, 따라서 시행착오가 불가
피했음을 의미하기도 한다.[69] 그래서 이러한 점을 고려한 것 때문이지
만 籌辦處에서는 蘇省會議廳의 지시에 따라 같은 무렵에 〈整頓自治方
法〉13條를 마련하여 보고하였다. 籌辦處에서는 이 13條를 마련한 취지
에 대해 다음과 같이 설명하였다.

　地方自治는 選擧手續의 準備가 아니라 自治行政의 진행이 실제로는 더
욱 어려운 것이라 생각합니다.……自治範圍內에 속하는 일들을 처리하자
면 우선 제대로 된 職員을 확보하는 것이 중요한데 오늘날의 人民의 정도
를 보면 일부분은 소수의 明達士紳이고 일부분은 소수의 冥頑舊董이며,
또 일부분은 自治가 뭔지도 모르는 다수의 人民입니다. 이러한 시기에 自
治의 發達을 꾀하려면 오로지 일부분의 소수 明達士紳에 의지해야만 하
는데, 그들이 한편으로는 冥頑舊董을 感化시킬 수 있는 능력이 있어야 하
고 다른 한편으로는 民智를 啓發할 책임을 지니고 있으므로 반드시 和平

---

69) 이것은 또한 章程 자체에도 부족한 점이 많았던 것에도 원인이 있다. 이를테면
　　自治監督인 地方官의 권한에 대해 章程에서 다루고 있는 부분은 第6章의 第
　　102·103條뿐이다. 第102條에서는 城鎭鄕의 自治職은 該當 地方官이 監督하며, 地方
　　官은 章程을 위배하는 점이 있는지의 여부를 살펴 그것을 糾正하고 아울러 辦事의
　　成績을 보고하게 하고 預·決算表冊을 수시로 친히 檢査하여 그 성적을 督撫에게
　　보고해야 한다는 내용을 담고 있고, 第103條는 地方官이 議事會나 董事會·自治職을
　　解散하거나 撤銷할 수 있는 권한을 가지며, 議事會는 解散後 2개월, 董事會나 鄕董
　　는 15日 이내 다시 선출되어야 한다는 점 등을 규정하고 있었다. 따라서 地方官이
　　自治會에 대해 監督과 解散·撤銷의 권한을 가진다는 것만을 설명하고 있을 뿐 더
　　이상 아무런 언급이 없었던 셈이다. 이 때문에 民政部에서는 후에 地方官의 監察
　　之權에 대해서는 章程 第37條에 議事會가 議決事件을 呈報하면 地方官은 査核한다
　　는 말이 있을 뿐 准駁之權에 대해 規程이 없어 地方官이 實心으로 査核하지 않게
　　됨으로써 流弊가 심하다고 점을 自認하기도 하였다(《時報》宣統三年 三月 二十四
　　日 4面, 〈關於地方自治之官樣文章〉). 또한 長元吳三縣의 城議事會에서는 議決한
　　事案을 地方官에게 報告하여 査核을 받은 다음 董事會나 鄕董에게 移交한다는 조
　　항(章程 第37條)에서 그 移交의 主體가 누가 되는지 불분명하다고 질문을 한 경우
　　가 있었는데, 籌辦處에서는 이에 대해 '移交'란 대등한 機關 사이의 일을 가리키는
　　것이고, 地方官은 議事會나 董事會를 감독하는 지위에 있어 서로 대등한 체제가
　　아니므로 이 '移交'의 주체는 바로 議事會라고 답변하였다(〈札行長元吳三縣詳議
　　事會呈報議決事件尋繹定章權限似未明晰請核示撫批文〉, 《自治公報》8-40, pp.459~
　　460). 이 점 역시 章程의 내용에서 비롯되었다고 할 것이다.

進化의 宗旨를 품고 堅苦卓絶의 志氣를 품어야만 능히 힘들고 원성을 사는 일을 맡을 수 있고……自治의 앞날에 희망이 있을 것입니다. 지금 37廳州縣은 4백 수십 구로 나뉘었는데 各區마다 선출한 自治職員은 물론 당연히 各鄕의 翹楚이지만 每區마다 20여 명씩으로 계산하면 自治職員이 된 사람은 萬名을 내려가지 않으니 어찌 능히 모두가 自治의 原理를 잘 알고 辦事의 經歷이 있는 사람일 수 있겠습니까? 따라서 오늘날 自治를 희망하더라도 염려되는 것은 自治를 잘 아는 人才가 缺乏하고 辦事의 수단이 薄弱하다는 것입니다. 本處의 籌備의 책임을 맡아 비교적 용이한 選擧의 手續을 마쳤을 뿐 地方自治 成立 이후의 갖가지 成效에 대해서는 도움을 줄 수 없고, 華亭이나 川沙, 陽湖의 좋지 못한 現象을 보건대 심히 우려되는 바라서 官治監督의 방법과 各自治團體의 進行을 돕기 위한 방책을 3月 10日의 官紳에서 공동으로 의결하였습니다.[70]

즉 이러한 방안을 마련하게 된 것은 준비보다는 오히려 성립 이후에 장애가 많고, 더구나 비교적 짧은 시기에 새롭게 형성된 1萬名이 넘는 것으로 추정되는 蘇屬 전체의 自治職員이 자치진행에 필요한 자격을 갖추지 못한 경우가 많아 거기에서 비롯되는 각종 시행착오를 줄이기 위해서였던 것이다. 37廳州縣 4백 수십구의 자치직원이 1萬名을 내려가지 않는다는 지적은 지방자치에의 참여가 太平天國 이후 그 수가 급증한 데다가 科擧의 폐지로 出路가 막힌 지방의 下層紳士들에게는 아주 중요한 의미를 지닌 새로운 활로였음을 잘 알려 주지만, 여하튼 그 13條의 내용은 1) 地方官의 章程에 따른 監督, 2) 地方官의 各鎭鄕巡視의 방법, 3) 自治職員의 '消極資格'의 範圍에 대한 규정, 4) 土客의 畛域融化, 5) 自治公所의 廟宇 利用方法, 6) 自治團體辦事의 緩急, 7) 自治行政 범위의 劃淸, 8) 自治經費의 처리 및 籌集方法, 9) 鄕愚에 대한 煽動의 예방 방법, 10) 調査自治委員會의 조직, 11) 模範自治區의 擇定, 12) 自治職員의 政治知識의 增進, 13) 自治公所 公布文의 程式規程이란 것으로 이루어져 있었다.[71] 이러한 조항들은 바로 自治實行 이후 가

---

70) 《時報》宣統三年 四月 十一日·十六日·二十七日 4面,〈蘇省自治籌辦處三月初三日會議整頓自治辦法十三條〉;〈詳撫憲會議公決整頓自治方法十三條開摺乞鑒示遵文〉, 《自治公報》 8-61·62, pp.571~573.

장 필요하게 되었던 과제나 시행착오들을 그대로 반영하고 있다고 할
것이다.

2. 反自治暴動의 事例分析

한편 지금까지는 自治議案의 실행과정에 나타난 문제들을 다루었지
만, 自治의 준비나 성립 이후의 시기에 자치에 가장 큰 장애가 된 요소
는 바로 反自治暴動의 빈발이었다. 江蘇省의 경우 이러한 반자치폭동은
毀學暴動과 겹쳐서 일어나는 경우가 많아 敎育改革으로부터 시작된 淸
朝의 新政에 대한 지방민의 반발이라는 의미에서 反新政暴動이라고도
할 수 있겠지만, 이것이 특히 빈번하게 발생하게 된 것은 바로 宣統 2年
과 3年이었다. 다시 말해 지방자치의 준비와 실행이 본격화되는 시기가
바로 폭동이 빈발하는 시기와 겹치는 것인데, 이렇게 宣統年間에 주로
발생한 江蘇省에서의 반자치폭동을 정리한 것인 이 글 뒤에 덧붙인 표
'淸末 宣統年間 江蘇省에서의 反自治暴動의 狀況'이다. 이 표에 의하면
宣統年間의 反自治暴動은 특히 宣統 2年 1月 宜興에서의 鄕民暴動이 기
폭제가 되면서 宣統 2年의 전반기에 寧屬·蘇屬의 여러 지역에서 집중적
으로 발생하였으며, 宣統 3年의 경우에는 대부분 蘇屬에 집중되었고, 松
江府 川沙廳에서의 폭동으로 정점에 달하였음을 알 수 있다.[72]

이러한 폭동의 주 원인은 戶口調査에 대한 鄕民의 반발에서 비롯된
것이 대부분이었다는 점도 역시 확인된다. 그리고 이 폭동이 집중된 시
기가 宣統 2年 이후라는 것은 주목할 만하다. 이 시기는 蘇屬의 경우
城廂自治의 準備가 기본적으로 일단락하는 시기인 만큼 城廂自治의 준

---

71) 위와 같음.
72) 王樹槐,《中國現代化的區域硏究－江蘇省 1860~1916》, pp.205~215에서도 이 시
　 기의 反自治暴動에 대해 분석하고 있는데 宣統 2·3年의 경우만 따진다면 宣統 2年
　 1~4月에 전체 37件 중 25件(蘇屬 15件, 寧屬 10件)이 집중하여 발생하였음을 지적
　 하고 있다.

비과정에서는 비교적 그에 대한 반발이 적었지만, 이러한 자치준비가 점차적으로 鎭鄕地域으로 확대되어 가면서 특히 그러한 준비가 앞서 있었던 鎭鄕에서 집중적으로 반발이 나타나게 되었음을 알 수 있기 때문이다. 앞서 다룬 華婁縣에서의 폭동은 자치 성립 이후의 抽捐이 발단이 되었으며, 川沙에서의 폭동 역시 鄕自治 성립 이후 廳自治를 준비하는 과정에서 발생한 것이었지만, 두 경우는 모두 자치의 준비가 다른 곳보다 앞서 있었다는 점이 공통된 현상이라 할 수 있다.

또한 反自治暴動의 대부분이 毁學暴動으로 연결되는 점은 이러한 폭동이 대부분 戶口調査와 같은 자치의 준비과정에서 폭발하기는 했지만 新政의 개시 이후 누적되어 온 부담의 가중과 이에 대한 불만·반감이 그 기본 배경이 되었음을 보여 주고 있다. 폭동과정에서 調査員이나 自治紳董과 그들의 家屋, 그리고 (籌備)自治公所와 學堂에 공격이 집중된 것은 이러한 사정을 그대로 반영하고 있다. 또한 이러한 폭동에서 주동적인 역할을 한 것은 新政의 추진이나 自治의 실행으로 피해를 보거나 그 밖의 여러 원인으로 이에 반감을 품은 사람들이었다. 이를테면 《自治公報》의 한 논설은 이 점을 잘 지적하고 있다.

> 本年에는 城鎭鄕自治가 일률적으로 성립할 예정인데……着手方法이 아직 시행되지도 않았는데 各處의 反對風潮가 들리는 경우가 많고, 심지어는 自治職員의 家屋을 부수거나 學堂까지 파급하여 커다란 騷亂의 양상을 보이고 심지어는 請兵彈壓하는 경우도 있어 엄연히 反亂과도 같은 모습이니 정말 대단한 변고라 하지 않을 수 없다. 이러한 소동을 일으키는 사람을 생각해 보면 우선 첫째는 邪術을 師巫하는 사람인데 自治가 발달하면 迷信을 破除할 터이니 이들은 盡力하여 自治의 파괴를 시도하는 것이다. 둘째는 권세를 믿고 鄕里에서 橫行하거나 善堂을 소굴로 삼았던 頑鈍한 사람들이다. 일단 자신들의 과거 행적이 겉으로 드러나게 되면 자신에게 불리할 것을 두려워하여 어떻게 해서든 自治를 무너뜨리려는 생각이 간절하기 때문에 忽然히 謠言이 일어나면 이 기회를 이용하여 鄕愚를 선동하는데 鄕間愚民은 鬼神을 믿지 않은 사람이 없으므로 謀大王·某老爺·某太太의 이야기를 빌려 그들에게 呼訴하면 皇帝老子의 聖旨보다 더 영험한 것이다. 세번째는 窮鄕僻壤地方에 깔린 失業無賴들인데 이들은……利害를 상관하지 않고 넘볼 틈만

있으면 그것이 곧 장사가 되니까 달려든다. 원래 큰일도 작은 일로 만들 수
있고 작은 일은 없던 일로 할 수 있으나 이런 사람들이 달려 들면 수습이
불가능해지는 것이다.[73]

말하자면 新政과 自治의 추진으로 인해 피해를 보거나 기득권을 잃
게 된, "鄕里에서 橫行하거나 善堂을 소굴로 삼았던 頑鈍한" 이른바 '舊
董'이나 巫俗·迷信에 의존하여 생계를 꾸리거나 아니면 失業無賴 등 주
로 '下層社會'에 속하는 사람들이 앞장을 서게 되는 만큼 反自治暴動은
이런 의미에서는 新舊의 충돌이란 성격도 강하게 드러나는 셈이다.

여하튼 이상이 宣統年間에 집중적으로 발생한 反自治暴動의 일반적
인 특징이라 할 수 있겠지만, 이러한 일반론 외에도 여기서는 그 내용
을 상세하게 파악할 수 있는 몇 가지 사례를 분석해 봄으로써 이 反自
治暴動이 지니는 의미를 더욱 구체적으로 파악해 보고자 한다. 우선 가
장 먼저 이러한 일련의 반자치폭동의 기폭제가 된 역할을 한 宣統 2年
1月末 宜興縣에서의 鄕民暴動을 보도록 하자.

1) 常州府 宜興縣·武陽縣과 鎭江府 丹陽縣의 反自治暴動

이 常州府 宜興縣에서의 鄕民暴動의 원인이나 경과에서 대해서는 이
미 비슷한 배경을 지닌 宣統元年 7月초의 丹陽暴動과 더불어 필자가
다룬 적이 있다.[74] 이 鄕民暴動은 忙漕洋價의 억륵에 대해 쌓여 온 불만
이 그 기본적인 배경이었지만, 戶口調査를 실행하면서 每戶마다 20文
씩 거둔다는 所聞이나 사람의 年庚을 조사하여 洋人에게 팔아 다리나
철로를 건설하는 데 이용하므로 호구조사를 당하면 반드시 죽게 된다
는 謠言이 결국은 수천명이 참가하는 대규모의 폭동을 낳았던 것으로
보인다.[75] 호구조사에 대한 이러한 所聞이나 謠言이 이후 빈번한 폭동

---

73) 〈論阻撓自治之非計〉, 《自治公報》 6-52, pp.529~530.
74) 金衡鍾, 〈淸末 新政期 江蘇省의 財政問題와 紳士層—'徵銀解銀'의 問題를 中心
   으로〉, 《東亞文化》 35, 1997, pp.167~168, 176~177.
75) 宜興暴動에 대한 상세한 경과는 위의 논문에서 인용한 것 외에도 《時報》 宣統

에서 표면적으로 가장 잘 드러나는 원인이 되고 있으므로 이 경우는 그 야말로 反自治暴動의 전형을 보여 주고 있다고 하겠지만, 실제적으로 이곳에서의 폭동의 원인은 좀더 다양한 면모를 가지고 있으며 전체적으로 본다면 新政의 추진이 가져오는 부담의 증가에 대한 반발이 주된 배경으로서 작용하고 있다고 할 것이다. 때문에 당시의 언론에서는 鄕民의 잘못만은 아니라면서 특히 官의 잘못에 대해 상당한 비중을 두고 新政의 추진에 그 기본적인 원인을 돌리고 있었다. 즉

　　요즘의 수많은 民變은 모두 官이 양성한 것으로……宜興의 滋事는 北鄕에서 시작하여 全境으로 파급되어 十數校의 學堂이 파괴되고 紳董의 가옥이 數十家가 파괴되었다.……이것은 모두 戶口調查를 하기 위해 20文을 요구한다고 하는 妖言때문이라고 하는데……최근 國家에서 한가지의 新政을 새로 추진하면 官吏와 胥役들은 모두 이를 財物을 얻을 수 있는 길이 또하나 열린 것으로 간주하니……어리석은 백성은 이것만 들으면 크게 놀라 혼이 달아날 지경이다. 그런데도 有司는 事前에 차근차근 開導하지도 않고 官力을 믿고 강행하며……有司는 그 힘이 고루 미칠 수 없으므로 이것을 胥吏에게 위임하는데 이들이 假公濟私를 통해 私囊을 채운다는 것은 더이상 말할 필요조차 없다.……과거에는 激變이 일어날 경우 그 禍가 끄떡 하면 教堂에 파급되었지만, 學校制度가 도입되기 시작하면서 學堂은 教堂과 함께 誹謗을 나눠 갖는 의무를 지게 되었다. 하지만 學堂에 미치는 화가 훨씬 큰 것은 教堂은 錢財의 관계가 없지만 學堂의 성립에 들어가는 부담은 모두 百姓에게 부과되었기 때문이다. 따라서 學堂에 대한 반감은 教會에 대한 반감보다 훨씬 큰 것이다. 小民이 어리석은 것은 그렇다고치더라고 어찌 이들만의 죄이겠는가?[76]

는 批評은 이러한 측면을 잘 설명해 주고 있는 것이다.

　　한편 뒤이어 일어난 여러 폭동은 대체로 戶口調查에 대한 반발이 一

二年 二月 初二日 3面,〈宜興鄕民滋事確聞〉,〈宜興和橋鎭毁學慘劇〉; 二月 初三日 3面,〈宜興鄕民滋事往來要電〉; 二月 初七日 1面, 社論〈宜興民變感言〉; 二月 初七日 3面,〈宜興紳士致常州府電〉; 二月 初十日 3面,〈宜興鄕民鬧事確實詳情〉 등을 참조할 수 있다.
76)《時報》宣統二年 二月 初七日 1面, 社論〈宜興民變感言〉.

回性의 폭동으로 나타난 것이 대부분인데 같은 常州府에 속하는 武陽
縣과 鎭江府屬 丹陽縣에서의 反自治暴動의 사례는 이와는 약간 성격을
달리하고 있었다. 이곳에서의 鄕民의 동향은 앞서의 경우처럼 일회성
으로 끝나지 않고 상당히 장기적으로 지속되었기 때문이다.

앞서 든 표에 의하면 武陽縣의 경우 宣統 2年에 宜興暴動의 영향으
로 소규모의 鄕民滋事가 있었음을 알 수 있다.[77] 하지만 이곳에서는 宣
統3年初에 들어와 다시 반자치폭동이 빈발하게 되는데 특히 그 규모가
큰 것은 陽湖縣屬의 豊西鄕과 欽風鄕의 경우였다.

우선 豊西鄕의 사례는[78] 宣統 3年 2月初旬 議事會 議員들이 議長과
鄕董의 選擧를 치르는 날에 男婦 수십명이 進香을 구실로 公所에 침입
하여 기물을 毁燒하고 所長을 毆傷하여 그 결과 選擧가 정지되고 議員
全體가 辭職하게 된 것이 사건의 경과였다. 知縣의 보고에 의하면 과거
僧庵인 夾城庵에서 盜賊을 은닉한 바 있었던 사건 때문에 主持僧을 驅
逐하고 自治公所의 의결을 통해 이곳을 鄕의 公産으로 귀속시켜 調査
事務所를 설치하였는데 이곳을 '神佛之地'라고 간주한 '鄕愚'들의 반발
이 문제의 원인이라고 하고 있어 이른바 寺産의 처리가 분쟁의 원인이
되었음을 알 수 있다.[79] 하지만 이곳의 폭동은 주변의 지역에도 파급되
어 자치준비의 진행을 가로막은 데다가 鄕民의 호구조사에 대한 집단
적인 저항이 지속되었다는 점이 특징적이다. 知縣은 鄕民이 단체를 결
성하여 처리가 쉽지 않음을 알고 鄕董을 교체하고 暴動의 주모자를 처

---

77)《時報》宣統二年 二月 十一日 3面,〈常州毁學風潮〉;二月 十四日 3面,〈常州毁
學風潮詳誌〉.
78)〈札飭本處科員儲令乙然査覆武進陽湖二縣豊西欽風二鄕籌辦自治如何肇事査辦情
形及各鄕有無蠢動波及由文〉,《自治公報》8-58, pp.554~555.
79) 揚州師範學院歷史系 編,《辛亥革命江蘇地區史料》(江蘇人民出版社, 1961)에 실려
있는 程德全의〈撫吳文牘〉,〈三批〉의〈宣統三年三月十二日批武陽二縣三十五鄕鄕
董趙晉祺等公呈爲自治風潮迭起後患堪虞環縣府賜維持事由〉와〈宣統三年三月二十
五日批常州府武進縣兼理陽湖縣金令稟陽邑豊西鄕民二次哄堂業經解散辦理情形〉(p.
13, 15)에 의하면 협성암과 토지묘의 구분이 명확하지 못한 데다가 향민이 진향
시 廟中什物이 확실히 줄어든 것을 보고 의심한 데서 비롯되었다, 즉 花木器構
의 爭用에서 비롯되었다고 설명하고 있다

120

벌하려 했으나 鄕民 수백 명이 이에 반발하여 城中에 진입하였다. 결국
이 사태는 여기에 無賴까지 가세하여 거의 千餘名이 縣署를 포위하고
소동을 부림으로써 知縣이 범인을 석방할 수밖에 없는 지경으로까지
진행되었다.[80] 陽湖縣의 경우 前任知縣의 在任時 여섯 차례나 縣署에서
소동을 부린 일이 일어났으나 처벌을 받은 사람이 아무도 없어 이러한
풍조가 생겨나게 되었다고 하지만, 이러한 鄕民의 기세는 결국 두 차례
의 '鬧堂'을 통해 警官을 毆傷하고 府署를 파괴하는 사태로 전개되었다.
그러나 巡撫가 사태의 진정을 위해 파견한 委員도 해결방법을 마련하
지 못하고 책임을 견책당한 紳士들 역시 분분히 사직하여 감히 나서서
협조하는 사람 없자 知縣조차도 '鬧堂'사건 자체를 부인하는 등 일이
확대되는 것을 꺼려 거의 束手無策에 빠지는 등 이 지역은 거의 半無政
府的인 상태에 빠지게 되었다.[81] 知縣과 같은 지방관으로서는 自治準備
에 대한 鄕民의 집단적인 저항을 제압할 수 없게 될 정도로 鄕民의 저
항은 완강하였고, 따라서 자치준비는 더이상 진행되지 못하고 중단될
수밖에 없었던 것이다.

이러한 상황은 인근의 欽風鄕에서도 비슷하였으나 저항의 강도가 약
했던 것으로 보이지만[82] 인접한 여러 지역들이 서로 직접 영향을 주고
받으면서 사태가 확대되는 데 특징이 있었다. 이곳에서의 폭동은 인접
한 鎭江府 丹陽縣의 '莠民' 王道來 등이 향민을 선동하여 무리를 모아
조사를 저지하고, 團防을 빌미로 發旗를 산포한 것에서 비롯되었다고
지적되며, 이곳의 鄕民은 越境하여 王道來의 尖角小旗를 구매하였고
이런 풍조가 大有·栖鸞等鄕으로도 만연하는 등 그 영향을 강력하게 받
았던 것이다.[83] 또한 원래 武陽 출신이었으나 丹陽縣 皇塘鎭 東의 張堰

80) 《時報》宣統三年 二月 二十二日 3面, 〈武陽自治風潮紛紛〉.
81) 《時報》宣統三年 二月 二十七日 3面, 〈武陽自治風潮三誌〉; 三月 初三日 3面, 〈武
陽自治風潮四誌〉.
82) 《時報》宣統三年 二月 十五日 3面, 〈武陽自治又起風潮〉; 二月 二十二日 3面, 〈武
陽自治風潮紛紛〉; 〈詳報撫憲本處委員儲令乙然查覆武陽二縣各鄕滋鬧肇事各情形竝
呈摺乞鑒示由文〉, 《自治公報》8-64, pp.588~589.

에 오래 거주하고 있던 王道來는 宣統 2年 12月 "抗拒調査"와 團練을
명분으로 地藏庵을 거점으로 "結黨聚錢"하면서 무리에 가담한 사람들
을 名簿를 기록하고 깃발을 지급하는 대신 錢數百를 내게 하는 등 조직
적인 선동을 시작하였던 것으로 보인다. 이 때문에 大刀會의 근거지로
도 알려졌던 丹陽縣의 反自治暴動은 豊西鄕의 경우보다 훨씬 더 조직
적이고 장기적인 저항의 양상이 나타나게 되었다. 宣統 3年 初에 王道
來의 謠言 산포와 徒黨 결집을 통한 自治準備 방해 때문에 知縣이 직접
가서 권유했음에도 불구하고 1~2천명의 鄕民이 몰려 '聚衆抗官'하는
상황이 나타났던 것이다.[84] 이에 속수무책이 된 丹陽의 知縣은 王道來
등에게는 劣迹이 없다고 하면서 該鄕의 自治辦理를 위임하려 한다고
허위보고를 할 정도였으며,[85] 이후에도 이곳의 自治準備는 계속해서 중
단되지 않을 수 없었다. 뒤 이어 5月初에 丹陽縣의 知縣이 命案을 조사
하기 위해 下鄕하려는데 '匪徒'들이 謠言을 조성하여 知縣의 下鄕은
"按戶推捐"의 목적이라고 선동함으로써 鄕民이 "鳴鑼聚衆"하여 知縣을
毆辱하려던 사건이 발생하였고,[86] 이러한 半無政府的인 상태가 장기화
될 것을 우려한 巡撫가 閏六月에 飛獲營을 파견하여 丹陽의 高牧·桂仙
鄕과 武進所屬 鄕民의 首領인 주모자 王道來 등을 급습하여 체포함으
로써 진정의 실마리를 찾게 되었다.[87] 하지만 이들이 체포된 소식을 듣
자 鄕民 수천 명이 결집하여 官軍을 추적하였고, 결국은 鄕董의 房屋을
파괴하고 財物을 劫掠하는 폭동을 일으켜 진압이 불가능할 정도로 강
력하게 반발하였다.[88] 또한 이 세 곳의 鄕民들은 서로 聯盟을 맺어 官紳

---

83) 程德全, 〈撫吳文牘〉, 〈三.批〉의 〈宣統三年二月二十一日批武進縣兼理陽湖縣金令
　　禀武陽欽風豊西西(兩)鄕因調査滋事現辦情形曁請派兵駐防情(請)核示〉와 〈宣統三年
　　三月二十日批丹陽縣禀鄕民因調査戶口造謠聚衆現已解散辦理情形〉(p.11, pp.14~15).
84) 〈詳報撫憲本處委員儲令乙然査覆武陽二縣各鄕滋鬧肇事各情形竝呈摺乞鑒示由文〉,
　　《自治公報》8-64, pp.588~589.
85) 《時報》宣統三年 三月 初七日 4面, 〈武陽自治風潮五誌〉.
86) 《時報》宣統三年 五月 六日 3面, 〈丹陽調査戶口之風潮〉.
87) 《時報》宣統三年 潤六月 十六日 3面, 〈蘇撫委王統領査辦丹陽調査戶口鬧事詳情〉.
88) 《時報》宣統三年 潤六月 十五日 4面, 〈常州欽風鄕又起自治風潮〉.

에 저항하고 "自治局을 推飜하여 淸査를 결코 허용하지 않는 것"을 함께 도모하여 大旗를 만들고 公議團練을 표명하면서 鄕民을 十戶, 百戶 단위로 묶는 등 상당한 조직화가 이루어져 있었다고 하므로[89] 이곳에서의 自治準備에 대한 鄕民의 반항은 그야말로 가장 강력한 형태로 표출되고 있었다고 할 것이다. 결국 이곳에서의 자치준비는 巡撫가 다시 官軍을 파견하여 鄕民의 武器와 旗幟, 自治調査에 저항하겠다고 서약한 '合同' 등을 압수하고 10日內에 自治調査를 완료하며,[90] 동시에 宣講을 실행하지 않은 것이 이러한 반발의 원인이라고 지적하여 白話告示 1천 장을 살포하라고[91] 지시함으로써 다시 진행될 수 있었다.

이렇게 武陽과 丹陽 일부에서의 鄕民의 동향은 일회적 폭동의 차원을 넘어서 반 년에 걸친 장기적인 저항의 양상을 보이고 있었으며, 심지어는 知縣 차원의 무력으로는 수습하기 어려울 정도의 강력한 저항 때문에 거의 '半無政府的'인 상황까지 출현하였다. 물론 이러한 統治秩序의 와해라는 양상이 보편적으로 나타난 현상은 아니었지만, 新政과 地方自治가 적어도 일부 지역에서는 그 한계를 적나라하게 드러내고 있었으며 동시에 이것이 淸朝의 地方行政體制와 그 再編의 시도를 상당한 정도로 무력화시키고 있었음을 잘 보여 주고 있다. 이것은 宣統 3年 7月의 水災로 큰 피해를 입은 蘇屬의 常熟·昭文·震澤·新陽·金匱縣 등에서 饑民의 搶米暴動이 일어났을 때 米行·當棧과 紳富의 住宅이 약탈당했을 뿐만 아니라 學堂과 自治公所, 從善公局 등의 破壞로까지 사태가 곧바로 진전되었던 데서도 잘 나타난다.[92] 新政의 상징인 學堂과 自治公所는 향민에게는 이미 가장 큰 적대감의 대상으로 등장해 있었으므로 단순한 饑民暴動이 쉽사리 反新政暴動의 양상으로까지 비화할

---

89) 《時報》 宣統三年 潤六月 十六日 3面, 〈蘇撫委王統領査辦丹陽調査戶口鬧事詳情〉.

90) 《時報》 宣統三年 潤六月 十九日 4面, 〈常州欽風鄕自治風潮已平〉.

91) 〈札發各廳州縣撫憲札發白話告示文〉, 《自治公報》 8-68, pp.620~621.

92) 程德全, 〈撫吳文牘〉 〈五.電稿〉의 〈宣統三年七月初十日分致盛杏蓀馮夢華〉, 〈宣統三年七月十二日致內閣〉, 〈宣統三年七月十六日致內閣〉(pp.37~40) 및 佚名, 〈常昭水災鬧荒日記〉, 《辛亥革命江蘇地區史料》, pp.135~141.

수 있었던 것이다.

2) 松江府 川沙廳의 事例

한편 松江府 川沙廳에서의 폭동은 물론 이 시기의 反自治暴動을 대표하는 사례로서 기존의 연구에서 紳士層의 동향을 중심으로 해서 상세하게 분석되어 있기도 하다.[93] 이곳에서는 宣統 2年 후반기에 鄕自治가 모두 성립되고, 宣統 3年 正月에 廳自治選擧가 치러지는 등 자치준비가 가장 모범적으로 先導되고 있었던 점이 특징적인데, 바로 이러한 점이 오히려 대규모의 폭동에 의한 첨예한 반발의 대상이 되었던 것이다. 자치준비가 가장 앞선 곳에서는 그에 대한 반발이나 폭동이 가장 심했던 것이다.

이 川沙暴動은 宣統 3年 1月 9日 廳自治議員 選擧日에 '吃素黨'의 여두목 丁家娘娘이 流氓과 女吃素黨을 이끌고 燒香을 구실로 투표처를 점거하고, 自治公所를 파괴한 데서 시작되었다.[94] 이러한 소동은 自治公所가 들어선 兪公廟라고 하는 公産을 둘러싼 갈등이 기본적인 원인이었다고 하는데, 自治公所에서는 10日 일찍 개표를 실행하여 결과를 보고하고 自治監督에게 범인의 처리를 요청하였다. 廳同知 成安은 주모자인 丁費氏(나중의 보도에 의하면 丁奚氏)를 붙잡아 差役에게 看管케

---

93) 市古宙三, "The Gentry and the Ch'uan-Sha Riot of 1911",《近代中國の政治と社會》(東京大學出版會, 1977) ; Amy Fei-man Ma, "Local Self-Government and the Local Populace in Ch'uan-sa, 1911", in Select Papers from the Center for Far Eastern Studies(The University of Chicago) 1, 1975 ; Roxann Prazniak, "Weavers and Sorceresses of Chunansha : The Social Origins of Political Activism Among Rural Chinese Woman", *Modern China 12-2*, 1986 ; 黃東蘭, 앞의 논문 등이 있다. 특히 나중의 두 편은 '女巫'가 주도한 民間宗敎勢力의 존재를 더욱 강조하고 있다.
94) 이 川沙暴動의 경과에 대해서는《時報》宣統三年 二月 初五日 3面,〈川沙大鬧自治之眞相一〉,〈川沙大鬧自治之眞相二〉; 二月 初六日 3面,〈川沙大鬧自治之眞相三〉; 二月 初七日 3面,〈川沙大鬧自治之眞相四〉; 二月 初七日 3面,〈松江地方自治風潮一束〉; 二月 初八日 3面,〈川沙大鬧自治之眞相五〉; 二月 初九日 3面,〈川沙大鬧自治之眞相六〉; 二月 初十日 3面,〈川沙大鬧自治之眞相七〉; 三月 十五日 5面,〈川沙鬧事眞相續記〉 등에서 상세히 보도하고 있다. 또한 民國《川沙縣志》卷二十三〈故實志 地方自治風潮〉, 8a~17a에도 관련된 문건들이 수집되어 있다.

했으나 그녀는 뇌물로 풀려나 사방을 돌아다니며 특히 劉公廟 때문에 갈등이 있었던 인접한 南匯縣의 六圖 等地에 운동을 했다. 결국 이곳의 龔臥江 등이 丁費氏의 사주를 받아 2月 1日 "鳴鑼聚衆"하여 長人鄉의 鄉董, 議員 등 自治紳董의 家屋과 學堂을 파괴하는 행동에 나섰고, 自治紳士들의 거듭된 요청에도 불구하고 同知 成安이 제때에 조치를 취하지 않고, 또한 廳署의 書役이 紳董의 가옥을 파괴하도록 지시하는 등 중간에서 煽動함으로써 이 폭동은 마침내 川沙廳 全境으로 파급되어 약 4일 동안 3鄉 自治公所, 公私立小學 12所, 紳董의 房屋 29家 등이 파괴당하는 결과를 낳았다.

이러한 暴動의 내용을 분석한 市古宙三은 이 폭동이 기존의 民變과 다른 점이 세 가지가 있다고 지적하고 있다. 즉 1) 과거에는 수탈자로서 증오의 대상이 되었던 胥役들이 이 폭동을 이끌었다는 점, 2) 川沙暴動의 공격대상이 官公署나 官吏가 아니라 지방자치와 관련된 建物이나 紳董의 가옥이었다는 점, 3) 道臺나 同知가 종전처럼 紳士들의 편에 선 것이 아니라 폭동자의 편에 서서 紳士들의 수탈을 비난하였다는 점이다. 이것은 기본적으로 지방자치에의 참여를 통해 紳士들이 전통적으로 누리던 지위나 권한이 더욱 강화되었기는 하지만, 동시에 官-紳關係나 紳-民關係에 변화를 가져와 종전보다 그 갈등이 훨씬 증폭되는 결과를 낳았으며, 지방관을 대신하고 그와 경쟁하면서 前面에 등장하게 된 紳士들이 결국 鄉民의 직접적인 공격의 대상이 되었기 때문이라는 것이다.[95]

따라서 川沙의 폭동은 지방자치를 적극 추진해 온 비교적 開明的인 紳士層이 우선 鄉民으로부터 직접 공격을 받게 되었고, 나아가 地方官이나 胥役으로부터도 강력한 불만을 사 지방사회에서 고립무원의 처지에 놓이게 되었음을 시사하고 있다. 지방자치를 추진·담당한 紳士들이 鄉民의 공격대상이 된 것은 反自治暴動의 공통적인 현상이지만 川沙의

---

95) 市古宙三, 앞의 논문 ; Amy Fei-man Ma, 앞의 논문.

경우 鄕自治가 다른 지역보다 앞서 비교적 일찍 성립되었고, 아직 자치
가 성립되지 않은 인근지역과는 달리 비교적 禁煙과 禁賭를 엄격하게
실행하여 '下流社會'의 강력한 반감을 초래하였다는 점이 독특하다고
할 것이다.[96] 더구나 폭동의 경과분석에서는 잘 드러나지 않았지만 紳
士層 내부에서도 地方自治의 추진과정에서 다른 지역보다 훨씬 심한
분쟁상황을 드러내고 있었던 점도 지적될 수 있을 것이다(이 점에 대해
서는 Ⅳ장에서 다시 서술하겠다).

　한편 事後報告에서 同知 成安이나 蘇松太道 등의 지방관은 폭동의
원인이 自治紳董의 '勒捐'이나 '收捐煩苛'에 있었다고 주장하였지만, 이
점은 사실상 自治에 대해 반감을 가진 지방관들이 모든 허물을 紳士들
에게 떠넘기려 했던 것에서 비롯되었을 뿐 실제적인 상황은 아니었던
것으로 보인다. 당시의 신문보도에서도 이 점을 지적하고 있고,[97] 비난
의 대상이 된 長人鄕의 鄕董이나 川沙各鄕의 自治公所 등도 그러한 것
은 亂民이 날조한 蜚語이고, 調査委員이 自治에 반감을 지닌 舊董의 일
방적인 주장을 그대로 받아들인 것에 지나지 않는다면서 猪肉捐, 牛洋
捐, 淸道路捐 등의 사례를 자세히 들면서 반박하고 있기 때문이다.[98] 이
러한 사실은 또한 의뢰를 받아 川沙地域을 實地調査한 上海의 紳士 姚
文枬의 보고에서도 분명하게 확인되고 있다.[99]

---

96) Amy Fei-man Ma, 앞의 논문 ;《時報》宣統三年 二月 初五日 3面,〈川沙大鬧
　　自治之眞相一〉.《時報》의 경우 이것이 가장 먼저 川沙暴動을 보도한 記事인데
　　여기서는 鴉片과 賭博을 엄금한 것 외에는 특별히 폭동을 일으킬 다른 이유가
　　없다고 지적하고 있다. 인근의 上海나 南匯는 아직 自治를 준비중이어서 禁煙,
　　禁賭가 이곳만큼 엄격하지 않았는데 川沙는 이 점에서 가장 앞섰기 때문에 그
　　표적이 되었다는 것이다. 또한 暴動 初期의 主役은 川沙人이 아니라 廟産 때문
　　에 갈등관계에 있었던 인근의 南匯人이 다수를 차지하고 있었다는 점도 지적되
　　고 있다.
97)《時報》宣統三年 二月 初九日 3面,〈川沙大鬧自治之眞相六〉; 三月 十五日 5面,
　　〈川沙鬧事眞相續記〉.
98)〈札松江府撫批川沙廳長人鄕等鄕董稟陳各鄕自治並無加捐一案飭即查覆文〉,《自治
　　公報》8-58, pp.557~558 ;《時報》宣統三年 三月 二十一日 4面,〈川沙各鄕自治公
　　所通稟各大員文〉.
99)《時報》宣統三年 三月 二十五日·二十六日·二十七日 4面,〈浦東同人會公推姚文枬

더구나 長人鄕에서 시작된 폭동이 全境으로 확대되어 커다란 피해가
초래된 데에는 自治紳董들의 잇따른 요구를 무시하고 폭동의 진압대책
을 지연시킨 同知 成安의 무책임한 태도가 상당히 중요한 역할을 하였
다. 그는 폭동이 東北二鄕으로까지 번져 이미 수습할 수 없을 정도가
된 2月 3日 오후에야 '致電告警'함으로써[100] 사실상 폭동의 확산을 방관
하는 것이나 마찬가지의 태도를 취하였기 때문이다. 당시 지방관들의
事後處理에 대해 상당히 비판적이었던 신문에서 "成牧(同知 成安)이 아
니면 누가 그 허물을 뒤집어 쓸 수 있겠는가?"라거나 아예 "비록 丁奚
氏의 煽動이 촉발했지만 成司馬(同知 成安)의 養成이기도 하다는 점은
婦孺도 모두 아는 바"라고 보도하고 있는 것은 바로 이 점을 가리킨 것
이다.[101]

더구나 앞서 서술한 대로 廳署의 胥役들은 鄕民의 폭동을 배후에서
操縱하였다. 廳書 李松平은 兪公廟에서 연설하여 鄕董의 家屋을 파괴
하도록 지시하였고, 廳書 陸錫營 등은 廳同知의 뜻이라면서 城에만 들
어오지 않으면 紳董의 가옥을 焚毁해도 좋다고 선동함으로써[102] 폭동의
확산을 부추기는 역할을 맡았던 것이다. 胥役들이 이렇게 自治에 反感
을 품었던 것은 自治實行 이후의 여러 개혁으로 자신들의 기존이익이
침해당하고 나아가 胥役制度 자체가 폐지될 것이라는 위기감이 크게
작용하였기 때문이었다.[103] 실제로 淸末 地方自治會에서 다룬 議案의
내용을 알려 주고 있는 보기 드문 자료인 民國《川沙縣志》卷十九의〈
議會志〉를 보면 川沙廳 城議事會나 城鄕聯合會의 議案目錄을 실려 있
는데 이것을 살펴보면 그 점은 확연하게 드러난다. 이 議案의 내용을

等調査川沙鬧事情形報告書〉.
100)《時報》宣統三年 二月 二十一日·二十二日 4面,〈川沙廳長人鄕自治副議長艾曾恪
上蘇撫禀〉.
101)《時報》宣統三年 三月 初四日·初五日 1面,〈敬告川沙父老之籌善後事宜者〉;《時
報》三月 十六日 1面, 社論〈辦松江府詳滬道川沙肇事情形文〉.
102)《時報》宣統三年 二月 十九日 4面,〈川沙長人高昌九團八團自治公所公禀蘇撫文〉.
103) Amy Fei-man Ma, 앞의 논문, pp.64~66.

간략하게 정리한 것이 다음의 표이다.

여기에 실려 있는 '巫女素黨의 禁止要請案'은 바로 川沙暴動의 직접
적인 원인을 보여 주는 것이지만, '櫃書需索의 革除', '所丁看役의 敲詐

清末 川沙廳 自治會(城議事會, 城鄕聯合會)의 議案目錄

城議事會議案目錄			
交議者	呈報年月	議案內容	實行與否 (監督의 措置)
董事會	宣統 2年 5月	簡易識字學塾의 接管과 義學田産의 經管	이미 실행
董事會	上同	清潔道路案	이미 실행
董事會	上同	設置路燈案	이미 실행
議 員	上同	城濠養魚案	이미 실행
董事會	宣統 2年 8月	處置荒地案	이미 移行
議 員	宣統 2年 11月	呈請監督革除櫃書需索抄票小費案	이미 실행
董事會	上同	呈請監督革除覇押所丁看役敲詐並定先後辦法案	아직 실행되지 않음
議 員	上同	禁止抽風節規陋習及茶肆中無賴索詐案	이미 出示
城鄕聯合會重要議案目錄			
長人鄕議員	宣統 2年 12月	櫃收銀洋抑價,擬請查照憲飭定價徵收案	批准執行
城鄕各董	上同	整理賣買田房規定契式酌提中費案	이미 出示
八九團鄕董	上同	徵稅積弊應呈請移詳實行整頓案	이미 移場
城鄕各董	上同	禁止放羊, 提捐乳牛案	아직 실행되지 않음
八九團鄕董	上同	整理欽塘, 裁撤塘長塘差案	辛亥革命 이후 실행
八九團鄕董	上同	請禁巫女素黨案	이미 실행

* 出典 : 民國《川沙縣志》卷十九〈議會志〉, 12a~14b, 29a~32b.
* 城鄕聯合會의 議案은 목록에 붙어 있는 備考項目의 기술에 의하면 모두 監督의 核准을 받기는 했지만 宣統 3年의 暴動으로 일률적으로 실행에 옮겨지지는 못했다고 기록되어 있다.

128

革除', '署役의 三節抽風 陋規의 革除' 등의 議案 등으로 나타나는 行政
改革의 시도가 바로 胥役의 旣得權을 침해하는 것임은 말할 필요도 없
는 것이다.[104]

　이렇듯 川沙暴動에는 紳士와 鄕民의 대립이란 일반적인 특성 외에
紳士와 地方官·胥役의 대립이라는 것이 작용하였으므로 事後處理過程
에서도 이 점이 두드러진 특성으로 나타났다.[105] 川沙廳同知 成安은 폭
동의 원인이 勒捐에 있다고 하여 紳士들에게 책임을 전가했으며, 松江
府知府 戚揚은 華亭·上海 등의 自治公所에서 대책을 요청하자 오히려
"종전의 잘못을 고치고 與民更始하라"고 紳董들에게 책임을 떠넘기고
이들이 "黑白을 顚倒하여 官을 모독하면서 방법이 없다고 비난한다"고
지적하면서 "川沙廳의 경우에 대해서도 監督이 괴뢰나 마찬가지인 점
을 太息痛恨하는 바"이며 "川沙辦事之人의 性質에 대해서 은근히 우려
해 왔다"는 반응을 보였다.[106] 나아가 江蘇巡撫에게 川沙暴動에 대해 보
고하면서도 그는 "煙賭에 대한 苛罰은 각기 實據가 있다"면서 自治紳
士들의 '假公濟私', '以多報少', '武斷鄕曲', '恃符妄爲'와 이로 인한 '民怨

104)《時報》宣統三年 二月 十三日 3面,〈川沙痛定思痛記〉에서도 自治가 이러한 胥
　　役의 이러한 '營私'를 가로막게 되었으므로 그들이 크게 불만을 품게 되었음을
　　지적하고 있다. 한편 黃東蘭은 위의 議案에서 다루어지는 陋規의 革除와 같은
　　경우는〈章程〉에도 규정되어 있지 않은 것으로 사실은 '自治範圍' 밖의 일이라는
　　지적하면서(p.67, 73), 이러한 행정개혁 시도는 지방엘리트가 본래 國家에서 수행
　　해야할 지방행정의 합리화·효율화까지 확대하려 한 것으로서, 이러한 자발적 움
　　직임은 종래 地方自治研究에서 흔히 지적되는 國民國家에 의한 위로부터의 官僚
　　化·組織化, 縣 이하 수준으로의 支配의 확대현상과 전혀 逆의 방향이라고 지적하
　　고 있다. 淸末民國時期 地方自治와 地方엘리트의 존재양상에 대해 自律과 統制,
　　參與라는 틀로서 해석한 Philip A. Kuhn의 용어를 빌리자면 國家權力에 의한 地
　　方'統制'의 강화보다는 地方엘리트의 '自律'과 '參與'의 측면이 강조되는 것이다.
105) 앞서 인용한 黃東蘭의 경우에는 自治와 地方엘리트의 문제를 縣 이하 수준에서
　　의 것으로 파악하여 地方社會의 權力構造에서 地方官의 존재를 배제하여 분석하
　　고 있지만 自治를 통해 그 權限과 威嚴을 侵害받게 된 地方官들의 敵意가 사건
　　의 전개과정에서 일정한 역할을 하고 있다는 점이 고려되어야 할 것이다. 이 시
　　기의 自治는 어디까지나 '官治의 補助'로서 의도된 것이고, 앞서 서술한 대로 自
　　治의 실행에서도 地方官의 마찰도 일정한 紛亂의 原因으로 작용하고 있기 때문
　　이다.
106)《時報》宣統三年 三月 十九日·二十日 4面,〈戚揚之自治文章〉.

‘沸騰’, ‘弊竇甚多’가 폭동의 원인이라 지적하면서도,[107] 同知 成安이나 폭동의 주모자에 대해서는 이를 감싸는 입장을 취하였다.[108]

이러한 지방관들의 태도는 상당한 여론의 비판을 받았지만[109] 결국 川沙暴動의 사후처리는 폭동에 의해 重傷을 입은 紳士 徐宗美(附生六品頂戴. 同知 成安에 의해 籌備地方自治 參議로 選任되고 駐所辦事員을 겸하였다가 拒烟會 副會長, 拒賭會 會長, 九團鄕董, 農務分會總理를 지냄)는 “斂錢入己”의 혐의는 없으나 “武斷鄕曲”하여 “民怨이 沸騰”하였으므로 응당 斥革해야 하나 이미 重傷을 당했고 各項公務에서 解職되었으므로 “免予置議”한다는 처분을 받았고, 附生 王文證은 “恃符妄爲”의 혐의로 鄕董職 철퇴와 地方公事 干與禁止의 처분을, 煙賭調査員 두 사람은 “弊竇甚多”를 이유로 “易人辦理”하라는 지시를 받는 등 紳士들에게 주로 책임을 돌리는 성격이 강하게 드러났다.[110] 하지만 川沙廳의 同知 成安 역시 川沙의 紳士들이 그에 대한 처분에 반발하여 재차 稟을 올리고 言論에서도 크게 이를 문제삼게 되었으므로 결국 “撤任査看”과 “勒繳銀幣二千元(파손된 學堂經費 보조하기 위한 벌금)”의 처분을 받았다.[111] 하지만 이러한 처분에도 紳士들은 강력히 반발했으며 川沙의 自治公所의 各職員 수십 명은 모두 불만을 품고 사직하였다.[112] 당시 《時報》의 社論은 이러한 紳士層의 불만을 다음처럼 대변해 주고 있었다.

107) 《時報》宣統三年 五月 二十五日 3面,〈蘇撫程中丞批松江府戚守詳川沙鬧事案文〉.
108) 《時報》宣統三年 三月 初七日 3面,〈論川沙鬧事案之宜速結〉;三月 十六日 1面, 社論〈辦松江府詳滬道川沙肇事情形文〉.
109) 《時報》宣統三年 四月 十八日 4面,〈蘇籌辦處議展監督官查核日期〉;〈蘇撫憲奉批 松江府戚守稟議事會呈報議案五日爲限乞賜寬展一案悉心核議切實申明呈請示遵文〉, 《自治公報》8-63·64, pp.583~586;《時報》宣統三年 六月 初九日 3~4面,〈川沙鬧 事結案後之影響〉.
110) 《時報》宣統三年 五月 二十五日 3面,〈蘇撫程中丞批松江府戚守詳川沙鬧事案文〉; 《時報》宣統三年 六月 初六日 3面,〈川沙鬧事各犯之結果〉.
111) 《時報》宣統三年 五月 十一日 3面,〈川沙廳人自治風潮案撤任〉;《時報》宣統三 年 五月 二十五日 3面,〈蘇撫程中丞批松江府戚守詳川沙鬧事案文〉.
112) 《時報》宣統三年 六月 初九日 3~4面,〈川沙鬧事結案後之影響〉.

천하에서 가장 비탄스러운 것은 地方公事를 관리하였지만 결국 惡名을 뒤집어 쓰게 되는 일보다 더한 게 없고, 천하에서 가장 두려운 것은 刁猾 奸民에게 煦煦한 仁을 베푸는 일만한 게 없다. 前者는 急公者의 마음을 식히기에 족하고 後者는 桀黠者의 기세를 올리기에 족하다. 川沙事件의 처리는 이 두 가지의 폐를 보인 것이니 自治前途에 대한 영향은 대단할 것으로 이를 비탄하게 여기는 바이다. 오늘날 立憲은 少數人의 立憲이고 自治는 少數自治主動者의 自治라고 일컬어지는데, 川沙는⋯⋯다른 읍보다 앞서 自治의 성립을 보고 점차 진행을 꾀하고 있으니 그야말로 예비시대 의 모범인데⋯⋯처음에는 官의 허물이 크다느니 流民의 深罪니 하더니 紳董은 四散하고 胥役이 作孼하여 松江府의 知府는 新政을 반대하는 몇 사람의 이야기를 듣고 방침을 잘못 결정해, 지금까지 만들어진 문서는 모 두 鬧事者를 解脫시키는 것을 趣旨로 삼거나 아니면 自治職員의 過去의 흠을 찾는 것을 前提로 하고 있다.⋯⋯知府의 수단은 교묘하지만 是非를 顚倒하고 黑白을 混淆하니 地方官의 處事가 이러하면 地方에 대해 어떤 이익이 있는지 모르겠지만 情理에 비추어 보면 결코 允當한 것이 아니 다.[113]

여기에서 우리는 地方官의 自治紳士에 대한 강력한 반감을 재확인할 수 있지만, 이러한 官紳의 대립은 自治의 前途에 상당히 부정적인 영향 을 끼치지 않을 수 없었다. 川沙暴動에 뒤 이어 발생한 2月 하순 인근 南匯縣에서의 상당한 규모의 反自治暴動은 "川沙亂案이 질질 끌면서 신속히 처리되지 않은 것이 낳은 결과"라는 지적처럼 그 직접적인 영향 아래 있었다고 하겠지만[114] 自治進行을 준비중이던 다른 지역도 곧바로 영향을 받지 않을 수 없었던 것이다.

---

113) 《時報》宣統三年 六月 十一日 1面, 社論〈論川沙鬧事案之結果〉.
114) 《時報》宣統三年 三月 初七日 3面,〈論川沙鬧事案之宜速結〉. 南匯縣에서의 暴 動에 대해서는 《時報》宣統三年 二月 二十七日 3面,〈南匯之鬧事風潮〉; 二月 二 十八日 3面,〈南匯鬧事風潮續誌〉; 二月 二十九日 4面,〈南匯鬧事風潮三誌〉; 三月 初六日, 初七日, 初八日 4面,〈南匯風潮日記〉; 三月 初七日 4面,〈南匯縣籌備所顧 忠宣等稟報匪徒鬧事情形並申明有電漏紋漁業公司由〉등을 참조. 南匯에서는 川沙 暴動 직후인 2月初부터 暴動을 예고하는 '匿名揭帖'이 잇따라 나타났고 이것이 결국 2月 21·22日의 暴動으로 연결되었다는 점에서 川沙暴動의 직접적인 영향 아래 있었고, 아울러 사전에 상당한 준비가 갖추어진 '도발'이었다는 것을 알 수 있다.

하지만 川沙에서의 이러한 대립의 구도(특히 官紳間의)가 다른 지역
에서도 마찬가지로 적용될 수 있는가 하는 점[115]에 대해서는 좀더 신중
해질 필요가 있다. 川沙의 自治紳士들은 대체로 開明的이고 改革的인
指向을 보인 데다가 自治의 준비도 모범적인 것으로 진행시켜 왔다고
볼 수 있지만[116] 自治를 주도한 地方紳士들의 성향이 모두 이런 것만은
아니기 때문이다. 아니 오히려 그와 반대되는 성향을 지닌 地方紳士의
존재가 더욱 압도적일 가능성도 적지 않다. 다음과 같은 설명은 그러한
상황을 잘 지적하고 있다.

　　自治가 시행에 옮겨지면서 소매를 떨치고 일어나 거기에 참가하는 사람
　가운데 十 중의 九는 과거 公事를 把持하던 紳衿이나 小民을 수탈하여 스
　스로를 살찌우던 사람들로서 自治職員의 자리를 얻게 되면 의기양양하여
　鄕愚를 魚肉하던 慣技를 휘두르고, 자리를 얻지 못하면 怨毒을 품어 流言
　蜚語를 살포하면서 衆惑을 激成하여 地方에 일이라도 벌어지면 혹시 자
　리를 대신할 수 있지 않을까 기대한다.[117]

　다시 말해서 公共의 이익을 추구하기 위해 自治에 참여하기보다는
기존에 地方公事의 담당을 통해 유지해 오던 利權을 보존하거나, 또는
自治의 실행을 통해 새로운 利權을 확보하기 위해 참여하는 이른바 '劣
董', '舊董'의 존재가 압도적인 다수를 차지할 가능성이 충분하다는 것
이다. 自治 實行 이후의 地方紳士에 대한 다음과 같은 경고 역시 바로
그러한 점을 나타내 주고 있다.

　　과거에 跋扈하던 紳士는 관리의 힐책을 두려워하였기 때문에 그래도 조
　금은 그 氣焰을 사그러뜨릴 줄 알았지만, 지금의 自治의 假面을 빌려 員
　董의 頭銜을 끼고 있으니 晏然自肆하면서 더이상 꺼려 하는 바가 없게 되

115) 市古宙三의 경우(앞의 논문, p.27), 川沙에서 나타난 事態의 類型이 다른 州縣에
　　서도 상당히 일반적이었을 것이라고 추론하고 있다.
116) 이 점에 대해서는 Amy Fei-man Ma의 論文에서 잘 지적하고 있다.
117)《時報》宣統三年 二月 十一日 1面, 社論〈川沙亂事感言〉.

었다.……이와 같은 경우가 十中八九이니 오호라, 紳士가 이와 같은데도 自治의 효력을 묻는다는 것은 그야말로 모순이 되는 것이다.[118]

이와 같은 지적처럼 '劣董'의 존재가 반드시 '十中八九'라고 단언하기는 어렵지만, 적어도 川沙와 같은 改革指向的이고 開明的인 自治紳士의 존재를 쉽사리 보편적이거나 다수를 차지하는 존재로 간주하기는 곤란한 것이다.

Ⅳ. 地方自治와 紳士層 內部의 紛爭

앞에서는 주로 自治紳士와 地方官·地方民의 대립이란 측면을 중점적으로 살펴보았다. 하지만 이러한 官─紳·紳─民 사이의 대립 못지 않게 淸末의 地方自治를 특징짓는 것은 자치에 참여하는 紳士層 내부에서의 갈등과 분쟁이라고 할 수 있다. 지방자치의 실행은 실질적으로는 전통적으로 紳士層이 지방사회에서 수행해 왔던 비공식적인 기능을 제도화하고 확장시키는 것이며 따라서 그것을 통해 신사층의 영향력이 더욱 강화된 것도 사실이지만, 이것은 동시에 地方社會 政治構造의 再編을 수반함으로써 紳士層 내부에서 新·舊間의 갈등과 더불어 치열한 利權爭奪이 전개되지 않을 수 없었다.

1. 自治區域劃分을 둘러싼 紛爭

이러한 紳士層 내부의 競爭과 갈등은 여러 형태로 표출되지만 우선 가장 먼저 나타나는 것은 自治準備過程의 출발점인 區域劃分을 둘러싼 분쟁이었다. 구역의 획분 자체가 바로 그 지역이 자치를 실행할 수 있

---

118) 《時報》宣統二年 十月 三十日 1面, 社論 〈論地方紳士之意見〉.

는가의 여부를 판가름하는 기준이 되고, 거기에 따르는 自治職이나 公款公産의 歸屬 등의 문제는 곧바로 지역간의 '利權'分劃에 영향을 주기 때문이었지만, 특히 城鎭鄕自治의 경우에는 이러한 분쟁이 두드러지게 나타났다. 실제로 籌辦處의 《自治公報》의 卷七〈批牘類〉에는 일일이 열거할 수 없을 정도로 구역문제를 둘러싸고 地方紳士들이 籌辦處에 禀請을 하거나 다른 紳士를 고소하는 분쟁의 사례가 나타나고 있다. 그 가운데 대표적인 사례를 들자면 앞서도 언급한 적이 있는 武陽二縣에서의 경우일 것이다.

武陽에서 區域紛爭이 표면화된 것은 城廂區域의 劃分이 시작된 宣統元年 후반기의 일이었다. 武陽城 附郭의 郭德鄕, 懷南鄕, 懷北鄕, 孝仁鄕 등의 監生 吳康 등의 紳士가 1천여 명의 연명으로 城鎭鄕籌備自治公所가 기존의 地方志나 地方自治章程을 어기고 구역(城內外 18坊廂)을 획분하였지만 各鄕에서는 이를 결코 받아들일 수 없으며, 德澤鄕·循理鄕·安東鄕·孝東鄕은 章程에 따라 앞당겨 鄕籌備自治公所를 설립하고, 淮南鄕·懷北鄕·孝仁鄕도 마찬가지로 처리하겠다고 籌辦處에 요청함으로써 城鄕間의 구역분쟁이 표면화되었던 것이다.[119] 이에 대해 武陽의 城鎭鄕自治公所에서는 《武陽志說》을 근거로 내세워 城外의 廂은 城의 고유경계로 정해야 한다고 반박하였고, 다시 吳康 등은 《武陽志圖》를 내세워 (城外의 坊廂을 鄕에 귀속시켜야 한다고) 반론하였다. 籌辦處에서는 附郭의 廂은 城에 聯屬하는 것이 타당할 것 같다는 평가를 내리기는 하였지만[120] 常州府에 武陽二縣의 知縣과 紳士들을 緻集하여 타협함으로써 분쟁을 일으키지 말라고 지시를 내렸다. 그러나 知府가 籌辦處

---

119) 〈詳復撫憲奉批據武陽兩縣詳據武陽自治公所呈說城廂區域分劃理由並據吳康等禀懷北等廂向歸鄕圖等情業經批府督縣緻紳協議並緻淸摺文〉,《自治公報》8-7, pp.347~348.

120) 또한 9月 3日 籌辦處에서는 다른 縣에 관한 경우이지만 城區域은 城廂을 기준으로 하고 廂의 界劃이 미정된 곳은 區圖에 상관없이 市街毗連을 기준으로 하되, 중간 간격이 半里 이상인 경우는 毗連으로 볼 수 없다고 해석을 내리기도 하였다. 〈呈覆撫憲批靑浦縣禀警正城廂自治區域業經核訪竝緻奉發繪圖文〉,《自治公報》8-9, p.356.

에 직원의 파견을 요청하였기 때문에 調査科의 科長이 파견되어 9月 25日과 29日 두 차례에 걸쳐 城鄕의 士紳과 만나 9月 3日에 정한 籌辦 處의 입장을 설명함으로써 城廂의 士紳들은 이에 승복하게 되었다. 그러나 4鄕의 대표 吳康 등은 鄕民은 城에 예속되기를 원치 않는다고 하면서 종전의 입장을 계속 고집하여[121] 議決이 이루어지지 않았고, 10月 4日 다시 城鎭鄕籌備自治公所에서 集議가 있었지만 在城紳士의 의견은 얼마간 융통성을 보였으나 鄕間에서는 여전히 종전의 입장을 되풀이하면서 굴복하지 않았다. 이래서 知縣등은 결정을 내리지 못하고 다시 籌辦處에 巡撫의 批示를 요청할 수밖에 없었다. 결국 巡撫는 이러한 區域問題는 通省의 大局에 관계되는 것이라 지적하면서 《武陽志書》에 의하면 城外街巷은 城廂에 속하고 村莊은 鄕圖에 속한다고 분명히 기록되어 있고, 《會典》이나 章程에도 "近城曰廂", "以廂屬城"이라 규정되어 있으므로 城廂의 聯合은 章程에 따른 것이나 鄕廂의 연합은 근거가 없는 것이라는 판단을 내려 廂의 街巷은 城廂公所에서 辦理하고 기타의 村莊은 鄕區로 편입하라는 지시를 내렸다.[122]

이렇게 해서 城鄕區域紛爭은 일단락된 것처럼 보였지만 실제로는 宣統 2年으로 넘어가서도 여전히 紛爭은 중단되지 않아 다른 지역은 이미 조사가 끝났음에도 불구하고 武陽에서는 選擧人名冊의 작성이 이루어지지 못하고 있었다. 때문에 城鎭鄕自治公所에서는 鄕의 士紳들과 협의하여 다시 地圈을 기준으로 삼아 選擧人名冊을 작성하려 했지만 이러한 기준의 변경은 救火·平糶·學務·商會 등 관련되는 것이 적지 않아 後患을 상상할 수 없다면서 이제는 城廂의 紳士들이 반발하게 되었다.[123] 결국 知縣은 紛爭의 해결이 불가능하다면서 籌辦處의 조치를 요청하였으나 籌辦處에서는 兩知縣이 책임을 미루려는 것이니 결코 委員

---

121) 〈詳報督撫憲武陽二縣城鄕分割區域業據印委各員稟覆由處批示決定辦法文〉, 《自治公報》 8-13, pp.363~365.

122) 위와 같음.

123) 《時報》宣統二年 二月 十四日 3面, 〈武陽地方自治區域之爭議〉.

을 파견할 이유가 없다고 하면서 城鄕紳士의 意見을 타협시켜 5月 15
日까지 選擧를 일률적으로 거행토록 지시하였다.[124] 원래 武陽城은 18
坊廂을 표준으로 했고, 이 가운데 몇 坊이 城外로 連延하는데 종래 救
火 등 모든 문제를 이 구역에 따라 관습적으로 처리해 와 원래의 구역
을 바꿀 이유가 전혀 없으며, 굳이 바꾸고자 한다면 縣議事會가 성립된
이후에 정리하면 된다는 局外者의 지적이 있었지만,[125] 在鄕紳士들이
巡撫와 籌辦處의 누차에 걸친 章程에 따른 辦理에 항거하여 따르지 않
았으므로[126] 地方官의 입장에서도 章程에 따르자면 鄕의 紳士들이 방해
하고 鄕議에 따르자면 章程을 위배하고 지방의 大局을 파괴할 수밖에
없는 進退兩難의 상황이었다. 때문에 自治公所는 3月 23日 직원회의를
열어 전체 직원이 동시에 사직하고 다른 紳士를 선출하여 이 문제를 처
리하라는 요청을 의결하게 되었다.[127]

하지만 이러한 구역분쟁이 종결되는 과정은 의외로 간단하였다. 다
음날인 24日 商會에서 平糶問題 때문에 紳商과의 회의를 가진 知縣이
商人들 대부분이 城에의 귀속에 찬성하고 있으며 鄕으로의 귀속을 주
장하는 것은 私利를 꾀하는 일부 소수인의 책동이라는 점을 파악하게
됨으로써 이를 籌辦處에 稟明하여 신속하게 조사를 실행하라는 지시를
받게 되었던 것이다. 이러한 지방관의 조치에 의해 다음 달인 4月 7日
부터 조사가 재개되었고 甲級選民 60人, 乙級選民 1300人의 명단이 파
악되고 4月 29日부터 5月 6日 사이에 그 명단이 공시되어 5月 19日에
선거가 예정되는 등 이후 城廂自治의 성립은 예정보다 뒤쳐졌지만 순

---

124)《時報》宣統二年 二月 二十三日 3面,〈再誌武陽地方自治之爭議〉.
125) 위와 같음.
126) 특히 나중에 紛爭에 개입하여 鄕議를 주도하게 된 楊蔭嘉 등은 籌辦處에서 다
    시 委員을 파견하여 地方官과 더불어 조사한 결과 城外各地의 調査부터 착수한
    다는 결정을 내렸다는 소식을 듣자 城內의 士紳이 地方官 및 籌辦處와 결탁하여
    調査를 강행한다면 무리를 지어 일어나 공격하겠다는 익명의 전단을 살포하는
    등 완강한 저항을 주도하였다.《時報》宣統二年 四月 十一日 3面,〈五誌武陽地方
    自治之爭議〉.
127)《時報》宣統二年 四月 初二日 3面,〈四誌武陽地方自治之爭議〉.

조롭게 진행될 수 있었다.[128]

이상과 같은 武陽에서의 구역분쟁은 城鄕間의 획분을 놓고 利權을 노린 일부 소수 士紳의 책동으로 분쟁이 장기화되고 知縣이나 籌辦處, 심지어는 巡撫의 지시에도 불구하고 이러한 문제가 해결되지 못했다는 점을 보여 주고 있다. 이 점은 宣統年間에 들어와 빈발하게 되는 反自治暴動의 영향으로 '官'의 영향력이 급격하게 쇠퇴하고 그에 대신하여 紳士層의 발언권이 크게 강화되고 있었음을 보여 주지만, 이렇게 '地方'의 이익을 앞세워 소속 지방의 귀속문제를 놓고 경쟁하는 지방신사들의 동향은 다른 여러 지역에서도 확인될 수 있다. 그 가운데서 특히 구역의 귀속문제가 크게 논란이 된 것은 周莊鎭과 章練塘의 경우였다.

우선 周莊鎭의 사례부터 보기로 하자. 周莊鎭은 원래 蘇州府 元和·靑浦·吳江 三縣의 관할에 속하는 지역으로《鎭志》에 따르면 靑浦縣에 17鄕, 元和縣에 35鄕, 吳江縣에 35鄕이 속해 있었지만 자치준비가 시작된 靑浦縣에서 속하는 구역은 따로 分辦하기로 했기 때문에 爭議가 없었다.[129] 그러나 나머지 두 구역은 分合問題를 놓고 서로간의 입장을 고집하여 상당히 장기간에 걸친 분쟁에 휘말리게 되었다. 이 문제는 宣統 2年 4月 10日 吳江縣의 陸擁書 등이 周莊鎭의 자치구역은 集議한 결과 分立하기로 결정했다고 보고하면서 표면화되었다. 그보다 앞서 元和縣에서 周莊鎭 전체를 자치구역으로 하겠다고 요청하고 周莊鎭의 紳士 陶惟坤도 같은 稟請을 해서 籌辦處에서는 관습이나 구역으로 보아 分辦이 필요한 것 같지만 이 문제는 兩縣官紳이 합동회의를 거쳐 의결하여 보고한 다음 籌辦處의 결정을 기다리라고 한 적이 있었기 때문이다.[130] 따라서 이러한 양측의 합동회의 결과가 보고되지 않고 吳江縣側

---

128)《時報》宣統二年 四月 十一日 3面,〈五誌武陽地方自治之爭議〉;五月 初十日 3面,〈武陽地方自治調査之結果〉.

129)〈會詳奉批吳江縣周莊鎭籌備自治區域爭議一案繪圖請示遵文〉,《自治公報》8-53, pp.526~528.

130)〈札飭元和縣詳覆周莊鎭辦理自治究竟與吳江縣屬會議決定分辦文〉,《自治公報》8-30, pp.417~418.

에서 따로 分辦을 요청한 것은 合議를 통한 해결을 지시한 籌辦處의 지시를 어긴 셈이었지다. 뒤 이어 6月 26日에 吳江縣의 候選主事 沈周鋪이 다시 分區문제에 대한 회의가 이루어지지 못했다고 보고하자 籌辦處에서는 더이상 지체하여 진행에 차질이 생겨서는 안 되므로 周莊鎭의 自治는 元和, 吳江縣의 고유구역에 따라 '各歸各辦'하라는 지시를 내렸다.

하지만 11月初에 江震(吳江·震澤)自治公所所長 金祖澤 등이 元·江兩縣의 구역획분에 異議를 제기하여 '秉公核定'을 요청함으로써 이 문제는 다시 분쟁거리가 되었다.[131] 金祖澤 등의 요청은 바로 종전에 '各歸各辦'하라는 지시를 취소하여 원래대로 복귀하자는 것이었지만, 결국 이러한 문제는 合辦을 주장하는 元和縣의 士紳과 分辦을 주장하는 吳江縣의 士紳이 爭執하면서 각기 一說을 고집한 결과였다. 籌辦處에서 누차 협의를 지시했음에도 士紳의 의견이 일치되지 않자 마침내 3縣으로 하여금 각기 고유경계에 따라서 分辦토록 의결했던 것이지만, 元和縣의 士紳 陶維坤은 縣에 의한 履勘을 요청하고 元和縣에서도 天然의 경계에 따라 분획해야지 籌辦處의 分辦指示는 章程에도 어긋난다고 주장하여 다시 區域爭議로 해가 넘기면서 이어지는 纏訟으로 번지게 되었다.[132] 籌辦處에서는 元和縣의 주장을 승인하여 분쟁을 종결시키려 하였지만 吳江縣에서 다시 이에 반발하자 결국 江蘇巡撫는 宣統 3年 1月에 元和縣의 天然境界論은 章程에 어긋나므로 취소하고 일단은 잠시 고유경계를 기준으로 해서 章程에 위배되지 않도록 해야 한다는 지시를 내렸다.[133] 이렇게 해서 周莊鎭의 區域劃分問題는 일단 마무리되었

131) 〈札行江震二縣江震自治公所所長金祖澤等呈元江劃分區域請秉公核定撫批飭卽妥議會詳文〉,《自治公報》8-51, p.516.

132) 〈會詳奉批吳江縣周莊鎭籌備自治區域爭議一案繪圖請示遵文〉,《自治公報》8-53, pp.526~528.

133) 〈呈報撫憲奉批吳江縣周莊鎭自治區域姑以固有境界爲定案文〉,《自治公報》8-54, p.529 ; 〈札元江二縣奉撫批周莊鎭自治區域姑以固有經界爲定案文〉,《自治公報》8-54, pp.529~530.

138

다. 이 사례에서도 紳士간의 분쟁은 지방관이나 籌辦處의 힘만으로는 해결하기 어려운 상황임을 알 수 있어 淸朝가 규정한 '官治의 補助'라는 自治의 名義는 상당히 褪色하지 않을 수 없었다고 하겠다.

한편 마찬가지로 구역획분이 문제가 되었던 章練塘鎭은 이곳과는 약간 다른 양상을 보였다. 章練塘鎭은 周莊鎭처럼 吳江, 靑浦, 元和 3縣에 소속되는 지역이었으므로 마찬가지로 區域劃分過程에서 당연히 문제가 발생하지 않을 수 없었다. 문제가 표면화된 것은 宣統 2年 8月에 吳江縣에 속하는 章練塘鎭의 士紳 孫永淸 등이 章練塘鎭의 自治를 3縣이 각기 分辦하겠다고 보고하면서였다.[134] 宣統元年에 鎭鄕區域을 分割할 때 吳江縣에 속하는 지역을 蘆墟로 附入하겠다고 요청했었지만 籌辦處에서는 蘆墟區와 章練塘 사이에 浙江省에 속하는 지역이 끼어 있고, 또 章練塘은 3縣의 관할이므로 3縣에서 협상해야 한다고 지시했으므로, 7月 27日에 3縣의 士紳이 모여 논의한 결과 3縣에서 각기 管轄區域을 分辦을 公決하였다는 것이다. 章練塘鎭 가운데 靑浦縣에 속하는 부분은 편벽한 4鄕뿐이고, 靑浦縣에서는 이미 구역을 획정하여 분판을 결정했기 때문에 사실은 번성한 市鎭이 속하는 元和縣과 吳江縣에서 상의할 일인데, 元和縣의 관할구역은 동쪽에 있고 吳江縣의 관할구역은 서쪽에 있으며 가운데에 河道 등 천연의 경계가 있어 合區할 필요가 없고 연합이 필요한 경우에는 章程에 따라 聯合會를 설치하면 된다는 것이 그들이 내세운 이유였다.

하지만 이에 대해 籌辦處에서는 吳江縣에 속하는 章練塘鎭이 50方里라는 區域標準에 훨씬 미치지 못하는 10方里에 지나지 않는데다가 縣治와 연결되는 지역 가운데 靑浦縣과 浙江省의 嘉善縣이 끼어 있으며, 元和縣에 속한 지역도 사정이 비슷한 '壤地揷花'[135]의 경우에 해당한다

---

134) 〈札行元和靑浦兩縣批吳江縣詳章練塘鎭區域三邑士紳議決分辦竝呈圖請示文〉,《自治公報》8-41, pp.469~470.

135) '壤地揷花'란 甲縣의 地域이 乙縣의 區域내에 따로 떨어져 있고, 사방의 경계가 모두 所屬하는 원래의 縣境과 전혀 隣接하지 않는 경우를 가리킨다. 〈詳撫憲各屬壤地斗入地自治區域應否如揷話者一同劃淸交議示遵文〉,《自治公報》8-62 pp.573

고 하여 이를 거절하였다. 이러한 지역은 행정에 불편하므로 民政部의
核議를 통해 他縣으로의 改隷라는 구역의 개정이 필요한 지역이므로
(宣統元年 12月에 民政部에서 이미 이러한 지역의 개정을 지시하였다) 3縣
에서는 이에 필요한 繪圖 등을 신속히 보고하라는 것이 籌辦處의 지시
였다.[136] 籌辦處에서는 조사 결과 三縣兼轄區域인 章練塘을 靑浦縣에서
專轄케 하겠다는 결론을 내려 巡撫의 승인을 받았다.[137] 이렇게 해서 章
練塘은 靑浦縣에 귀속되는 것으로 결정이 났지만 元和·吳江縣에 속하
는 章練塘의 士紳들은 이에 크게 반발하였다. 이들은 "改隷나 合倂을
치욕으로 생각하여 核准을 거치지도 않고 각기 自治의 分辦을 결정"하
였던 것이라고 하지만 이에 대해 籌辦處에서는 5月 3日 양쪽 지역의 合
辦을 결정하고 紳士 沈恩孚를 파견하여 일을 처리하게 하였다.[138] 하지
만 이후에도 이 지역에서는 分辦의 요구를 고집하였다. 종전에는 잠시
각기 本區域에 따라 各歸各辦하라고 했었으므로 이미 기한대로 조사를
끝내고 선거도 치러 議長과 鄕董도 각기 선출된 상태인데 다시 1區로
통합하라면 選民冊籍을 다시 만들고 조직도 다시 해야 하니 오히려 牽
制延誤를 낳을 뿐이라는 이유였던 것이다.[139]

~575를 참조. 이와 비슷한 '壤地斗入'의 경우는 한쪽 境界는 원래 所屬하는 縣
과 인접해있지만 나머지 세쪽의 境界는 다른 縣과 맞닿아 있는 것을 가리킨다.
136) 〈札行元和靑浦兩縣批吳江縣詳章練塘鎭區域三邑士紳議決分辦竝呈圖請示文〉, 《自
治公報》 8-41, pp.469~470.
137) 〈札元和吳江靑浦三縣本處詳奉撫批章練塘准劃歸靑浦縣管轄文〉, 《自治公報》 8-57,
p.548 ; 〈藩司本處會詳督憲遵奉奏咨通案擬將各屬壤地插花斗入分別劃倂繪圖列表請
賜鑒核奏咨由文〉, 《自治公報》 8-69, pp.625~626 ; 〈蘇撫程奏各屬壤地插花斗入分
別劃倂摺〉, 《自治公報》 5-68, p.417. 宣統3年 4月 民政部에서는 壤地斗入도 壤地
插花와 같이 처리하라는 지시를 내려 蘇省의 경우 章練塘을 제외하고도 川沙廳의
南匯縣屬 插花 5處(川沙廳 歸屬), 上海縣의 川沙廳速 插花 1處, 南匯縣屬 插花1處
(모두 上海縣 歸屬) 南匯縣屬 斗入 1處(上海縣 歸屬), 華亭縣의 奉賢縣屬 插花 1
處(華亭縣 歸屬) 등 插花 8處, 斗入 1處에 대한 행정구역 개편이 이루어졌다.
138) 〈照會沈顧問恩孚前往章練塘曉諭督同合辦選擧具覆文〉, 《自治公報》 8-67, p.616.
139) 〈移復藩司章練塘元和吳江兩縣所轄區域自治仍應合辦請一倂飭遵文〉, 《自治公報》
8-68, pp.617~618. 결국 이 문제는 종전의 결정대로 元和·吳江縣에 속하는 부분
을 靑浦縣에 병합하는 것으로 낙착되었다. 이러한 병합을 蘇省自治籌辦處에 요
청했던 鄒銓의 條陳은 民國 《章練小志》 (《中國地方志集成 鄕鎭志專輯》 2, 上海
書店, 1992) 卷一 〈區域沿革〉, 4b~7b에 수록되어 있는데, 이에 의하면 지리적으

이와 같은 章練塘의 사례는 물론 紳士層의 분쟁이 주된 요소였던 周莊鎭의 사례와는 약간 다르지만 자신이 소속되는 '地方'을 하나의 단위로 자치를 실행하고자 하는 신사층의 움직임이란 측면에서는 동일한 성격이 드러나고 있었다. 구역분쟁에는 신사층의 이권쟁탈이란 측면과 더불어 이러한 일종의 '지방' 정서라 할 만한 것이 강렬하게 작용하고 있었던 것이다.[140]

2. 利權確保를 위한 稟控

한편 自治의 준비과정이나 실행과정에서 나타나는 紳士層 내부의 분쟁은 물론 이러한 區域劃分의 문제에만 한정된 것은 아니었다. 일단 自治의 실행과 自治機構라는 것이 지방사회에서 종전과는 다른 새로운 정치구조가 출현하는 것을 의미하였고 거기에는 기존의 公款公産에 대한 관할권을 비롯한 여러 가지의 利權의 변동을 수반되었던 만큼 자치와 관련하여 기존 이권의 유지나 획득을 도모하는 紳士層(특히 下層의 紳士) 내부에서의 경쟁은 상당히 치열할 수밖에 없었기 때문이다. 이 때문에 淸末 江蘇省에서의 지방자치의 준비나 실행과정은 동시에 地方紳士 상호간의 거듭된 분쟁과 稟控으로 특징지어진다고 할 수 있다. 이와 같은 상황은 특히 《自治公報》에 실려 있는 籌辦處의 〈批牘類〉(卷七)나 〈文牘類〉(卷八)에 수많은 사례로서 등장하고 있지만[141] 특히 〈論

로도 章練塘鎭은 靑浦縣에 가깝고 호구도 70% 이상이 靑浦에 속해 靑浦縣에 합병하면 그 규모가 鎭自治를 추진할 수 있는 자격에 해당된다고 지적되고 있다.

140) 앞서든 톰슨의 연구는 地方自治의 實行過程에서 나타난 城鎭鄕의 區域區分이나 城鄕間의 格差 擴大에 따른 여러 문제에 대해서 상세한 분석을 시도하고 있어 좋은 참고가 된다(제7장). 이와 관련하여 그는 특히 縣 이하의 農村地域에서의 엘리트를 파악하기 위해 Philip A. Kuhn이 제시한 'national', 'provincial', 'local elite'라는 범주에 'rural elite'라는 또 하나의 범주를 추가시켜야 한다고 지적하고 있다.

141) 이러한 (相互)稟控의 사례는 상당히 많은 수가 나타나고 있다. 이러한 것들을 여러 기준에 의해 분류하고 통계화하면 이상적이겠지만, 稟控의 內容 자체를 상세하게 알려 주고 있는 기록은 거의 없고 단지 批文속에서 단편적으로 언급되어

說類〉(卷六)에서 잘 설명하고 있다. 紳董 相互間의 공격을 평가하는 한 논설은 이렇게 지적하고 있다.

　　내가 보기에 各處의 訴訟의 원인의 하나는 區域問題로, 한 지역이 다른 지역을 강제로 합병하거나 한 지역이 다른 지역에 부속하기를 원하지 않기에 발생하는 것이고, 다른 하나의 원인은 資格問題로 어떤 사람이 營私武斷하다는 것이 아니면 洋煙을 흡식한다는 것이니 鄕里之間에 각기 黨羽를 나누고 黑白이 混淆되어 서로 水火처럼 갈라선다. 이렇게 되면 自治가 이루어지기에 앞서 먼저 自中之亂이 일어난다. 朝廷이 憲政을 豫備하고 自治章程을 頒布한 것은 地方人의 행복을 도모하기 위한 것이지 一二 紳董의 權力擴張을 위한 것이 아님을 알아야 한다.……여러분의 訴訟은 公憤 때문인 것도 있고 중대한 문제에 관계되는 것도 있고 鄕里를 위해 興利除害하기 위한 것도 있어 이유가 없는 것은 아니지만 결국은 有損無益한 것일 뿐이다.……여러분은 세력의 증가만을 생각할 뿐 의무는 생각하지 않으며, 부근의 村莊을 포괄함으로써 세력을 증가시킬 생각뿐이지 그에 따라 轇轕의 情形 역시 발생한다는 점을 알지 못한다.……資格問題의 경우 營私武斷하거나 洋煙을 吸食하는 사람이 代表로 당선되면 地方의 福이 아니지만 같은 지방에 사는 다른 사람을 控告하면 대개 親戚이 아니면 親友인데 서로 삼가고 권해야 할 것이다. 하물며 지금은 처음으로 自治를 籌辦하는데 일처리를 할 수 있는 능력을 가진 사람은 아주 적으므로 同心으로 협력해도 역량의 부족을 두려워해야 할 판이니 서로 의견을 낳아 갈등을 일으켜서야 되겠는가.[142]

　　이 논설은 구역과 自治職員의 자격문제가 주된 원인이 되어 "鄕里之間에 각기 黨羽를 나누고 黑白이 混淆되어 서로 水火처럼 갈라선다"는 紳士 相互間의 紛爭을 지적하면서 이러한 紛爭은 오히려 "自治가 이루어지기에 앞서 먼저 自中之亂이 일어"나는 상황을 낳으므로 自治에 오히려 방해가 된다는 점을 상기시키고 있다. 그리고 이러한 분쟁은 실제 거의 모든 지역에서 상당히 많은 사례가 나타나고 있지만[143] 여기서는

　　있는 것이 대부분이다. 따라서 稟控者의 名單이나 身分, 紛爭事由만을 간략하게 알 수 있을 뿐이어서 체계적인 정리는 사실상 불가능하였다.
142) 〈論各紳董互相攻訐之非〉, 《自治公報》 卷六 論說類 第45·46期, pp.515~517.

이러한 사태가 두드러진 몇몇 경우를 살펴보기로 하겠다.

우선 蘇州府의 常·昭(常熟·昭文)二縣의 경우를 보자. 여기서는 가장 먼저 宣統 2年 1月에 法科擧人 趙曾翔 등이 自治議員에 당선된 사람 가운데 鴉片을 吸食하고 品行이 悖謬한 사람이 있어 여론이 시끄럽다면서 조사를 요구하는 電稟을 올렸으며, 뒤 이어 다시 選民 屈如幹 등 18명이 議員 다수가 素行이 悖謬하여 여론이 크게 시끄럽다면서 派員訪查를 요청하면서 선거를 둘러싼 분란이 일어나게 되었다.[144] 얼마 후에는 다시 陶基祖 등이 같은 내용의 電稟을 하였기 때문에 籌辦處에서는 이 문제들을 아울러 조사하도록 지시하였는데[145] 2월에는 다시 紳士 沈朱軾 등이 議事會 議員 가운데 居喪期間인데 투표한 사람이 있고 이를 변호하는 議員도 있다고 稟控하는 일이 일어났다.[146] 이에 대해 巡撫는 風敎에 관련되는 것으로 사실이라면 엄벌하겠다고 지적하였지만, 이 밖에도 自治職員이 官吏選擧員에 대한 訪查를 稟請하였고[147] 부친을 대신해서 투표하려다 거절당하자 선거의 違法문제를 가지고 쟁의를 벌린 사례도 있는 등[148] 선거에 관련된 稟控은 상당한 수에 달하였다. 앞서의 서술처럼 이른바 '資格'문제가 중요한 쟁점으로 하나로 부각되는 것이지만, 또한 이후 自治職員에 대한 품공과 고발의 경우도 상당히 많은

---

143) 물론 紳士層 내부의 분쟁은 地方自治가 추진되기 이전부터 이미 新政期의 주요한 특징으로 드러났다. 이에 대해서는 敎育改革과정에서의 이러한 문제를 다룬 필자의 박사학위논문 〈淸末 江蘇省의 新政과 紳士層〉, pp.68~72, 그리고 寶山縣에서의 사례를 다룬 田中比呂志, 앞의 논문을 참조할 수 있지만 宣統年間의 自治準備와 實行은 이러한 갈등을 더욱 심화시켰던 것으로 생각된다.

144) 〈札飭常昭二縣査覆據法科擧人趙曾翔等電稟常昭被選自治議員董輿論大譁等情文〉, 《自治公報》 8-18, pp.376~377.

145) 〈札常昭二縣奉撫札趕速査覆法科擧人趙曾翔等電稟常昭自治選擧自輿論大譁一案文〉, 《自治公報》 8-20, p.379.

146) 〈札飭常昭二縣査覆核辦奉撫憲札據士紳沈朱軾等稟常昭城議事會議員曾沈華等蒡言亂法等情文〉, 《自治公報》 8-21, pp.386~387.

147) 〈札飭蘇州府査覆准藩移奉督批常昭曾有章等稟請訪查管理選擧員文〉, 《自治公報》 8-23, pp.397~398.

148) 〈批常昭二縣陳秉鈞稟爲違法爭議具呈申訴請批示飭縣核斷由〉, 《自治公報》 7-19, p.50.

사례가 나타나고 있다. 이를테면 試用訓導 馮崇義 등이 自治職員을 劣紳이라 고발하면서 그 "營私武斷"을 지적한 경우가 그런 예이지만[149] 劣紳의 營私武斷이나 自治公所나 自治職員이 章程을 위배했다고 稟控하는 경우, 다른 사람의 이름을 빌린 捏稟이나 附生·監生·紳士 등의 잇따른 稟控을 통해 서로를 비난하는 경우, 議事會나 自治職員이 稟控하는 경우, 劣董을 비호했다는 이유로 自治會의 議長이 紳士나 縣으로부터 사퇴의 압력을 받는 경우 등 이런 사례는 다른 곳에서도 아주 빈발하였던 것이다.[150]

한편 松江府 靑浦縣의 경우는 선거나 장정 위배 등에 관련된 사소한 사례를 제외한다면 自治會의 總董이 稟控을 당한 경우가 주목된다. 이 사례는 總董 許其榮이 職貢, 勸學所와 商務分會 등에 의해 稟控을 당한 것이 발단이다.[151] 이에 대해 耆紳 宋思劬 등이 자치의 진행에 장애가 되므로 籌辦處의 신속한 판단이 필요하다고 하면서 우선 許其榮이 先行任事할 수 있도록 해달라고 요청하였지만 籌辦處에서는 앞서의 고발 때문에 董事가 대신 開會의 책임을 맡고 있어 이를 따르기 곤란하다고 거절하였다.[152] 결국 紳董을 모아 許其榮이 관리한 款項을 조사한 결과 출납이 일치하지 않는다는 것이 발견되었다는 이유로 縣에서는 許其榮의 總董職 撤銷를 요청하였다.[153]

그리고 常州府 靖江縣의 경우는 앞서의 常昭二縣이나 靑浦縣보다 그 정도가 훨씬 심했던 것으로 보인다. 이곳에서는 城議事會의 의원 具樹

---

149) 〈札行昭文縣梅里鎭馮崇義等稟控黃岡營私武斷撫札飭卽查明稟辦文〉, 《自治公報》 8-49, p.512.

150) 《自治公報》 卷七 批牘類, p.52, p.53, pp.71~72, pp.83~86, p.88, p.88, pp.95~96, p.99, p.101~102, pp.131~132, p.145, p.269, pp.274~275, pp.277~278 등을 참조.

151) 〈札飭靑浦縣查覆奉督批據該縣勸學所稟控許其榮劣跡文〉, 《自治公報》 8-26 p.406 ; 〈批靑浦縣趙麟書等稟控許其榮被控有案環求繳縣徹查由〉, 《自治公報》 7-28, pp.87~88

152) 〈札行靑浦縣撫批宋思劬等稟請自治總董許其榮先行任事竝飭稟文〉, 《自治公報》 8-49, pp.512~513.

153) 〈移提法司會詳督憲奉批靑浦縣會詳集紳董核對許其榮經手款目開支未符請撤總董案文〉, 《自治公報》 8-62, pp.575~576.

144

本이 城董事會의 總董 朱若采의 '把持'를 비난하여 議員職의 사퇴를 요청하면서 분쟁이 시작되었는데 이어서 總董에 대한 고소와 고발이 이어지고, 總董도 이에 대해 "因公被累"를 호소하면서 반격에 나서 紳士相互間의 고소와 갈등이 아주 복잡한 양상으로 전개되었다.[154] 이러한 복잡한 稟控의 양상은 그야말로 너무 복잡하게 뒤얽혀서 是非의 판단이 곤란해질 지경이었기 때문에 籌辦處에서는 "與論에서는 常屬은 靖江縣이 가장 風氣가 나빠 紳董이 盤踞破紙하고 營私武斷한다는데 지금 보니 이 말이 진정으로 不誣라는 것을 알겠다"고 비난할 정도가 되었다.[155] 靖江縣의 경우는 教育會問題 때문에 提學使로부터 이러한 평가를 받은 바도 있어[156] 시사하는 바가 크지만, 결국 巡撫는 "宣統 2年 7月부터 靖江縣에서 辦理自治事宜로 籌辦處에 소송한 것 때문에 쌓인 서류가 數寸의 두께가 되었는데……서로 控告하고 辯訐하는 것 때문에 이러한 糾結이 그치지 않는다면 狡忌之風은 실로 自治의 앞날에 크게 장애가 될 것이다"고 지적하면서, 하물며 "府의 調査報告에 의하면 總董은 公款公産의 경관에서 크게 營私舞弊하여 스스로의 身家를 살찌움으로써 寒素한 처지에서 갑작스럽게 豐厚를 누리게 되었다고 하므로……經管하는 公款公産을 모두 交出하여 董事會에서 秉公査核하고 만약 侵吞挪借가 있으면 〈城鎮鄉地方自治章程〉에 따라 처리하되 廻護하지 말라"고 지시하였다.[157] 籌辦處에서도 역시 "이 무리는 黨援이 많아 怙惡不悛하므로 書吏와 交通하여 과거의 事跡을 彌縫하지 않는다고 보장

154) 〈批靖江縣城廂議員具稟本稟總董把持仰懇辭職由〉《自治公報》7-39, p.151 ; 〈札飭靖江縣奉撫批朱若采稟因公被累一案確査具覆文〉, 《自治公報》8-45, p.489 ; 〈詳覆撫憲奉批靖江縣瞿樹榕稟誤廳辦誣鄭熙璋等稟辭職成全併案査核情形照繕清摺竝繳原稟文〉,《自治公報》8-69, pp.628~631 등.
155) 〈批靖江縣城廂等區選民陳鍾岳等稟劉憲璟等剝脫公權請予昭雪由〉,《自治公報》7-65, pp.283~284.
156) 金衡鍾, 〈清末 江蘇省의 教育改革과 紳士層—教育會의 設立과 活動을 중심으로〉,《東洋史學硏究》60, 1997, p.87.
157) 〈詳覆撫憲奉批靖江縣瞿樹榕稟誤廳辦誣鄭熙璋等稟辭職成全併案査核情形照繕清摺竝繳原稟文〉,《自治公報》8-69, pp.628~631.

하기 어려우며, 종래 누차 査辦을 했어도 縣令이 속아 넘어갔고 최근에
는 公權을 박탈당했어도 聯名具稟으로 이를 辯護하니 그 상황이 아주
분명하다"면서 엄격한 査核을 강조하였다.[158] 이상과 같은 경과를 보면
靖江縣의 경우는 劣紳이 總董으로 당선되어 '營私武斷'하는 것에 대해
稟控이 잇따르고, 이를 비호하는 세력이 이에 맞서 역시 稟控함으로써
그야말로 "是非가 顚倒되고 黑白이 混淆되는" 紛爭으로 파급되었던 것
이다.

  이런 사례는 물론 다른 지역에서도 나타났으며, 太倉州屬의 崇明縣
의 事例는 바로 이와 비슷한 경우이다. 崇明縣의 경우에는 日本留學生
이 선거에서 章程을 지키지 않았다고 自治所長을 고발한 것이 가장 먼
저 일어난 稟控의 시작으로 보이지만[159] 이곳에서 벌어진 잇따른 紳士
들의 相互稟控事態는 籌辦處로 하여금 委員을 파견하여 철저히 조사하
지 않을 수 없게 만들 정도가 되었다. 籌辦處는 순무에게 다음과 같이
보고하였다.

  常熟, 昭文, 靖江, 川沙 등에서도 종전에 自治準備 관계로 稟控이 있어 本
  處에서는 각기 나누어 懲斥한 바 있지만, 崇明一縣에서는 紛紛한 互控으로
  관계되는 문서가 一寸이 넘게 쌓일 정도인데도 여전히 稟控이 그치지 않습
  니다. 崇明에서는 健訟이 이미 풍습이 되다시피하고 棍徒들의 刁唆가 보통
  으로 생각되지 않을 정도이지만 한두 명의 士紳이 서로 猜忌하고 각기 私
  意를 채우려고 하여 纏訟을 肆行하고 있습니다. 간혹 公正한 사람이 있으
  면 무리를 지어 서로 排軋하고 엉터리 控告를 통해 그 사사로움을 채우려
  는 것입니다. 본처에 올라온 稟控을 계산하면 전후하여 9건의 稟控 사례가
  있는데……모두 縣에 공정한 조사보고를 지시하였음에도 불구하고 이렇게
  복잡하게 얽힌 것은 敷衍하면서 눈치를 보거나 모호하게 답변하든지 아니
  면 오랫동안 보고를 하지 않든지 했기 때문으로 마침내 賢奸이 서로 뒤섞
  여 구분하기 어려워지고 訴訟이 뒤얽혀 더욱 풀기 어려워졌습니다.……[160]

---

158) 위와 같음.
159) 〈札飭崇明縣奉撫批據日本留學生施恩曦等稟控薛萬英各節據實查覆文〉, 《自治公報》
    8-38, p.451.
160) 〈詳請撫憲委員前往崇明縣會同姚令嚴切查辦籌辦自治士紳互控各案文〉, 《自治公報》

146

이렇게 위에서 든 9件의 稟控 가운데에서 董事 蘇雲章은 네 차례나 稟控을 당하고 있기 때문에 이 일련의 稟控들이 서로 뒤얽혀 밀접한 연관을 가진 것임을 알 수 있지만, 籌辦處의 조치에도 불구하고 崇明에서의 稟控은 여전히 중단되지 않았다. 뒤 이어 廩貢生 湯鴻鈺 등은 自治紳士 蔡日暄를 "武斷鄕曲"의 혐의로 고발하여 "嚴行査辦"을 요청하였고,[161] 뒤 이어 士紳 馬經芳 등이 學董 陸燦昕의 "徇私害公"과 淸理公款公産經理人의 "私自侵呑"을 고발한 것[162]은 바로 그 예이다.[163] 때문에 籌辦處에서 파견한 委員의 조사결과가 나오자 "다시 서로 訐控하여 妄逞私見을 妄逞하는 것을 허용하지 않는다"고 지시함과 동시에 稟控者 6명에 대해 地方官의 隨時察看 처분을 내리고 擧人 倪成仁은 "聲名이 심히 劣惡하고 行止가 단정하지 못한 자"로 陸燦昕의 辭職稟을 捏造하였기 때문에 議事會 副議長職을 철소하는 처분을 지시하였다.[164] 倪成仁은 巡撫의 奏請으로 上諭에 의해 革職이 승인되기도 하였다.[165]

그리고 이렇게 士紳間의 相互稟控이 잦았던 원인은 紳士 薛萬英 등이 올린 의견서에 따라 조사를 한 委員의 보고서에서 다음과 같이 밝혀지고 있다.

8-41, pp.471~472.
161) 〈札飭崇明縣奉撫批査覆湯鴻鈺等稟控蔡日暄武斷鄕曲一案文〉, 《自治公報》 8-47, pp.502~503. 하지만 湯鴻鈺은 후에 選民들에 의해 '品行悖謬, 種種劣跡', '破壞自治' 등의 명목으로 두 차례나 稟控을 당하기도 하였다(〈札催崇明縣査覆陳福如等陶鑄等稟控湯鴻鈺等一案文〉, 《自治公報》 8-65, pp.596~597).
162) 〈札飭委員儲令乙然奉撫批査覆崇明縣士紳馬經芳等楅陸燦昕循私害公一案文〉, 《自治公報》 8-47, pp.503~504.
163) 이 밖에도 《自治公報》 卷七 〈批牘類〉에는 수많은 互相稟控의 사례가 기재되어 있다. p.52, p.55, p.57, pp.72~73, pp.81~82, p.92, p.94, p.104, pp.140~141, pp.155~158, p.160, p.178, p.192, p.215, pp.247~248, pp.255~256, p.259, p.264, p.273, p.291, p.297, pp.299~300, p.307, p.319 등을 참조.
164) 〈詳撫憲奉批據人爲稟査崇明縣士紳互控案件實在情形經處逐一核明擬具辦法請示飭遵文〉, 《自治公報》 8-51, pp.513~514.
165) 〈札崇明縣本處詳奉撫批據人爲稟査士紳互控案件擬具辦法撫批立飭明白宣示文〉, 《自治公報》 8-51, p.517 ; 〈札崇明縣奉撫札崇明縣紳倪成仁請旨革職一案奉硃批文〉, 《自治公報》 8-57, p.550.

利와 弊는 사실 함께 하는 것으로 利가 클수록 弊 또한 클 수밖에 없습니다. 崇明의 公田은 私利가 가장 두텁지만 積弊 역시 가장 많아 公田을 弊産이라고 하는 것은 실로 지극히 타당한 名言이라고 할 것입니다. 薛萬英 등은 이 弊端의 劃淸을 원해 公田을 創撥하게 된 緣起와 역래의 弊端을 상세하게 지적했고, 이것을 採訪認證해 보니 그대로 들어맞지 않는 게 없습니다. 그런데 이러한 弊産은 모두 少數人의 손 안에 있어 역래의 隱匿·移補는 이루 다 헤아릴 수 없고 혹 누가 고발하더라도 두리뭉실하게 끝내 버리지 않는 경우가 없었습니다. 따라서 제대로 된 조사를 하려면 資望이 천박한 인원으로는 감당하기 곤란하고 半年으로도 일을 마칠 수 없습니다. 장래의 폐단방지법도 이 의견서에서 상세하게 진술하고 있지만 自治公所에 권한을 줄 경우 自治公所가 제대로 된 사람을 얻으면 弊가 제거되겠지만 그렇지 못한 사람이 뒤를 이으면 오늘과 같은 꼴이 다시 발생할 것이니 公田을 정리하자면 淸理公田公所를 세워 의견서의 방법대로 처리하지 않으면 안 될 것입니다.[166]

즉 崇明縣의 경우 公田이라고 하는 利權을 둘러싼 쟁탈전이 이러한 稟控의 기본적인 배경이 되어 있는 것이다. 사실 公田이 종래부터 崇明에서 치열한 이권쟁탈의 대상이 되어 왔다는 점은 당시의 地方志에서도 자세하게 기록하고 있는 바이지만,[167] 이러한 쟁탈전 때문에 籌辦處에서는 "崇明士紳의 意見이 紛歧하고 서로 控訐하는 것 때문에 公款公産을 경리하는 문제는 不肖한 者들이 私圖를 꾀할 수 있게 하고 公正한 者는 반대자에 대항하기 어렵게 된다"고 하여 의견서의 방법대로 淸理公田公所의 성립을 승인하고 陸燦昕(앞서 稟控당한 적이 있다)이 經理하여 宣統 3年 6月 1日 이전 완료하라고 지시하였다.[168] 이렇게 公款公産을 둘러싼 地方紳士間의 대립은 自治實行의 초기에 있어 互相稟控이라는 심각한 분란을 낳지 않을 수 없었던 것이다. 또한 이러한 公款公産을 둘러싼 분쟁은 崇明縣의 경우처럼 紳士間의 稟控沙汰로 발전하지

---

166) 〈詳撫憲據儲委員査覆崇明縣紳薛萬英等意見書各節擬設淸理公田公所請核示文〉,《自治公報》8-61, pp.569~570.
167) 民國《崇明縣志》附編 卷之一 〈敎育 地方款産整理處〉, 40b-42a.
168) 위와 같음.

는 않았지만 松江府의 南匯縣에서도 마찬가지로 전개되었다. 이곳에서
의 상황은 상세하게 서술하지 않겠지만 여기서도 地方公産은 20여 년
에 걸친 복잡한 利權爭奪戰을 수반하고 있었으며 自治의 실행과 더불
어 그 歸屬이 다시 懸案으로 등장하게 되었다는 점이 특징적이다.[169]

한편 川沙廳의 경우는 崇明縣의 경우와 비슷할 정도로 紳士間의 禀
控이 빈번하게 전개되었다. 여기서도 물론 公款公産을 둘러싼 利權다
툼이 크게 작용하고 있었지만 특히 自治의 실행을 둘러싸고 新舊兩黨
間의 갈등이 여기에 뒤얽히게 됨으로써 이러한 분쟁의 주원인으로 등
장하였던 것으로 보인다. 앞서 川沙暴動에 대한 분석에서는 그리 표면
화되지는 않았지만, 이러한 紳士層 내부의 新舊葛藤은 아마 反自治暴
動의 배경으로 작용하고 있었던 것이다. 이곳에서의 禀控은 附生 馬元
鼎 등이 自治職員 龔煥을 "平日包攬詞訟武斷鄕曲及種種不法"의 혐의
로 고발한 데서 시작되는데[170] 이후 특히 自治를 주도하는 紳士들에 대
한 잇따른 禀控이 나타나는 점이 특징적이었다. 이를테면 宣統 2年 8月
初에는 職監生員 顧懿行 등이 議事會의 選擧違章을 지적하면서 陸家驥
등의 撤銷를 요구하였고, 뒤 이어 職監生 孟祖詒 등이 마찬가지로 "永
不准干與地方自治事"를 요구하여 禀控을 올렸으며, 다시 職商 薛維翰
등이 陸家驥에 대해 "品行이 悖謬하고 營私武斷"하므로 另選해 달라고
요청하는 등 陸家驥, 張志鶴과 같은 自治紳士(이들은 유명한 黃炎培와
더불어 이곳의 교육개혁을 주도한 가장 대표적인 開明紳士들이다)에 대해
누차 공격을 가하는 禀控을 올렸다.[171] 이곳에서의 교육개혁을 주도하
였던 黃炎培가 保守派의 집중적인 공격을 받았던 점은 필자가 전에 지

---

169) 民國《南匯縣續志》卷三〈建置志 義擧〉, 11b~16b ;〈兩江總督張人駿奏南匯縣董
佃控爭五團蕩地一案訊結情形摺〉(宣統二年 九月 二十八日),《政治官報》38, pp.475~
478 ;〈翰林院侍讀學士惲毓鼎奏劣董朋謀圖呑南匯縣五團蕩地請飭秉公訊結片〉(宣統
二年 九月 二十八日),《政治官報》38, p.478.
170)〈札飭川沙廳奉撫批査覆馬元鼎等禀控龔文煥卽龔煥等一案文〉,《自治公報》8-42,
p.474
171)〈詳覆撫憲遵批飭松江府査覆川沙廳生監職商顧懿行孟祖詒薛維翰等迭次呈禀控告陸
家驥張志學一案乞示飭遵文〉,《自治公報》8-45·46, pp.489~493.

적한 바 있지만,[172] 이러한 사태에 대해 조사를 지시받은 知府는 "川沙
의 新舊各黨이 서로 깊은 적대관계에 놓여 있다는 것에 대해서는 오래
전부터 들어온 바"라고 인정하면서 누차 稟控을 당한 陸家驥, 張志鶴
등은 稟을 올려 변명하였고, 아울러 新政을 거판하는 紳士 20여 명이
合詞公稟하여 新政을 辦理할 때마다 걸핏하면 控訐을 당하니 누가 畏
道로 간주하지 않겠느냐면서 提訊究誣해 달라고 요청하였다는 점을 보
고하였다. 그리고 知府는 조사 결과 陸家驥, 張志鶴에 대한 품공은 대
부분 사실무근한 '捏稱'으로 밝혀졌다는 점을 지적한 다음 이러한 분쟁
의 원인을 다음과 같이 설명하였다.

　控訐은 세 차례로 나누어 일어났지만 실은 一黨에 의해 이루어진 것이
고 權利를 쟁탈하는 것이 목적입니다. 川沙는 地方이 僻小해서 紳士가 그
리 많지 않아 과거에는 어떤 公事이든 모두 潘守勤이 領袖가 되었습니다.
潘守勤은 紈袴子弟로서 그에게 依附하여 영향을 받는 자가 많았기 때문
에 대부분의 利權이 그에게 달려 있었습니다. 그런데 投票選擧를 행하게
되면서 潘守勤은 아편흡식 때문에 消極資格에 걸려 나설 수 없게 되었고,
대신 新學家들이 소매를 떨치고 일어나 활동하게 되니 과거에 潘守勤에
게 의존하던 사람들은 대부분 몰락하여 갑작스럽게 위세를 잃게 되었습
니다. 그런데 王文澄 등 20人이 聯名으로 稟을 올려 앞으로 응당 淸理해
야 할 것이 있다고 요청하게 되자 사사로운 이익을 꾀하는 일에 불편한
일이 많아 이 무리들은 온갖 수단을 써서 반대하고 반드시 그것을 파괴하
겠다는 자세로 나서게 된 것입니다. 上年에 籌備所가 이루어지자 마자 撫
憲에 電控하였고, 勸學所가 開辦되자 곧 提學憲에 郵控하였으며 本年에는
積穀董이 接管하게 되자 다시 藩憲에 품공하였으며, 심지어는 學款을 强
索하려 뜻을 이루지 못하자 다시 巡撫와 學憲에게 並控하였습니다. 그
들은 捏控하는 것을 아이들 장난처럼 쉽게 생각하지만 품공을 당한 사람
들이 큰 도량을 지녀 상대하지 않았기 때문에 오늘에 이르러 오히려 訟風
이 더욱 시끄러워진 것입니다. 陸家驥나 張志鶴이 다시 품공을 당해 조사
를 받게 되었지만 그 稟詞를 보면 진정으로 한탄스러운 것입니다.[173]

172) 金衡鍾, 〈淸末 江蘇省의 新政과 紳士層〉, pp.71~72.
173) 〈詳覆撫憲遵批飭松江府查覆川沙廳生監職商顧懿行孟祖詒薛維翰等迭次呈稟控告陸
　　家驥張志學一案乞示飭遵文〉, 《自治公報》 8·45·46, pp.489~493.

다시 말해서 '潘守勤'[174]이라고 하는 紳士를 중심으로 하는 '舊黨'이 新政과 地方自治를 통해 새로운 지방의 주도세력으로 등장하게 된 '新學家'들에게 맞서 기존의 利權(특히 沙洲에 집중되어 있었다)을 유지하기 위해 '捏控'을 통해 그들을 공격한 것이 이러한 稟控事態의 원인이었던 것이다. 결국 張志鶴, 陸家驥 등은 무혐의 처분을 받았고, 이들을 品공하였던 사람들은 "捏詞妄控을 통한 任意阻撓는 실로 憲政의 前途에 크게 장애가 되는 것"이라는 지적 아래 차후에 이름을 바꿔 控告하거나 沙棍을 사주하는 일이 있으면 엄격히 처벌할 것이라고 경고를 받게 되었다.[175] 이러한 사태의 전개는 川沙廳에서의 地方自治는 新舊勢力의 交替를 수반함과 동시에 이것이 이른바 이권분쟁을 통해 '紳-紳 갈등'이라 할 수 있는 紳士層 내부의 반목을 크게 강화시켰음을 보여주고 있다. 따라서 宣統 3年初에 일어난 川沙暴動에는 앞서 지적한 바 있는 官-紳間의 대립과 紳-民間의 대립 외에도 이러한 紳-紳間의 대립이 기본 배경이 되고 있었다고 해야 할 것이다.

V. 맺음말

이상에서 다룬 自治의 準備나 初期 시행과정에서 나타나는 문제의 분석은 주로 州縣 이하의 地方社會('城鎮鄕')란 차원에서의 紳士, 특히 자치 참여의 주역이 되는 下層 紳士의 동향에 대한 고찰이 중심이 되었다. 淸末 江蘇省에서의 自治는 사실 그 초기단계에서 淸朝의 몰락으로

---

174) 民國《川沙縣志》卷十六〈人物志〉, 24a에 의하면 潘守勤(同治10年生. 宣統三年에 41세로 歿)은 "淸國學生, 藍翎五品銜, 分省補用鹽大使"란 공명을 지닌 紳士로서 지방관이 地方公事를 委辦하자 "勞怨을 피하지 않았고, 특히 興學에 열심이어서 川沙小學堂에 捐賞贊助하였고 獨力으로 啓新女校를 創辦하여 地方風氣를 선도하였다"고 기록되어 있다. 또한 그는 또한 光緒 32年 7月에 성립된 川沙廳商務分會의 初代總理이기도 하였다(民國《川沙縣志》卷五〈實業志〉, 21b).

175)〈札飭松江府本處詳覆川沙廳顧懿行孟祖詒薛維翰等控告陸家驥張志學一案撫批文〉,《自治公報》 8-47, pp.499~500.

중단될 수밖에 없었으므로 그 실상을 파악하는 데에는 상당한 어려움
과 제한이 있지만, 이러한 제한된 사례의 분석을 통해서 얻을 수 있었
던 것은 自治의 추진이 대체로 地方紳士層에 의해 주도되었다고 하는
일반론을 제외한다면, 우선 自治의 준비나 성립 이후의 과정에서는 自
治經費의 문제가 가장 懸案으로 떠오르게 되었다는 점을 지적할 수 있
을 것이다. 自治經費의 마련을 위한 稅捐의 徵收나 기존의 公款公産의
처리가 이러한 經費問題에서 가장 많은 분란을 낳았다는 점은 新政期
를 특징짓는 財政困難과 연관하여 쉽게 납득할 수 있는 점이 되겠지만,
동시에 蘇州나 武陽처럼 다른 지역에 비해 상대적으로 앞선 지역에서
조차 議事會의 議決案을 집행할 수 있는 自治經費가 없다는 이유로 董
事會 전체가 辭職하는 사태가 나타난다는 것은 그 곤란함의 깊이를 잘
설명해 준다. 이것은 그 밖의 다른 장애요소가 아니더라도 自治의 前途
가 결코 순탄치 않았으리라는 점을 시사해 준다.

　한편 自治의 출발점인 구역의 문제도 첨예한 갈등의 요소로도 등장
하게 되었다. 自治라는 것이 地方民에 의한 地方事의 처리를 의미하였
던 만큼 그 '地方'區域의 설정이 지방민에게 가장 기초적인 문제가 되
었기 때문이다. 이러한 구역문제는 그야말로 '地方主義'의 출발점에 서
있는 셈이지만, 區域의 귀속을 둘러싼 '爭界'의 문제나 城鄕間 利害關係
의 대립, 公款公産의 관할권, 自治에 참여하는 紳士層 내부의 반목과
主導權 紛爭은 初期의 地方自治를 뚜렷하게 특징짓고 있다. 또한 自治
의 실행으로 기존의 利權을 침해당하게 된 地方官과 胥役, 舊董과 負擔
의 가중에 불만을 품은 鄕民의 저항은 특히 川沙暴動에서 잘 드러나고
있지만, 改革을 지향하는 開明的인 自治紳士들이 상당히 고립된 위치
에 놓이게 되었음을 보여 준다. 辛亥革命 前夜의 中國社會를 특징짓는
광범위한 農民暴動이 기본적으로는 대중의 이익을 희생시키면서 紳士
層의 권익이나 횡포만을 확대시킨다고 간주된 新政과 地方自治에 대한
반발이라는 측면을 강하게 드러내고 있어 사실 川沙의 사례는 오히려
예외적인 것으로 볼 수도 있겠지만, 이러한 반발을 극복하면서 改革과

自治를 추진하는 것은 紳士들로 하여금 상당한 희생을 치르게 하였던 것이다.

그리고 自治의 실행은 그렇지 않아도 新政의 추진 이후 新舊對立으로 인해 점차 균열과 반목이 심해지고 있던 紳士層 내부의 분쟁을 크게 고조시켰다. 自治經費는 기존의 公款公産과 公益捐으로부터 충당해야 하는데 이것은 敎育改革의 진행이 學款이나 公款公産의 쟁탈을 둘러싼 下層 紳士들 사이의 분쟁을 부추겼던 것과 같은 역할을 하게 되었다. 특히 일부 지역에서 집중적으로 표출되는 紳士間의 相互稟控이라는 대규모 분쟁의 주 원인은 바로 이러한 지방의 公款公産의 관할권이었다. 이를테면 所有權의 所在가 모호한 沙洲가 상당히 많은 南匯縣이나 崇明縣에서 이러한 분쟁이 두드러졌다는 점은 그 점을 잘 반영하고 있다. 또한 新舊間의 대립이 여기에 동시에 뒤얽히게 됨으로써 아주 복잡한 양상을 드러내고 淸末의 지방사회를 크게 분열시키는 이러한 분쟁의 주역으로 나타난 것은 물론 附生이나 監生으로 대표되는 下層의 地方 紳士들이었다. 淸朝의 新政이라는 것이 지방사회의 차원에서 본다면 이것을 통해 확대된 그 활동범위와 권력을 누가 장악하게 되는가 하는 權力構造의 再編過程을 의미하였으므로 이러한 쟁탈전에 특히 下層의 紳士들이 前面에 나서게 되는 것은 필연적인 결과였다고 할 것이다. 지방자치는 그들에게 新政의 추진으로 급속히 변화되어 가는 淸末의 지방사회에서 생존권을 확보하기 위한 아주 중요한 出路를 제공해 주는 것으로 간주되었기 때문이다.

[표] 淸末 宣統年間 江蘇省에서의 反自治暴動의 狀況

時期	場所		理由와 被害狀況	其他
宣統元年 4月	鎭江府 丹徒縣		寺廟의 學堂으로의 개설에 반대, 소하당 과괴	
宣統2年 1月 27日	常州府 宜興縣		忙漕洋價의 抑勒에 대한 불만과 戶口調査에 대한 불만으로 學堂의 과괴, 敎員紳董 合죄, 學堂 수개소, 紳董家屋 數十所 과괴	
2月初	常州府 武進縣	懷南鄕·雁孝鄕	宜興暴動의 과급. 鄕民滋事로 學堂 소각로 과괴	
2月 30日	吳縣	香山鄕	女巫의 선동으로 500餘人이 自治分局과 辦事人의 房屋을 과괴하고 自治員을 毆傷	
3月 12日	江寧府 江寧縣	鐵山橋鄕	戶口調査가 거민에게 불리하다는 요인으로 鄕民滋事, 調査員 毆傷, 店鋪, 董事家屋 과괴	
		板橋地方	鄕董家屋, 店鋪, 學堂 과괴, 調査員 毆傷	
		江寧鎭	揭毁學堂	
2~3月	蘇州府 常熟縣	西鄕	翁家莊鎭과 練塘鎭의 둥사 營歇	
		大嗣地方	鄕民이 村莊을 연합하여 調査員紳士에 대항. 紳士의 家屋 등 4소 과괴	
	蘇州府 震澤縣	吳漊 梅堰等處	戶口調査로 鄕民開事. 各鄕村이 團體를 결성하여 戶口冊을 奪還	
	蘇州府 吳江縣	不望里·黎里·盧墟等鎭과 太湖附近 鄕村	調査局과 爲難	
	常州府 武錫縣		調査員과 爲難. 豐南鄕에서는 房屋 과괴, 調査員 毆傷	
	鎭江府 丹徒縣	南門外 西石鎭村	聚集 數百人 毆傷 調査員	

時期	府縣	鎮·場	狀況	日字
	鎮江府 太平州廳		千餘人이 집合하여 調査紳董의 家屋을 파괴하고 廳署에 몰려들음. 簿冊의 返還을 요구	
	鎮江府 金壇縣		自治公所 파괴, 調査員과 爲難	
	揚州府 高郵州		董事 2명의 房屋 파괴	
	揚州府 泰州		米價가 함께 원인이 되어 일어나 빈민의 搶米소등도 함께 빈집. 四處에서 6~7천인이 모여 董事의 가옥 169여가를 파괴	
		拼茶場	學堂과 校長의 家屋 파괴	3月 7일
	揚州府 東臺縣	栗堰場	董事의 家屋과 學堂 파괴	3月 1·12일
		梁垛場	學堂 1소, 董事家屋 2所 파괴	3月 6일
		張家莊等 6處	4기 紳董家屋 1所 파괴	
宣統3年 3月	蘇州府 吳縣	香山鎮	鄉民이 戶口調査에 봄부터 5~600명이 무리를 지어 分局에 몰려닥쳐 7문을 일제 파괴하고 조사원을 毆傷	3月 1일
宣統2年 3月末	蘇州府 吳江縣	同里鎮	200餘人이 聚衆, 戶口冊을 洋人에게 팔아 다리를 건설한다는 昭文과 匪徒 東大和尙의 선동, 震澤 梅堰鎮의 폭동 모방, 自治局과 충돌.	
3月	揚州府 江都縣	黎馬鎮	戶口調査로 初等小學堂 1所 파괴	
	淮安府 鹽城縣		戶口調査로 員董家屋 다수 파괴. 營縣의 委員董家屋 各學堂의 습도 合심. 營縣 勸學所에 몰려와 敎育會의 관망으로 各學堂 파괴되어 수십萬	
4月	蘇州府 昭文縣	時思鎮	戶口調査에 반발	
	大倉州		戶口調査로 반대 學堂 파괴	
	大倉州 鎮洋縣	劉河鎮	위와 같음	

日期	地名	場所	內容
5月	淮安府 鹽城縣		(戶口調査에 반발)
7月?	通州 如皋縣		諺言 때문에 鄕民이 戶口調査에 반발. 典吏, 委員 등 도주, 이후 조사하기 않을 것을 허락한 후에야 鄕民 돌아섬.
10月?	海州		寺廟沒收로 毀學暴動
宣統三年 1月 閏2月26日	松江府 華婁縣	新十車梵	千浦涇의 莊董 胡人絫父子가 馬海桃等을 사주하여 新橋鎮에서 강제로 罷市시키고 自治公所를 파괴. 다음날 조사나온 知縣을 華婁縣의 官吏에게 항의케 自治抽捐을 核准한 바 없다고 선언하여 군정을 요구함.
2~3月	常州府 陽湖縣	欽風鄕	1月27日 무렵 調査員이 연설하더니 遊民多數가 무장하여 調査員과 충돌. 2月2日 進香을 명분으로 鄕民이 진입하여 土地사의 기물 반환 요구. 2月10日 議長 및 鄕董 選擧日에 男婦 數百인이 모여 충돌. 선거 중단. 18일 오후 土著客民 數百인이 調査員의 집을 파괴하고 사람을 歐傷함.
2月11日	常州府 陽湖縣	豊西鄕	議長과 鄕董 選擧日에 男婦 수십인이 公所에 집입. 항을 때운다는 명계로 기물을 훼손하고 所長을 歐傷.
2月	常州府 陽湖縣	德澤, 循理 各鄕	豊西鄕 부근에서 所關을 듣고 소동을 벌려 調査員에 名冊의 반환 요구, 조사가 끝난 곳도 선거를 치르지 못하고 丹陽의 大刀會로 이름을 붙임.
2~閏6月	鎮江府 丹陽縣	星塘鎮	頭目 王道來 등이 調査에의 저항이란 이름을 받아 요인을 살포하고 도당에 호소. 知縣이 가서 근무했음에도 1~2천명으로 聚衆抗官하여 自治進行이 이루어짐. 閏6月에 王道來 등이 체포된 후에야 自治進行이 이루어짐.

時期	府縣	鄕	내용
1~2月	松江府 川沙廳	長人鄕 등	1月 9日이 廳自治의 첫 선거일에 吃素黨이 여르모 丁家娘娘이 流氓과 女吃素黨을 이끌고 燒香의 구실을 받아 모였다가 자치공소를 파괴. 이후 2월 1일 南匯縣 吃素黨이 鳴羅聚衆하여 鄕董, 議員 등 自治紳董의 가옥과 學堂을 파괴하는 등 川沙廳 全境으로 파급. 4日 등간의 폭동으로 3鄕 自治公所 12個所, 公私立小學 29所, 기타 紳董의 房屋 數十家 등이 파괴
2月末	松江府 南匯縣	六竈鄕	川沙暴動의 영향을 받아 無賴의 선동으로 鄕民이 自治公所 總董이 운영하는 漁業公司를 습격하고 뒤이어 學堂과 紳董의 가옥을 파괴하는 등 수일간 폭동 지속
6月	江蘇府 句容縣		抽捐에 반발 學堂 2所 파괴
閏6月	歙州府 常熟縣		搶米騷動과 더불어 學堂 2所 파괴

* 出典 : 阿部洋, 《中國近代學校史硏究－淸末における近代學校制度の成立過程》(福村出版社, 1993), pp.164~165의 〈淸朝末期における毁學事件一覽〉, 江蘇省 部分을 기초로 하여 여기에 《時報》, 《東方雜誌》 등 다른 자료에서 발췌한 記事들을 추가하였음. 王樹槐, 《中國現代化的區域硏究－江蘇省 1860~1916》, pp.205~206에도 反自治暴動의 案件을 정리한 이와 비슷한 도표가 있으나 反自治暴動의 경향은 시기나 규모, 내용을 상세하게 일괄하게 일괄 주는 자료가 부족하기 때문에 폭동이 발생한 지역이나 시기가 모두 일치하지는 않는다.

民國시대 '非資本主義的' 經濟建設의 모색*
—孫文의 '節制資本'을 중심으로

姜 明 喜

Ⅰ. 머 리 말

후진국의 부국강병과 산업화 과정에서 국가가 직접 산업구조의 결정을 비롯한 개발전략의 수립과 집행을 자임하는 것은 국가사회주의 정책을 실행한 독일과 明治維新 이후 日本의 경우, 효율성이 높고 성공적인 것으로 보여, 이후 많은 후진국에서 일반적 현상으로 나타났다. 그러나 19세기말 이래 中國을 비롯한 후진국들은 열강제국의 각종 구속과 지배를 받고 있었을 뿐 아니라, 국내적으로도 정치적 통합이 이루어지지 않았기 때문에, 독일이나 일본의 경우와 같이 강력한 근대화 정책을 추진할 수도 없는 상황이었으니, 근대적 국민국가를 건립하는 것이 우선 과제가 되었다.

중국의 산업화나 근대화는 자주독립의 성취와 국민국가 건립이라는 정치적 목표와 경제발전의 목표를 동시에 추구해야 했던 것이다. 산업

---

* 이 논문은 서울대학교발전기금 鏡白基金의 연구비 지원을 받았다.

158

화를 통해 부국강병을 이루지 않고는 反帝民族革命의 과제를 성취하기
곤란한 일이었지만, 장기간에 걸친 反제국주의-反봉건의 民族-民主혁
명의 추구가 산업화를 지연시키는 것도 현실이었다.

중국을 비롯한 후진국이 적극적으로 구미를 모델로 한 근대화를 추
진한 시기인 19세기말 20세기초, 유럽에서는 이미 심각한 사회문제를
야기하는 자본주의 모순을 극복하기 위한 사회주의 사상이 다양한 형
태로 나타나고 있었다. 따라서 빈곤한 후진국 중국의 정치인, 혁명가들
은 또한 富强의 성취와 分配의 공평성 내지`사회정의 실현이라는 상충
되는 두 가지 과제를 동시에 해결하지 않으면 안 되었다.[1] 즉 자본주의
폐해를 예방하면서 경제력을 증대시켜야 한다는 어려움에 직면하게 된
것이다.

이 글에서 분석하고자 하는 '非資本主義的' 경제건설이란, 후발국 中
國이 구미자본주의 세력의 압박 하에서 경제발전을 추구하면서 자본주
의 병폐를 방지하기 위한 방안으로 제시된 것이다.[2] 정치-사회혁명의
추구과정에서 제기된 경제건설 방략으로서, 자본주의적 발전을 지향하
되 제한을 가해야 한다는 '非資本主義' 경제사상이 중국 근현대사에 걸
쳐 매우 광범한 공감대를 형성하였고, 또 그 실현이 국민당 정권뿐 아
니라 지방정권에 의해서도 추구되었으며, 공산정권에 의해서도 그 이
념이 계승된 것은 당시 중국의 역사적 상황과 함께 전통적 大同思想의
맥락에서도 파악할 필요가 있는 문제라고 본다.

근래 民國時代 경제 부문에 관한 연구가 축적되면서 國民政府의 建
設的 성취에 관해서도 적극적인 평가가 이루어지고 있다. 이전에 官僚

1) Min, Tu-ki, "Economic Equality versus National Wealth : The Economic
   Priorities of Sun Yat-sen and Tan Sitong", *China's Republican Revolution*,
   Eto Shinkichi and Harold Z. Schiffrin eds., University of Tokyo Press, 1994,
   pp.197~207 참조.
2) 同盟會시기에 孫文이 "국가를 부유하게 하고 인민을 평등 행복하게 하며, 세계에
   서 가장 부강한 '社會的' 국가를 만들게 될 것"이라 주창한 비자본주의 방안은 물
   론 平均地權이다.(《〈民報〉創刊周年慶祝大會演說文》, 《孫中山全集》 第1卷, 北京 :
   中華書局, 1982, pp.326~329)

買辦資本이라는 용어 상용에 나타나는 부정적 평가 대신, 경제건설을
정부가 주도한 國家(獨占)資本의 성격으로 파악해야 한다는 주장도 널
리 제기되고 있다.[3] 南京國民政府는 관세자주권 회복과 幣制改革 등을
통해 財政을 안정시키고, 政府가 주도하는 공업발전의 기초를 확립하
여, 抗日戰時經濟 지탱의 토대를 마련했다는 평가가 이루어지고 있다.[4]
抗戰時期 重慶國民政府의 전시경제 운영과 이후 臺灣에서의 경제건설
의 기본틀로서 政府의 주도적 역할을 전제로 한 국가자본주의적 통제
경제체제를 유지하는 데에서 孫文의 '非資本主義' 경제사상은 그 이념
적 버팀목이 되었다 할 수 있다.

　孫文의 民生主義를 구성하는 '平均地權'과 '節制資本', 둘은 모두 '비
자본주의적' 성격을 띠고 있다. 그러나 '耕者有其田'을 표방하기 이전의
'平均地權'은 토지소유자의 경제적 권리를 제한한다는 의미에서 自由資
本主義에 反하지만, 봉건적 토지소유자를 억제하여 상공계층의 자본주
의적 발전을 돕는 측면이 강하며,[5] 연구도 많이 이루어진 분야이므로,
이 글은 논의의 중심을 '節制資本論'에 두고자 한다.

　'非資本主義的' 경제사상은 물론 孫文과 그 추종세력만의 전유물은
아니었고, 章炳麟의 反資本主義論,[6] 무정부주의, 사회주의, 그리고 組合
(合作社)主義 등등 '節制資本'論과 다른 많은 立論이 포함될 수 있을 것
이다. 그러나 이 글에서는 논의의 범위를 주로 孫文과 추종세력, 그리
고 국민당의 '節制資本'을 염두에 둔 '非資本主義'에 한정하고자 한다.

　3) 杜恂誠,《民族資本主義與舊中國政府(1840-1937)》, 上海社會科學院出版社, 1991,
　　pp.4, 206~283 ; 陸仰淵·方慶秋 주편,《國民社會經濟史》, 中國經濟出版社, 1991.
　　양자 모두 南京政府時期 경제의 국가독점자본적 성격을 논했지만, 후자는 抗戰
　　말기에서 승리 후에 국가독점자본과 官僚私人資本이 급속히 발전, 국민경제를
　　壟斷하게 되었다는 입장이다.
　4) 丁日初,〈孫中山發展國家資本的思想與海峽兩邊的經濟交流〉, 復印報刊資料 K4
　　1987. 4.
　5) 張磊,〈試論孫中山的社會經濟思想〉,《近代史研究》1980年 2期, p.143 ; 劉楓·曹
　　均偉,《孫中山的民生主義研究》, 上海社會科學院出版社, 1987, pp.79~82 참조.
　6) 千聖林,〈章炳麟의 資本主義批判《民報》시기를 중심으로〉,《東洋史學研究》38,
　　1992, pp.17~36 참조.

民國시대 이래 臺灣국민정부와 共産中國까지, 중국경제체제의 특색
을 이루어 왔던 國家主導 경제개발의 사상적 틀로서 '비자본주의적' 경
제건설의 모색에 대한 연구를 통해, 후발국의 발전모델인 구미 선진국
의 근대화 방법을 非西歐 국가가 수용하는 과정에 관한 이해를 확충할
수 있을 것이다.

II. 革命과 近代化의 모델 모색 ─ 자본주의 대 사회주의

瓜分 亡國의 위기 앞에서 救國을 갈구하던 중국 지식인들의 공통된
대책은 實業과 敎育을 발전시키는 것이었다. 실업 진흥의 모델은 서구
의 자본주의적 산업 발전 방식이었음은 두말할 필요도 없을 것이다. 19
세기말 20세기초, 이러한 실업구국의 요구가 절박해진 것은 瓜分의 위
기가 첨예해진 때문이었으며, 이는 서구 자본주의 발전이 제국주의 단
계로 들어간 상황이 빚어낸 산물이었다. 따라서 당시 중국인들에게 자
본주의 서구 제국은 극복의 대상인 동시에 발전의 모델이라는 상호 배
치되는 의미를 가지고 있었다.

다른 한편, 이 시기 유럽 각국에서 빈부격차의 심화로 인한 사회문제
를 해결하기 위해 나타난 최신 사조인 사회주의 사상에 관해 당시 중국
의 선진적 지식인들은 예민한 관심을 보였다. 런던 피랍사건 후 영국에
서의 孫文이 사회문제와 사회주의에 '눈떴음'이 자주 언급되고 있고, 康
有爲와 梁啓超도 빈부문제, 勞資갈등에 대한 인식과 사회주의 사조의
확산과 그 혁명에 대한 예측을 제기했으니, 중국에서 그러한 관심을 표
명한 가장 초기 사례들이다.[7] 문제는 실업 발전에 의한 國富 축적의 절
실함을 공감하면서, 동시에 서구 자본주의 사회에 나타난 사회문제의

---

7) 이하 康有爲·梁啓超의 사회주의에 대한 초기 관심에 관한 기술은 주로 狹間直
樹, 《中國社會主義の黎明》, 岩波書店, 1976, pp.76~84를 참조함.

심각성에 주목했을 뿐 아니고, 사회주의자의 자본주의 비판에 공감하는 경향이 매우 강했고, 보편적이었다는 것이다.

孫文은 1896~97년 구미여행에서 빈부현상을 직접 보고 '經濟革命'의 불길이 정치혁명보다 더 맹렬할 것으로 파악하고, 중국도 이를 예방할 대책을 강구해야 했기 때문에 자본주의적 발전을 제한하는 조처, 즉, 민생주의를 제기했음을 回憶하였다.[8] '경제혁명'을 막아야 한다는 것이 기본입장이었으되, 구미사회에서 자본가에게 財富가 집중 또는 농단되는 현상을 방지해야 할 폐단으로 파악한 데 기초한 것이다.

康有爲도 낙후된 중국의 고난과 서방자본주의의 발달한 물질문명을 대비하며, 고도 공업화 자본주의사회에 대한 강렬한 지향과 찬양을 보여 주면서도, 자본의 겸병과 빈부격차의 확대로 인해 勞資 갈등이 첨예화되며, 노동자의 단결이 더 강해질 것을 언급하고, 앞으로 '人群의 說'(사회주의)과 '均産의 說'(공산주의)이 세계 제일의 대논제가 될 것이라고 《大同書》에 서술하였다. 康은 대동세계의 기본조건으로 노동과 재산의 社會公有制를 주장하고, 노동자의 숭고한 사회지위를 강조하였다.[9] 전통적 대동사상의 기초와 서구 사조에 관한 예리한 관심이 결합되어, 서구 사회주의적인 대동세계를 제시하였던 것이다.

梁啓超도 사회주의를 주목한 선구적 인물이다. 그는 〈論强權〉에서 유럽에는 종교혁명과 정치혁명으로 강권 소유자가 비약적으로 증가했

---

8) 《孫中山全集》 第1卷, pp.327~328.

9) 미국에서의 노동운동 내지 사회주의에 대한 관심을 문장으로 기록한 최초 인물은 康有爲라고도 하는데(狹間直樹, 앞의 책, p.76), 그의 자본주의사회에 대한 비판은 무술정변 후 구미여행을 하면서 첨가된 것이고 工場의 公有 주장도 후에 첨가된 것이라는 說(李澤厚, 《康有爲譚嗣同思想硏究》, 上海人民出版社, 1958, pp.110~111)을 따르면, 초고 단계(1884) 《大同書》의 토지공유를 주요 내용으로 하는 재산공유 주장과 대동사회의 기초로서 노동을 강조한 것은 전통적 대동사상의 발로로 볼 수 있을 것이다. 工의 개념이 "사, 농, 상, 우편, 전선, 철로 등 工이 아닌 것이 없다" 한 것으로 보아도, 자본주의 사회에 대한 비판이라기보다는 그 지향을 나타내고 있다고 해석되어, 무술정변 이전에는 아직 사회주의에 대한 인식이 확실하지 않았던 것으로 생각된다. 생산자료의 공유제를 포함한 《大同書》의 집필시기는 1901~1902년경으로 인정되고 있다.(叶世昌, 《近代中國經濟思想史》, 上海人民出版社, 1998, pp.201~202 ; 狹間直樹, 앞의 인용 참조.)

으나, 자본가와 노동자, 남자와 여자 사이의 계급이 아직 사라지지 않았다며, 장래에 '資生革命[경제혁명]'과 女權革命을 거친 후에 太平世에 도달할 수 있을 것이라 하였다.[10] 이 단계에서는 강유위와 같이 다분히 사회주의혁명을 긍정하는 논조를 보였는데, 이후 혁명파가 '平均地權'의 사회혁명을 기치로 내세우자, 이에 반대하는 논쟁을 벌이게 되었다.[11]

사회주의 관계 간행물이 홍수를 이룬 1903~1905년 전후 중국인들의 世界思潮 인식에서 주목할 점은, 사회주의를 새 시대 20세기를 지배할 사조로서 파악하고 있었다는 것이다.[12] 이러한 인식은 《民報》발간사에 "20세기는 부득불 民生主義가 판치는[擅場] 시대가 될 것이다"고 한 것이나,[13] 전기한 梁啓超의 논설에도 명쾌히 드러난다. 정치적 불평등을 타파한 19세기 문명과 대비된 20세기 문명은 경제적 불평등 타파라는 것이며, 이는 빈자와 부자간의 불평등뿐 아니고 강국과 약국간의 불평등도 제거할 세계평화주의로 인식된 것이다.[14]

제국주의 침략에 시달리는 중국인들에게 이러한 사회주의는 이상적인 것으로 생각될 수도 있었을 것이다. 그러나 무정부주의가 풍미한

---

10) 梁啓超, 〈論强權〉, 《淸議報》第31冊, 1899
11) 이에 대해 狹間直樹는, 知的 관심이 敵意로 변했던 것으로 해석하였는데(앞의 책, p.79), 梁은 자신이 경제혁명을 면할 수 없다고 한 것은 泰西의 경우를 논한 것이고, 개량주의에 속한 사회주의학설은 찬성하나 혁명주의는 그 정신은 고상하나 당시 중국에서는 절대 행할 수도 없기 때문에 피해야 한다고 주장하는 것이라 해명하였다.[〈社會革命果爲今日中國所必要乎〉,《新民叢報》86期 ; 原揭〈雜答某報〉,《辛亥革命前十年間時論選集》第二卷 上冊, 三聯書店, 1963, pp.332~359 재수록, p.343, 352 참조]
12) 이 시기 사회주의라는 용어는 마르크스주의, 국가사회주의, 기독교사회주의와 무정부주의까지 포괄하는 개념으로도 사용되고, 무정부주의=허무당=과격파와 대치시켜 기타 여러 조류를 사회주의라 하기도 했는데, 공통점은 자본주의의 폐해를 극복하려는 主義 主張이라는 것이다.
13) 《民報》發刊詞〉,《辛亥革命前十年間時論選集》第二卷 上冊(이하 《時論選集》이라 함), p.81.
14) 狹間直樹는 國學者이며 혁명가였던 鄧實의 〈論社會主義〉(《政藝通報》, 1903)에서 국민주의 제국주의 단계를 거쳐 세계평화주의인 사회주의 단계로 '진화'할 것이라며 평등한 세계를 실현할 이상주의로 인식하고 있었음을 중시하였다.(앞의 책, pp.94~98)

清末과 5·4시기에도 국가를 취소하자는 이념에 대한 호응은 적었고, 밖으로 강권과 대립하고 안으로 실업을 진흥시킬 强한 정부를 추구하는 국가본위 정치이념이 지배적이었다 할 수 있다. 따라서 약소국인 중국에 있어 사회주의는 적절한 주의가 아니니 국가주의를 실현해야 한다거나,[15] 중국의 시급한 과제는 자본주의 발전이라는 주장도 만만치 않았다.

'均貧富'에 주목했던 청말 譚嗣同은 중국이 부유해진 후, 守成 단계에나 가능한 과제로 보고, 創始 단계에서는 자본가의 경쟁을 허용하는 것이 富强의 성취에 빠른 효과를 볼 수 있다 하였다.[16] 梁啓超도 중국의 당면문제는 生産의 增大일 뿐, 分配의 平均에 있지 않다고 하며 무제한 자본주의 발전을 추구하는 주장을 하였다. 1903년 미국을 여행한 후, 梁啓超는 정치적으로 입헌론을 표방하고, 경제방면에서는 첫째 자본가 장려, 둘째 노동자 보호라는 입장을 분명히 하였다.[17]

梁啓超는 일본 망명 초기, 트러스트 발전은 대자본가 이외의 대다수 인은 自存할 수 없는 공포시대를 초래할 것이라는 부정적 관점을 피력했으나, 1903년 미국여행 후 긍정적 입장으로 전환하였다. 자본주의 현실을 이해하게 될수록, 근대 공상업 발전을 통한 부국의 실현, 대기업 발전의 필요성, 트러스트에 대해 긍정적 입장이 된 것이다. 그것은 구미자본주의 국가의 발전 정도가 이미 제국주의 단계에 진입하여, 독점 자본이 자본주의세계를 지배하고, 대외확장 추세가 강화되어 세계경제 낙후지역으로 확장할 것을 간파한 때문이었다.[18] 이러한 제국주의 경제

---

15) 사회주의를 세계평화주의로 인식한 鄧實도 중국은 국가주의를 실현할 단계라고 강조하였다.(狹間直樹, 앞의 책, p.96) 梁啓超도 중국을 구하려면 민족주의도 사회주의도 국가주의 아래 뜻을 굽혀야 한다고 주장하였다.(《時論選集》 수록 앞의 책, p.359)

16) Min, op. cit., pp.203~204.

17) 梁啓超, 앞의 글, 《時論選集》, pp.339~341.

18) 국제무역에 대해서도 자유무역론을 주장하다가 1902년 보호관세정책 찬성으로 변한 것은 서구의 보호주의 영향을 받은 위에 경제 침략의 위험성을 심각하게 인식하게 되었기 때문이다.(侯厚吉·吳其景 主編, 《中國近代經濟思想史稿》 第三冊,

164

침략 상황을 맞은 중국은 자본과잉 상태인 열강의 자본 수출을 위한 최
적의 시장이라는 것이다. 따라서, "만일 중국에 대자본가가 출현하지
않으면 장차 타국의 대자본가가 들어와 대신할 것……"[19]이라며 대기업
발전의 필요를 역설하였다.

혁명파도 대기업 발전을 주장하되 국유화를 구상하였는데, 梁은 이
에 반대하였다. 貧富 分化 추세가 극렬하고 자본이 고도로 집중된 구미
와 달리, 중국은 대부호가 적고 中産家가 많아서 富力의 겸병문제가 엄
중하지 않다는 것이다. 孫文이 유사한 현상인식을 바탕으로, 빈부격차
문제가 심화되기 전에 예방조처를 취할 필요가 있다고 주장하기 시작
한 것과 상반된 처방이다. 梁은 제국주의 침략에 처한 위급한 상황하의
중국의 첫번째 문제는 경제발전, 즉 生産의 문제를 해결하는 것으로 파
악하여, "생산의 문제가 해결되지 않고는, 다시 분배문제를 우리가 해
결하게 되지도 않을 것이다"고[20] 위기의식을 토로하였다.

이와 같이 국가존망이 걸린 절박한 생산 발전의 과제는, 자본가가 주
축이 되어 실행해야 하고, 특히 대자본가가 주도적 역할을 담당해야 한
다는 것이다. 이는 그가 트러스트를 논하던 사상과 일맥상통하는 것이
고, 트러스트에 대한 관점의 차이야말로 혁명파와 梁啓超를 가장 잘 구
별짓는 요소이다. 梁은 트러스트를 '二十世紀之巨靈'이라며, 자유경쟁
의 폐단을 바로잡는 것이며, 자본주의경제의 필연적 발전추세라고 파
악한 것이다.[21]

梁은 트러스트 발전이 사회모순의 해결뿐 아니라 기업의 경영 관리
면에서도 유리하다고 주장할 정도로 긍정적 측면을 중시하였다. 즉, 1)
자본가간의 모순을 조화하는 일종의 방식이기 때문에 '연합으로써 조
화'시켜 중소자본가가 망하는 것을 오히려 막을 수 있다, 2) 勞資모순을

黑龍江人民出版社, 1984, pp.298~299)
19)《時論選集》, p.340.
20) 위의 책, p.341.
21) 梁啓超,〈二十世紀之巨靈 托辣斯〉,《飮冰室文集》上, pp.725~746 참조.

해결하여, 노동자의 임금을 낮추거나 실업을 증가시키지 않고, 취업률을 높일 수 있을 것이다. 3) 기업의 경영관리에 유리하다. 왜냐하면 염가의 원료품, 기계 이용, 분업, 부속 부산물을 제조하여 재료를 버리지 않으며, 생산을 절제하여 물가의 등락을 막고, 외부시장에 대한 두려움에서 벗어날 수 있다. 한마디로 회사의 이익, 소비자의 이익, 전국민의 이익이라는 것이다. 자유경쟁으로 인한 폐단을 해소하고, 규모의 이점을 극대화할 수 있다는 측면을 중시하였던 것이다.

그러나 혁명파 馮自由는 民生主義라는 용어가 《民報》에 처음 사용된 후, 이를 선전하기 위한 글에서, 梁啓超의 《新大陸旅行記》의 트러스트 찬양을 직접 비판하며, 트러스트를 민생주의에 '絶對的 反對'가 되는 것으로 위치 지우고, 트러스트 반대를 주장하였다.[22] 즉 天賦의 인권자유를 유린하고, 소수 부호의 私利를 증대시키는 것이며, 트러스트 발달은 일반 노동계급을 驅逐하여 대자본가의 노예가 되게 하고, 이어서 중등자본가를 잠식하여 멸망시키는 결과를 초래할 것이며, 반대로 민생주의는 빈부의 大不平等을 바로잡는 것이니, 양자의 이해득실을 따질 필요도 없다는 것이다.

그러나 梁과 혁명파 간의 논쟁이 전개된 1905년 이후에는 梁은 다시 트러스트를 논하지는 않고, 대기업 발전의 필요성을 역설하고 국유론에 대한 반대에 노력을 집중하였다. 혁명파는 민족주의 민권주의가 달성된 후에 구미에서 나타난 '富豪의 專制'를 막기 위해 정치혁명과 사회혁명을 동시에 진행시켜야 한다는 주장을 주로 平均地權 실행과 관련하여 제기하여[23] 梁과 논쟁을 벌였으나, 節制資本을 언급하지는 않았다. 단지, 혁명후의 신사회는 자본의 자유경쟁은 존재하는데 그것이 트러스트 같은 독점의 배타적 지배에 귀착되지 않고, 중소 자본가가 몰락

---

22) 馮自由,〈民生主義與中國政治革命之前途〉, 1905, 香港 中國日報 原揭 ; 《民報》 第四號 轉載, 《革命逸史》第四輯 재수록, p.120 참조.

23) 朱執信,〈論社會革命當與政治革命竝行〉, 《民報》 第五號(1906.6), 《朱執信集》, 中華書局, 1979, 上集 pp.54~69 再收 ; 馮自由, 위의 글, 《革命逸史》 4輯, pp.115~134 등.

166

의 위험에 처하지 않고 자유로운 활동을 할 수 있도록 해야 한다고 주장하여, 대자본가의 발전을 억제하는 입장을 표명하였다.

민생주의를 실행한다는 사회혁명이, '경쟁을 방임하고 사유재산권을 절대적으로 승인하는' 사회경제제도가 필연적으로 초래할 빈부격차 심화의 문제를 예방하기 위해서는 불가피하게 경쟁을 제한하고, 사유재산권에 규제를 가하는 제도를 택하지 않을 수 없었다. 토지국유론이 빈자를 부추겨 부자의 재부를 빼앗는 것이라는 비판에[24] 대응하여, 社會革命이란 이와 같은 동란이 아니라 富의 불평등에 이르는 사회경제제도를 바꾸고, 이미 형성된 불평등 상태는 법으로써 평등에 이르도록 바꾸어 나가는 것이며, 富를 平均하게 하여 대다수 인민을 이롭게 하는 것이라 설명하였지만,[25] 부자가 불이익을 당하는 사실은 부정할 수 없었던 것 같다.

孫文은 민권주의혁명을 정치혁명으로 인식했으나, 이는 봉건사회에서 자본주의 사회로의 전환을 의미하는 사회혁명의 길을 여는 것이고, 이러한 (부르주아민주주의) 사회혁명이 일어나지 않으면 정치혁명의 성공도 견고하지 않은 것이다. 그러나 사회혁명이라는 용어를 누구도 이러한 의미로 사용하지는 않은 것 같다. 사회주의혁명과는 확실히 구별해야 할 문제이다. 그러나 孫文 자신이 민생주의의 사회혁명으로써 사회주의를 실현한다고 선전했고, 또 자산계급의 기득권에 대한 제한을 의미했던 만큼, 당시 주목하던 사회주의혁명과 연결시켜 생각하는 것이 일반적인 상황이었다. 梁啓超가 "工業革命은 生産의 혁명이고, 社會革命은 分配의 혁명이라 말할 수 있다"고[26] 요약한 '사회혁명'의 개념도 다분히 자본주의에 뒤 이은 사회주의혁명의 의미로 사용한 것으로 보인다.

그러나 사회혁명과 사회주의혁명을 분명히 구별하여 파악하고 있었

---

24) 梁啓超,〈土地國有論〉.
25)《朱執信集》, p.56, 58, 65.
26)《時論選集》, p.337.

음은 물론이다. 孫文은 "사회주의혁명은 민주혁명보다 무서운 것이어
서, 힘껏 방지할 방법을 강구해야 하는데, 산업이 아직 발달하지 않아
사회주의혁명의 조건이 발생하지 않았을 때 일찍 사회주의를 실행하는
것이 오히려 용이하다"고 주장하였다. 朱執信은 중국에는 아직 사회주
의혁명의 조건이 되는 빈부격차가 심화되지 않았지만, 예방조처로서
사회혁명이 필요하다고 하였다.

  예방해야 할 사회주의혁명이란 계급투쟁적 사회주의(즉 마르크스주
의)나 무정부주의 같은 과격한 유파의 혁명운동의 의미로 파악된 데 반
해, 사회주의는 주로 온건한 여러 유파의 의미로 사용되었다.[27] 특히 당
시인들은 국가사회주의를 사회주의의 주요한 조류로 파악했고, 孫文과
혁명파들은 민생주의를 socialism의 번역어로 사용했고,[28] 사회주의라
는 용어는 주로 국가사회주의 개념으로 사용하였다.

  同盟會 혁명파들은, "우리들이 주장하는바, 국가사회주의는 더욱이
행하기 어려울 이유가 없다"[29]거나, "독일정부가 시행하는 정책이 민생
주의에 근거하지 않은 것이 없다"[30] 하며, "독일의 상공업 발달이 영미
를 능가하고 있는 것이 어찌 민생주의의 성과가 아니겠느냐" 한 것에
서, 민생주의와 사회주의, 특히 국가사회주의를 등치시키고 있었음을
확인할 수 있다.

  孫文이 사회주의는 자본주의와 본질상 다른 종류의 생산방식임을 이
해하지 못하고, 단지 분배문제 해결에 착안한 일종의 '경제학파'로 이해
하였다는 비판[31]은 적확한 것이라 하겠다. 그러나 '위로부터의 사회주

---

27) 狹間直樹, 앞의 책, p.80.
28) 孫文은 民生主義에 관한 설명에서 서구 socialism을 민생주의라 표현하였다. 〈在東
  京'民報'創刊周年慶祝大會之演說〉,《孫中山全集》卷一, pp.326~327. 또한 앞의 馮
  自由,〈民生主義與中國政治革命的前途〉와 朱執信의〈關於鐵道國有問題〉(《民報》
  4호)에 socialism의 역어가 민생주의라 지적하였다. 약 1년 후 孫文은 민생주의의
  역어로 demosology를 제시하였다.
29)《朱執信集》, pp.55~56.
30) 馮自由,《革命逸史》第4輯, p.117.
31) 丁旭光,〈論孫中山國家資本主義思想的道路〉,《孫中山研究》(廣東) 2輯, 1989, p.

의'라는 독일의 국가사회주의도 민생주의와 같이, 사회주의를 실행하려
한 것이라기보다 이를 막으려는 의도로, 자본주의 틀을 유지하면서 국
가가 분배의 불평등을 완화시키기 위한 사회정책을 실행하는 것이었
다. 혁명파와 논쟁중에 梁啓超는 국가민생주의는 '사회혁명(주의)가 아
니라 사회개량주의'라 하였고,[32] 宋敎仁도 국가민생주의를 '社會的 政
策'이라 하였다.[33] 그리고 1912년의 〈中國同盟會總章〉에는 '國家社會政
策을 採用한다'는 政綱을 명시하였다.[34] 동시대인들의 민생주의에 대한
이러한 표현은 본질을 적확히 파악한 것이라 할 수 있으며, 최근의 연
구도 대체로, "孫文의 사회혁명론은 일종의 공상이며, 일종의 개량정책
일 뿐"이라는[35] 같은 결론에 도달하였다.

국가사회주의의 내용을 갖는 민생주의는 세계주의적 사회주의라기
보다는, 강한 정부가 경제발전을 주도하며, 소수 자본가의 독점자본가
화를 막아야 한다는 것이니, 사회주의 사상을 수용했으나 국가주의적
입장이다. 그럼에도 불구하고 民生主義는 현실에 맞지 않는다는 반대
에 부딪쳐 辛亥革命 후 孫文이 임시대총통 재직시에는 실시하지 못했
고, 사회주의나 민생주의에 관한 언급도 자제할 정도였다.[36]

그러나 국가사회주의에 대한 지지는 혁명파에 국한된 것이 아니고
상당히 광범한 것이었다. 앞에서 생산의 발전을 위한 자본가 보호를 제
일의 과제로 역설한 梁啓超의 관점을 논했지만, 그도 국가사회주의에
대해서는 "중국이 채용할 만한 것이 매우 많다"며 긍정적 태도를 보였

207. 孫文은 "사회주의학자는 파업투쟁은 위협하려는 것이지 근본적 해결방법이
아니며, 경제학상 분배평균의 방법을 구해야 한다는 것을 알고 있다"고 하였다.
(《孫中山全集》第2卷, p.519)
32) 日本에서의 鐵道國有案 통과에 대해, 《民報》에서 국가민생주의 실현의 사례로
들자, 梁은 "옳은 말인데, 이것이 사회개량주의지 사회혁명주의가 아님을 알지
못한 말"이라 비판하였다.(《辛亥革命前十年間時論選集》第二卷 上冊, p.357)
33) 宋敎仁, 〈社會主義商榷〉, 《宋敎仁集》上, p.289.
34) 《孫中山全集》第2卷, p.160.
35) 丁旭光, 앞의 글, pp.201~202.
36) 呂明灼, 〈孫中山早期社會主義思想的歷史發展〉, 《齊魯學刊》1983年 2期, p.52.

다.[37] 梁은 사회주의를 절대적으로 배척하는 것이 아니라며, 단지 '정신과 방법'을 분리하여, 실행방법은 각국 각 시대 상황에 따라 不同이니, 어떤 종류를 어느 정도 채용할 것인지 중국사회 현시점의 상황에 순응해야 한다고 하였다.[38] 중국도 사회주의 정신을 참고로 이용하여 立法을 실행할 필요가 있다는 것이었다.[39] 요컨대 혁명적 사회주의에는 반대하나 개량적 사회주의에 대해서는 긍정적이었다.

민생주의는 사실상 개량적 국가사회주의 내용을 가지고 있었음에도, 사회혁명의 기치를 내걸어 혁명과정에서 선전 선동의 효과가 있었던 반면, 필요 이상의 반대를 야기한 측면도 간과할 수 없다. 1912년 孫文은, "사회혁명은……병력으로 도모할 수 있는 것이 아니니, 반드시 和平 수단으로써 종사해야 한다", "오늘날 민생주의를 강구하는 데, 혁명 수단을 쓸 필요는 없고, 단지 미리 防範에 힘쓸 뿐", "民國이 성립되었으니 민생주의는 평화적 방법으로 점진적으로 사회를 개량하는 것이 어렵지 않다"[40] 하여, 辛亥革命 前에 '社會革命'을 주창하던 논조에서 변화를 보여 주고 있다. 일단 中華民國 정부가 성립되자, '평화적 사회혁명'을 강조하지 않을 수 없었고, 실업발흥의 분위기 속에서 평균지권도 현실적으로 실행 곤란했던 반면, 국가주의적인 국가사회주의에의 호응이 확산되었다.

사회주의에 대한 이해가 매우 모호한 상황이긴 했지만, 章炳麟은 자본주의 발전과 제국주의 전쟁의 평민에 대한 폐해를 심각하게 인식하여 무정부주의 입장에서 反자본주의적 사상을 표방하기도 했다.[41] 그러

---

37) 《新大陸游記》, 《飮冰室文集》 下, p.668.
38) 梁啓超, 《歐游心影錄》, p.32 ; 丁旭光, 앞의 글, p.216.
39) 《辛亥革命前十年間時論選集》 第二卷 上冊, pp.357~358.
40) 각각 《孫中山全集》 第2卷, p.332, 473과 第3卷, p.35.
41) 章은 자본주의 폐해에 대한 예방 방안으로 1) 土田의 균등 분배 2) 공장 官立, 고용노동자 이익 분배 3) 재산상속 제한 4) 인민에 議院해산권 등을 제시하였다. 지주계급을 소멸대상으로 삼았을 뿐 아니라, 工商자산계급은 경제상 제약을 받고, 정권에도 참여할 수 없다고 하여 부르주아민주주의에 대한 반대를 명백히 하였다.(千聖林, 앞의 글, p.26 참조)

나 章도 辛亥革命 후에는 立憲派와 함께 '中華民國聯合會'를 조직하여, '사회주의'와 '사회정책'을 구별해야 한다고 주장하며, 사유제도 유지를 바탕으로 온건한 사회정책 채용을 지지하고,[42] 국가사회주의는 모방해야 한다 하였다. 또한 중화민국 北京정부에서 袁世凱의 심복 경제관료였던 周學熙도 財政部長으로서 農商部長 張謇 만큼 경제정책 수립에 직접 영향을 미치지는 못하였지만, 공영기업의 발전을 중시하고 국가사회주의 정책을 제창하였다.[43]

국가사회주의에 대한 이러한 광범한 지지가, 이후 자유자본주의 발전을 제한하는 非資本主義論이 확대 발전하는 밑바탕이 될 수 있었던 것이다. 중국의 近代化와 革命에서 더욱 적합한 모델의 모색은, 현대사의 전개과정을 관통하여 현재까지 자본주의와 사회주의체제, 또는 제3의 길을 둘러싸고 끊임없이 추구된 과제이다.[44] 이 글은 논의의 초점을 절제자본론의 성격 규명에 한정하고, 이후에 전개된 체제적 모색 논쟁의 분석은 다음 기회로 미루기로 한다.

Ⅲ. '節制資本'―자본주의의 발전과 제한

자본주의 발전에 제한을 가해야 한다는 孫文의 節制資本思想은 前記했듯이 1896~1897년 歐美 여행 때 그 맹아가 싹텄다고 하는데, 기록으로 남은 것은 그가 1905년 벨기에 제2국제 본부 방문시, 자본주의 발전의 부정적 결과를 피하고, 과도기 없이 직접 사회주의적 생산단계로 넘

---

42) 〈聯合會政黨記事〉,《大共和日報》1912. 3. 4 ; 楊天石, 〈孫中山與中國革命的前途―兼論淸末民初對孫中山民生主義的批判〉,《北京社會科學》1987年 1期, 復印報刊資料 K3, 1987-5, p.119에서 재인용.

43) 久保亨, 〈近現代中國の國家と經濟〉, 山田辰雄 編,《歷史のなかの現代中國》, 東京 : 勁草書房, 1996, pp.88~89. 주지하듯이 張謇은 민간기업 발전에 중점을 둔 경제정책을 펴나갔다.

44) 1920~40년대 이 문제에 관한 논쟁의 주요 문장들이 羅榮渠 主編,《從'西化'到現代化》(北京大學出版社, 1990)에 잘 정리되어 있다.

어가 노동자가 자본의 박탈을 당하는 고통을 겪을 필요가 없게 한다는 주장을 한 것이 처음이다.[45] 이때는 바로 中國革命同盟會가 성립되고, '평균지권'이 명시된 16字 정치강령이 채택되고, 기관지《民報》발간사에 民生主義라는 단어가 처음 사용된 시점이기도 하다. 전기했듯이 민생주의는 社會主義와 동의어로 이해되고 사용되었다.

孫文이 평균지권 내지 토지국유를 주된 내용으로 하는 사회혁명을 정치혁명과 동시에 진행시켜야 한다고 주장한 것은 사실은 (도시)토지에 대한 單一稅로서 봉건적 토지소유자에 제한을 가하여 자본주의 발전을 도모하는 부르주아민주주의 사회혁명의 의미를 가지고 있다.[46] 자유자본주의를 제한하는 이같은 방법으로써 자본주의 폐단을 제거하는 사회주의를 실현할 수 있다고 주관상 간주하였다 해서, 흔히 '주관적 사회주의'라 불리고 있다.[47]

동맹회 시기에는 평균지권의 표방으로 토지(국유)문제가 활발히 논의된 데 비해, 자본문제에 관해서는 혁명파와 개혁파의 논쟁 중에, 사회주의(민생주의)와 철로국유문제를 토론한 정도이다.[48] 그러나 辛亥革命 후 민영기업 창립 분위기 속에서[49] 평균지권론은 지지를 얻지 못했지만, 孫文은 국영기업 발전을 기축으로 하는 국가자본주의적 경향을

45) 〈訪問國際社會黨執行局談話報道〉,《孫中山全集》第1卷, pp.272~273 所收.
46) 胡繩, 〈論孫中山的社會主義思想〉,《歷史硏究》1987年 1期;《辛亥革命與近代中國》, 湖北人民出版社, 1991 재수록, p.486.
47) 李時岳, 〈論民生主義〉,《史學集刊》1956-1 原揭,《孫中山硏究論文集》, 四川人民出版社, 1986 재수록, pp.777~782; 張磊, 〈論三民主義〉,《近代史硏究》1981年 3期《辛亥革命與三民主義》재수록, pp.480~481; 〈試論孫中山的社會經濟思想〉,《近代史硏究》1980. 2, pp.143~160; 胡楓, 앞의 글, p.495; 劉楓·曹均偉, 앞의 글, pp.61~64 등.
48) 朱執信, 〈從社會主義論鐵道國有及中國鐵道之官辦私辦〉,《朱執信集》, pp.46~53.
49) 民主共和政이 수립된 이 시기, 實業振興은 자본주의 발전을 의미했고, 이는 민주주의 실현과 직결된다는 인식하에 나타난 實業-商工業 발달의 열풍에 관해서는 黃逸平, 〈辛亥革命對民族資本主義工業的推動作用〉, 復印報刊資料 F7, 1981. 4; 虞和平, 〈試論辛亥革命後的實業救國熱潮〉, 復印報刊資料 F7, 1983. 5; 丁日初, 〈辛亥革命後上海資本家的實業活動〉, 復印報刊資料 F7, 1985. 10; 胡繩武·程爲坤, 〈民國初年的振興實業熱潮〉, 復印報刊資料 F7, 1987. 2 참조.

강하게 표출하였다. 토지와 자본의 궁극적인 國有를 지향하는 '集産社會主義'를 제창하였는데, 이는 토지, 철로, 광산, 대공장 등을 국유로 하는 '사회혁명' 예방방법이라는 것이니, 민생주의와 기본적으로 같은 내용을 가지고 있다.

임시대총통직에서 사임한 후인 1912년경은 사회주의에 대한 孫文의 이해가 깊어진 시기로 평가되고 있는데,[50] 사회주의의 양대 조류를 共産社會主義와 集産社會主義로 파악하고, 집산사회주의, 국가사회주의, 준국가사회주의 등의 명사를 민생주의와 等値 또는 混用하며, 마르크스주의는 중국에서 실행하기 곤란하다며 배제하고, '국가사회주의'에 강한 집착을 보였다.

그가 이 시기 鐵路建設計劃에 주력한 것도 이러한 집산사회주의 입장의 표현이며, 孫은 미국 산업 발전의 근간이 철도교통이라고 믿고 있었기 때문에, 중국도 철도건설을 토대로 산업 발전을 가속화시켜 國富를 창출하려 했음은 췌언을 요하지 않을 것이다. 그는 산업이 발흥하는 당시 사회 분위기 속에서, 이와 같이 일면 국가의 부강을 도모한 동시에, 다른 일면 자본가 농단의 폐단을 방지해야 한다는 문제의식을 견지하였다. 그는 '이 폐단 방지책이 다름 아닌 사회주의'라고 파악하고 있었으니, 사회주의에 대한 단순한 이해 수준이라 해도, 私人자본의 지나친 발전을 제한하려는 입장은 명백하다.

평균지권론이 國富가 축적된 후에 발생될 경제적 불평등을 예방하는 조처라면, 민국초 보다 절박한 문제는 어떻게 하면 빨리 국부를 축적하느냐 하는 것이었다. "사회빈곤은 당연히 생산 발달에서 구해야, …… 근본 해결은 분배에서 착수하지 않으면 안 된다. 사회주의자는 ……경제학상 분배 평균의 방법을 구해야 하는데, 분배 평균의 법은 먼저 자본문제를 해결해야 한다"[51]고 하였다. 이는 생산을 발달시키는 것에서

50) 丁旭光, 앞의 글, p.206 ; 呂明灼, 앞의 글, pp.52~54.
51) 〈在上海中國社會黨的演說〉, 《孫中山全集》 第2卷, p.519.

나아가 분배상의 불평등을 제거하는 것이 사회빈곤문제의 근본적 해결
이지만, 국부를 축적하지 않은 상태의 분배 평균은 실질적 의미가 없다
는 것을 갈파한 것이다.[52]

　孫文은, "民生主義는 均貧富 주의가 아니라, 국가의 역량으로써 천연
의 實利를 발달시키고 자본가의 전제를 방지하는 것"이라 하여, 신속한
國富 형성을 위해 국가의 역량에 의존한 산업화를 의도하고 있음이 잘
나타나 있다. 토지국유 후의 엄청난 토지세와 지조, 철도 광산 등 국유
기업으로부터 나올 막대한 이익이 국고를 넘치도록 풍족하게 할 것이
며, 넘치는 세입으로 운영할 교육과 자선사업에 관해 이 시기 자주 언
급하였다.[53] "국가의 부강을 도모하며, 자본가 농단의 폐해를 방지해야
한다. 폐단방지정책 채용은 사회주의가 아닌 것이 없다. 국가사회주의
정책의 채용은 독일에서 배워야 한다"[54] 하였다. 이는 민생주의를 제창
한 이래 혁명파의 일관된 입장인데, 폐해 예방이라는 이른바 사회혁명
의 주제에 결코 덜하지 않은 실업발전의 지향을 읽을 수 있다. 실업을
발전시키는 것이 救貧의 良藥[55]이라 하며, 전국의 資力을 합해 실업을
발전시켜야 한다며 신속한 생산력 발전을 촉구할 정도였던 것이다.

　孫文이 2차혁명에 이은 정치적 불운시기를 거쳐, 공개정당으로서 국
민당이 탄생된 1919년 발표된 〈實業計劃〉은[56] 더 적극적으로 실업을
발전시키기 위해 外資를 도입하되, 公企業을 기축으로 하는 계획을 제
시하고 있다. 주목할 것은 실업 개발의 두 길로 個人企業과 國家經營을
제시한 것이다. 국가가 경영하는 것보다 개인에 맡기는 것이 더 적합한
것은 장려 보호하고, 개인에 맡길 수 없는 것이나 독점의 성격이 있는
것은 국가가 경영한다고 규정하였다.[57]

---

52) 李澤厚, 앞의 책, pp.340~341.
53) 《孫中山全集》第2卷, p.442, 493, 523 등 참조.
54) 《孫中山選集》上卷, 香港 : 中華書局, (1956)1978, pp.88~89 ; 下卷, pp.782~783.
55) 〈在上海實業聯合會歡迎會演說〉, 《總理全集》演講乙, 李時岳, 1956, p.790에서 재
　　인용.
56) 〈實業計劃〉은 《孫中山選集》上卷, pp.186~338 및 《孫中山全集》第6卷에 수록.

174

1921년 12월 한 연설에서는 "중국의 근심거리는 (타국처럼 不均이 아니라) 貧困함에 있다"고 생산력 발전의 절실함을 강조했으나, "救貧과 함께 不均의 문제를 동시에 강구해야 하기 때문에 민생주의를 늦출 수 없다"[58]고 새삼 주의를 환기시켰다. 이는 桂林에서 滇贛粵軍으로 구성된 北伐大本營을 건립하고[59] 행한 연설이었던 만큼, 혁명적 동기를 부여할 필요가 있었기 때문일 것이다.

孫文이 '자본'의 발전을 제한한다는 의미로 절제자본을 명백히 평균지권과 함께 민생주의 양대 지주로 처음 제시한 것은 1924년 〈中國國民黨第一次全國代表大會宣言(改組宣言)〉이다. 이 선언은, 평균지권에 관해서도 이전의 '定地價納稅' 주장으로부터 '耕者有其田'을 제기하는 전향을 보임과 동시에, 자본문제에 관해서는 자본주의 발전을 '방지'한다는 막연한 주장 대신 '節制資本' 강령을 제출하여, 新三民主義의 民生主義 내용에서 더욱 현실적 관심을 나타내고 있다.

1924년 〈改組宣言〉에 명시되었듯이 절제자본은 節制私人資本과 發達國家資本의 두 측면으로 구성된다. 本國人 또는 外國人 기업 가운데 은행, 철도, 航路와 같이 독점성이 있거나, 규모가 너무 커서 개인이 경영할 수 없는 기업은 국가가 경영 관리하여, 사유자본제도가 국민의 생계를 조종하지 못하게 한다는 것이 절제자본의 요지이다.[60] 절제사인자본이라고 하나, 사적 자본의 발전을 일률적으로 제한하는 것은 아니고, 중소자본가는 장려하고 지원한다는 것이어서, 실제로 제한대상은 독점자본으로 발전할 가능성이 있는 대자본가이다.

이와 같이 節制資本 강령이 제기되고, 구체적 방안으로 절제사인자본과 발달국가자본이 명시된 것은 이 〈개조선언〉이 처음이지만, 그 내

57)《孫中山選集》上, p.191.
58)《孫中山全集》第6卷, pp.28~29.
59) 陳錫祺,《孫中山年譜長編》下冊, 中華書局, 1991, pp.1400~1402.
60)《中國國民黨歷次代表大會及中央全會資料》上冊, 光明日報出版社, 1984, pp.17~18.

용은 이미 전술한 〈실업계획〉에 사실상 모두 제시되어 있다. 그리고 대자본가의 전횡을 예방하되 실업을 발전시킬 수 있다고 믿은 국영기업 중시 방안은 1912년 이래 孫文의 일관된 원칙 내지 경제사상이었음을 앞에서 살펴보았다. 따라서 이른바 신삼민주의의 민생주의가 절제자본 측면에서는 근본적으로 어떤 새로운 단계로 발전한 것으로 평가할 수 없으며, 오히려 그 기본성격과 구조에서 변화가 없다고 해도 과언이 아니다. 그러나 더 명시적인 절제자본 강령이 제출되어 反帝的 내용을 뚜렷이 제기하여 정권에 근접한 혁명정당의 목표와 입장을 확고히 했다는 의의를 과소평가할 수는 없을 것이다.

私人資本을 제한하는 방법을 규정하지는 않았지만, 당시 국민당선언, 강령, 孫文의 강연 등으로[61] 미루어 보아 1) 경영 범위와 기업의 규모를 제한한다(독점성이 있거나 규모가 너무 큰 것을 제한), 2) 국가가 사인기업을 '收買' '贖買' 또는 '법률로써 收回'하여 국가경영으로 할 수 있다, 3) 자본가에 대한 직접세로 소득세와 유산세를 부과하고 누진세율을 적용한다, 4) 노동법을 제정하여 노동자의 생활을 개량한다, 5) 合作經濟를 건립한다는 방안을 상정한 것을 알 수 있다. 私人資本 일반이 아닌, 大資本家의 형성을 억제하고 규제하려는 입장이 잘 나타나 있는데, 大資本 형성의 필요성은 거듭 강조하며 국가자본이 그 역할을 수행하도록 의도한 것이다.

이와 같이 절제사인자본과 발달국가자본은 상호 보완적인 원칙인데, 국가가 사인기업을 收贖·收回할 권력을 가지며, 사인 경영의 광업중 (계약기한이) 만기가 되거나 많은 이익을 내는 것이 확실한 것은 정부가 경영권을 收回할 수 있도록 한 것은 사적자본주의 발전을 제한하고 국가자본을 발전시키려 했음을 여실히 보여 준다. '節制資本'의 초점은, 절제사인자본에 있다기보다 오히려, 사인자본의 영업대상에서 제외시

---

61) 위의 책, pp.17~21 ; 《孫中山全集》第9卷, pp.121~125, 367, 391 ; 第2卷, pp.415~416, 492, 500 ; 第5卷, p.224 참조.

키고 국가의 경영 관리 대상으로 한 '독점성이 있거나 규모가 너무 큰 기업'을 발전시키는 데 있다 할 수 있을 것이다.

이전에 자본주의 발달 후의 폐단을 '예방'하는 조치를 강조하던 혁명 전략상의 선언적 입장으로부터, 경제적 평등보다는 國富 축적을 위한 富源개발을 더욱 강조하는 것으로 바뀐 것은 〈改組宣言〉보다 앞서 1923년 〈中國國民黨宣言(改進宣言)〉이니, 國民革命으로 政權에 근접해 간 상황의 반영이었다.[62] 地價稅法 등 平均地權 실행을 위한 조치와 함께, 철로, 광산, 삼림, 수리사업 및 일체 대규모 공상업은 국영기관에 의해 운영되며 노동자도 경영에 참여한다 하여, 부원개발에 의한 國富 축적과 자본주의 弊害 豫防을 동시에 달성하고자 하였다. 함께 발표된 〈中國國民黨黨綱〉을 보면 民生主義 부분에 "勞資계급의 불평등을 방지하며……全民의 資力으로써 전민의 富源을 개발해야 한다"는 원칙하에, 실시사항으로 첫째 國營實業, 둘째 평균지권, 셋째 화폐개혁을 들고 있어,[63] 경제개발에 역점을 두고 있음을 보여 준다.

이와 같이 적극적으로 '국가자본을 발달'시켜야 하는 이유는 私人資本家의 비대화 방지도 중요하지만, 제국주의 열강의 경제침략을 저지해야 한다는 사실이 더 절박한 동기를 제공했을 수도 있다.

> 외국과 경쟁은 안 되고, 利權은 흘러 나가고……이권을 되찾으려면 국가의 역량으로 공업을 진흥해야 하고, 기계로 생산해야 하며, 전국의 노동자 모두 일하게 해야 한다.……국가의 역량으로 경영하지 않고 사인이나 외국상인이 경영하게 되면 결과는 사인자본의 발달에 불과하며, 大富계급의 불평균을 야기할 것이다.[64]

세계가 이미 선진국가의 독점자본가계급의 瓜分 상황하에 처해, 후진국가는 자유경쟁적 자본주의 길을 통한 공업화 실현의 가능성이 사

62) Min, op. cit., pp.199~203 참조.
63) 《孫中山全集》 第7卷, pp.1~5.
64) 《孫中山全集》 第9卷, pp.391~392.

라진 상태였다 해도 과언이 아니다. 이러한 상황에서 孫文은 비관적 사
회주의자, 러시아 민수파나 章炳麟 같은 소자산계급 사회주의자들처럼
자본주의를 두려워하거나 기피하지 않았다는 평가를 받고 있다.[65] "政
體를 긍정할지언정, 資本主義 발전은 要하지 않는다"거나, 낙후 보수적
봉건농촌을 목가적으로 이상화하지 않고, '진화론'을 철학의 출발점으
로, 자본주의를 역사 발전의 필연으로 믿은 孫文은 공업화를 강조하고,
철로 건설을 중시하였다는 것이다.

스스로 키운 '富强'의 실력으로써 제국주의를 극복해야 한다는 淸末
이래 진화론적 역사적 과제는, 제국주의 세력의 독점자본에 대항하기
위한 국가자본 발전의 요구를 제기하였는데, 제1차세계대전을 겪으며
국영경제의 효율성에 대한 지지는 더욱 강해졌다. 孫은 "공업시대의 자
본인 기계는 국가가 경영하고, 각종 생산기계를 설비하여 국가소유로
한다. 제1차세계대전 때 戰時政策으로 대실업과 공장을 국유로 했던 것
과 같다"[66]고 하였다.

열강세력이 중국민족자본의 발전을 저해하는 상황에서, 민족적 독립
의 의의는 단순한 민족주의적 이념의 문제를 넘어 경제발전에서 불가
결한 것이었고, 국가자본주의적 산업개발의 요체는 강력한 중앙집권의
출현임을 상기할 때,[67] 국가적 統一과 反帝를 목표로 한 國民革命의 발
전으로 경제건설 문제에 대한 전략의 재정립이 요구되었을 수 있을 것
이다.

국민당 개조시기, 국가자본에 의한 실업 발전과 제국주의 극복의 문
제의식은 더 적극적 反帝혁명적 지향의 표명과 國富 형성을 위한 국가
자본 발달의 요구, 두 측면으로 표출되었다. "대저 本國人 또는 外國人
의 기업중……" 독점성이 있거나 규모가 너무 큰 기업은 국가가 경영한

---

65) 李澤厚, 〈論孫中山的思想〉, 《中國近代思想史論》, 北京 : 人民出版社, (1979)1986,
   pp.336~337.
66) 《孫中山全集》第9卷, p.393.
67) 藤井昇三·橫山宏章 편, 《孫文と毛澤東の遺産》, 東京 : 硏文出版, 1992, p.21.

다 하여, 중국내 제국주의기업도 규제대상에 포함시킨 것은 反帝 입장
으로의 큰 변화를 드러낸 것이라 할 수 있다.

그리고, 이 시기 특히 국가자본의 발달 측면을 강조하게 된 것은 권
력에 접근하는 상황에서, 종전의 경제적 평등을 표방하던 입장으로부
터 부원 개발—국부 축적을 위한 더욱 현실적 문제의식으로의 전환임
과 동시에, 취약한 중국 부르주아계급 대신에 국가자본으로써 외국자
본에 대항하고, 外資를 이용하여 국가자본주의를 창조한다는 민생주의
의 반제적 성격을 읽을 수 있는 대목이기도 하다.[68]

민생주의는 국가 주도하의 경제건설정책 이념으로서 특히 '적극적'
강령이었다. 1930년대 통제경제정책 실시시기에 한 論者는, 생산과잉을
조절하는 소극적 제한정책을 시행할 것이 아니라, 생산·분배·무역·금
융·교통 방면에 국영의 각종 대기업은 국가의 치밀한 전체계획하에 시
행하고, 사영 중소기업도 역시 정부의 통제를 받아 국가의 전체계획에
따라 진행하는 민생주의 계획경제의 길을 따라 중국국민경제를 건설
해야 한다고 주장하였다.[69] 통제경제정책으로부터 더 적극적인 국민경
제건설운동 단계로의 전환을 민생주의 이념에 근거하여 정당화하고 있
음을 확인할 수 있는 것이다.

민생주의의 절제자본사상이 아무리 경제건설을 촉진하기 위한 이론
이고, 국가자본과 중소사인자본을 발전시키는 데 주안점이 있었다고
해도, 자본주의 발전을 제한하는 장치를 강구하려 한 점이 민생주의의
가장 뚜렷한 특성임은 분명하다. 생산력의 발전을 적극적으로 도모하
는 동시에, 분배의 공정성을 추구했던 것이다. "孫中山은 경제학을 생
산과 분배를 연구하는 과학으로 정확히 파악하였다"고 평가되듯이,[70]

---

68) 당시, 중국의 부르주아계급은 國民革命 성공 후에도 프롤레타리아·농민의 세력
   증대 때문에 장기적으로 정권을 유지할 수 없다는 視點에서, 國家資本 발달을 더욱
   중시하게 되었다고 이해되기도 하였다.[(鄧文儀, 《中國革命與民生主義》, 1927(中央
   軍事政治學校政治部 간행) ; 中嶋太一, 《中國官僚資本主義研究序說》, 滋賀大學經濟
   學部, 1970, p.22에서 재인용)]

69) 袁聘之, 〈論中國國民經濟建設的重心問題〉, 《東方雜誌》 32卷 16號, 1935. 8.

절제자본에 함축된 의미는 사인투자 범위의 제한과 국가자본 발달의 측면 이외에 또 이익의 분배를 조절하여, 工人노동이 마땅히 획득할 분배액을 보장하는 측면도 간과할 수 없는 것이다.

"우리가 민생문제를 완전히 해결하려면, 단순히 생산의 문제를 해결하는 것뿐 아니고, 분배문제도 동시에 중시하지 않으면 안 된다. 분배의 공평한 방법은 사적 자본제도 하에서는 실행될 수 없다"고 분배의 중요성을 생산과 관련하여 지적하였다.[71] 분배의 불공평을 보완하고자 한 구미의 경우, 누진세율을 적용한 소득세와 유산세를 부과하는 방법을 강구했으나, 독점자본의 형성을 방지하지 못했기 때문에, 중국은 국가자본을 발달시키는 방법으로 보충해야 한다는 것이다.

> 중국에서 민생문제를 해결하려면 절제자본 방법에만 의존하는 것으로는 불충분하다. 현재 외국에서 행하는 소득세도 절제자본의 한 방법이나 그들의 민생문제가 해결되었는가?……외국은 생산과잉이 문제인데, 중국은 생산 부족이니 비교가 안 된다. 따라서 절제사인자본뿐 아니라 국가자본의 발달이 필요하다. 그러나 국가가 사분오열 상태이니 우선 통일이 필요하다. 통일 후에는 자본 발달과 실업 진흥이 긴요하다. 실업진흥 방법은 교통사업, 광산, 공업이다.[72]

국가자본을 발달시키는 방안은 중소자본으로 철로나 전기 같은 대규모 사업에 투자할 경제실력이 없는 상황에서, 경제발전에 필수불가결한 물질조건을 국가가 경영, 제공함으로써, 중소자본에 대해 염가의 원료와 전력을 공급할 수 있고, 중소자본을 장려, 발전시킬 수 있다는 경제발전 전략상 이점이 있다. 즉, 국가자본을 발달시키면 국민경제 각

---

70) 李澤厚, 앞의 책, p.339.
71) 민수주의가 孫文과 당시 혁명파 전체 사상 속에 침투되어 있었던 사실(李澤厚, 앞의 책, p.338)에 더하여, 더 구체적으로는 모리스 윌리엄의 消費者社會論의 영향이 지적되고 있다.(中村義, 〈孫文の民生主義－消費社會論の萌芽として〉, 藤井昇三·橫山宏章 편, 앞의 책, p.71)
72) 《孫中山全集》 第9卷, 〈民生主義〉 第2講, p.391.

부문을 함께 신속하게 발전시킬 수 있다는 것이다. 또한 자본의 집적과 중소자본이 대자본으로 발전하는 것은 피할 수 없는 경제 추세여서 대기업의 출현은 경제진화의 결과라 할 수 있으며, 대기업은 기업 운영상의 낭비를 줄여 생산비를 절감할 수 있는 이점이 있는데, 이러한 대기업을 사인자본이 농단하지 않고 국유 내지 인민 공유로 한다면 폐단은 피하고 이점은 살릴 수도 있는 방안이라 할 수 있다.

대기업 국유의 성격에 관해서는 다음 章에서 분석하고자 하는데, 여기서 짚고 넘어가지 않을 수 없는 문제는 어떻게 국가자본을 형성하느냐 하는 것이다. 이것은 혁명운동시기 孫文과 梁啓超의 논쟁 때에도 孫文의 혁명론의 약점 중 하나가 되었던 문제이다. 자본의 원시적 축적이 없는 상황에서 외자를 도입할 수밖에 없는 현실이었지만, 외세 의존이라는 비판을 의식하여 혁명 전에는 자본의 출처에 관해 의도적으로 언급하지 않았을 가능성도 있다. 그러나 1912년 민생주의적 실업발전을 촉구하는 상황에서, 특히 철로건설에서 外資 이용의 불가피성을 강조하곤 하였다.[73]

1919년 〈실업계획〉에서도 "이후 중국 존망의 관건은 실업발전 한 가지 일에 달렸다"며 내린 결론은 "나의 의견은 다 외국의 자본주의를 사용하여 중국의 사회주의를 조성하는 것이고, 인류 진화의 두 종류의 경제능력을 조화시켜, 서로 用이 됨으로써 세계문명을 촉진하는 것이다"[74]라 하여, 〈國際共同發展中國實業之計劃〉을 제안할 정도로 경제건설 일반에 걸쳐 外資 도입의 필요성을 공언하였다. 전술한 1921년 겨울의 연설에서도, "자본문제를 해결하기 위해서는 반드시 실업진흥이 앞서야 한다. 중국은 현재 빈곤함이 근심인데 무슨 資力이 있어 (실업을) 興辦하겠는가? 나는 外債를 빌려 生利事業에 종사하기를 주장한다" 하였고, 1924년 행한 民生主義 강연에서도 외국의 자본을 빌리지 않고는

---

73) 〈中國之鐵路計劃與民生主義〉, 《孫中山全集》 第2卷, pp.490~491 등등.
74) 각각 〈實業計劃〉, 《孫中山選集》 上, p.186, 338.

철로, 공업, 광산 개발 등 大實業의 발달이 불가능하다고 강조하였다.[75]

孫文은 절제자본을 사회혁명의 한 강령이라며, 절제자본과 대기업 국유는 자본가에 반대하는 것이지 자본에 반대하는 것이 아니라 하였다. 때로는 자본가에 반대하는 사회주의는 중국에서는 절대 실행할 수 없다는 반대파의 주장에 대해, “자본가는 응당 유지해야 하는데 어떻게 반대하나? 자본가의 폐단만은 방비하지 않을 수 없다”고 하였다. 자본가의 폐단만을 제거하고자 할 뿐, 자본가에 반대하는 것은 아니고, 자본의 축적 내지 발전을 추구함을 명백히 보여 준다.

孫文은 궁극적으로 토지국유를 지향하는 ‘평균지권’과 대기업 국유를 주요 내용으로 하는 ‘절제자본’을 모두 사회주의로 이해했으나, 토지국유가 자본주의 발전을 위한 봉건적 토지소유제의 장애를 제거하는 것과 마찬가지로 절제자본도 자본주의 발전을 위해 자본(결핍)문제를 해결하는 것이라 할 수 있다. 절제자본은 위에서 살펴보았듯이, 私人大資本의 발전을 節制하는 것 외에 중소사인자본과 국가자본을 發達시키는 자본주의 근대화 실현을 위한 지도 강령의 의미를 가지고 있다.

국가자본을 발전시킴으로써 평균지권, 즉 토지국유를 실현할 자금을 확보할 수 있으므로, 국가자본주의 사상은 민생주의 양대 강령, 즉 평균지권과 절제자본의 출발점이자 귀착점이라고 할 수 있다. 국가가 자본주의 발전에 필요한 기초 공광업 등을 운영해 주면, 제국주의와 국내 봉건세력 양측으로부터의 압박 때문에 자본축적이 불충분하여, 중국경제의 주요 형식이 되지 못한 상황에 놓여 있던 중소민족자본은 발전의 기회를 확대할 수 있는 것이다. 따라서 절제자본은 자본주의 발달이 미숙한 상황의 반영임과 동시에, 세계사의 제국주의단계에서 부르주아혁명을 추구했던 반식민지 중국에서 혁명의 특성을 극히 잘 반영한 것이

---

75) 각각 《孫中山全集》 第6卷, p.29, 第9卷, p.393. 그러나 1930년 코민테른 정치서기국의 〈中國問題에 관한 決議〉는 孫文의 유토피아적 비자본주의 노선과 상반되는 혁명노선을 제시하면서, 자본주의 세계의 원조와 제휴를 기대한 것을 ‘반동적’ 사상이라고 정면비판하였다.(藤井昇三, 〈1930年代の中國共産黨と三民主義〉, 《1930年代中國の硏究》, アジア經濟硏究所, 1975, pp.86~90)

182

라 할 수 있다.

이와 같이 대기업 국유와 토지국유의 객관적 효과는 자본주의 발전을 촉진시키는 것이나, 생산의 사회화 정도를 높여서 장래 사회주의 도래를 위한 물질적 조건을 창조할 가능성은 있다고 할 수 있다.[76] 그러나 대기업 국영체제에 의해 자본가의 농단을 방지하면서 후진상태에서 신속히 탈피할 수 있는 실업진흥을 성취할 수 있다는 낙관만 할 수는 없었다.

사기업에 비해 국영기업의 효율성이 낮다는 문제에 관해, 孫文도 국영기업이 사영기업만 못하다는 문제를 제기하며, "故로 나는 借款에 의한 鐵路 修築을 주장하며, 또 외국인에 包辦시킬 것을 주장한다. 단지 사인경영 사업은 농단의 폐단에 빠지기 쉬우니 나는 민생주의를 주장하여 40년 후 國有로 收回할 것 주장한다"[77] 하였다. 특히 철로의 건설과 경영은 국가자본을 발전시켜야 한다는 당위성을 확신하고 있었음에도, 현실은 外資에 의한 건설을 인정하지 않을 수 없었으며, 외국인에게 경영을 청부함으로써 경영의 효율성을 기대하고, 차관을 상환한 40년 후에나 국유화한다는 타협안을 내놓지 않을 수 없었던 것이다.

IV. '非資本主義'의 정치적 의미—국가의 성격

자본주의 경제체제의 최대의 문제점인 독점자본가와 그들의 경제 내지 정치에 대한 전횡을 막아야 한다는 것이 동맹회시기 이래 孫文의 주장이었는데, 국공합작이 본격적으로 시작되는 시점에 사인자본가를 규제하는 원칙을 천명하는 '절제자본'을 명시한 것은 논리적으로 부르주

---

76) 이택후는, 자본주의 국유화도 생산력 진보시켜 진정한 사회주의 창조에 유리한 조건을 조성할 수 있다는 엥겔스 주장을 인용했다.(앞의 책, p.343) 당시 레닌도, '국가자본 발달' 사상은 孫中山이 중국 '부흥'의 도로를 '정확하게 찾은' 것이라고 평가하였다고 한다.
77) 《孫中山全集》第2卷, p.466.

아민주주의의 지양이라는 정치적 의미로 귀결될 것인데, 이 문제를 국가자본의 성격규명을 통해 접근해 보도록 하겠다.

절제자본론을 주장한 의도가 사인대자본 발전의 억제와 국가자본 발달이었으며, 중점은 오히려 후자에 있었다면, 대기업을 국영으로 운영하는 것은 어떤 의미가 있는가? 孫文은 자본주의에 관해, 한편으로는 불합리하고 사회문제가 심각하다고 보면서, 다른 한편으로는 일관하여 자본주의 대공업을 발전시키는 자본주의 현대화의 길을 달려야 한다고 주장하여,[78] 자본주의에 대한 모순되는 입장을 드러내고 있다. 그는, "민생주의와 자본주의의 근본상 다른 점은 바로 자본주의는 돈 버는 것을 목적으로 하는 것"이고 민생주의의 목적은 자본제도를 타파하는 것이라고 표현하기도 하였다.[79] 경제발전을 목표로 하면서, 자본주의 발전의 길을 수정하려 했다는 의미에서, 절제자본의 비자본주의를 '사회주의'로 간주할 수 없는 것은 아닐 것이다.

앞 章에서 살펴보았듯이, 그는 토지와 철로 등등을 국유로 하는 집산사회주의 또는 국가사회주의를 지지하며, 민생주의를 추진함으로써, 국가가 공업화를 실행할 수 있고, 국가의 부강과 인민의 행복이라는 목표를 달성할 수 있고, 구미자본주의와 같은 빈부격차와 계급대항의 길을 걷지 않을 수 있다고 믿었다. 동맹회시기 이래 孫文집단의 대표적 지식인들은 이러한 자신들의 이념을 '국가사회주의'에 속한다고 생각하고 있었음을 전기하였다.

독일 국가사회주의의 사회개량정책은 구체적으로 分配의 公正, 勞動條件의 개선, 중요 기간산업과 군수산업의 國營 실행 등으로 나타났다. (중요산업의 국영화 주장은 국가자본주의의 중요한 특성을 구성하는 것이기도 하다) 임금조정이나 조세정책 등으로 자본가계급의 독점적 권력을 극복할 수 있다는 立論으로부터, 노동자계급이 국가로부터 자본을 공

---

78) 梅文干, 〈孫中山的經濟思想與中國的現代化建設〉, 《湖北敎院學報》 1986年 3期, pp.14~15.
79) 《孫中山選集》 下, p.821.

184

여받아 생산조합을 만들지 않으면 영원히 빈곤으로부터 탈피할 수 없다는 주장까지 다양한데, 후자가 생산수단의 소유관계에 변화를 모색한 점에서 사회주의적 지향이 강했으나 실행이 곤란했다. 그 외에는 방임적 자유자본주의의 폐단을 해소하기 위한 사회정책에 가깝지, 자본주의 틀을 부정한 것은 결코 아니었다. 오히려 계급조화를 통해 사회주의혁명을 예방하기 위한 사회정책이라 할 수 있다.

그렇다면 孫文이 표방하는 '국가사회주의' 즉, 민생주의는 어떤 것인가? 중요 기간산업 내지 대기업의 國營을 가장 큰 특징으로 하며, 이를 통해 계급조화를 이룰 수 있다는 것이다. 기간산업, 대기업의 국유를 통해 계급대항의 길을 피하며 부강을 성취할 수 있다는 근거는 무엇인가? 前記했듯이 민간자본의 형성이 부진한 상황에서 국가자본에 의한 산업화가 富強의 성취에 효율적인 측면이 있음을 인정한다 해도, 어떻게 계급조화를 이룰 수 있다는 것인가?

孫文은 "중국은 본래 자본가가 없으므로 국가가 자본을 관리하고, 자본을 발달시키고, 이익을 인민 모두의 소유로 하면 자본가와 충돌도 없고 용이하게 실행 가능하다" 하였다.[80] "트러스트도 人民公有라면 경비절감의 효과가 있다"는 식으로[81] 人民公有制(사실상 국유제)에 대해 낙관하고 있던 孫文의 주관적 원망은 대기업 국유로 대자본의 농단을 방지하고, 자본주의 단계를 건너뛰어 사회주의를 직접 실현하려는 것이었다.[82] 이는 國有國營기업을 어떤 범주로 이해할 것인가 하는 문제와 관련되는 것이다.

기업 국유의 성질은 사회 기본생산관계와 국가의 성격에 따라 결정되는 것이라 할 수 있다. 孫文은 자본의 절제, 대기업 국영을 사회주

---

80) 《孫中山全集》第9卷, p.393.
81) 劉楓·曹均偉, 앞의 책, pp.105~106에서 재인용.
82) 狹間直樹는 민생주의의 본질을 '全人民을 일거에 구제하려 한 沒階級的 부르주아사회주의 이론'이라고 규정하였다.(앞의 책, p.140, 196) 주로 平均地權를 제창한 혁명시기에 관한 분석이지만, 신삼민주의 단계에 대해서도 적용될 수 있을 것이다.

의 길이라고 자칭하였다. 그렇다면 국영기업에서는 자본의 박탈을 제거할 수 있는 것인가? "勞工이 그 勞力이 획득한 바를 전부를 가질 수 있도록 한다"고 했으나, 노력이 획득한 바에 속하는 것이 무엇이며, 어느 정도를 '전부'라고 셈하느냐에 관해 각종 해석이 가능하다.[83]

孫文은 마르크스의 잉여가치이론에 대해, "생산의 공로를 완전히 工人의 노동에 돌려서, 사회상 기타 각종 유용분자의 노동은 忽略하였다"고 비판적 인식을 피력하였다.[84] 잉여가치는 공장내 工人노동의 결과만은 아니라는 것이다. 그는 또 잉여가치론에 근거한 계급투쟁이론에 대해서도, 사회진화의 원인이 계급투쟁에 있다고 보지 않고, "사회상 대다수의 경제 이익과 서로 조화하는 데 있다"고 보았다.[85]

孫文은 잉여가치와 계급조화에 대해 이상과 같은 입장을 가지고 있었기 때문에, 대기업의 國有를 실행하고자 하면서 생산자료의 자본주의 소유제나 고용노동과 자본의 관계를 변화시키려 하지 않았던 것은 오히려 당연한 일이었다. 孫의 '사회주의'는 박탈을 소멸시키는 내용을 결하고 있다고 비판받는 부분이다.[86] 그는 국가사회주의적 정책의 실행을, '수십년래 사회가 크게 진화'한 증거로 파악하였다. 즉 경제 방면의 진화의 실례로서, 1) 사회와 공업의 개량 2) 운수와 교통의 공유화 3) 직접 징세 4) 분배의 사회화를 들며,[87] 이를 통해 자본가와 工人의 이익이 충돌 안 하고 조화를 이루어 가고 있으므로 '진화'되었다고 보았다.

---

83) 李時岳,〈'實業計劃'和孫中山的社會主義〉,《汕頭大學學報》1987年 1期, p.4.
84) 《孫中山全集》第9卷, p.370. 그러나 이러한 주장은 고용노동자가 창조했으나 자본가에 의해 무상으로 착취당하는 초과노동력의 가치를 잉여가치라 규정한 이론을 제대로 이해하지 못한 것이라 비판받고 있다.(張磊, 앞의 글, 1980, pp.162~163)
85) 孫文은, "마르크스의 사상은 숭배하지만, 마르크스의 방법을 중국에서 실행할수는 없다. 그 이유는 實業이 발달하지 않은 상황에서 계급투쟁 방법을 쓸 수 없기 때문이다"(《全集》 9, p.392)라 하여, 마르크스이론의 적용이 중국의 현실과 부합되지 않는다는 사실을 중시한 것처럼 보이는데, 마르크스이론 그 자체에 대해서도 잉여가치론, 계급투쟁설, 유물론을 두루 비판하고 있다. 유물론에도 반대하여, 사회문제가 역사의 重心이고, 사회문제는 다시 생존이 중심이고, 민생문제는 곧 생존문제라 하여(《全集》 9, p.385), 民生을 사회진화의 중심이라 주장하였다.
86) 李時岳, 앞의 글, 1987, p.5.
87) 《孫中山全集》第9卷, pp.388~389.

　이러한 인식 위에서 孫文은 마르크스주의적 사회주의 경제건설에 의한 근대화를 거부하였다. 절제자본의 민생주의로써 국가자본에 의한 대공업을 발전시키는 것은 자본주의를 회피하는 방법이라 보기 어렵고, 상품시장의 존재를 전제로 한 국가자본주의의 틀을 벗어난 것은 아니었던 것이다. 또한 사인독점자본으로 발생되는 폐해는 국가독점자본주의에서도 발생할 수 있기 때문에, 자본주의 모순을 극복하는 사회주의는 아니라 하겠다. 국가사회주의를 사회주의의 중요 조류로 파악한 당시 사회주의 인식에서 '주관적 사회주의'라 비판받는 민생주의가 형성되었다고 할 수 있을 것이다.

　孫의 사회주의적 관심이 이와같이 국가사회주의에 머물렀던 것은, 자산계급의 사회개량사상이라는 계급적 한계가 작용하여, 급격한 사회변동이 초래할 진통을 회피하려 한 측면도 부정할 수는 없을 것이다. 그러나 당시 孫文은, 스스로 '이점이 많고 폐단이 가벼운 온건주의'라고 규정한 국가사회주의에 대해서도, "가까운 장래에는 저항이 클 것이나 수십년 경과하면 저항이 저절로 소멸될 것"이라며,[88] 반대를 무마하려 하였다. 따라서 급격한 사회변화에 대한 경계는, 당시 사회주의에 대한 일반적 경계에 대처해야 하는 현실과 타협하기 위해서도 불가피한 조처였던 것으로 보인다. 또한 당시 구미의 사회주의도 잡다한 양상을 보이는 가운데, 소련은 '戰時共産主義' 정책을 國家資本主義的 '新經濟政策'으로 개변시키고 있었다. 이러한 상황이 孫文으로 하여금, 마르크스주의는 이미 지나갔다고 착각하게 하였다는 해석도 있다.[89]

　사회기본생산관계의 변화를 의도하지 않은 채, 국가자본의 발달로써 계급조화를 이룰 수 있다는 孫文의 생각은 전기했듯이 '주관적 사회주의'라 지칭되어 왔고, 국가자본이 노동자의 복리에 기여한다는 생각은 '착오'라 간주되어 왔다. 왜냐하면 자산계급국가의 국가자본은 결국 자

---

88) 《孫中山全集》 第6卷, p.636.
89) 丁旭光, 〈論孫中山國家資本主義思想的道路〉, 《孫中山硏究》(廣東) 第2輯, 1989, pp. 217~218.

산계급 수중의 국영기업이 되어 자본가가 노동인민을 박탈하는 도구가 될 것이므로 국민복리 도모에 이용될 수 없다는 것이 주된 논지이다. 그러나 자산계급 국가의 자본은 어떤 형태라도 노동자를 박탈하게 마련인가 하는 문제는 차치하더라도, 우선 국가자본의 성격을 규정하는 기준으로서 이 시기 국가의 성질은 어떤 것이었나 하는 문제를 검토하지 않을 수 없다.

國家의 성격 문제에 관해서 孫文은 民國 초기에도 "토지와 大經營을 모두 國有로 한 즉, 그 소득은 人民의 公有가 될 수 있다.……國家社會主義에 따르면 公有는 곧 國有이니, 국유는 民有와 무엇이 다른가!"[90] 民國은 全民의 국가이므로 대기업 국유는 全民所有로 간주해야 한다는 것이며, 국가가 국유의 사회재부를 이용하여 전체 국민의 이익을 위해 복무하는 것은 사회주의라고 인식하였던 것이다.[91] 民國의 자산계급국가로서의 성격을 인정하지 않고, 全民의 국가로 인식한 것인데, 이는 국가의 본질을 잘 이해하지 못하고, 국가의 성질을 추상적 초계급적으로 본 공상이라 비판되고 있다.[92]

그러나 1920년대는 孫文과 국민당이 계급연합에 기초한 국민혁명을 추진하던 시기로서 민주공화혁명을 추구하던 이전 시대와 구별되지 않으면 안 될 것이다. 이른바 신삼민주의의 민권주의는, '전체 平民이 스스로 정부를 조직하는, 人民이 主體가 되는 국가'의 건립을 표방하였다. 이 정부는 자산계급의 商界에 한정되지 않고, 전체 평민의 이익을 대표하는 것이니, 자본가계급 專政국가가 아니고, 각 혁명계급연합의 專政국가라는 것인데, 주체가 되는 인민을 구성하는 주요 계급은 노동자, 농민, 그리고 자산계급이다.[93]

이 시기 국민당 지도자들은 한결같이 계급연합의 全民國家에 의한

---

90) 《孫中山全集》 第2卷, p.521.
91) 劉楓 曹均偉, 앞의 책, p.98.
92) 李澤厚, 앞의 책, p.343.
93) 《孫中山全集》 第9卷, p.120.

국가자본의 건설을 지향하였다. 胡漢民은 全民共存의 이상사회 건설이 민생주의 실현이라 하였고,[94] 국민당 지도자들 가운데 누구보다 左傾했던 廖仲凱도, 계급투쟁에 반대하여 公營政策으로 국가경제 부문을 발전시키는 것과 광범하게 (消費)合作社를 조직하여, 자본주의 병폐를 해결하는 방안을 제시하였다.[95] 民生主義를 삼민주의의 본체로 파악했던 戴季陶는, 인민의 생산산업을 국가가 관리하여 인민생활을 증진시키고 산업을 발달시키는 국가권력 주도의 국가경제를 형성하는 '非資本主義 발전의 길'을 모색하며, 그 선행조건으로 人民 전체가 主權을 갖는 국가 건립을 제시하였다.[96] 계급간 불평등을 제거함으로써 계급투쟁을 회피하며 국가자본을 건설하는 비자본주의를 지향한 陳公博은 각 계급의 목전의 이익 추구를 통제하기 위해 '黨의 專政'이 불가피하다고 파악하였다.[97]

그러나 전체 인민이 스스로 정부를 조직하는 階級聯合專政國家라는 모호한 성격 규정하에서는 다시 계급연합의 주체가 누군인가 하는 문제가 발생한다. 이 주체를 노동자(工人)과 농민으로 보는 인민공화국 단계라면, 그 국가자본 내지 국영기업의 성격 파악이 부르주아민주주의공화국 단계와 구별될 수 있을 것이다. 당시 陳公博은 국민당이 대표하는 계급은 소자산계급과 연맹하는 농공계급이라 하며 農工계급을 영도계급으로 규정하였다. 그는, 따라서 국민혁명의 성격을 자본주의를 소멸시켜 사회혁명을 하는 '社會主義性' 혁명이라 규정하였다.[98]

국공합작이 분열된 후이지만 鄧演達이, "현단계 중국사회가 나아갈 역사 진로는 국가자본주의, 즉 현단계에서 사회주의에 이르는 과도시

---

94) 尹世哲, 〈胡漢民과 淸黨—參與過程과 理念的 基礎〉, 閔斗基 편, 《中國國民革命 指導者의 思想과 行動》, 지식산업사, 1988, p.62.
95) 馮鑒川, 〈試論廖仲凱的社會主義思想〉, 復印報刊資料 K4, 1987年 10期, p.205.
96) 〈三民主義의 國家觀〉 ; 白永瑞, 〈戴季陶의 國民革命論의 構造的 分析〉, 閔斗基 편, 위의 책, p.205 참조.
97) 閔斗基, 〈國民革命期의 陳公博의 革命理論과 政治活動〉, 閔斗基 편, 위의 책, pp. 243~246.
98) 위의 글, p.242에서 재인용.

기의 경제결구는 국가자본주의다"고 하며, 이 국가자본의 건설은 '農工을 중심으로 한 平民 群衆이 자기 手中에 국가권력을 장악'하는 것을 전제로 한 것도, 農工을 계급연합의 주체로 제기한 것이다.[99] 역사의 진전과정이 만일 人民共和國 방안이 자산계급공화국 방안을 대신하게 되었다면,[100] 인민공화국하의 국영경제는 사회주의 성질의 국영경제와 다르지만, 사회주의경제형식에 접근하는 특수한 의의의 국가자본주의로[101] 볼 수 있는 가능성도 있다.

그러나 孫文은 계급연합전정의 주체가 되는 人民을 구성하는 주요 성분으로 노동자, 농민, 그리고 자산계급을 병기하여, 國體問題에서는 끝내 무산계급의 영도권을 명시하여 인정하지 않았다. 이 시기 혁명의 기본성격이 자산계급혁명이며, 인민공화국도 사실상 자산계급이 영도권을 쥐고 있다고 본다면, 국가사회주의 강령의 성질은 다소 불명확한 문제가 있다. 절제자본론도 제한대상을 대자본가에 국한시켜, 국민생계를 조종하지 않는 한 중소자본의 발전을 승인, 장려하게 되어 있다.

당시 역사조건하에서는, 사회경제생활 면에서의 진보 추세가 자본주의 발전이었고, 혁명민주파가 추구하던 공화국은 부르주아민주주의공화국이었다고 보는 것이 타당할 것이다. 그러나 계급연합이 추진되고, 인민공화국의 추구가 보편적 지향은 아니었어도 국민당좌파 또는 제3세력 등에 의해 하나의 큰 흐름을 형성하고 있던 상황에서 전개된 非資本主義論은 일반적 자본주의사회 건설과는 구별되지 않으면 안 될 것이다.

孫은 절제자본을 사회혁명의 한 경제강령이라며 절제자본과 대기업

---

99) 鄧演達, 〈中國國民黨臨時行動委員會政治主張〉(1930. 9), 彭明 주편, 《中國現代史 資料選輯》第三冊, 中國人民大學出版社, 1988, pp.432~436.

100) 張磊, 앞의 글, 1980, p.159. 전체 인민이 스스로 정부를 조직하는 계급연합전정국 가에서, 국민경제의 주요 부문을 국영으로 하는 非資本主義 도로의 탐색은 구민주 주의혁명에서 신민주주의혁명으로 전환의 역사필연성을 반영한다고 보기도 한다. (廉平, 〈孫中山對非資本主義道路的探索〉, 復印報刊資料 F7, 1987年 1期, pp.139~ 143)

101) 劉楓·曹均偉, 앞의 책, p.113.

국유는 자본가에 반대하는 것이지 자본에 반대하는 것이 아니라 하였
다. 이같은 모순이론은 그가 資本이란 단지 物이 아니고 일정한 사회관
계임을 이해하지 못하고, 단순한 물질요소로 간주하였기 때문에, 자본
가는 인격화한 자본이며 생산자료의 자본주의 소유제에 의거하여 노동
자의 잉여가치를 박탈하는 계급이라는 사실을 파악하지 못한 데서 비
롯된 것이라고 해석되고 있다.[102] 사회관계에 대한 모호한 인식이 국가
의 성질을 명확히 규정하지 못하고 초계급적인 것으로 인식하도록 했
다는 것이다. 국가 정권의 성격 문제를 철저히 해결하지 못하면 국민경
제의 사회주의 발전방향 문제도 철저히 해결하기 어렵고, 진정한 사회
주의적 국유화도 어렵다는 것이다.

   그러나 사회주의적 국유화가 아니었다는 사실이, 노동자의 권익을
진전시킬 수 없었다는 이유로, 당시 국가자본주의경제 추구에 대한 비
판의 근거가 될 수 있는가 하는 것도 다시 짚어 보아야 할 문제이다.[103]
그리고 절제자본론을 처음 명시한 〈國民黨1次全國代表大會宣言〉에는
勞工法 제정, 工人생활 개량, 양로, 육아, 병질자 구휼, 교육 보급의 문
제를 제기하여,[104] 신삼민주의로의 변화를 드러낸 孫文의 경제사상의
민주정화를 보여 준 것이라며, 이를 '착오'라고 비판하는 것은 비평자가
'좌경'사상의 영향을 탈피하지 못했기 때문이라는 '역비판'이 제기되고
있다.[105] 이러한 경향은, 자본주의 발전이 낙후된 국가에서는 국가의 투
자에 의한 공업화가 사인투자농단에 비해 인민의 이익에 더 합치되는
도로가 될 수 있다는 역사적 의의를 인정해야 한다는[106] 인식과도 궤를

---

102) 위의 책, p.99. 孫文이 잉여가치의 박탈의 의미도 오해했음은 전술하였다.
103) 사회주의국가에서도 공산당 정책의 착오로 노동자의 복리를 저해하는 결과를
    초래할 가능성이 있으며, 반면 자본주의 국가에서는 노동자의 복리 제고가 노동
    자계급의 적극성을 유도하는 것으로 인식하여, 자본가와 정부가 복리정책을 실
    행해 온 사실을 들어 흑백논리로 사회주의경제와 자본주의경제체제를 논단하는
    것을 비판하는 주장도 제기되었다.(丁日初, 〈孫中山發展國家資本的思想與海峽兩
    邊的經濟交流〉, 復印報刊資料 K4 1987. 4, p.171)
104)《中國國民黨歷次代表大會及中央全會資料》上冊, 光明日報出版社, 1984, p.22.
105) 丁日初, 앞의 글, 1987, p.172.

같이하는 것이다. 그러나 국민혁명 단계에서 사회주의 국가자본을 건
설하지 않은 것을 착오로 볼 수 없다 해도, 각종 사업을 국유화하고 국
영을 실행하면 사회주의가 실현된다고 생각한 것은 너무 단순하고 실
제에 부합되지 않는다는 문제는 간과할 수 없다.[107]

　사실상 자본주의 발전에서 국가의 작용을 중시하며, 改良을 수단으
로 표현한, 기본적으로 국가자본주의 사상의 성격을 띠고 있는 孫文의
민생주의는 근대중국 민족자산계급 혁명파의 구미사회주의에 대한 인
식의 한 전형적 길이라 할 수 있다. 서방사회주의 학설의 틀과 중국의
대동사상의 전통을 바탕에 깔고,[108] 국가사회주의 일부 내용과 중국의
국정을 결합하여 잡다한 국가자본주의로 개조한 것이다. 이를 가장 '우
월한' 사회주의로 간주했기 때문에,[109] 자본주의단계를 건너뛰어 사회주
의를 건설할 수 있고, 해야 한다고 주장했던 것이다.

---

106) 李澤厚, 앞의 책, p.343. 杜恂誠도 淸末 이래 국가자본 발전단계를 같은 이유에서
　　긍정적 평가했지만, 國民政府 시기에는 이미 私人資本의 발전이 궤도에 올랐으므로
　　이를 지원하는 정부의 역할이 더 필요했다며 이 시기 국가자본의 발전을 비판적으
　　로 평가하였다.(《民族資本主義與舊中國政府(1840~1937)》, 上海社會科學院出版社,
　　1991, pp.3~4)
107) 胡繩은 孫文 이래의 사회주의에 대한 이러한 안이한 사고방식으로 인해, 경제
　　기초가 낙후된 상황하에서 국가권력에 의존하여 행정수단으로 사회주의경제를
　　건설하려는 착오 경향이 발생될 수 있으며, 사회주의건설은 어려운 일이 아니라
　　는 사고방식에도 직결된다고 중국공산당 정권의 조급한 사회주의건설에 대한 비
　　판적 평가에 결부시켜 비판하였다. 사회주의제도하에서도 상품경제의 발전은 뛰
　　어넘을 수 없는 단계라 하고 있다.(앞의 글, p.107)
108) 孫文의 사상은 近代 社會主義보다 오히려 유교 大同사상으로부터 빌려온 것이
　　라는 등 삼민주의를 유교적으로 해석하는 입장도 있으나(鈴江言一, 《孫文傳》),
　　歐美的 발상에 기초하여 구상된 삼민주의를 중국민들에게 이해시키기 위해 중국
　　고유의 도덕과 정신으로써 계몽 선전한 것이라는 해석이 설득력 있는 것으로 보
　　인다.(中山義弘, 〈孫文における國民統合の論理構造〉, 横山英·曾田三郎 편, 《中國
　　の近代化と政治的統合》, pp.20~21 참조) 백영서는 孫文集團의 사상이 대동이념
　　의 뿌리깊은 영향으로 계급갈등보다는 계급조화를 이룩할 수 있는 국가를 강조
　　한 국가사회주의에 기울어졌던 것으로 추론하였다.(〈建設誌와 朱執信의 役割〉,
　　《東洋史學研究》 19, 1984, p.90)
109) 狹間直樹, 앞의 책, pp.122~123.

V. '非資本主義的' 경제사상의 영향과 실천

孫文의 민생주의(평균지권)는, 전술했듯이 신해혁명 후 실업진흥이
더 시급한 과제였던 당시 상황에서 사회주의 주장에 대한 반대가 거세
었기 때문에, 화평한 방법으로 점진적 개량을 도모한다는 방침하에 지
연되었다. 단지 廖仲愷가 廣東省 財政司長으로서 平均地權의 실행을
통한 광동성 재정개혁을 시도한[110] 것이 당시 민생주의의 실천적 노력
의 전부라 해도 과언이 아니다. 그러나 민국초 국가사회주의 정책의 실
행에 관해서는 광범한 공감대가 형성되어 있었고, 孫文의 중요 기간산
업 국유화 주장도 이 시기에 정립되었음을 앞에서 확인하였다.

1910년대 중국의 思潮가 다분히 사회주의를 세계 시대정신으로 인식
하는 경향이 강했기 때문에, 사회경제 방면의 건설방안으로서 '사회평
등생활' 유지를 위한 산업과 징세제도를 건립하고자 하는 지향이 보편
적이다. 예컨대 戴季陶가 편집하던 《星期評論》의 社論 〈關於民國建設
方針的主張〉에 제시된 사회경제정책의 강령을 보면, 누진지가세, 누진
재산상속세, 누진소득세 실시, 농공생활 안전보장을 위한 보험과 연금
제도 시행, 그리고 운수 교통 교역과 일체 인민 공공생활에 관계되는
사업을 점차 國有 및 地方公有로 收回한다 하였다.[111] 당시 식자층이부
딪친 '自由'와 '平等', 또는 國富開發과 分配平等에의 선택의 기로에서
社會民主主義 또는 國家社會主義라는 대안은 두 길의 교차점에 위치하
는 것으로 인식되었던 것으로 보인다.[112]

---

110) 張作耀, 〈試論廖仲愷對民生主義的宣傳,實踐和發展〉, 《近代史硏究》 1987年 5期, pp.
123~124 및 陳福霖, 《孫中山廖仲愷與中國革命》, 中山大學出版社, 1990, pp.195~
199 참조. 廖仲愷는 1923년 廣東省長으로서 토지정리와 稅收정돈을 다시 시도한다.
111) 이 民國建設方針에 관한 제안 가운데 사회경제정책 강령은, 우선 幣制統一과
關稅改定을 제기하고, 그 다음 과제로 이러한 社會平等을 위한 정책을 제시하였
다.(《星期評論》 第二號, 1919. 6. 15)
112) 〈世界的時代精神與民族的適應〉, 《星期評論》 1919. 9. 28.

개인주의가 발달하지 못한 역사적 전통과 대비되는 뿌리깊은 전통
大同思想의 요소인 公私觀念, 弱者에 대한 보호, 그리고 불평등의 제거
를 통한 이상사회의 지향이 결합되어, 자본주의에 대한 부정적 시각과
사회주의에 대한 호의적 관심이 형성되었다 할 수 있을 것이다. 예컨대,
자본주의와 공산주 두 체제의 모순을 극복하는 적절한 제도를 모색
한다는 취지로 개최된 1920년대 초 山西省의 進山會議에서는 資本을
公有·公給하는 제도가 자본의 私有나 共産제도보다 公平하며 인간의
본성에 부합하는 제도라 주장하고 있다.[113] 대기업에 대한 公營 원칙도
함께 제기하며, 대자본가의 출현을 방지하고 자본이 利息을 낳는 제도
를 지양할 수 있다 하였다. 자본가의 개인적 영리 추구가 公益에 합치
되지 않는다는 것을 전제로 하고 있다. 이러한 논의를 公有·公營을 빙
자한 지역정권 차원의 경제농단 의도로 폄하할 수도 있지만, 그 진정한
의도가 무엇이든 간에 節制資本이 정식으로 제출되기 이전에 이미 孫
文 집단 외의 지방세력에도 非資本主義的 지향이 광범하게 형성되어
있었음을 보여 주고 있다.

앞(Ⅳ)에서 국민혁명 시기 국민당의 브레인인 胡漢民 戴季陶 陳公博
등이 모두 全民國家의 국가권력이 주도하는 국가자본 건설의 비자본주
의를 지향하였음을 언급하였다. 國共분열 후 國民黨臨時行動委員會를
이끌던 鄧演達은 장차 사회주의에 이르기 위한 과도기인 당시 중국사
회의 진로는 國家資本主義라 규정하고, 국가가 集中하는 資力을 이용
하여 대기업 관건산업을 국영·공영으로 할 것과 중소 사인기업에 대한
干涉정책을 제안하였다. 孫文의 국가자본 발전과 사인자본 절제론과
기본적으로 같은 틀인데, 금융기관의 국유화와 재정정책으로 사인자본
을 통제하고 대기업의 국공영을 촉진하는 계획적 경제건설방안을 제시
하였다.[114]

---

113) 강명희, 〈民國시대 山西省의 '理想的' 체제 모색〉, 《震壇學報》 78, 1994, pp.462~
    471.
114) 鄧演達, 앞의 글 ; 張憲文·汪佩偉, 〈第三黨'社會主義'思想初探〉, 復印報刊資料 K4,

194

임시행동위원회 이래 제3세력으로 통칭되기도 하는 1940년대 중국
민주동맹, 중국국민당민주촉진위원회, 삼민주의동지연합회는 서로 차
이가 없지는 않지만 모두 국영·공영기업 부문을 중시하고 사인자본을
절제하여 국가자본을 발전시키자는 입장을 표방하였다. 단, 민주동맹은
인민의 사유재산을 인정할 것을 주장한 점에서 구별되는데, 역시 빈부
계급을 소멸시켜 인민경제의 평등을 보장한다고 천명하였다.[115]

정치적 입장에서 좌파든 우파든, 정치가든 지식인이든 또는 정부 기
술관료든[116] 국가자본 발전의 당위성, 자본의 사회화의 요구는 매우 광
범하였는데, 이러한 비자본주의적 경제사상이 孫文 생전에는 거의 실
천의 기회를 갖지 못하였다. 그러나 국가자본 발전의 취지를 사실상 가
장 중요한 특징으로 한 孫文의 비자본주의, 즉 절제자본론은 孫文 사후
국내 및 국제 정세의 변화로 그의 생전보다 훨씬 강한 영향력을 발휘하
게 되었다.

國民革命의 발전 결과 국민당 蔣介石세력이 중앙정부를 수립한 후,
孫文의 유지를 실행에 옮기는 것으로써 권력의 정통성을 확보하고자
했다. 또한 군벌시대를 종식시키고 통일정부가 수립되자, 강력한 정부
에 의한 부강한 국가 건설에 대한 기대가 팽배하였다. 이때 南京國民
政府는 〈國民政府宣言〉을 발표하여(1928. 10), "경제건설을 진행하는
원칙은 반드시 개인기업과 국가기업의 성질에 따라 그 趣向을 정한다"
하고, "독점성이 있는 국가의 기본공업은 국가가 경영한다"고 처음으
로 절제자본의 지향을 천명하였다.[117] 남경정부로서도 국가자본을 발전

1991. 2 참조.

115) 1944년 9월 民主政團同盟 전국대표대회에서 통과시킨 《中國民主同盟綱領》에서
는 '경제민주화를 주장한다, 인민사유재산을 인정한다'했는데, 1945년 10월 민주
동맹 임시전국대표대회에서는 財富의 평균과 토지사유액의 최고한도액을 규정하
는 것으로 변화가 있다.(王天文·王繼春 主編, 《中國民主黨派史綱》, 河南大學出版
社, 1988, p.79, 82)

116) 石川禎浩, 〈南京政府時期の技術官僚の形成と發展－近代中國技術者の系譜〉, 《史
林》74卷 2號, 1991, pp.176~187 참조.

117) 〈國民政府宣言〉, 《國聞周報》 5卷 4期(1928. 11. 4) 原揭 ; 彭明 주편, 《中國現代

시키는 것은 정권의 경제적 기초를 공고히 할 수 있기 때문에 국가자
본이 중심 역할을 수행하는 경제건설을 추진하고자 한 것은 당연한 추
세였다.

그러나 국민정부 성립 후에도 反蔣세력과 공산세력에 대한 군사작전
과 전쟁, 건설자금과 기술인재의 부족으로 경제건설의 진전은 미미하
였다. 단지 국가자본을 육성한다는 원칙에는 광범한 공감대가 형성되
어 있는 상태였다. 이러한 지향을 정부의 기본원칙으로 확정시키고 실
천에 옮기게 한 것은 국내·국외의 상황 변화라는 변수라 할 수 있을 것
이다.

남경정부가 反蔣세력을 일단 제압한 1930년대 초는 일본 제국주의
세력의 중국 침략이 만주로, 화북으로 점차 확대되는 시기였던 동시에
세계 경제대공황기였다. 두 종류의 위기는 남경정부를 곤경에 빠뜨렸
으나, 동시에 당시 세계적으로 유행하던 통제경제사상의 영향하에 정
부가 경제에 간여하여 국가자본을 발전시키는 정책은 확고부동한 원칙
이 되었다. 특히 일본의 침략 위기가 고조됨에 따라 국방경제건설의 필
요성이 강력히 제기되었고, 정부가 경제를 주도하고 통제하기 시작하
였다.

1930년대에 들어서며 국민당과 國民政府는 "일체의 경제사업은 모
두 민생주의 節制資本 원칙하에 진행되어야 한다"고 규정하였고,[118] 좀
더 구체적으로 "국가가 석유 석탄 금 철 광업을 興辦하고," "國營 항운
업을 創辦한다"는 안이 제출되었다. 이어서 1932년 國民黨四屆三中全
會에서 이미 '민생주의를 실현하는 중심 단계'라며 '평균지권과 절제자
본을 시행할 구체적 政綱'을 신속히 제정해야 한다고 촉구하였다. 1935
년 〈國民黨第五次全國代表大會宣言〉은 "일체의 國利民福에 관계되는

史資料選輯》3冊, pp.41~42 轉載.

118) 〈關于經濟之建設案及意見書案〉(1930. 11. 18 國民黨3期4中全會 통과), 전게 《中國
國民黨歷次代表大會及中央全會資料》上冊, p.931 ; 〈依據訓政時期約法關于國計民
生之規定確定其實施方案〉(1931), 《經濟問題資料滙編》, 臺灣 華文書局, 1967, p.27.

중대 사업은 응당 國營을 원칙으로 해야 한다"고 선포하였다.[119]

이러한 정책 정강이 과연 어느 정도의 실천적 노력으로 연결되고 실행되어, 소기의 성과를 나타냈는가? 1927년 남경정부 성립 이래 1930년대 전반을 국가자본 발전을 위한 준비기라면, 1935년을 기해 그러한 발전이 궤도에 오르기 시작한다. 이는 法幣로의 幣制改革이 성공함으로써, 화폐발행권을 가진 中央, 中國, 交通銀行을 증자하면서 정부의 주식 소유율을 50퍼센트 이상으로 하여 이들 은행을 장악하고, 금융업에서 국가자본을 발전시킬 수 있었던 것이 경제계 전반에 대한 정부의 통제권 획득의 주요인이었다 할 수 있다. 항일전이 폭발하자 재정부는 전시경제의 수요에 대응하기 위해서 즉각 '非常時期安定金融辦法'을 공포하여, 금융에 대한 통제를 통해 전시재정을 유리하게 운용하고, 경제사업에 대한 대출을 확대하여 후방경제를 발전시켜 전시경제를 지탱하는 발판으로 삼았다. 국가금융자본은 대규모 대출뿐 아니라, 광공업에 대량의 직접투자를 행하며 주도적 역할을 수행했다.

금융업에 이어 철로 운수업에 대한 국가자본의 장악도 일찍이 달성되었다. 1927년에서 1937년까지 정부가 철로 건설, 복구, 이전의 中外채무 상환을 위해 투자한 액수가 1억 2500만 元 정도였고, 公路의 신건설이나 改修 길이가 40여 만 킬로미터에 달하였다. 1936년 교통 운수업 부문의 국내 총자본 4억 원 가운데 국가자본은 2억 3500만 원으로 59%를 점했고, 철도, 우편, 전신, 전화, 항공운수 등은 완전 국영이었고, 公路운수업의 국가자본 비중은 34.8퍼센트를 점하였다.[120]

중공업을 중심으로 工業 방면에서도 국가자본이 초보적 발전을 이룰 수 있었던 것은 1935년 4월 資源委員會(이전의 國防設計委員會)가 國營工礦業을 경영 관리하는 경제기구로 군사위원회에 소속된 것이 계기가

---

119)《中國國民黨歷次代表大會及中央全會資料》下冊, 光明日報出版社, 1984, p.295.
120) 劉楓·曹均偉, 앞의 책, p.126 ; 錢小明·程麟蓀, 〈論孫中山'發達國家資本'的思想及其對後世的影響〉,《上海社會科學院學術季刊》1986年 3期, p.79 참조. 이하 항전시기 국가자본 관계 통계숫자도 같은 책(pp.124~128)과 같은 논문을 재인용하였다.

된다. 〈重工業建設計劃〉을 제정하여 국방경제 측면에서 중공업을 발전
시키기 위해 1935~36년 재정연도 내에 국민정부는 3천만 원의 자금을
중공업 공장건설에 투하하였다. 1936년에서 1948년 초까지 자원위원회
가 國營 工礦業기업을 건설하도록 제공된 財政 지출이 1억원에 달했으
며, 그 중 99퍼센트 이상이 강철, 석유, 기계, 석탄광 등 중공업 기업을
건설하는 데 사용되었다.

  이와 같이 남경정부 후기에는 세계경제위기가 조성한 불리한 영향에
서 벗어나 일제의 군사침략에 대항할 준비를 어느 정도 해 나갈 수 있
었다. 남경정부시기 초보적 발전을 이룬 국가자본은 항일전쟁이 본격
적으로 전개되면서 국민경제의 각 부문에서 신속히 확장 발전되어, 戰
時需要를 위한 통제경제정책 실시의 기초가 되었으며, 戰時통제경제정
책의 시행으로 인해 국가자본은 급팽창하는 결과가 초래되었다.[121] 1937
년에서 1945년 사이 국민정부 재정 예산 가운데 매년 1/5 이상을 '建設
事業專款'으로 책정하여 주로 국가자본을 발전시키는 데 사용하였다.[122]
이러한 국영경제를 총관장한 자원위원회가 경영한 사업은 대부분 전시
수요를 충족시키기 위한 것이었다. 후방의 교통 운수업이 거의 국가경
영에 속하게 되었을 뿐 아니고, 국민정부 통치지역의 商業과 貿易 부문
등도 국가자본의 통제하에 놓여 있는 상황이었다.

  항일전 종식 후 국가자본은 공업자본의 80%, 교통 운수업의 98%, 그
리고 금융업의 90% 이상을 장악한 것으로 나타났다. 戰時라는 특수상
황이기는 하지만, 국가자본의 발전 정도는 중국경제의 성격을 규정하
기에 충분함은 말할 나위 없고, 사인자본은 이제 국가경제의 명맥을 좌
우할 수 없는 결과로 나타났다. 1949년 이후 중화인민공화국은 국민당
정권이 대만에 이전한 후 국가자본기업을 접수하여 이를 물적 기초로

---

121) 丁日初·沈祖煒, 〈論抗日戰爭時期的國家資本〉, 《國民檔案》 1986年 4期, pp.109~
    124 ; 久保亨, 〈近現代中國の國家と經濟〉, 山田辰雄 編, 《歷史のなかの現代中國》,
    東京 : 勁草書房, 1996, pp.104~116 참조.
122) 《中華民國統計年鑑》(1948)에 의거한 통계, 錢小明·程麟蓀, 앞의 글, p.79에서 재
    인용.

삼아 사회주의의 국영경제를 발전시켰으며, 대만은 孫文이 제창한 대외개방과 外資 도입방침에 의거하여 경제를 신속히 발전시켰음은 주지의 사실이다.[123] 국가자본을 발전시키는 경제사상이 孫文 생전에 실행되지 못했으나, 그의 사후 자본주의적 근대화를 추구한 국민당과 사회주의적 근대화를 추진한 공산당이 다른 정치목표와 조건하에서 다른 방법이지만 국영기업이 경제건설의 근간이 되는 전략으로 실현을 본 셈이다.

VI. 맺음말

私利 추구를 부정적으로 인식하고, 公有 내지 公益을 강조하는 경제사상은 제국주의 열강에의 半종속상태 또는 직접적 침략이라는 중국의 현실과 결합되어 경제 부문에 대한 ('賢能')정부의 간섭과 통제, 주도적 역할을 인정하는 결과를 가져왔다.[124] 국가사회주의에 대한 광범한 공감대는 강력한 정부가 경제발전과 분배의 정의를 동시에 담당할 수 있다는 기대에 기초하고 있다. 또한 중국 경제의 낮은 발전단계와 거대한 규모로 인해 통제경제의 필요성이 제기되고 있었다.

남경국민정부 시기는 불완전하나마 국가적 통일과 관세자주권을 획득하여 경제발전을 도모할 수 있는 기초가 정립되었으나, 국내 통일을 도모한 군사작전을 진행하던 중에 일제의 침략에 대비 대항해야 하는 민족독립의 위기에 다시 놓이게 되었다. 정부의 경제적 또는 경제외적 압력하에 민간기업의 발전이 위축되었고,[125] 더욱이 (준)전시상황하에

---

123) 丁日初, 앞의 글, 1987 참조.
124) 이러한 경향을 國家에 의한 '經濟에 있어서 代行主義'라 규정하기도 한다.(久保亨, 앞의 글, pp.82~116 참조)
125) 國民政府시기 경제정책 기조의 변동은 久保亨의 위의 논문에 잘 정리되어 있다. 상공계급에 대한 국가권력의 압력은 Bergere, Marie-Claire, translated by J. Lloyd, *The Golden Age of the Chinese Bourgeoisie, 1911~1937*, Cambridge

전개된 국가건설 중에 선택된 경제구조는 국가주도형 경제가 되지 않을 수 없었다. 이러한 국가자본주의적 산업개발의 요체는 강력한 중앙집권의 출현이다.

강력한 정부에 의한 국가자본의 발전정책은 다른 한편 자유로운 산업활동을 전제로 한 민간산업의 발달을 위축시킬 가능성이 크다. 항전시기 사영기업의 현저한 위축은 전시상황하에서 불가피했다손 치더라도, 전후에도 국가자본의 발전과 사인자본의 약세는 지속되었다. 전시경제체제를 종식시킨 시점에도 국가자본 발전에 중점이 놓인 경제전략을 비판하는 주장이 제기된 것이 관심을 끈다. 그 이유는 크게 두 측면 즉, 생산력 발전을 위한 공업화와 중국에서의 민주화 추구와 관련하여 비판이 제기된 것이다.

당시 역사적 상황에서 공업화를 통한 생산력 발전을 제1의 목표로 삼지 않을 수 없기 때문에 (국영기업을 주 대상으로 한 계획경제 부분도 포함하지만), 효율성이 높은 사영경제를 중심으로 공업화를 촉진한 후에, 다음 단계로 국영 또는 공영경제영역을 확대시켜 나가야 한다는 것이다.[126] 국영경제는 관료주의와 경쟁의 부재로 인한 비효율성이 극복된 후, 일체 특권을 취소하고 사영기업과 공평한 경쟁을 통해 스스로의 우열을 증명해 보여야 한다고 經濟民主主義를 주장한 것이다. 이는, 民主化를 추진하기 위해서 '反封建 反官僚的인 工業化'를 추진하는 것이 중요하다며 국민당의 경제정책을 비판한 입장과 논리적으로 상통한다고 볼 수 있다. "경제가 지진한 사회에서는 사영기업이 정치적 민주화를 진전시키는 기본적 동력이고, 사영공업이 발전해야만 간신히 민주정치는 의지할 기초를 획득할 수 있다"[127]는 것이었다.

University Press, 1989 참조.
126) 楊宏雨, 〈抗戰勝利前後施復亮經濟建設思想述論〉, 復印報刊資料 K4, 1998. 2, pp. 138~140 참조. 자유경제 부분을 주체로 한 혼합경제체제를 제3의 경제노선, 신자본주의라고 칭했다.
127) 笪移今, 〈節制資本的再認識〉, 《經濟週報》 2卷 28期, 1946 ; 水羽信男, 〈施復亮─抗戰勝利後における都市中間層の政治文化〉, 平野正 編, 《中國近代化過程の指導た

경제발전전략에서 정부 주도냐 민간 주도냐 하는 문제는 20세기 초부터 각국 정부의 정책 입안 당사자나 학자들에 의해 거듭 논의되어 왔다.[128] 최근까지도 개발독재니 신권위주의니 하는 용어로써 신흥공업국가의 경제적 통제주의와 정치적 전제주의 간의 불가분한 관계가 표현되고 있다. 최근 아시아 경제위기의 원인으로 관료주의적 위계구조가 일반적으로 지적되며, 권위주의적 정치체제를 청산하지 못한 채 급성장을 주도한 국가의 과도한 역할에 대한 비판으로 나타나고 있다.

대만으로 이전 후 國民政府의 경우, 정부자본을 대만경제의 '핵심사업'으로 하여 全面性 獨占性이 있거나, 인민이 경영하기 용이하지 않은 사업은 일률적으로 정부자본이 경영한다는 정책을 실행하여, 정부자본이 금융부문을 독점하였고, 전력, 철로, 郵電사업과 철강, 조선, 석유화학공업의 생산을 대부분 독점하였고. 관건성 공업생산 부문과 사회기본시설을 지배하였다. 그러나 1953년 〈公營事業轉移民營條例〉를 발표하여 일부 정부자본기업을 민영기업화하고, 〈獎勵投資條例〉로써 투자환경을 개선하자 사인자본의 투자가 신속히 증대하였다. 1952년에서 1992년 사이에, 사영공업의 비중은 연 43.4%에서 82%로 증가했고, 공영기업의 비중은 50.6%에서 18%로 감소하였다.[129]

정부자본의 발전이 사인자본의 발전을 유도하여 공동으로 대만의 자

ち》, 東京 : 東方書店, 1997, p.137에서 재인용. 종전 직후 宋子文이 주도한 경제정책은 1947년 이후 翁文灝시기에 대비되어, 경제생활 전반에 자유화, 대외개방, 민간기업의 부흥 지원으로 특징지워지는 자유주의적 경제정책으로 평가되는데(久保亨, 〈國民政府の政治體制と經濟政策〉, 池田誠 編, 《中國近代化の歷史と展望》, 京都 : 法律文化社, 1996, pp.50~55), 民主化를 지향했던 동시대인의 눈에는 여전히 국가=정부에 과도한 힘과 역할이 주어진 것으로 비쳤던 것 같다.

128) 20세기 세계 각국에서 역사적 상황에 따라, 국가 주도 경제와 시장경제 사이에 중점이 전이되어 온 문제에 관한 거시적 분석이 다니엘 에르긴·조셉 스태니슬로 저, 주명건 역, 《시장 對 국가》, 세종연구원, 1999에 잘 정리되어 있다.

129) 공영기업과 민간기업의 공업생산액을 비교하면, 1952년 56.4 : 43.4, 1958년 50 : 50, 1965년 41.3 : 58.7, 1975년 22.1 : 77.9, 1985년 18.8 : 81.2, 1992년 18 : 92의 일관된 변화추이를 보여 왔다.(Taiwan Statistical Data Book, Council for Economic Planning and Development, 1981, p.81 ; 1993, p.84 ; 石田浩, 〈臺灣の近代化と開發獨裁〉, 池田誠 編, 앞의 책, 1996, p.159에서 재인용)

본주의 현대화 과정을 촉진시킨 것이다. 그러나 일반적으로 국가자본
의 발전이 사인자본의 발전을 촉진하기보다는 정부와 산업이 유착된
'관료자본'을 둘러싼 부패를 초래할 위험성이 크다. 국민당 일당독재 하
의 대만에서도 기업과 관계의 유착이 일반화되고, 汚職이나 민간기업
에 대한 압박의 폐단으로부터 자유로울 수 없었다. 그러나 국민정부는
이로 인한 (1940년대 후반의) 최악의 경험을 토대로, 국가자본과 사인
자본을 병행하여 발전시키는 전략으로 수정해 갔음을 상기할 필요가
있다. 최근 아시아의 경제위기 속에서 대만이 상대적으로 안정을 유지
한 것도 중소기업을 중심으로 한 민간부문의 자생적인 활력과 그에 기
초한 산업구조의 유연성이 큰 역할을 했다고 평가되고 있다.[130]

---

130) 김준, 〈대만 : 위기속의 발전〉, 한국정치연구회 엮음, 《동아시아 발전모델은 실
    패했는가》, 도서출판 삼인, 1998, p.148.

1920年代 上海 勞動界 '統合'의 前奏와 '2月罷業'
—慣行의 崩壞에 대한 勞動界의 대응

田 寅 甲

Ⅰ. 머 리 말

1920년대 전반기 上海 노동자 세계는 일상생활의 영역, 생산의 영역, 組織과 정치활동의 영역에서 매우 분열적인 상황이었다. 지연망과 이를 기축으로 형성된 노동자 사회의 인적 네트워크, 그리고 工頭 혹은 幇頭를 중심으로 만들어진 노동자들의 각종 사회조직들이 그러한 분열을 조장하고 있었다.[1] 그러한 객관적인 상황만을 보면 노동계가 1925년부터 1927년까지 上海 사회를 휩쓸었던 '혁명적 열조'의 발단이 되고, 노동운동이 국민혁명운동의 핵심적인 부문 운동으로 자리잡을 수 있었으리라고는 예상하기 어렵다. 그럼에도 그 기간 동안 노동운동은 그러했다. 과연 그 원인은 무엇인가?

이 의문에 대한 해명의 실마리는 당시 노동운동을 주도했던, 그리고

---

1) 田寅甲, 〈1920年代 上海 勞動者 社會와 地緣網의 機能—都市社會 適應 機制로서의 同鄕幇口〉, 《東洋史學研究》 62, 1998. 4와 〈1920年代 上海 地域의 雇用慣行과 包·工頭制—地緣網의 機能과 關聯하여〉, 《外大史學》 8, 1998. 2 참고.

국민혁명운동시기 上海 노동운동의 대명사라 해도 과언이 아닌 방직공장 노동자들로부터 찾을 수 있을 것으로 생각된다. 貫籍別로 分節化된 노동시장의 구조와 工頭層을 정점으로 운영되었던 노무관리제도는 많은 부정적인 측면에도 불구하고 노동자들의 생존 안정을 보장해 주는 역할을 했다. 그런데 1920년대 벽두부터 일본계 방직공장을 필두로 경영혁신이 단행되자 그러한 구조 변화가 불가피했다. 그리고 이에 대한 노동자의 불만과 저항이 누적되면서 적당한 폭발의 시기를 기다리고 있는 형국이었다. 특히 경영혁신으로 최대의 피해를 입게 되는 공두층을 비롯한 상층 노동자들의 저항이 노동운동의 고양 가능성을 한층 높이고 있었던 것이 아닌가 한다.

위와 같은 노동계 내부의 상황에다 마침 당시 上海에 팽배한 국민혁명운동의 열조가 더해져 上海 노동운동은 그 이전의 운동 양상과는 현저히 다른 비약을 보이게 되는 것으로 생각된다. 즉 1925년 초의 上海 노동계는 국민혁명운동과 결합된 파업투쟁 과정에서 1924년까지 보여주었던 극심한 분열상을 극복하고 비교적 '통합'된 모습을 띠기 시작했던 것으로 생각된다. 1927년 초에 上海 전체 노동자의 약 70%가 가입했고, 노동계 '통합'의 상징이라 할 수 있는 上海總工會가 만들어질 수 있는 토대가 마련된 것이 이 때 였다.

그러므로 이 글에서는 경영혁신으로 인한 노동계 내부의 변화와 1920년대 중후반 上海의 혁명적 정치정세의 상호 관련성을 중심으로 上海 노동계가 분열에서 '통합'으로 나아가게 되는 과정을 추적하고자 한다. 이를 위해 우선 경영혁신이 노동자 사회에 미친 파장을 분석하여 노동자들이 생활의 영역에서 운동의 영역으로 나가게 되는 원인을 규명하고자 한다. 다음으로는 '2月罷業'의 원인과 노동자 동원구조를 분석하여 '2월파업'이 노동계 통합의 계기라고 할 만한 까닭을 설명하고자 한다.

II. 經營革新과 '慣行'의 붕괴위기

1920년대의 규모가 큰 파업으로는 외자기업, 그 중에서도 일본계 방직공장에 특히 집중되었는데, 이러한 현상은 일면 당연하다. 왜냐하면 외자기업의 노동자 수가 많기 때문이다. 그러나 문제는 1920년대 전반기를 통틀어 중국계 기업에 비해 외자기업에서 파업이 빈발했고, 이것이 국민혁명운동시기 上海 노동운동을 선도했다는 사실에 있다. 이러한 문제에 대한 원인을 규명할 수 있다면 1920년대 上海 노동자 사회가 '통합'되고, 나아가 노동운동이 國民的 反帝運動으로 진전될 수 있었던 까닭의 일단을 이해할 수 있을 것이다.

파업이 외자기업에 집중된 양상을 보면 1918년부터 1926년 사이에 內外棉 34차례, 日華紗廠 22차례, 英美烟公司 18차례의 파업이 발생했다.[2] 방대한 자료수집을 통해 1920년대 중국 노동운동의 실태를 연구한 陳達은 이와 같은 현상의 원인을 다음과 같이 분석하였다.

파업 원인은 극히 복잡하다. (내외면 파업의 원인은) 임금인상 요구, 上級員司 反對, 공장측의 학대 반대, 공작 상황 반대, 學潮援助, 보너스의 분급 요구, 노동조합 폐쇄의 해제, 五卅運動 원조, 이유 없는 해고 금지 등 다양한 원인이 있었다. (또한 내외면에서 특히 파업이 빈발했던 이유는) 첫째, 내외면은 일본인의 紗廠으로 근년래 中日人民의 악감이 점차 심화되어 쉽게 노자쟁의를 야기했고, 둘째, 내외면 공장의 공인들은 비교적 조직적이고, 노동조합 직원이 국내 노동운동에 대해 자못 활동을 많이 하며 셋째, 내외면 파업의 요구사항은 현재 중국의 일반 노동자의 욕망과 심리를 대표하는 것으로 그들의 요구는 노동자계급과 자산계급이 분투하는 보통의 쟁점이다.[3]

---

2) 陳達, 《中國勞工問題》, p.243.
3) 위와 같음.

또한 최근의 한 연구도 외국인과 중국인의 賃金과 待遇의 차별, 毆
打, 辱說, 搜身과 民族的 蔑視가 勞資 충돌을 더욱 격렬하게 만들었으
며, 여기에 이 시기 反帝운동의 영향으로 외자기업의 노자 충돌이 민족
투쟁의 색채를 띠게 됨으로써 정치투쟁으로 상승하게 되었던 것을 외
자기업의 파업빈발 원인으로 분석한 바 있다.[4]

이처럼 다양한 요인이 복합적으로 작용하여 외자기업에서 파업이 빈
발했다. 그런데 위와 같은 설명은 객관성을 다소 결여한 듯하다. 왜냐
하면 우선 중국계 기업과 비교할 때 외자기업의 임금수준이 낮았던 것
도 아니었고, 착취의 전형으로 설명되는 童工 사용도 오히려 중국계 기
업에서 많았을 뿐 아니라 공공연했다. 또한 외자기업의 각종 시설이나
제반 공장설비의 조건, 기타 복지시설 등이 상대적으로 양호한 상태였
다.[5] 특히 일본계 방직공장에서는 타지역 출신자들에게 기숙사를 제공
하였다.[6] 이것은 당시 급등하는 방세 문제로 어려움에 처해 있었던 노
동자들로서는 환영할 만한 일이었다.

외국인으로부터 당하는 구타, 욕설, 搜身, 그리고 임금차이 등이 중국
인의 자존심을 상하게 하고, 이에 대한 모욕감으로 이러한 문제들이 중
국계 기업에 비해 훨씬 심각한 노자 충돌로 비화될 수 있었다고 하는

---

4) 張培德, 〈略論二十年代上海的勞資關係〉, 《上海研究論叢》 4, pp.29~31.
5) 현재 노동조건, 노동강도, 임금수준을 外資企業과 중국계 기업을 비교하여 구
   체적이고 객관적인 사실을 제시해 줄 만한 자료는 부족하다. 이와 관련된 기존
   의 자료나 연구가 外資企業만을 편중되게 취급하고 있기 때문이다. 다만 국제기
   구 및 童工委員會, 외국인의 조사 보고에 따르면 중국계 공장의 여러 조건이 양
   호하다고 볼 수 없고 오히려 더 열악했던 것으로 평가된다.(Adelaide Anderson,
   Hamanity amd Labour in China, London, 1928 ; Feetham Richard, *Report of
   the Han. Richard Feetham to the Shanghai Municipal Council* v.1-2,
   Shanghai : North China Daily News and Herald, 1931 ; Secretary of State(英
   國), *Papers Respecting Labour Conditions in China*, H. M. Stationery Office,
   1925) 각 업종과 공장별로 다양한 차이가 있을 것으로 생각되지만 외자기업의
   제반 조건이 중국계 기업에 비해 파업을 집중적으로 불러 일으킬 만한 요인으로
   작용했다고 보기는 어렵다.
6) 叔奎, 〈中國紡織勞工之現狀〉, 《總商會月報》 4卷 2號, 1924. 2. p.18. 이 글에 의
   하면 당시 鐘紡, 內外棉, 豊田 등은 이미 기숙사 설비가 있었고, 東洋紡織 역시
   건축중이었다고 한다.

가능성조차 부정할 수 없다. 그렇지만 노동자에 대한 구타, 욕설, 수신의 관행이 외자기업이 더 심했다고 단언할 수도 없고, 여기에다 일반 노동자들은 중국계 기업보다는 외자기업에 취업하기를 더 원한 것이 현실이었던 점을 함께 고려한다면 위와 같은 사실만으로 일본계 기업에서 쟁의가 집중적으로 발생한 원인을 규명하기에는 부족하다.

또한 중국공산당이 당시 그렇게 주장했고, 陳達과 張培德이 분석한 파업 빈발의 원인이 전술한 바와 같다면 유사한 조건에 있던 외자기업, 그 가운데에서 10개 회사의 20여 개 일본계 방직공장 모두에서 유사한 현상이 나타날 개연성이 매우 크다. 그러므로 임금과 대우문제가 파업 빈도를 결정하는 주요 요인이라면 임금이 낮고 대우가 열악한 공장에서 그 빈도가 높고, 그렇지 않은 공장에서는 빈도가 낮아야 하는 것이 당연하다.

당시 일본계 방직공장들은 공장별로 노동자 대우에 약간의 차이가 있기는 했지만 거의 유사한 노동조건이었다. 임금문제를 보더라도 파업이 빈발했던 內外棉과 日華紗廠의 임금이 파업이 거의 일어나지 않았던 公大絲廠의 임금에 비해 오히려 높았다.[7] 그러므로 일본계 방직공장들에서 임금과 대우조건과 파업빈도 간의 상관관계는 낮다고밖에 할 수 없다.[8]

위와 같은 사실을 고려한다면 노동자들의 각종 불만을 국민혁명운동 시기 노동운동의 비약으로 증폭시킬 수 있었던 또다른 요인을 상정하지 않으면 안 된다. 정치적 사회적인 요인들이 복합적으로 작용했을 것으로 생각되는데, 이 절에서는 생산현장 내의 문제에 초점을 두고 이

---

7) 1926년 1월의 한 조사에 따르면 일본계 방직공장 가운데 최고임금을 지불하는 곳은 內外棉이고, 그 다음이 日華紗廠, 최저임금은 公大紗廠이었다. 그러나 5·30 사건 이후만 보더라도 公大紗廠에서는 단 한 차례의 파업이 발생했을 뿐이다.(長永義正,《支那經濟物語》, 東京 : 大阪屋號書店, 1929. pp.279~280)

8) 임금과 파업빈도의 상관관계는 일본계 방직업에서뿐 아니라 전반적으로 낮았던 것으로 연구되고 있다. 한 연구에 의하면 파업은 임금수준이 상대적으로 높은 숙련노동자를 중심으로 진행되는 경우가 많았다고 한다.(Elizabeth J. Perry, *Shanghai on Strike : The Politics of Chinese Labor*, p.68 참조)

208

문제를 분석하고자 한다.

1910년대 말부터 시작되어 1920년대에 활발했던 기업의 경영혁신이 그 원인을 해명할 수 있는 하나의 가능성을 던져 준다. 1920년대에 중외기업의 경영혁신은 노동자 사회에 심대한 영향을 미치면서 활발하게 추진되었는데, 1910년대 말 1920년대 전반기에는 외자기업, 특히 일본계 기업에서 활발했다. 즉 외자기업을 중심으로 추진된 경영혁신은 심각한 勞資 갈등을 예고하는 것이었으며, 1920년대 파업이 일본계 방직공장에 집중된 주요 원인 가운데 하나였다.

1918년 후반부터 일본계였던 日華紗廠에서 파업이 빈발했는데, 그 근본적인 원인은 영국자본 소유였던 鴻源紗廠의 경영권이 일본자본으로 넘어가 日華紗廠으로 바뀌면서 '내부 개조가 단행되어 파업풍조를 양성'했기 때문이었다.[9] 경영권이 교체된 후 인원의 대대적인 교체와 재배치가 이루어졌다.[10] 이에 따라 노무관리방식 역시 변화가 불가피했고, 실업의 위협 역시 크게 증가했으며, 노동자들의 저항은 바로 이러한 변화로부터 야기되었다.

1918년 8월 12일 同 紗廠의 粗紗間과 細紗間 女工 1천여 명이 파업을 단행했는데, 이때의 요구사항은 다음과 같다.[11] 1) 홍원사창이 경영권을 양도할 때 직원, 工頭, 노동자의 酬苦費로 내놓은 5만원을 발환하라. 2) 새로 專屬된 副工頭(麻皮妙生)를 교체하라. 3) 米價인상으로 임금만으로 糊口를 해결할 수 없으니 임금 5分을 인상하라. 이러한 요구사항은 현상적으로 보기에 경영권 인수와 무관한 임금투쟁 혹은 工頭 반대투쟁으로 보이나 그 내막을 알고 보면 노무관리방식의 변화에 대한 노동자들의 저항이었음을 알 수 있다.

우선 이 파업의 遠因은 홍원사창 시기까지 거슬러 올라간다. "홍원사창 창립 초기에는……여공이 영아를 공장에 데려와 젖을 먹이는 것이

---

9) 〈紗廠罷工風潮已息〉, 《申報》 1918. 10. 27.
10) 〈紗廠經理告退之風波〉, 《申報》 1918. 10. 18.
11) 〈紡織公司女工罷工續紀〉, 《申報》 1918. 8. 15.

허락되었으나 1915년부터 이를 금지하자 여공들이 모두 불편을 느끼고 憤恨하지 않음이 없었다. 이것이 遠因이었다."[12] 일화사창으로 바뀌면서 여공들이 이러한 조치의 폐지를 요구했으나 공장측이 묵살하였다.[13] 여기에다 경영권을 인수한 후 일화사창에서 노동통제를 강화하고 작업방식을 바꾸었다. 즉 파업 때 노동자들이 "새로 전속된 總副工頭가 평소 감독과 작업통제를 지나치게 엄격히 하고 노동자를 학대하므로 그를 교체하라"는 주장을 볼 때 신임 副工頭의 해고 요구는 홍원사창 시기보다 엄격해진 작업통제와 감독강화에 원인이 있었던 것이다.[14]

또한 작업방식의 변화가 노동력의 감축을 수반함에 따라 실업에 대한 위기감이 노동자들 사이에 팽배해졌다. 즉 "(그 전에는) 여공 임금은 매일 2角 5分이었고, 3명의 여공이 한 대의 기계를 관리했다. 日商에 귀속된 후 중국인 매판이 承包하여 2명의 여공이 한 대의 기계를 관리하는 방식으로 바뀌고, (대신) 임금을 5分 인상했다. 이 때문에 여공의 감소가 적지 않았으며 이번 풍조가 이로부터 일어났"던 것이다.[15] 이처럼 파업의 근본적인 원인은 노무관리방식의 변화에 있었다고 할 수 있다.

이와 더불어 경영권 인수 초기에 단행된 인력의 교체와 재배치 역시 노동자의 저항을 불러일으킨 요인이었다. 1918년 10월 15일 日華紗廠의 중국인 經理 沈明賢의 退職이 발단이 되어 布機間과 日華紗廠 新廠에서 파업이 발생했다.[16] 이때의 파업은 '일화사창으로 개조한 후 內部員司 가운데 (직무의) 변경, 이동하지 않은 자가 없을' 정도로 인력의 교체와 재배치가 폭넓게 이루어지고 있던 상황에서 발생했다.[17]

---

12) 위와 같음.
13) 〈紡織公司女工照常工作〉, 《申報》 1918. 8. 16.
14) 〈日華紡紗公司女工罷工紀〉, 《申報》 1918. 8. 14.
15) 〈紡織公司女工罷工續紀〉, 《申報》 1918. 8. 15.
16) 沈은 원래 임금은 공장주로부터 받아 노동자에게 분급해 주는 일을 담당했다. 그런데 일화사창에 새로 부임한 大班이 경리를 통하지 않고 임금을 직접 지불할 것을 제의하자 이에 불만을 품고 자진퇴직했다.(〈紗廠經理告退之風波〉, 《申報》 1918. 10. 18)
17) 위와 같음.

8월 15일 沈의 퇴직 사실이 알려지자 "該廠 帳司, 工頭 등은 모두 該 經理가 보증하여 추천했으므로 역시 沈을 따라 일률적으로 辭去"했고 布機間과 新廠의 노동자들이 '忽然' 파업을 단행했는데, 당시 파업에는 "중요 공인—특히 機匠—이 上工하지 않으려 하여……다수 여공이 작업을 정상적으로 할 수 없었다."[18] 또한 이들은 일반 여공의 작업 복귀 후에도 파업을 지속했고, 布機間 機匠 수십 명이 일본인 管差를 구타하여 부상을 입히기도 했다.[19] 이처럼 전문기술을 가진 布機間 機匠이 파업을 선도했다. 그러다가 결국 상당수의 機匠들이 공장을 떠나게 되자 공장측은 필요한 노동력을 새로 고용하지 않을 수 없었다.[20] 이러한 사실에서 沈明賢과 '關係'를 통해 고용된 工頭와 숙련기술자들이 파업을 주도했음을 알 수 있다.

이상과 같은 파업 경과를 볼 때 파업이 工頭와 숙련기술자 중심으로 이루어지고 이들의 저항이 가장 치열했던 것은 심명현을 정점으로 형성되어 있던 이른바 고급직원과 工頭, 숙련기술자 간의 밀착관계가 붕괴됨으로써 자신들이 장악하고 있던 공장 내의 주도권이 박탈될 위기에 처했기 때문이었다. 그러므로 이 파업은 고급직원, 工頭, 노동자가 공생관계를 형성하고 있던 기존의 틀이 붕괴되는 데 대한 노동자들의 저항이었다고 할 수 있다.

다시 말해 심명현의 퇴직과 파업의 발단은 회사측이 노무관리를 직할제로 바꾸는 데 있었고, 직할제로의 변화가 기존의 包·工頭制를 해체시키고 地緣網의 기능을 약화시킬 것임은 자명한 사실이었다. 노동자들의 저항은 일화사창 성립 이후 진행되고 있었던 이러한 변화에 대한 불만이 沈의 퇴직을 계기로 폭발했던 것이라 할 수 있다. 따라서 이때의 파업은 경영혁신이 기존의 包·工頭制를 해체시키고 地緣網의 기능을 약화시키는 데 대한 노동자들의 저항이었던 것이다.

---

18) 〈續志紗廠經理告退之風潮〉, 《申報》 1918. 10. 19.
19) 〈三廠紗廠經理告退之風波〉, 《申報》 1918. 10. 24.
20) 〈紗廠罷工風潮已息〉, 《申報》 1918. 10. 27.

일화사창은 1919년에도 더욱 폭넓은 개혁을 단행했다. "該廠 경리 일
본인이 廠內 규모를 개혁했는데, 각 노동자들이 (이에) 불복했다"는《
時報》의 기사는 그러한 정황을 보여 주기에 충분하다.[21] 이때도 앞서
살펴본 인원감축과 工頭制 폐지가 경영혁신의 주요 내용 가운데 하나
였고, 이에 대한 노동자의 저항 역시 이전과 같이 예견된 일이었다. 여
기에다 성과급의 도입이 새로운 불씨를 제공하였다.

1919년 2월 8일부터 15일까지 진행된 파업은 임금 계산방법을 기존
의 工頭制에 의한 계산에서 행크(hank)에 의한 임금산출로 바꾸고, 나
이가 많거나 너무 어린 여공을 줄이려는 공장 규정의 개혁에 반대한 파
업이었다.[22] 행크에 의한 임금계산은 임금지불과 노무관리를 회사측에
서 직접 장악하겠다는 강력한 의지의 표현이자 당시 진행되었던 경영
혁신의 핵심이었다. 행크로 임금을 계산하는 것은 성과급을 도입하겠
다는 의미이고, 이에 따라 工頭에게 임금과 노동자 관리를 일괄 위임하
는 工頭制 폐지가 불가피해진다. 이때의 파업은 결국 절충적인 방법[23]
으로 해결되었지만 경영혁신과 이에 따른 工頭制 폐지는 수용하지 않
을 수 없는 흐름이었다.[24]

경영혁신에 대한 노동자의 반발은 일과성으로 그치지 않고 지속적으
로 전개되었다. 예컨대 1923년 7월 5일 日華紗廠 第三廠의 銅木鐵部 노
동자들이 10여 일간 파업했는데, 그 원인은 다음에서 보는 바와 같이

21) 〈鴻源紗廠又罷工〉,《時報》1919. 2. 10.
22) 〈日華紗廠罷工〉,《時報》1919. 2. 12 ; 파업시 요구조건을 보면 노동자들이 기존
   의 관행과 체제 유지를 고집하였음을 알 수 있는데, 이에 대해서는 〈日華紗廠罷
   工之續聞〉,《時報》1919. 2. 13 참고.
23) 〈日華紗廠罷工之續聞〉,《時報》1919. 2. 13 ; 행크 혹은 날짜로 계산하여 유리한
   쪽으로 임금을 지불키로 하였다.
24) 日華紗廠 외에도 上海紗廠, 大康紗廠, 內外棉 등에서 이른바 '新章程'에 반대하는
   노동자들의 저항이 빈발했다. 그 구체적인 사안은 임금지불방식, 휴가신청방법의
   변화, 감독의 강화 등 매우 다양했다.(예컨대 〈第二紗廠女工罷工紀〉,《申報》1918.
   10. 30 ; 〈興發榮廠之罷工風潮〉,《時報》1919. 3. 21 ; 〈紗廠工人罷工之由來〉,《時
   報》1919. 4. 20 ; 〈大康紗廠搖紗間罷工〉,《民國日報》1923. 6. 23 등) 내외면의 경
   우는 후술한다.

212

廠規의 변경반대였다.

　銅, 木, 鐵 등의 工人은……평시에 모두 창규에 따라 공작하고 軌外의
行動이 없었다. (일본인 山內가 管工으로 부임한 후) 廠規를 변경하고 각
工人에 대해 모욕을 加하고 罰金을 獎勵하고, 工人을 虐待했다. 7월 1일부
터 점심시간을 30분으로 변경했는데,(이는 무리이다) 공인이 단결하여 한
시간으로 원상회복할 것을 요구했다.[25]

변경된 창규의 세부적인 내용은 알 수 없으나 벌금을 강화했다는 사
실로 미루어 볼 때 당시 유행하고 있던 과학적 관리법이 도입되었을 것
으로 생각된다. 설사 그렇지 않다고 하더라도 노동강도와 감독이 강화
되었던 것은 확실하다.

　노동자의 반발은 第三廠 銅木鐵部에 한정된 것이 아니라 日華紗廠
전 공장의 보편적인 현상이었다. 파업 후 노동자 대표들이 全國工人工
團自救會에 원조를 요청하여 이 노동단체가 일화사창과 일본 영사와
조정에 나섰으나 효과가 없자 조정자의 지위를 더 이상 담당할 수 없음
을 공식적으로 선언했다. 이 일이 있고 난 후 파업 풍조가 점차 확대될
조짐을 보였다.[26] 이것은 "(日華紗廠의) 全工人이 이 소식을 듣고 자못
憤慨했다. 즉 全廠의 工頭들이 日本人 經理의 橫暴手段에 대해 역시 불
만으로 생각"했기 때문이었다.[27] 노동강도와 통제 강화로 초래된 노동
자, 특히 工頭들의 광범한 불만이 파업 확산의 저류를 형성했던 것이다.

　또한 새로운 기술의 도입이 앞서 언급한 경영혁신과 관련된 제반요
인과 복합적으로 작용하여 파업을 야기시킨 경우도 있었다. 1924년 5월
2일 日華紗廠 第一廠 細紗間 여공이 시작한 파업은 신기술의 도입이
직접적인 계기였다. 日華紗廠이 手指磋撑晰紗接頭方法이라는 새로운
接頭方法을 시행하기로 하고 浦西에서 여공 4명을 초빙하여 細紗間 여

---

25) 〈日華第三紗廠罷工〉, 《民國日報》 1923. 7. 7.
26) 〈日華紗廠罷工七誌〉, 《民國日報》 1923. 7. 13.
27) 〈日華紗廠罷工九誌〉, 《民國日報》 1923. 7. 15.

공들에게 이를 가르치도록 했다.[28] 여공들은 교육을 담당한 여공이 "자 못 흉악하니 이들을 해고하라"는 명분을 내세워 파업했으나 "老法에 따라 打結接頭하지 않으면 결코 入廠하여 일을 할 수 없다"는 주장에서 알 수 있듯이 신기술에 적응하지 못한 노동자들의 반발이 파업의 실질 적인 이유였다.[29]

여하튼 이 파업은 5월 12일 공장측이 기존의 접두 방법을 지속하기 로 함으로써 일단락되었다.[30] 그러나 파업이 발생하자 마자 회사측에서 "接頭의 新法을 이용하는 것은 시일이 급한 것이 아니며, 점차 학습하 고 점차 개선하기를 희망한다"[31]는 양보안으로 노동자들을 설득했음에 도 불구하고 노동자들의 저항이 완화되지 않았던 것을 보면 경영혁신 에 따른 노동자들의 위기감이 얼마나 팽배해 있었던가를 짐작할 수 있 다.[32]

당시 이러한 일은 한두 곳에 국한된 것이 아니라 '數廠의 紡織工場'에 서 발생하는[33] 등 일본계 공장의 공통적인 문제였다. 신기술의 도입, 작 업방식의 변화, 통제의 강화, 창규의 엄격한 적용 등 경영혁신으로 중국 노동자들이 오랜 기간 동안 유지해 왔던 생활습관의 변화가 초래되었을 뿐 아니라 이에 대한 반발이 유사한 조건에 있던 공장들에서도 파업을 내연시키는 요인으로 작용했던 것이다. 이와 같은 파업에는 새로운 현 상, 새로운 방식의 충격에 대한 반발이라는 측면이 있었던 것이다.

---

28) 〈日華紗廠細紗間罷工〉, 《民國日報》 1924. 5. 5.
29) 위의 글 ; 新接頭 方法은 손가락이 유연해야 하며, 어려서부터 배워 숙달되어야 하는 방법(〈日華紗罷工潮三誌〉, 《民國日報》 1924. 5. 7)으로 기존의 여공들이 배우기에는 지나치게 어려워 이를 배우지 못했다.(〈上海紡織工會緊急會〉, 《民國 日報》 1924. 5. 6)
30) 〈日華紗廠罷工潮解決〉, 《民國日報》 1924. 5. 13.
31) 〈日華紗廠細紗間罷工〉, 《民國日報》 1924. 5. 5.
32) 한편 산업체의 경영혁신과는 다르지만 도시 교통체계의 개편과 교통수단의 교 체에 따른 인력거부의 반발도 경영혁신으로 야기된 노동자의 불만과 유사한 차 원에서 이해할 수 있다. 1924년 7월 대규모의 인력거 정업과 이를 이은 인력거 부 파업이 대표적인 사례이다.(〈人力車反對閘北汽車〉, 《民國日報》 1924. 8. 8)
33) 〈上海紡織工會緊急會〉, 《民國日報》 1924. 5. 6 참고.

214

日本紗廠은 그 조직법이 일본식을 대부분 채용하여 왕왕 중국 노공의 풍속과 습관에 위배되어 그들의 불편이 심하다. (예컨대) 日本紗廠은 모두 內地(日本-필자)와 같이 일정한 곳에 식당을 만들고, 식사시간도 일정하여 먼저 혹은 후에 할 수 없다. 여공이 유아를 데리고 공작장에 들어오는 것을 금했다. 아동을 공장에서 만든 아동 안치소에 두어야 하며 매일 일정 시각에 우유를 먹인다. 기타 위생, 학업, 복장 모두 엄격히 규정하여 추호도 문란이 없다. 이에 비해 중국 방직창은 모두 방임주의를 취하여 단지 공작에 열심이기만 하면 공인의 자유를 보장한다. 식당 설비가 없고, 유아에게도 주의하지 않는다. 유아가 공장에서 울면 우유를 먹이고 깨어 있으면 뛰어논다. 추호도 개입하지 않는다. 또한 일본 공장은 연속하여 2교대 이상을 허락하지 않는다. 中國 工商은 단지 본인이 피곤하다고 여겨도 비록 3교대, 4교대를 연속(하기를 원한다면) 이를 허락한다.[34]

위의 글은 앞서 언급한 과학적 관리법과 문화적 충격이 일본계 방직공장의 일반적인 문제였음을 잘 말해주고 있다. 그러므로 타 일본계 방직공장에도 일화사창과 마찬가지로 이로 인한 파업 발생의 가능성이 농후했다고 할 수 있다.

경영혁신으로 야기된 노동자의 저항과 관련하여 끝으로 주목하고자 하는 것은 중외기업의 경영구조와 경영혁신의 속도가 경영혁신이 勞資 갈등으로 비화되는 시기와 갈등의 정도를 결정했다는 점이다. 중국계 기업은 企業形式에서 合夥企業 혹은 合夥的 要素를 포함한 株式會社 형태가 주종이었으며, 企業의 구조에서도 資金調達 構造의 不備, 높은 存款 比重으로 인한 노동자들의 부담 증가, 그리고 자본 부족에 따른 설비 투자의 어려움에 시달리고 있었다. 또한 각 공정 간의 유기적 결합의 결여, 재투자의 어려움으로 인한 기계의 노후화, 숙련기술자에 의한 기술의 독점 등이 기업의 발전을 저해하였다.[35]

이와 같은 조건하에서 기업을 운영하려면 자금동원이나 생산에서 人

34) 叔奎,〈日本紡紗廠在中國之地位〉,《總商會月報》4-1, 1924. 1, p.51.
35) 田寅甲,〈國民革命時期 上海 勞動運動 硏究-上海勞動界의 '統合'과 관련하여〉(서울대 대학원 박사학위논문, 1998. 2)의 第1部 第2章 第1節 '中外企業의 經營構造와 勞資關係' 참고.

的關係가 중시되지 않을 수 없다. 노동자와 관련해서 볼 때 위와 같은 중국계 기업의 구조적 취약성이 극복되지 않는 한 包·工頭制에 의한 생산방법이 개변되기는 어려웠다. 이러한 이유로 해서 包·工頭制를 폐지해야 한다는 상공계와 노동계의 공감대에도 불구하고 온정주의적이고 權威的인 勞資, 勞勞關係—勞動者 간의 엄격한 위계질서—가 1920년대 후반까지 비교적 견고하게 지속되었다.[36] 1920년대 후반과 1930년대로 가면서 중국계 기업의 경영혁신이 본격화되면서 1920년대 전반기 일본계 기업과 마찬가지로 경영혁신에 저항하는 노자분규가 급증할 가능성이 다분했고, 실제 그러했다.

반면 外資企業, 특히 방직업 부문에서 일본자본은 1910년대 말부터 대규모 직접투자를 추진하였다. 이 과정에서 관련 업종 간의 계열화, 선진적 경영기법과 과학적 관리법의 도입이 추진되었다. 중국계 기업에 비해 월등한 자금 조달 능력을 보유한 외자기업은 이를 기반으로 생산설비를 기계화, 현대화하는 데 성공했다.[37] 따라서 기업측으로서는 생산방식과 경영환경의 변화에 照應하는 새로운 노동자 관리제도를 필요로 하게 되었다. 자금동원력이 충분했던, 그리고 무엇보다 중국사회에서 인적 관계의 제약으로부터 상대적으로 자유로웠던 外資企業으로서는 새로운 관리제도의 도입을 더욱 短期間에 추진할 수 있는 능력을 보유하였고, 실제 그러한 방향으로 경영방식이 급속히 전환되면서 위

---

36) 최근의 연구에 따르면 1920년대 중국계 기업에서도 경영혁신과 노무관리제도 개혁을 시행했다고 한다.(徐鼎新,《中國近代企業의科技力量與科技效應》, 上海社會科學院出版社, 1995) 물론 이러한 조치를 취한 기업은 중국계 기업으로서는 대규모 근대적 공장이었으므로 그 규모나 노동운동에서 점하는 위상을 고려할 때 결코 무시할 수 없다. 그러나 경영구조가 취약한 중국계 기업은 적어도 1920년대까지는 경영혁신을 外資企業과 유사한 폭과 속도로 진행시킬 역량이 없었으며, 설사 경영혁신을 추진한다 해도 노동자의 반발로 그 방향이 왜곡되지 않을 수 없었다. 1920년대를 한정해 볼 때 중국계 기업에서 포·공두제를 완전히 폐지할 수 없었으므로 포·공두제에 의해 만들어진 인적 관계가 勞資갈등 혹은 노동쟁의의 정도를 감소시키는 완충장치로 여전히 기능할 수 있었다.(위의 글, 1부 2장 참고)
37) 위와 같음.

에서 살펴본 바와 같이 1910년대 말 1920년대 초반부터 이러한 변화에 대한 노동자의 저항이 격렬하게 나타났던 것이다.

지금까지 살펴본 바와 같이 外資企業을 필두로 진행된 經營革新은 노동자와 관련해 볼 때 기계설비의 교체, 새로운 기술과 과학적 관리법의 도입, 노무관리제도의 개편이 주요 내용이었다. 과학적 관리법과 새로운 기계의 설치로 생산공정에 대한 기업측의 통제와 노동강도가 강화되고, 성년, 특히 남성 노동력이 양성공 혹은 여성 노동력으로 대체되거나 대규모의 노동력이 감축되었다. 이에 따라 노동자의 고용불안, 실직 위협이 심각해지지 않을 수 없었다. 더욱이 과학적 관리법의 시행으로 노무관리제도가 회사의 노동자 직접관리방식으로 전환됨으로써 包·工頭制의 해체가 불가피했다.[38] 이것은 기존의 노동자 충원과 관리의 핵이었던 地緣網과 工頭의 기능 약화를 의미하는 것으로 그러한 변화가 노동자 사회에 적지 않은 충격을 주었으리라는 것은 쉽게 추측할 수 있다.

Ⅲ. '統合'의 前奏 – '2月罷業과 그 의미

1. 勞動界 內外的 要因

1) 노동계 내적인 요인

1925년 한 해 동안 上海를 휩쓸었던 대규모 동맹파업은 1월말 內外

---

38) 紡織業과 烟草業을 제외한 諸部門에서 包工頭制와 勞動者 充員方式은 1920년대를 통틀어 거의 그대로 유지되고 있었고, 경영혁신에 따른 勞資葛藤이 이들 부문에서처럼 심각하게 발생하지 않았던 것으로 보인다. 1920년대 上海地域에서는 당시 큰 사회문제였던 米價 暴騰, 銅元 暴落, 房租 暴騰으로 인한 급속한 生活費의 上昇과 實質賃金의 下落이 파업 발생의 공통원인이었다. 특히 米價의 급속한 등귀가 파업 고조에 영향을 미친 것은 확실하다. 그리고 각 業種別 罷業에는 이러한 공통적인 요인외에도 생산현장의 조건에 따라 매우 다양하고, 복잡한 요인이 작용했던 것으로 보인다.

棉의 노동자 해고사건으로부터 시작되었다. 해고문제는 그 이전에도
다반사로 발생했던 어찌보면 극히 사소한 사건이었다. 파업 경과에 대
한 간단한 설명을 겸해서 이 사건에 대한 당시 중국측과 일본측—주로
內外棉—의 주장을 살펴보면 다음과 같다.

  중국측의 주장에 의하면 內外棉 제8공장이 아무런 '이유 없이' 粗紗
間 夜間班의 男工 여러 명을 해고하고, 男工을 女工과 養成工으로 대체
하려고 한 데서 內外棉 파업이 시작되었다고 한다.[39] 즉 남공 여러 명이
해고되자 같은 부서의 노동자들이 그 이유를 공장측에 질문을 했는데,
이에 대해 공장측은 이들이 소란을 일으킨다고 판단하여 粗紗間 노동
자 80여 명을 모두를 해고했다. 80여 명의 해고를 계기로 2월 9일 제8공
장 전체로 파업이 확대되고, 同日 內外棉 제5, 제7, 제12공장이 동정파
업에 돌입하고, 그 다음날 제9, 제13, 제14공장이, 11일에는 제3, 제4공
장, 12일에는 제15공장이 동맹파업을 단행함으로써 內外棉 11개 공장
이 모두 파업하게 되었다고 한다.

  또 15일에 同興紗廠이 파업에 돌입함으로써 內外棉 파업이 在上海
全日本系 방직공장으로 확산되는 결정적인 계기가 마련되었다. 16일에
日華紗廠, 豊田紗廠과 楊樹浦 지역에 위치한 大康紗廠이 이에 동조하여
동정파업을 단행했다. 이로써 滬西, 楊樹浦 지역에 위치한 모든 일본계
방직공장의 3만여 명이 파업하게 되었다고 한다. 그리고 파업이 이처럼
확산된 원인에 대해서도 대우개선—일본인의 학대를 포함하여—에 대
한 일반 노동자들의 공감이 있었기 때문이었다는 것이다.[40]

  일본측의 주장은 중국측의 주장과 다소 달랐다.[41] 제8공장의 粗紗間
노동자가 몇 차례의 경고에도 불구하고 행커 미타—작업량을 계산하는
기구—를 조작하여 임금을 詐取하고, 이를 경고한 일본인에게 폭행을

---

39) 중국측 주장은 이미 잘 알려져 있는데, 이와 관련해서는 傅道慧, 《五卅運動》, 復
    旦大學出版社, 1985 ; 任建樹 等, 《五卅運動簡史》, 上海人民出版社, 1985를 참고.
40) 愉之, 〈五卅事件紀實〉, 《東方雜誌》五卅事件臨時增刊 1925. 7, p.5 참조.
41) 內外棉側의 主張은 〈上海內外棉株式會社罷工事情〉, 《日本外務省文書》 MT 5.3.2.
    155-7, pp.27~28에 의거한다.

218

가하여 부득이 5명을 해고했다. 그러자 해고자들이 출근하는 노동자를 위협하여 공장에 들어가지 못하게 하여 조업이 불가능해졌으며, 경찰이 그 주모자 6명을 체포하여 會審公廨에 회부하였다. 粗紗間 노동자 80명이 공장측의 이러한 조치에 항의하여 출근하지 않았다. 공장측은 이에 이들을 해고하고, 새로이 사람을 채용하자 조업이 점차 정상화될 조짐이 보였다고 한다.

그런데 2월 9일, 갑자기 제8공장과 제5공장에서 거의 동시에 파업이 발생하면서 內外棉 11개 전 공장과 기타 일본계 방직공장으로 동맹파업이 확산되었다. 동맹파업은 경찰이 손을 쓸 수도 없을 정도로 각 공장에서 동시다발적으로 발생했다고 한다.[42] 또한 5공장과 8공장의 노동자들이 제9, 13, 14공장으로 몰려가 기계와 각종 시설을 파손하고, 작업 중인 노동자를 위협하기도 했으며, 중국인·일본인을 불문하고 이를 막는 사람을 폭행하였다. 이렇게 하여 완전파업에 이르고 '2月罷業'이 시작되었다고 한다.

양측의 주장을 工部局 警務處의 보고서[43]와 비교해 보면 일본측 주장이 사실에 더 가까운 것으로 판단된다. 여하튼 사소한 해고사건이 3만여 명이 참가하여 20여 일 이상 지속된 대규모 對日 동맹파업으로 비화된 원인을 살펴볼 필요가 있다. 여기서는 노동계 내적인 문제로부터 그 원인을 다음 몇 가지로 나누어 살펴보고자 한다.

첫째, 經營革新에 따른 노동자들의 광범한 불만이 파업의 原因으로 작용했다. 즉 '2월파업'은 단순히 대우개선을 요구하는 파업의 차원을

---

42) 예컨대 10일 "群衆이 제9, 제13, 제14공장을 (동시에) 습격하였는데, 그 정보를 알고 회사는 곧 각 공장에 연락했으나 이미 늦어 제9, 제13공장이 파괴되었으며, 경찰이 순경을 파견하여 鎭撫하려고 했다. 그러나 일시에 제5, 제9, 제14공장 세 곳에 사건이 발생했고, 또 제4공장을 습격한다는 정보도 있어 이 방면으로도 (경찰의) 파견을 요청했다. 分署만으로는 대처할 수 없어 本署에서 수십 명의 後援隊, 自動車가 동원되었다."(《日本外務省文書》 MT 5.3.2.155-7, p.29)

43) 《上海公共租界工部局《警務日報》摘譯》(上海市檔案館 編, 《五卅運動》第二輯, 上海人民出版社, 1991), pp.2~4 ; 이 자료는 上海公共租界工部局 警務處에서 만든 Shanghai Municipal Police Files 중에서 5·30운동 관련 부분을 번역한 것이다. 이하에서는 이를 《警務日報》로 약칭하며, 쪽수는 이 책에 의거한다.

뛰어넘어 경영혁신으로 야기된 불안감이 대우개선 요구라는 형식을 통해 표출된 파업이었다. 內外棉 8공장에서 '이유 없는' 해고 해고와 養成工과 女工을 이용한 男工 交替, 그리고 성과급 임금계산 등이 파업 원인이었는데, 이는 우연한 일이 아니었다. 이러한 문제들은 전술한 바와 같이 경영혁신의 불가피한 결과였기 때문이다.

경영혁신의 여파는 內外棉뿐 아니라 모든 일본계 방직공장에서 거의 동시에 진행된 변화였다. '2월파업'을 실질적으로 주도했던 중국공산당에서 "제8공장의 파업선언 내용과 요구사항이 노동자 자신과 직접 혹은 간접적으로 밀접한 관계가 있어 이 때문에 파업의 풍조가 급속히 전파되었다"고 한 것도 결국 이를 두고 말한 것이었다.[44] 즉 일본인 관리자의 학대와 잦은 해고에 대한 불만이 동일한 불만을 갖고 있던 다른 공장들의 동정파업을 유도하는 원동력이었던 것이다.[45] 그러므로 '2월파업'이 사건 당사자로부터 시작해 모든 일본계 방직공장으로 확대될 수 있었던 것은 경영혁신으로 인한 작업환경의 변화에 궁극적인 원인이 있었다고 할 것이다.

두 번째로 주목할 것은 '2월파업'에서 나타난 抵抗의 방식이 노동자들이 慣行的으로 해 오던 저항방식을 답습했다는 점이다. 파업이 '打廠' 형식으로 진행되었다는 것이 대표적인 사례다. 앞서 언급한 일본측 주장에서도 그러한 사례가 보고되고 있는데, 실제 '2월파업'의 발화점이었던 內外棉 제5공장의 파업 노동자 200여 명이 각종 기계와 사무용 가구, 설비를 부수고, 이들이 제13, 14공장으로 가서 똑같은 행동을 했다.[46] 鄧中夏의 지적처럼 '2월파업'에서 打廠은 파업을 확대하고, 일본자본가를 위협하여 소기의 성과를 거둘 수 있게 했던 유효한 방법이었다.[47]

---

44) 〈共靑團, 上海地委小沙渡楊樹浦日商紗廠工人罷工狀況報告〉, 《五卅運動》 第一輯 (上海市檔案館編, 上海檔案史料叢編), 上海人民出版社, 1991, p.3.

45) 위의 글.

46) 《警務日報》 1925. 2. 11, p.3.

그런데 上海 노동자의 집단행동에서 '打廠'이 수반되는 경우는 1920년대 이전에도 허다했다.[48] '2월파업'에서도 이 방법이 이용되었고, 오히려 이때에는 노동조합의 주도하에 남여 10인을 1隊로 糾察隊를 조직하거나 각 공장에 義勇隊를 조직하여 이들로 하여금 '打廠'을 통해 작업에 복귀하려는 노동자를 저지하는 등 타창이 계획적이고 체계적으로 진행되었다.[49] 파업 3일째인 1925년 2월 11일에 이미 67개의 糾察隊가 조직될 정도였으니 얼마나 계획적으로 이 일이 추진되었던가를 짐작할 수 있다.[50] 이처럼 노동자의 저항운동에서 관행적으로 이루어지던 '打廠'이 근대적 노동자 조직인 노동조합이 주도하는 노동쟁의의 전술로 발전적으로 채택되고 있었다. 그러므로 노동조합이 주도했던 '打廠'을 관행적 저항방식이 근대적 조직인 노동조합의 저항방식으로 흡수되는, 따라서 비록 조직형식은 새로우나 노동운동이 관행과 전통의 토대 위에서 전개되는 현상이 나타났다고 할 수 있을 것이다.

세 번째는 노동자들과 일본계 공장 주변에서 직간접적으로 이와 관련하여 생활하고 있던 사람들의 일본인에 대한 평소의 정서적 반감이 파업 확산에 중요한 역할을 했다는 점이다. 특히 전술한 경영혁신으로 인한 노동자의 불만이 그 기저에 깔리면서 평상시의 反日감정에 따른 불만이 서로 상승작용을 일으켰던 것으로 보인다. 어떤 면에서는 이를 노동자들의 민족의식이라고도 표현할 수 있겠으나 그 실체는 중국인으로서의 체면과 의리를 지키자는 정도였으므로 엄격히 말해 정서적 반감에 가까웠다고 할 수 있을 것이다.

여하튼 '2월파업'이 滬西地域을 넘어 楊樹浦로까지 확대된 "유일한 원인은 일본인의 학대를 받는 것이었고……이유 없이 노동자를 때리고

47) 鄧中夏, 〈上海日本紗廠罷工中所得來的經驗〉, 《中國工人》 4, 1925. 4, p.55.
48) 田寅甲, 〈國民革命時期 上海勞動運動硏究－上海勞動界의 '統合'과 관련하여〉, pp.181~183.
49) 〈共靑團, 上海地委小沙渡楊樹浦日商紗廠工人罷工狀況報告〉, 《五卅運動》(1), p.4 ; 규찰대와 의용대는 打廠과 더불어 노동조합의 보호를 주요 임무로 했다.
50) 〈小沙渡內外紗廠罷工三誌〉, 《民國日報》 1925. 2. 12.

벌금을 물리고, 여공을 희롱하는 것"에 대한 노동자들의 불만이었다고
할 수 있다.[51] 그런데 이러한 문제들은 당시 中國企業, 外資企業 할 것
없이 일상적인 일로서 일본계 공장에서 유독 심했던 것도 아니었다. 예
컨대 여공 희롱 문제만 하더라도 다음과 같은 분위기가 上海에 있는 거
의 모든 방직공장에 팽배해 있었다.

> 정당하지 않은 풍조가 있어 공장 여공으로 하여금 娼妓行爲로 趨向하게
> 한다. 방직공장 여공은 修飾을 좋아하는데, 그 원인은 工頭에게 아양을 부
> 리기 위해서이다. 공두로부터 侮辱(원문대로임)을 당하면 일을 적게 하고
> 도 많은 임금을 받는다.[52]

그럼에도 불구하고 중국 노동자들이 이를 더욱 심각하게 받아들였던
것은 경영혁신으로 인한 누적된 불만과 당하더라도 중국인으로부터 당
하는 것은 참을 수 있어도 일본인으로부터 당하는 수모는 참기 어렵다
는 정서적 반감 때문이었던 것으로 생각된다. 파업을 주도했던 사람들
이 의도적으로 그리고 집중적으로 이러한 감정을 자극했는데, 파업과
정에서 '反對東洋人打人'이라는 구호가 가장 효력이 있었으며, 이것이
비록 '협애한 민족관념이기는 했으나 군중의 일본제국주의 반대를 불
러 일으킨' 핵심적인 요인이었다.[53] 그리고 평소에 '賤種', '亡國奴'라는
모욕을 당했는데, 이에 대해 '(중국인으로서의) 義氣를 가지자', '體面을
세우자'는 호소가 노동자를 파업에 참가시키는 데 결정적인 역할을 했
다고 한다.[54]

또한 노동자들이 항상 접촉하는 사람들, 특히 이들을 대상으로 장사
를 하고 있던 사람들 간에 팽배했던 反日 분위기가 간접적으로 파업의
정당성을 부여하게 됨으로써 '2월파업'이 급속히 확대될 수 있었던 것

---

51) 〈共靑團, 上海地委小沙渡楊樹浦日商紗廠工人罷工狀況報告〉,《五卅運動》(1), p.7.
52) 楊行佛, 〈勞動問題〉,《覺悟》1924. 1. 13.
53) 〈共靑團, 上海地委小沙渡楊樹浦日商紗廠工人罷工狀況報告〉,《五卅運動》(1), p.7.
54) 위의 글.

으로 보인다. 당시 上海 사회에는 "일본인 방직공장이 노동자를 牛馬와 같이 학대한다"는 루머가 광범위하게 유포되어 중국인의 일본에 대한 반감을 자극하였다.[55] 이러한 분위기 속에서 심지어 '包飯作'들도 "너희 들은 작업에 復歸해서는 안 된다. 義氣를 가져야 한다.……너희들은 돈 이 없는데 며칠 우리가 여기서 밥을 해주더라도 돈을 요구하지 않을 것 이다"고 약속하면서 적극적으로 파업을 지원했다.[56] 평소 데리고 있던 노동자를 특정 일본계 공장과 계약을 맺어 그 수입으로 먹고 사는 존재 인 이들조차 자신들의 손해에도 불구하고 중국인으로서의 체면을 지킬 것을 노동자들에게 강권했던 것이다.

'2월파업'의 경과를 볼 때 다음으로 주목되는 것은 노동자 동원의 근 간이 공두층을 비롯해 同鄕帮口, 各種 帮會 등이었다는 사실이다. 우선 工頭層의 파업참가는 파업을 확대하는 데 중요한 변수였으며, 이들이 참가해야 동원력이 높아질 수 있었다는 점을 지적해야 할 것이다. 裕豊, 大康紗廠의 다음과 같은 사례는 이를 잘 보여 준다.

> (裕豊, 大康의 工人들은) 內外棉의 搖班(罷工을 搖班이라 불렀는데 파공 이라 말하면 잘 알아 듣지 못한다—원문대로) 소식을 듣고 곧바로 영향이 생겼다. 두 공장 가운데 裕豊은 上下(층의 노동자들)가 일치했고, 大康의 파업에도 매우 열렬한 것은 아니었지만 工人領袖(工頭, 飜譯之類)들이 참 가했다. 裕豊은 全的으로 領袖(工人)가 그곳에서 主持했다.[57]

이와같이 裕豊, 大康의 파업이 전 공장으로 확대되는 데는 공두층의 '主持'가 중요한 요인이었던 것이다. 또한 滬西工友俱樂部가 주도하여 만든 각 공장의 파업위원회에도 이른바 '工人領袖'들이 대거 참가했으 며, 飜譯 몇 명이 蔡之華 등 공산당원과 함께 파업을 주도한 혐의로 경 찰에 체포되기도 했다.[58]

---

55) 〈內外棉社長の反駁〉, 《日本外務省文書》 MT 5.3.2.155-7, p.66.
56) 〈共靑團, 上海地委小沙渡楊樹浦日商紗廠工人罷工狀況報告〉, 《五卅運動》 (1), p.10.
57) 위의 글, pp.7~8.

그런데 공두층의 파업참가와 관련하여 주목할 사실은 同鄕帮口가 이들을 매개로 노동운동에 참가하고, 따라서 同鄕帮口가 노동자 동원력을 높인 요인이었다는 점이다. 경영혁신으로 그 영향력이 위축되기는 했으나 공두층은 노동시장과 생산현장을 연결하는 핵심적 매개물이었으며, 노동자의 일상생활 전반에 큰 영향을 미쳤던 사람들이었다.[59] 노동자의 일상생활 속에서 同鄕帮口나 關帝會, 互助會 등이 이들의 사회적 행위를 규정하는 주요한 요인이었다고 한다면, 이러한 조직의 지도자인 공두층의 파업 참가는 자연스럽게 이들 조직이 파업에 동원되었다는 의미로 해석할 수 있다. 실제 '2월파업'이 신속히 확대된 원인의 하나로 동향단체의 파업참가를 차단하지 못했던 사실을 내외면 사장이 지적한 바 있는데,[60] 이는 곧 공두층이 주도했던 同鄕帮口의 파업 참가를 저지하지 못했다는 의미였다. 따라서 공두층의 파업 참가는 일반 노동자들이 더욱 손쉽게 파업에 참가할 수 있게 하는 원동력이었음과 동시에 同鄕帮口가 파업에 긍정적으로 기능했음을 의미한다.

다음으로 각종 帮會의 역할 문제인데, 이 파업에 깊숙히 관여했던 鄧中夏는 이와 관련하여 다음과 같이 지적했다.

　　당시 工人 가운데에는 적지 않은 流氓이 있었고, 유력한 工人 領袖 중에 적지 않은 수가 靑帮, 紅帮이었다. 그들은 老頭子가 있는 사람이었다. 파업 때 자연히 그들을 쟁취하지 않을 수 없었다. 필요할 때는 심지어 老頭子를 請해 차를 마시면서 義氣를 가질 것을 강조했다. 파업의 구호가 '反對東洋人'이었고, 流氓 가운데 다소가 民族觀念이 있었으므로 적지 않은 老頭子가 찬조를 표시했다.[61]

---

58) 〈共靑團, 上海地委小沙渡楊樹浦日商紗廠工人罷工狀況報告〉, 《五卅運動》(1), pp. 8~9.
59) 田寅甲, 〈1920年代 上海 勞動者 社會와 地緣網의 機能〉과 〈1920年代 上海 地域의 雇用慣行과 包·工頭制—地緣網의 機能과 關聯하여〉 참고.
60) 〈大正十四年二月上海日本紡織會社罷工經過報告〉(機密 第80號, 1925.5.21), 《日本外務省文書》MT 5.3.2-564, p.430. '(2月罷業에서) 각성 출신의 노동자들은 원적지의 단체에 가입하여 집회에 참여했는데, 회사는 이러한 사실에 대해 전혀 알지 못하여' 이에 대응하지 못했던 것을 2月罷業 확대의 한 요인으로 지적하였다.

224

노동자들은 대다수가 '老頭子'를 모시고 있는 상황에서 이들의 뜻에 거슬리는 행동을 하기란 어려운 실정이었다. 따라서 파업확산에는 이들의 협조나 묵인이 불가결한 요소였다 하겠다. 그리고 鄧中夏의 지적처럼 이들이 '2월파업'에 협조했다. 여기서도 노동운동에서 帮口가 그러했던 것처럼 帮會 역시 긍정적인 역할을 했으며, 帮會를 매개로 노동자의 일상적 삶의 영역과 노동운동의 영역이 交織되고 있음을 알 수 있다.

지금까지 '2월파업'의 실질적인 원인과 대규모 동맹파업으로 확대되는 데 작용했던 여러 요인에 대해 살펴보았다. 경영혁신으로 누적된 노동자와 공두층의 불만이 직접적인 원인이었고, 여기에 일본인에 대한 민족적 반감이 그 저류에 흘렀으며 帮會의 '老頭子' 등이 그러한 민족적 반감을 공유했다. 이렇게 됨으로써 노동자들의 사회생활에서 기본단위라고 할 수 있는 同鄉帮口와 帮會를 통해 자연스럽게 노동자들이 파업에 동원될 수 있었다. '2월파업'이 대규모 동맹파업으로 확대될 수 있었던 이유는 바로 여기에 있었다.

2) 노동계 외적인 요인

上海 노동계가 '2월파업'을 계기로 '統合'의 길로 나아갈 수 있었던 노동계 외적인 요인으로는 中國共産黨의 역할과 上海社會의 罷業支援體制의 형성을 들 수 있다. '2월파업'에서 중국공산당이 滬西工友俱樂部, 楊樹浦工人進德會 등의 외곽조직을 통해 파업을 주도하고, 노동조합 설립을 추진하여 향후 노동조합운동의 판도를 바꿀 수 있는 기반을 마련했음은 주지의 사실이다. 공산당의 역할에 대해서는 논지의 반복을 피하기 위해 다음 절 '統合의 主體 形成'에서 詳論하기로 한다.

上海社會의 파업지원체제라는 표현이 다소 생소할는지 모른다. 그럼에도 이러한 개념을 군이 사용하는 것은 ① 국민혁명운동의 일환으로

---

61) 鄧中夏, 《中國職工運動簡史》, p.137.

전개된 노동운동에 국민주의적 흐름이 관류하였으며, ② 국민주의로
부터 파생된 '국민'적 지원과 지지가 1925년 上海 노동운동의 혁명적 고
양을 뒷받침하는 사회적 힘으로 작용했다는 점을 강조하고자 하는 이
유 때문이다. 그리고 ③ 노동자의 운동 역량이 한 차원 높은 단계로 성
숙되는 데 노동운동에 대한 上海社會의 협조적 분위기가 기여했으며,
나아가 그러한 분위기로 인해 노동계가 정치적, 조직적으로 統合될 수
있는 사회적 여건이 조성될 수 있었다는 점을 강조하기 위해 그러한 개
념을 사용하고자 한다.

　'2월파업'을 계기로 외국계 기업, 특히 일본계 기업의 파업에 대해 각
종 사회단체와 상공계층이 仲裁 또는 調停 役割을 적극적으로 수행하
는 한편 여론을 노동자들에게 유리한 방향으로 유도하고, 가능한 한 물
질적 지원도 담당하는 구조가 만들어졌던 것으로 보인다. 다시 말해 國
民運動的 勞動運動에 대해 商工階層, 上海社會가 지원하는 시스템이
형성되어 가고 있었던 것이다.

　각종 사회단체의 후원활동은 上海國民會議促成會를 주축으로 시작
되었다. 2월 12일에 上海國民會議促成會와 上海女界國民會議促成會가
연석회의를 열어 각 단체에 연락하여 後援會를 조직하기로 했다.[62] 그
직후 2월 15일 海員工會, 滬西四馬路商界聯合會, 對日市民大會, 京安新
靑年社, 浦東同人會, 上海學生聯合會, 女子工業社, 上海國民會議促成會,
上海女界國民會議促成會 등 9개 단체를 집행위원으로 하는 '上海東洋
紗廠罷工工人後援會'(이하 '後援會'라 함)가 조직됨으로써 각종 사회단
체의 체계적인 후원활동이 본격화되었다.[63] 회원단체로는 위 9단체 외
에 南市工商學社, 南市市民大會協會, 浙江旅滬工會, 中國靑年社, 上海
工團聯合會, 上海紡織工會, 中華電氣工業聯合會, 滬西工友俱樂部, 黃治
旅滬友誼會, 民治協進會 등 47개 단체가 참가했다.[64]

---

62) 〈上海兩促成會之歡迎大會〉, 《民國日報》 1925. 2. 13.

63) 〈各團體聯席大會開會紀〉, 《民國日報》 1925. 2. 16.

64) 위의 글 ; 47개 단체가 참가했음은 〈上海東洋紗廠罷工工人後援會啓事〉, 《民國日

구성 단체의 면면을 따져보면 工·商·學界가 망라되어 있고, 그 성격 역시 복잡하여 중공계 단체—예컨대 滬西工友俱樂部, 상해학생연합회, 절강여호공회 등—뿐 아니라 上海공단연합회 계열의 단체—上海방직 공회, 중화전기공업연합회 등—가 포함되었다.[65] 또한 對日市民大會와 같이 상공계층과 공단연합회 계열의 인물이 참가했던 단체들도 있었 다.[66] 이처럼 후원회는 개별 참가단체의 성격과는 무관한 그야말로 上 海의 각종 시민단체가 파업을 후원하기 위해 만든 연합회였다.

후원회의 활동은 크게 두 가지로 나눌 수 있는데, 그 하나는 노동자 의 요구조건이 관철되도록 중재를 하여 원만히 파업을 종식시키는 것 이고, 또 하나는 모금을 통해 파업 노동자의 생계문제를 해결하는 것이 었다.[67] 중재활동은 주로 商界에서 담당했는데, 후원회 집행위원인 滬 西四馬路商界聯合會 會長 馬杰이 內外棉側과 중재에 나서는 한편 滬西 工友俱樂部 대표 유청일과 함께 파업 노동자측과도 調整方法을 협의하 였다.[68]

자세한 중재활동에 대해서는 잠시 후 서술하겠지만 파업 노동자의 입장을 거의 전적으로 지원하는 방향에서 후원회의 중재가 진행되었다 는 점이 주목된다. 즉 후원회가 內外棉 사장에게 보낸 편지에서

노동자의 요구조건을 용인하라. 停業하여 파업 노동자의 생활을 위협하 지 말라. 만약 이 충언을 수용하지 않고 정업을 계속하여 노동자의 요구 조건을 듣지 않는다면 폐회 등은 전국의 상공업자와 단결하여 일본인의 공장이 폐국에서 자취가 없어질 때까지 파업 노동자를 후원하여 대항할 것이다.[69]

報》1925. 2. 18에 의거.
65) 이들 단체의 성격은 田寅甲, 〈1920年代 前半期 上海 勞動團體와 同鄕·同業網〉, 《中國學報》38, 1998. 6 참고.
66) 對日市民大會의 구성에 대해서는 《五卅史料》(1), p.410의 注 1 참고.
67) 〈各方面之援助情形－工人後援會之宣言〉, 《民國日報》1925. 2. 17.
68) 〈日華廠代表拒絶調停罷工風潮〉, 《申報》1925. 2. 20.
69) 〈內外棉社長の反駁〉, 《日本外務省文書》MT 5.3.2.155-7, p.60.

라고 했다. 표현이 매우 거친 것으로 보아 중재에 임하는 후원회가 이러한 표현을 그대로 쓰지는 않았을 것으로 생각되나 《民國日報》1925년 2월 18일자 기사와 비교해 보면 내용상의 차이는 없다.[70] 여하튼 후원회의 이러한 태도는 파업의 정당성을 사회적으로 추인하는 것이었다고 할 수 있고, 따라서 노동자의 입장과 단결력을 강화하는 데 긍정적으로 작용했을 것이다.

모금활동도 활발하게 진행되었는데, 가두모금[71]과 더불어 商界 團體를 통해 閘北慈善團과 通益紗廠, 商總聯會 등의 후원을 이끌어 냈다.[72] 그 가운데서도 특히 閘北慈善團은 노동조합측에서도 경제적 원조를 직접 청원했던 단체로서 주요 후원처였다.[73] 이 점은 파업에서 자선단체가 수행한 역할과 관련하여 주목되는 바이다.[74] 모금액의 규모는 현재로서는 알 수 없으나 파업의 장기화에 따라 '義氣'를 버리고 작업에 복귀하려는 노동자가 생겨나자 후원회 등에서 원조한 돈으로 '戰鬪力'을 증진시켰다는 사실로 볼 때 모금액이 적은 금액은 아니었던 것으로 생각된다.[75]

실제 파업이 20일을 넘어가면서 일부 노동자에 대해 노동조합에서 小洋 1角 내지 2角을 생계 보조금으로 지급했으며, 2월 24일에 각 公團과 個人으로부터 모금한 돈을 노동자들의 생활 정도에 따라 食費로 지급했는데, 그 금액이 1,347元이었다.[76] 그리고 25일에도 노동조합에서

---

70) 〈各團體之援助情形 ― 各團體致阿部彦函〉, 《民國日報》 1925. 2. 18.
71) 가두모금에 대한 구체적인 상황은 《五卅史料》(1), pp.416~417을 참고하라.
72) 〈國聞社之日華紗廠罷工消息〉, 《申報》 1925. 2. 20.
73) 《警務日報》 1925. 2. 20, p.19.
74) 5·30운동에서도 上海의 여러 자선단체들은 파업노동자 후원에서 핵심적인 역할을 했다.
75) 〈共靑團上海地委小沙渡楊樹浦日商紗廠工人罷工狀況報告〉, 《五卅運動》(1). p.5.
76) 〈調解中的日紗廠風潮〉, 《民國日報》 1925. 2. 25 ; 파업자금의 출처와 관련하여 공산당에서 지출한 자금에 대해 부언해 두고자 한다. 당시 上海 언론에는 공산당이 파업의 연장을 위해 일반 노동자에게는 매일 1인당 洋 2角씩 지급하여 최근 며칠 사이에 매일 洋 6천여 원 전후를 지출한다는 소문이 있었다. 취재원을 밝히지 않은 채 연구系의 기관지 《時事新報》에서 이를 기사화했다. 이 기사에서

228

食費를 지불하기로 했다고 한다.[77] 생활보조금이 지급된 다음날 "內外
棉 5, 9공장에서 작업에 복귀하는 자가 한 사람도 없었다"고 한다.[78] 물
론 內外棉이나 기타 공장에서 한 사람도 복귀하지 않았는지는 의심스
럽지만[79] 경제적 곤란과 이로 인해 파생되는 각종 문제[80]를 극복하여 戰
列을 재정비하는 데는 후원회의 도움이 컸던 것으로 생각된다.

그러나 비록 후원회의 협조적인 여론 조성과 지원이 긍정적인 작용
을 했다 하더라도 파업의 장기화는 노동자측이나 상공계층, 나아가 상
해 사회에 결코 바람직한 현상은 아니었다. 상공계층의 입장에서는 파
업 노동자와 빈민의 생계, 지방 치안의 불안을 우려하지 않을 수 없었
고, 특히 파업이 중국인 방직공장으로 확대될 것이라는 소문이 나도는
등 그야말로 '造反'의 가능성도 없지 않았다.[81]

위의 자금이 코민테른으로부터 지원되었을 가능성이 있음을 밝혔다.(達人,〈逃日
本紗廠罷工事〉,《時事新報》1925. 2. 21(《五卅史料》(1), p.431) 이 기사에서도 밝
혔듯이 이러한 소문의 진위를 확인할 방법은 현재로서는 없다. 다만 이 문제와
관련하여 陳獨秀가 1925년 3월 코민테른에 추가경비의 지원을 요구했던 사실이
주목된다. 중국공산당은 코민테른으로부터 1925년 1, 2, 3월분 경비 美貨 3,423달
러를 받았는데, 이는 중국돈으로 5,887원에 해당하는 금액으로 당시로서는 상당
한 거금이다. 그런데 陳獨秀는 3월 20일 코민테른 집행위원회에 보낸 보고에서
각종 명목으로 1,400원을 추가로 지원해 줄 것을 요청하였다. 더욱이 이 보고에
서 陳獨秀가 노동운동과 국민운동의 고양으로 공작인원과 물질역량이 부족하여
많은 기회를 놓쳤으므로 인원보충과 자금의 추가지원을 요청한다고 밝히고 있는
점으로 미루어 보아 1~3월 동안 예상외의 자금지출이 많았던 것은 확실한 듯
하다.(中共中央黨史研究室第一研究部 譯,〈陳獨秀給共産國際執行委員會的第2號報
告〉,《聯共(布), 共産國際與中國國民革命運動(1920~1925)》, 北京圖書館出版社, 1997,
pp.592~593) 陳獨秀가 총지휘를 담당(鄭超麟,《鄭超麟回憶錄》, p.100)했던 2月罷
業 역시 자금 수요가 많았던 사건이었다.
77)〈調解中的日紗廠風潮〉,《民國日報》1925. 2. 25.
78) 위의 글.
79)《警務日報》1925. 2. 23, p.21에 따르면 작업에 복귀하려는 분의기가 점차 현저
해지고, 2월 22일에는 내외면 각 공장에서 56%의 노동자들이 공장에 와서 긴급
으로 지급되는 임금을 받아갔다고 한다. 이로 보아 20일이 지나면서 파업 전열
이 심각히 동요되고 있었던 것으로 보인다.
80) 예컨대 생활의 어려움으로 작업에 복귀하려는 노동자들이 생겨나고 또 노동조
합 소속 노동자들은 이를 막는 과정에서 쌍방간에 사소한 충돌이 발생하기도 했
다.(위의 글)
81)〈東亞制蔴廠工人罷工〉,《新聞報》1925. 2. 18(《五卅史料》(1), p.319 所收); 申
新, 薄益, 統益紗廠 등 중국인 경영 방직공장에서도 파업이 있을 것이라는 소문

그리하여 상공계층이 파업 노동자 원조와 중재에 나서게 되었다. 滬
西四馬路商界聯合會가 최초로 중재에 나섰음은 전술했는데, 同會가 파
업이 발생한 지역에 가장 가까이 있는 상인단체였기 때문에 그렇게 한
것이었다.[82] 그러나 며칠 동안의 중재에도 불구하고 결과가 없자 2월 18
일 자신들은 힘이 부족하여 '各界의 願望'을 충족시킬 수 없으니 상급
기관인 상총련회가 그 일을 맡아줄 것을 요청했다.[83] 이 요청을 받은 상
총련회는 당일 저녁에 회의를 개최하여 중재의 전면에 나기로 결정하
고,[84] 王漢良·潘冬林·常玉淸을 대표로 위촉하여 勞資 양측과 교섭토록
하였다.[85] 그런데 당시 일본측은 "노동자의 거동에는 外界가 援助하는
바가 있어 현재로서는 아직 調解時期가 되지 않았고, 노동자들이 誠意
를 가지고 협상에 임해야 협의를 시작할 수 있다"는 입장이었기 때문에
중재가 쉽지 않았다.[86] 2월 23일에는 廣東路商界聯合會 代表 李鵠成이
재차 內外棉을 방문하여 회사측이 노동자들과 復工條件을 협상할 것을
다시 한번 건의하였다.[87]

상총련회의 중재는 앞서 본 것처럼 원만히 이루어지지 못했다. 게다
가 이때 紗廠聯合會가 通益紗廠 總經理 吳麟書를 內外棉에 파견하여
調停을 벌이고 후원회 역시 중재활동을 계속하고 있던 상황이었으므로
전체적으로 보아 중재가 통일적으로 이루어지지 못했던 실정이었다.

상총련회를 비롯한 각종 단체들의 중재활동이 돌파구를 찾지 못하자
上海의 저명한 상인들과 상해총상회가 파업 해결을 위해 적극적으로

_____

이 파다했다. 이에 대해 공장주들이 적극적인 대응책을 강구했는데, 그 가운데
하나가 내외면 등의 파업중재에 나서는 것이었다.
82) 《新聞報》1924. 2. 14(《五卅史料》(1), p.437) ; 이들은 파업으로 인한 주변지역
빈민의 생계 문제, 노동자와 회사 쌍방의 손실, 지방의 불안을 앉아서 보기 어렵
다는 이유로 調停에 나서게 되었다고 중재이유를 밝혔다.
83) 《新聞報》1925. 2. 21(《五卅史料》(1), p.439).
84) 《申報》1925. 2. 20.
85) 《申報》1925. 2. 23.
86) 《新聞報》1925. 2. 21(《五卅史料》(1), p.442).
87) 《警務日報》1925. 2. 24, p.22.

활동하기 시작했다. 商總聯會 회장 葉惠鈞이 역시 자신이 회장으로 있던 雜糧公會로 王一亭을 초청하여 중재를 위한 대책을 숙의한 후 王이 다시 內外棉측 대표와 만나 파업을 조속한 시일 안에 원만히 해결하자는 원칙적인 합의를 도출해 냈다. 그 직후 상해총상회는 王一亭의 중재 결과를 보고받고 공동토론을 거쳐 총상회가 이 문제의 해결을 책임지기로 결정했다.

그리하여 25일 오후 總商會의 代表 方椒伯, 王一亭, 淞滬警察廳의 常之英, 交涉署 陳世光, 商總聯會의 潘冬林, 일본 영사 및 邵力子, 그리고 일본공장측 대표 몇 명, 노동자측 대표 劉貫之, 張佐臣 등 6명이 上海總商會에서 최종협상을 벌였다.[88] 이 날 회의에서 노동자측의 요구 가운데 체포된 사람의 석방, 파업기간 동안 임금 지급, 임금의 2% 인상이 쟁점이었는데, 그 가운데 체포된 사람의 석방 문제에 대해서는 華界에 체포된 사람은 上海總商會가, 租界에 체포된 사람은 변호사 克威가 합의문 서명 뒤 바로 석방시킬 것을 담보함으로써 해결되었다.[89] 다만 임금문제에 대해서는 일본공장측이 확답을 하지 않아 다음날 재차 회의를 열기로 했다.[90]

2월 26일 회의에서 전날 제출된 상해총상회의 안을 일본측이 받아들이기로 함으로써 다음과 같은 합의문을 작성하고 중재인, 쌍방 당사자가 각각 서명했다.[91]

현재 上海총상회가 調解하여 아래의 各條를 합의한다.
1. 공장은 항상 노동자를 우대하고, 학대사건을 보고받았을 때는 곧바로 (공정하게) 상세히 조사를 진행한다.
2. 파업 노동자가 安分하여 작업에 復歸할 때 원래의 직무를 회복하는

---

88) 《申報》 1925. 2. 26 ; 《警務日報》 1925. 2. 26, pp.27~28 ; 邵力子는 《民國日報》 編輯 자격으로 협상에 참가했던 것으로 생각된다.(《警務日報》 1925. 2. 27, p.30)
89) 위의 글.
90) 그 이유는 대표들이 중재안을 다른 회사측의 동의를 얻어야 했기 때문이었다.
91) 《警務日報》 1925. 2. 27, p.29.

것을 허락한다.

3. 근무경력이 만 5년인 자는 공장측이 회사의 財務冊에 근거하여 응당 받아야 할 저축금을 지급한다. 만약 만 5년이 되지 않고 공장을 떠난 자는 평소에 만족스러울 만큼 일을 했으면 (이를) 지급할 수 있다.

4. 임금은 2주일마다 한 차례 지급한다.

위의 정식합의 외에 25일 합의된 체포자에 대한 석방 담보를 재차 확인했다.[92] 이와 같은 합의사항은 노동자측의 최초 요구와 다소의 차이가 있지만 노동조합 대표들이 총상회의 중재안을 받아들이는 데는 별 문제가 없었다. 이로써 합의조건의 충실한 이행 여부만 남긴 채 '2월파업'은 실질적으로 종결되었다. 그러나 일본측의 합의조건 수정이나 불이행이 그 후 새로운 불씨가 되어 결과적으로 5·15사건과 5·30사건을 초래하게 된다.

지금까지 상공계층의 파업 중재활동에 대해 살펴보았다. 그런데 상공계층이 어떠한 이유로 그러한 활동을 하게 되었는지가 궁금하다. 이 문제에 대해서는 다른 글[93]에서 상술했는데, 여기서는 다음과 같은 점을 강조해 두고자 한다. 후술하는 바와 같이 이들이 중재역을 자임한 데는 여러 가지 정치적, 현실적 이유가 작용했다 하겠다. 그러나 四馬路商界聯合會가 그러했듯이 파업 중재는 상공계층이 당연히 맡아야 할 책무라는 의식이 그 기저에 깔려 있었고, 이것은 上海 사회의 오랜 관행이었다는 점을 강조해 둔다.[94] 그리고 그러한 관행은 下級團體가 해결하지 못하면 次上級團體 혹은 最上級團體로 이관되면서 상공계층 전체가 문제 해결을 시도하는 중재 절차상의 특징도 지적해 둘 만하다.

'2월파업'에서 보인 각 사회단체의 성원과 상공계층의 중재활동을 통해 이러한 활동이 노동자의 입지를 강화시키는 한편 勞資葛藤을 비교

---

92) 위의 글, p.30.

93) 田寅甲, 〈國民革命時期 上海勞動運動 研究〉의 第3部 第1章 참고.

94) 田寅甲, 〈1920年代 前半期 上海 勞動運動과 地域社會의 對應—慣行에 의한 勞動運動 統制와 그 限界〉, 《東亞文化》 35, 1997, pp.202~211 참고.

적 중립적인 입장에서 조정함으로써 결과적으로 노동자측의 요구조건을 적절히 관철시킬 수 있는 상해 사회의 파업지원체제가 존재했음을 확인할 수 있을 것이다. 그리고 이것은 노동운동 발전에 긍정적으로 작용했을 것으로 생각된다. 이와 동시에 이러한 체제는 상해 전체를 포괄하는 공권력이 존재하는 않는 상황에서 상해 사회가 노동운동을 통제하는 유효한 방법이기도 했던 것으로 생각된다. 다시 말해 이러한 체제는 상해 사회가 노동운동을 통제할 수 있는 사회적 기제였으며, 이것이 유지되는 한 노동운동의 파장을 상해 사회가 적절하게 조정할 수 있었을 것으로 생각된다. 그러나 문제는 이러한 체제가 노동자, 상공계층 그리고 공권력을 비롯한 각종 사회적 힘의 균형—1925년 이전에는 상공계층 우위의 힘의 균형—위에서 유지될 수 있었다는 사실이다. 그러므로 힘의 균형이 깨어지게 될 때는 그러한 체제 역시 붕괴되는 방향으로 나아가는 것은 불가피했을 것이다.

2. '統合'의 主體 形成

이 절에서 주목하고자 하는 것은 '2월파업'을 계기로 생겨난 上海 노동계의 새로운 변화, 그 가운데서도 노동계가 정치적, 조직적으로 '통합'될 수 있었다는 사실이다. 즉 '2월파업'이 국민혁명시기 상해노동계의 '통합'의 가능성을 보여 주었을 뿐 아니라 동맹파업의 진행과정에서 '統合'의 人的, 組織的 主體가 만들어짐으로써 그 후의 노동운동이 국민혁명운동의 핵심적 부문 운동으로 발전할 수 있었다.

사회적 협조를 받으면서 전개된 '2월파업'에서 중국공산당은 노동자 동원과 중재협상에서 중심적인 역할을 했다.[95] 陳獨秀는 코민테른 집행위원회에 보낸 1925년 3월 20일자 보고서에서 '2월파업'의 성과를 다음

---

95) 파업여부, 요구조건, 그리고 협상 파트너, 협상문 서명 여부 등은 모두 陳獨秀와 中國共産黨에 의해 결정되었다고 해도 과언이 아니다.(鄭超麟, 《鄭超麟回憶錄》, p.100)

과 같이 평가했다.

　　上海 방직공인 파업상황에 대해 우리들은 이미 여러분에게 세 차례의
전보를 보냈다. 여러분이 모두 받아 보았을 것이다. 파업은 일종의 무조직
적 造反이었다. 이번에 노동자들이 승리하지 못했으므로 그들은 여전히
노동조합을 신임하지 않는다. 일본 공장주는 노동자의 노동조합 참가를
전력으로 저지하고 있다. 이로 인해 현재 勞動組合에 참가한 노동자는 1
만에 지나지 않는다. 그러나 대부분 工人領袖가 이미 모두 勞動組合에 가
입했다. 노동조합이 비록 당국의 정식 승인을 얻지는 못했으나 실제로는
합법적으로 존재하는 것이다(것이나 다름없다). 파업 노동자 가운데 50여
명이 우리 당에 가입했다.(그 가운데 세 명의 여성이 있다) 또 두 개의
지부를 만들었다.[96](강조는 필자)

　언뜻보아 陳獨秀는 '2월파업'의 성과를 불만족스럽게 여겼던 듯하다.
만약 그렇게 생각했다면 그것은 그의 욕심이었을 것이다. 그 자신도 보
고서에서 강조한 것처럼 '2월파업' 최대의 성과는 노동조합, 그것도 企
業別 勞動組合의 발전이었다. 사실 '2월파업'이 그 이전의 노동운동과
근본적으로 다른 점은 공산당과 滬西工友俱樂部의 지도하에 일본계 각
방직공장에 기업별 노동조합이 만들어지고 이를 구심점으로 동맹파업
이 진행되었다는 사실이었다. 즉 공산당의 지도를 받는 기업별 노동조
합이 노동운동의 주체로 등장한 것이다.
　上海 노동운동사에서 '2월파업'이 가지는 가장 중요한 의미는 바로
위와 같은 변화에 있다 해도 좋을 것이다. 파업기간 동안에 內外棉, 裕
豊, 大康, 日華, 同興, 豊田紗廠, 그리고 東亞麻袋廠(일본자본)에서 劉貫
之, 張佐臣, 萬金福, 朱國平, 李瑞淸, 張應龍 등 공산당원의 주도로 노동
조합이 성립되었다.[97] 이들 조합에 1만에 이르는 노동자와 이른바 '工人

96) 中共中央黨史硏究室第一硏究部 譯, 〈陳獨秀給共産國際執行委員會的第2號報告
　　(1925. 3. 20)〉, 《聯共(布), 共産國際與中國國民革命運動(1920~1925)》, 北京圖書館
　　出版社, 1997, pp.591~592.
97) 이들이 공산당원인 것은 《中國共産黨上海市組織史資料(1920. 8~1987. 10)》, pp.
　　24~25. 7개 노동조합의 성립 관련사항은 《五卅史料》(1), p.334 ; 《警務日報》 1925.

234

領袖'들이 대거 참가했으며, 노동조합이 사회적으로 公認되는 성과를 거두었다. 또한 內外棉 社長 武居綾藏도 지적했다시피 이러한 노동조합이 있었기 때문에 통상적으로 쉽게 타결될 수 있었던 문제가 대규모 노동쟁의로 확대되었고, 이 점이 이전과는 현저히 다른 양상이었다.[98]

여하튼 일본계 기업의 7개 기업별 노동조합을 효시로 그 후 '某某工會'라는 명칭의 企業別, 事業場別 勞動組合—이하에서는 單位勞動組合 혹은 單位勞組로 總稱한다—이 급속히 늘어나 새로운 형태의 노동자 조직으로 급부상했으며, 上海 노동운동의 새로운 주체로서 노동운동의 새로운 구도를 만들어 냈던 것으로 생각된다.[99] 현상적으로 나타난 예를 하나 들면 1924년 이전에는 상해 각 신문에서 노동자 단체를 언급할 때는 각종 노동단체[100]들이 거의 전부를 차지했으나 '2월파업' 이후에는 기업별 노동조합의 동향에 초점을 두고 노동계의 소식을 전하였다. 이러한 변화는 1924년 이전과 1925년 이후가 근본적으로 다른 점이었으며, 상해 노동계의 정치적, 조직적 '통합'의 계기는 바로 그러한 변화 속에서 배태되었다고 해야 할 것이다.

'2월파업'을 거치면서 나타난 또 하나의 변화는 노동운동에 대한 이른바 명망가적 노동운동가들과 國民黨員의 영향력이 급속히 감퇴했다는 점이다.[101] '2월파업'에서 上海工團聯合會가 거의 아무런 역할을 하지 못했을 뿐 아니라 徐錫麟, 李恒林, 朱潤彬 등 공단연합회의 핵심분자이자 5·4운동 이래 저명한 노동운동가로 인정받고 있던 자들이 공산당 계열의 공격과 일반 노동자들의 무관심으로 역시 이렇다 할 역할을 하지 못했다.

---

2. 26, p.28 참고.
98) 〈內外棉會社罷工の眞相〉, 《日本外務省文書》 MT 5.3.2.155-7, pp.71~72.
99) 5·30운동을 단위노조라는 새로운 주체가 노동운동의 새로운 구도를 만들어 내는 시험대였다고 할 수 있을 것이다. 이때 단위노조의 영향력이 유감 없이 발휘되었던 것으로 생각되는데, 이에 대해서는 후술한다.
100) 그 종류와 성격은 田寅甲, 〈1920年代 前半期 上海 勞動團體와 同鄕·同業網〉 참고.
101) 국민당원과 이른바 명망가적 노동운동가들이 주도했던 노동단체에 대해서는 위의 글 참고.

다음과 같은 사례를 보면 심지어 이들이 상해 노동계로부터 도태되고 있었던 것으로 생각된다. 즉 전술한 1925년 2월 26일 上海總商會에서 열린 합의문 조인식이 진행중이었을 때 "저명한 선동분자 陳國樑과 기타 10여 인이 商會에 와서 談判에 참가토록 해 줄 것을 요구했으나 거절"되었다.[102] 陳國樑이 누구인가? 中國工會의 대표이자 上海공단연합회의 핵심간부로서 五四運動 이후 상해 노동계의 활동을 좌우했던 대표적인 노동운동가였다.[103] 그러한 그가 자신이 보기에는 신출나기에 불과했던 劉貫之·張佐臣 등과 같은 사람이 대표로 참가한 협상자리에서 쫓겨났던 것이다.

위와 같은 현상은 중국공산당의 노동운동 장악력을 높이고, 그 지도노선에 따른 노동조합 운동의 발전과 표리를 이루는 문제로 '2월파업'을 거치면서 상해 노동운동이 거의 전적으로 중국공산당의 수중에 들어감에 따라 생겨난 결과였다. 그리고 이러한 변화는 역시 상해 노동계의 세력판도가 바뀌어 가고 있었음을 의미하는 현상으로 이해할 수 있다.

그러면 위에서 언급한 새로운 변화의 흐름이 '2월파업' 이후 이 흐름을 주도한 중국공산당에 의해 어떻게 수습되면서 결과적으로 5·30사건과 세 차례의 폭동을 추진할 수 있는 힘―상해 노동계의 '통합'―이 축적될 수 있었던가? 코민테른 東方部의 다음과 같은 지적은 이와 관련하여 매우 시사적이다.

解放運動 중에서 共産黨의 작용은 南方 혹은 北方을 불문하고 갈수록 중요해지고 있다. 동시에 近 2, 3개월의 罷業 浪潮을 指標로 하는 중국 노

---

102) 《警務日報》 1925. 2. 27, p.30.
103) 陳國樑은 국민당원이었던 陳家鼐 등과 함께 1919년 5월 27일 中華工會를 결성했는데, 이 단체는 성립 이후 줄 곧 국민당계 활동가들과 함께 정치활동에 주력했다. 그 후 陳國樑은 진가내와의 갈등으로 인해 中華工會에서 탈퇴하여 中國工會上海總部를 창설하여 정치활동과 사회활동을 지속했다.(江田憲治, 《五四時期의 上海勞動運動》, 同朋舍, 1992. pp.55~56 및 p.113의 註 16) 참고) 또한 그는 上海工團聯合會의 간부, 淞滬機械職工同志會 주비위원, 江蘇駐滬勞工總會 간부를 역임했다. 1925년 당시에는 裝訂工會 회장이었다.(《警務日報》 1925. 2. 27, p.30)

동운동의 왕성한 발전은 勞動組合 속에서 共産黨의 工作을 强化하고, 그 속에서 우리들의 組織을 鞏固하게 할 것을 요구한다.[104]

라스콜니코프(Fedor F. Raskolnikov)와 보이틴스키 명의로 코민테른 집행위원회에 보낸 코민테른 동방부의 활동보고서 가운데 포함된 위 내용은 중국공산당에 대한 동방부와 보이틴스키의 영향력을 고려할 때 ‘2월파업’ 이후 중국공산당의 운동지도 방향을 제시한 것으로 이해할 수 있다.[105] 위 내용에 의하면 노동조합에 대한 활동을 강화하고, 노동조합 내에 공산당 小組를 건립하는 것이 ‘2월파업’ 이후 중국공산당의 지도방침이었다고 할 수 있다.

‘2월파업’ 후 노동조합을 일본계 공장에서 ‘묵인’했다[106] 하더라도 노동조합의 발전이 순탄한 것은 아니었다. 회사측의 無言의 彈壓도 발전을 가로막는 요인[107]이었지만 무엇보다도 ‘2월파업’을 전후하여 성립된 노동조합이 제 기능할 수 없을 정도로 조직력이 취약하고, 그마나도 난맥상을 보였던 조직의 상태가 문제였다. 일본계 공장의 7개 노동조합은 설립되는 과정부터 문제가 있었다. 파업을 효율적으로 추진하기 위해 별다른 준비 없이 어느날 갑자기 파업 집회를 갖던 중 노동조합이 성립되었음을 선포했다.[108] 이에 따라 준비부족으로 조직상의 맹점도 많았을 것으로 생각된다. ‘2월파업’ 주동자 가운데 한 명인 劉華가 “노동조합이 이번 파업 때에 임시로 설립된 것으로 完全하다고 할 수 없다”

104) 〈共産國際執委會東方部給共産國際執委會主席團的報告 - 25.5.16, 絶密〉, 《聯共(布), 共産國際與中國國民革命運動(1920~1925)》, p.621.
105) 위 보고서(p.620)에 의하면 당시 보이틴스키는 2月罷業의 영도 공작을 준비했으며, 여기에 참가했다고 한다. 따라서 그러한 경험을 기초로 위 보고서 가운데 향후 노동운동대책에 대한 부분이 작성되었을 것으로 생각된다.
106) 〈上海內外棉株式會社罷工事情〉, 앞의 책, p.78.
107) 위 문건에 의하면 內外棉은 노동조합이 함부로 명령을 내려 操業을 마음대로 하고, 심지어는 노동조합이 그 辭令에 의해 노동자의 해고와 고용을 결정하기도 하여 노동조합과 관계를 단절했다고 한다. 그러나 이러한 이유뿐 아니라 내외면측은 노동조합을 無力化시키기 위해 工頭 등 非勞組員을 이용하여 勞勞葛藤을 조장하였다.(위의 글, pp.78~79)
108) 鄧中夏, 〈上海日本紗廠罷工中所得來的經驗〉, 《中國工人》 第4期, 1925. 4, p.53.

고 지적한 것도 이러한 사실을 염두에 두고 있었기 때문이었다.[109] 그러
므로 비록 파업에서는 상당한 효과를 거두기는 했지만 노동조합으로
정착하기 위해서는 상시체제로 노동조합을 정비하는 것이 급선무였던
것으로 생각된다.[110]

노동조합의 문제점을 좀더 세부적으로 살펴보면 첫째, 일반 노동자
들은 노동조합이 무엇을 하는 곳인지 몰랐고,[111] 생계 보조금을 지불하
는 곳 정도로 인식한 사람들이 허다했다. 둘째, 각 공장에 있던 滬西工
友俱樂部의 小組가 노동조합의 근간이었는데, 이것이 각 공장마다 質,
量에서 상당한 偏差를 보였고, 노동조합에 입회한 노동자의 경험과 훈
련 상태 역시 양호하지 못했다.[112] 셋째, 일반 노동자에 대한 지도부의
통제력이 취약하여 이들을 노동조합의 통제하에 두기란 사실상 어려웠
다. 이는 노동운동 지도자들이 조직을 정비하고, 시기를 선택하는 등의
준비과정을 거쳐 파업이 단행된 것이 아니라 격앙된 사회적 분위기, 즉
노동자의 자발적인 파업 참가에 의해 '일종의 無組織的 造反'처럼 '2월
파업'이 진행되고, 그 과정에서 노동조합이 설립되었기 때문이었다.[113]

위와 같은 상황에서 중국공산당은 앞서 제시한 두 가지 지도방침을
실행하기 위해 선택할 수 있는 방법은 그리 많지 않았던 것으로 생각된
다. 共靑團에서 "(금후의) 유일한 공작은 노동조합을 조직하는 것이다.
(그러나 현재 상황에서) 대회를 열어 공식적으로 노동조합을 조직하기
는 매우 곤란하다"는 다소 회의적인 반응을 보인 것도 그러한 사정을
시사하고 있다.[114] 그러나 어려운 사정에도 불구하고 '2월파업'부터 5·30

---

109) 于高寧, 《支那勞動問題》, p.662.

110) 이하는 田寅甲, 〈5·30運動과 上海總工會〉, 《東洋史學硏究》38, 1992의 관련 내
     용을 이 글의 논지와 새로운 자료를 토대로 대폭 수정, 보완하여 작성되었다.

111) 可芳, 《一九二五年上海日商紗廠工人罷工支內幕及始末記(一名中國共産黨與上海
     日紗廠罷工風潮)》, 上海, 1926, p.56.

112) 鄧中夏, 〈上海日本紗廠罷工中所得來的經驗〉, p.51.

113) 위의 글 ; 〈陳獨秀給共産國際執行委員會의 第2號報告(1925.3.20)〉, 《聯共(布), 共
     産國際與中國國民革命運動(1920~1925)》, p.591.

114) 〈共靑團上海地委小沙渡楊樹浦日商紗廠工人罷工狀況報告〉, 《五卅運動》(1). p.11.

사건 이전까지 중국공산당은 다음 세 가지 방향에서 노동조합의 내실을 기하고 노동운동에 대한 자신들의 지도력을 높이고자 했다.

첫째, 기업별 노동조합 체제를 상해 노동계에 정착시키는 일이었다. 우선 이미 설립된 기업별 노조의 조직력을 향상시키기 위해 노동자를 대상으로 노조의 중요성에 대한 선전을 강화하고, 노조와 일반 노동자 간의 거리를 좁히려는 노력을 기울였다.[115] 또한 더 손쉽게 노동조합에 참여할 수 있는 분위기를 조성하기 위해 묵인된 상태의 노동조합이 공식적인 승인을 획득할 수 있도록 하기 위해 적극적인 활동을 벌였다.[116]

이러한 활동과 함께 노동조합의 체계적인 정비에도 주력하였다. 각 기업마다 조직된 노동조합 예하에 그 기업의 각 工場別 工場委員會— 일종의 分會—를 두고 그 아래에 작업장별로 支部를 두는 형태로 노동조합의 기반을 확충해 나갔다. 工場委員會의 주요 활동은 노동조합의 회원을 증가시키는 것이었는데 4월에는 일본계 방직공장의 養成工, 童工, 小數의 女工을 제외하고 대부분의 노동자들이 노동조합의 회원으로 등록하는 성과를 거두었다고 한다.[117]

그리고 노동조합이 없는 공장에 대해서 노조를 건립하려는 노력도 병행되었다. 工部局 警務處의 정보 보고에 의하면 '16家의 紗廠의 노동자 중에서 3만 8천 명을 회원으로 흡수'한다는 목표로 노조의 '籌組 工作'을 지속적으로 진행하고 있었다.[118] 노조를 조직하는 방법으로는 "대회를 열지 않고 비밀리 各 部의 首領에게 연락하여 대표회를 열어 각 부에서 신임을 얻을 수 있는 사람을 대표로 노동조합을 조직하는 것"이었다.[119](강조는 필자) 그러나 새로운 노조 설립을 위한 활동은 5·30사건

---

115) 《警務日報》 1925. 3. 9, p.36과 同 1925. 3. 23, p.44 ; 于高寧, 《支那勞動問題》, p.662 참조. 평민학교의 개설, 의원 개설, 근면절약 정신을 고취하는 운동과 저축 기구의 설립, 양로원의 설립하려고 한 것은 그러한 이유 때문이었다.
116) 노동조합 승인투쟁을 말한다.(鄧中夏, 《中國職工運動簡史》, p.142 ; 〈日紗廠工潮 餘聞〉, 《民國日報》 1925. 3. 4)
117) 劉貫之, 〈關于1924~1925年上海工人運動的回憶〉, 《中國工運史料》 1960-1.(《五 卅史料》(1), p.463 所收)
118) 《警務日報》 1925. 3. 5, p.35.

이전까지는 큰 성과를 거두지 못했다.

그런데 기업별 노동조합에 工頭層이 주도적으로 참가했다는 점이 주목된다. 물론 공두는 공장측에 의해 파업이나 노동조합을 무력화시키는 데 이용되기도 했다. 그러한 공두들이 있었던 반면 전술한 것처럼 파업에 적극적으로 참가하고 노동조합에서도 중요한 역할을 한 공두도 적지 않았다. 陳獨秀가 코민테른에 보낸 보고서에서 "대부분의 工人 領袖가 이미 모두 노동조합에 가입했다"고 한 것이나 共靑團의 위 보고서에서 "各 部의 首領'을 중심으로 노동조합을 설립하자는 제안을 한 것은 工頭, '飜譯' 등 공두층이 노동조합의 성장과 그 운영에 중심적인 역할을 했음을 의미한다.[120] 따라서 기업별 노동조합의 발전에서도 이들이 견인차 역할을 했다고 할 수 있을 것이다.

또한 劉華에 의하면 '2월파업' 이후 "새로운 회원을 흡수하는 공작이 신속히 진행되었다"고 했는데,[121] 그럴 수 있었던 원인 가운데 하나가 공두층의 노동조합 참가였다. 예컨대 "3월 20일 오전 8시경 日華紗廠 飜譯 張某가 27명의 여공과 5명의 남공을 데리고 閘北 三德里 40號 滬西工會(滬西工友俱樂部－필자)에 갔다. 당시 紗廠工人 代表는 工會 會員을 吸收하는 일을 그곳에서 진행"하였다.[122] 또한 "滬西工友俱樂部에서 任職하는 대략 60명의 工頭와 工人이 4월 8일 저녁 8시에 閘北 潭子灣 工友俱樂部에서 開會했다. 俱樂部 秘書, 共産黨 分子 劉華가 회의를 主持했는데, 俱樂部 全體 發起人은 紗廠工人을 회원으로 흡수하는 일을 가속화하고, 이미 입회한 사람에 대해 회비를 납부토록 해야 한다"는 점을 강조하였다.[123] 위 두 가지 사례에서 공두층이 노동자의 입회와 회

119) 〈共靑團上海地委小沙渡楊樹浦日商紗廠工人罷工狀況報告〉, 《五卅運動》(1). p.11.
120) 〈陳獨秀給共産國際執行委員會的第2號報告(1925. 3. 20)〉, 《聯共(布), 共産國際與中國國民革命運動(1920～1925)》, p.591과 위의 글 참조 ; 공두의 노동조합 참가는 여러 곳에서 확인되는데, 예컨대 4월 17일 저녁 7시 內外棉 14工場의 工頭 6명이 滬西工友俱樂部에 와서 劉貫之와 劉華를 만난 후 노동조합에 입회했다.(《警務日報》 1925. 4. 18, p.54)
121) 《警務日報》 1925. 4. 6, p.49.
122) 《警務日報》 1925. 3. 21, p.44.

240

비 납부에 깊숙히 관여했음을 알 수 있다. 이들의 역할은 여기에 그치지 않는다.

노동조합의 운영과 滬西工友俱樂部의 계획 또는 그 지시사항을 실행하는 역할도 이들이 주로 담당했다.[124] 그 사례를 몇 가지 소개하면 다음과 같다.

① 4월 1일 閘北 工友俱樂部가 대략 30건의 서한을 보내 각 日商紗廠 工頭들이 매주 일요일 하오 2시에 俱樂部에 와서 진일보한 工作을 위한 계획을 수립할 것을 요구했다.[125]

② 4월 6일 劉華가 각 공장 대표를 모아 놓고 滬西工會를 유지하기 위해 紗廠工人의 모금이 현재 절실히 필요하다고 강조했다. 이어서 劉華를 內外棉 3공장, 戴得志를 9공장, 陶靜軒을 15공장, 劉貫之를 同興紗廠, 李瑞淸과 張應發을 日華紗廠에 파견하였다. 이들은 공두들을 지도하여 모금 공작에 종사할 것이다.[126]

③ 대략 500명의 日商紗廠 工人(그 중에서 반이 여공)이 4월 19일 상오 9시 閘北 潭子灣 工友俱樂部에서 개회했다. 同興紗廠 工頭 袁仲英이 주지했다. 그는 滬西工會 發起人들이 계속하여 工會 조직을 양호하게 하는 데 노력해야 한다고 말했다. 이어 그는 청중들에게 全國勞動大會에 보낼 대표를 선출할 것을 요청했다.[127]

지금까지 언급한 사실을 통해 공두층이 노동조합 내에서 중요한 역

123) 《警務日報》 1925. 4. 9, p.51.
124) 이와 관련하여, 참고로 호서공우구락부와 공두층의 관계가 어떠했는지를 보여 주는 두 가지 사례를 보면 다음과 같다. ① "3월 19일 하오 4시 내외면 5창 工頭 顧汝舫이 閘北 潭子灣 工友俱樂部에 다음을 보고했다. 該廠 經理가 아무런 이유를 대지 않고 그를 포함하여 3명의 工頭를 解雇했다. 그 후 劉華가 두 사람의 대표를 보내 이 사람의 申訴를 조사했다."(《警務日報》 1925. 3. 20, p.43) ② "(4월 8일) 하오 5시반 內外棉 3廠 工頭 王吉成이 俱樂部에 와서 보고하기를 毛姓을 가진 工頭가 俱樂部를 敵視한다는 말을 했다가 工人들이 그를 한차례 때렸다고 말했다."(《警務日報》 1925. 4. 9, p.51) 이 두 사례에서 보듯 공두들은 자신들이 관련된 사소한 문제라도 구락부에 와서 이야기할 정도의 관계는 되었던 것으로 보인다.
125) 《警務日報》 1925. 4. 2, p.48.
126) 《警務日報》 1925. 4. 7, p.51.
127) 《警務日報》 1925. 4. 20, pp.54~55.

할을 담당했음을 확인할 수 있을 것이다. 이 점은 이 글의 전체적인 논지와 관련하여 중요한 의미를 가진다. 공두를 중심으로 형성된 각종 同鄕幇口가 서로 대립했고, 幇派 간에 악감정과 서로 敵視하는 풍조가 노동자 사회에 만연해 있었다. 이 글에서는 이러한 상황에서 동향관념이 노동자의 파업이나 노동조합에 어떠한 영향을 미쳤던가에 지속적인 관심을 기울였다. 이러한 관심의 정점에 존재하는 것이 바로 공두층이라 할 수 있다. 그런데 '2월파업'과 그 후에 진행된 일본계 방직공장의 노동조합 활동을 통해 볼 때 이들 공두층이 노동운동에 대해 일단은 긍정적인 기능을 하였음을 확인할 수 있다.

그러므로 공두층이 동향방구, 호조회, 관제회 등을 중심으로 짜여진 노동자 사회의 구조에 노동조합과 노동운동을 자연스럽게 접목시키는 윤활유와 같은 기능을 했다고 할 수 있고, 따라서 공두층의 이러한 역할을 두고 상해 노동계가 중국공산당과 기업별 노동조합을 매개로 정치적 조직적으로 '통합'될 수 있었던 기반 가운데 하나가 공두층이었다고 해도 무리는 아닐 것이다.[128]

노동조합의 내실을 기하고 노동운동에 대한 중공의 지도력을 키우기 위한 두 번째의 방향은 노동조합 연합체를 결성하는 일이었다. 이러한 움직임은 滬西工友俱樂部를 중심으로 진행되었는데, '2월파업'이 종결된 직후인 3월 8일에 이미 이에 대한 논의가 있었다. 이날 100여 명의 일본계 방직공장 대표들이 구락부에서 회의를 가졌는데, 이때 劉華가 "전체 紗廠 노동자를 포괄하는 대형 노동조합을 조직하는 데 뜻이 있음"을 밝혔다.[129] 劉華가 말한 '대형 노동조합'은 산업별 노동조합을 의

---

128) 이와 관련하여 또하나 짚고 넘어가야 할 문제는 위와 같은 사실은 중국공산당이 공두층에 대해서 상당한 영향력을 미쳤음을 의미하는 것이다. 따라서 공두＝탄압자라는 도식 아래에서 중국공산당이 공두를 타도의 대상으로 설정했고, 조직화 작업 역시 기층 노동자 중심으로 진행되었다는 기존의 설명은 다소간 수정을 요한다. 오히려 일본계 방직공장의 예에서 보듯이 이른바 상층 노동자들이 중국공산당의 주요 지지기반이었을 가능성을 적극적으로 고려해야 할 것으로 생각된다. 그러나 현재로서는 이 문제를 추후의 작업으로 넘길 수밖에 없다.

129) 《警務日報》 1925. 3. 9, p.36.

242

미하는 것이다.

이러한 방침은 滬西, 楊樹浦 等地에 산재한 일본계 방직공장의 노조와 滬西工友俱樂部를 중심으로 조금씩 실현되었다. 조직강화 문제를 논의하기 위해 李立三이 소집한 회의가 1925년 3월 12일 滬西工友俱樂部에서 개최되었는데,[130] 이 회의에는 滬西工友俱樂部, '各紗廠工會聯合辦事處', 그리고 각 방직공장 노조의 단위 책임자들—項英, 劉華, 孫良惠, 劉貫支, 韓阿四, 李辰東, 李瑞淸, 陶靜幹등 20여 명—이 참석하였다.[131] 이날 회의에서 '紗廠總工會'의 성립을 준비하기로 하고 이것이 성립하기 전까지는 '工會聯合辦事處'가 그 활동을 지도하기로 결정하였다.

上海日本商工會議所의 기록에 의하면 일본계 방직공장 노동조합의 연합체를 '東洋紗廠工人聯合會'라고 명명한 것으로 보아[132] '工會聯合辦事處'는 일본계 방직공장 노조를 중심으로 만들어진 말하자면 산업별 노동조합인 紗廠總工會를 조직하기 위한 전단계의 연합조직이었던 것으로 생각된다. 여기에 참가한 인물[133]들이 그 후 상해총공회의 결성에 중추적인 역활을 했고, 상해총공회의 조직을 결의한 第2次 全國勞動大會에 참가한 사람들도 이들을 포함한 일본계 방직공장 노조의 대표들이고 보면 이 연합회가 상해총공회 성립에 중요한 작용을 했다고 보아야 할 것이다.[134]

---

130) 당시 李立三은 李成이라는 이름으로 少沙渡에서 활동하고 있었으며, 중공중앙 직공운동위원회 위원이자 上海 노동운동을 책임지고 있었다.
131) 劉貫之, 〈關于1924~1925年上海工人運動的回憶〉, 앞의 책, p.462.
132) 〈工會根據復工條約提出三項要求,廠主無理拒絶〉, 《五卅史料》(1), p.541.
133) 工會聯合辦事處는 項英(主任), 劉華(副主任兼宣傳主任), 孫良惠(組織主任), 劉貫之(總務主任), 李瑞淸(組織副主任), 韓阿四, 孔燕南으로 구성된 위원회를 조직하고, 劉華와 劉貫之가 辦事處에 상주하였다.(劉貫之, 〈關于1924~1925年上海工人運動的回憶〉, pp.462~463)
134) 第二次全國勞動大會에 파견된 上海 대표는 劉貫之(同興紗廠 대표), 陶靜軒(內外棉 대표), 朱國平(內外棉 대표), 孔燕南(女, 日華紗廠 대표), 孫良惠(滬西工友俱樂部 대표) 등이다.(《警務日報》1925. 4. 20, p.55) 또한 項英도 上海 대표로 참석했다.

그리고 이 연합회가 곧 바로 상해총공회로 발전했다고 보기는 어렵지만 산업별 노조와 상해총공회를 만들기 위한 노력은 조금씩 결실을 맺었는데, 제2차 전국노동대회에서 상해 대표단의 보고에 근거하여 상해총공회를 조직할 것을 결의한 것이 큰 성과였다.[135] 그렇지만 이를 계기로 상해총공회의 건립을 가시적으로 추진한 것은 아니었던 것으로 보인다.

어떤 이는 1925년 5월 중순경에 상해총공회가 비밀조직으로 존재했다고 주장하나 다음에서 보는 바와 같이 그런 것 같지는 않다. 우선 그 근거가 취약할 뿐 아니라 당시 중공의 역량과 방직업을 제외한 다른 산업에서는 기업별 노동조합이 거의 전무한 상황임을 고려할 때 전 산업을 포괄하는 총공회를 조직했을 가능성은 거의 없었던 것으로 판단된다.

다만 앞서 언급한 '공회연합판사처'보다 발전된 체계를 갖춘 연합체가 고정홍 사건을 계기로 만들어졌던 것은 사실이다. 고정홍 사건이 발생한 직후인 5월 16일 內外棉 東西 5, 제7, 제8, 제12공장의 파업 노동자들이 滬西工友俱樂部에 모여 糾察隊, 交際隊, 救濟隊, 講演隊로 구성된 위원회를 조직하였다.[136] 이 위원회는 內外棉 노동자들이 구성한 일종의 罷業委員會였던 것으로 보인다.[137] 그리고 그 다음날 內外棉뿐 아니라 '각 공장의 노동자'들이 다시 滬西工友俱樂部에서 집회를 갖고 총주임에 劉華, 孫良惠, 張佐臣을 두고 庶務, 文牘, 外交, 糾察, 女工辦事員을 설치하고, 각 부에 임시직원을 두기로 결정하였다.[138]

이들 조직들은 顧正紅事件(5·15事件)에 조직적 집단적으로 대응하기 위해 만든 연합조직이었다. 상해총공회의 맹아적 형태는 현재 확인할

135) 〈上海問題決議案〉, 《中國工會歷次代表大會文獻》, 工人出版社, 1984, p.33.

136) 〈內外棉紗廠風潮擴大〉, 《民國日報》 1925. 5. 17.

137) Rigby, Richard W., *The May 30 movement, Events and Themes*, Canberra, Australian National University Press, 1980, p.30에 따르면 이 위원회는 파업위원회였다고 한다

138) 〈內外紗廠工潮三誌〉, 《申報》 1925. 5. 18.

244

수 있는 범위에서는 이러한 조직 외에는 발견되지 않는다. 다만 이들 조직이 상해총공회와 같은 성질의 조직은 아니지만 중공의 영향력 하에 있던 노동조합들이 점차 체계를 갖춘 연합조직으로 발전하고 있었음은 사실인 것으로 판단된다.

노동조합의 내실을 기하고 노동운동에 대한 중공의 지도력을 높이기 위한 세 번째의 방향은 노동조합의 계급성을 강화하는 일이었다. 이것은 중국공산당의 영향력 확대와 직접적인 관련되는 문제로 상해공단연합회와의 주도권 투쟁, 幇口의 改編과 노동조합으로의 흡수, 계급의식 강화를 위한 선전과 교육활동이 그 주요 내용이었다.

중국공산당이 1925년 2월 초까지 일정한 협조관계─최소한 공개적으로 적대시하지 않았던─를 유지하던 공단연합회와 주도권 투쟁을 본격적으로 시작한 것은 '2월파업'이 진행되면서부터였다. "2월파업"이 滬西工友俱樂部 중심의 동맹파업 투쟁으로 진행되었지만 上海工團聯合會도 紡織工會를 중심으로 적극적인 활동을 전개하여 상해 노동운동에서 중공계와 이것이 대립하는 양상을 보였다.[139] 또한 上海工團聯合會는 공산주의자들이 '노동자들을 이용, 교사'하여 풍조가 더욱 심해져 수습할 수 없는 상황이라고 중공을 비판하고, 노동자들에게는 "他人(중국공산당 활동가들을 지칭─필자)들에게 이용되지 말 것"을 주장하였다.[140] 이처럼 주도권 상실의 위기에 봉착한 공단연합회가 이를 만회하기 위한 방법으로 반공선전을 강화해 나갔다.

上海工團聯合會의 이러한 활동은 상해노동운동에 영향력을 확대하고자 했던 중국공산당에게 적지 않은 부담을 주었던 것으로 볼 수 있다. 특히 滬西工友俱樂部나 楊樹浦 工人進德會처럼 각 공장 노동자의 개인적 참가에 의해 유지되는 정도의 조직형태로 上海工團聯合會에 대

---

139) 당시 방직공회는 파업이 발생한 滬西와 滬東 지역에 방직공회 滬西部, 滬東部를 설치하여 이를 중심으로 신속히 대응하고자 했다.(〈另立御用組織,陰謀分化罷工工人〉,《新聞報》1925. 2. 18;《時事新報》1925. 2. 22. 둘 모두《五卅史料》(1), p.397 所收)
140) 〈向工人進行欺騙宣傳〉,《五卅史料》(1), pp.398~399.

응하여 중공의 영향력을 증대시키기는 어려운 실정이었다. 이에 공단
연합회를 '工敵'의 단체로 규정하여 이 단체로부터의 탈퇴를 종용하는
한편 파업기간 동안 생계비의 지원, 노동자 야학의 확충, 각종 복지대
책 등을 통해 노동자를 자신들의 편으로 끌어 들이는 데 주력했다. 이
와 함께 더 근본적인 대책으로 상해공단연합회를 대체할 수 있는 '무산
계급의 이익'을 꾀하는 '상해 노동조합의 총연합기관'을 만들고자 했
다.[141] 이러한 움직임은 그 후 기업별 노동조합의 계급성 강화와 상해총
공회 건설로 수렴되었던 것으로 생각된다.

또한 계급적 노동조합을 정착시키기 위해 幇口를 비롯한 각종 형식
의 노동자 조직을 노동조합으로 흡수 통합하려고 노력했다. 중공의 조
직론에는 강한 정치적 지향—즉 노동운동을 국민혁명운동의 수단으로
인식—이 내포되어 있었는데, 이에 따라 노동자의 조직은 계급의식을
높이고, 반제·반군벌 투쟁을 효율적으로 수행할 수 있는 조직형태를 갖
추어야 했다.[142]

그러한 조직을 갖추기 위한 기초작업으로 산업별 노조와 노동조합
속의 소조를 강화하는 방안이 추진되었다.[143] 이러한 활동에 대한 전략
은 이미 중공중앙에 의해 의해 결정된 바 있었다. 즉 1924년 5월 중공
확대집행위원회에서 노동조합을 당장에 조직하기 어려운 지역과 산업
에서는 호조회, 구락부, 합작사, 보통교육학교, 기술교육학교를 먼저 만
들고, 이것이 가능한 후에 소조를 조직하여 산업별 노동조합의 기초로
삼는다는 방침을 결정하였다.[144] 또한 전통적인 조직인 '行會制度'와 '公
所制度'를 계급조직으로 개편해야 한다는 방침 역시 제시되었다.[145] 이

---

141) 〈上海問題決議案〉, 《中共中央文件選集》, p.33.
142) 田寅甲, 〈5·30運動과 上海總工會〉, 《東洋史學研究》38, 1992. p.52 참고.
143) 당시 중국공산당은 기업별 노조를 정착시키기 위한 선행작업으로 소조활동을
    설정했던 것으로 생각되며, 이를 통해 기업별 노조의 내실화와 중공의 노조 장
    악력을 키워 나가려 했던 것으로 생각된다. 당, 노동조합, 그리고 소조의 관계에
    대해서는 2부 1장을 참고하라.
144) 〈工會運動問題決議案〉(1924. 5 中共擴大執行委員會), 《中共中央文件選集》, p.190.
145) 鄧中夏, 〈勞動運動復興期中的幾個重要問題〉, 《中國工人》第5期, 1925. 5, p.42

리하여 노동운동이 전체적으로 국민혁명운동의 저변을 확대하는 방향
으로 지도될 수 있도록 해야 한다는 것이다.[146]

여하튼 소조는 노동조합의 최하부 단위로 노동자의 일상생활과 가
장 밀접해야 하는 조직이다. 따라서 소조활동의 강화는 생산현장과 노
동자의 일상생활에 큰 영향력이 있던 사람—工頭層—이나 집단—幫口
등—을 포섭하는 것이 필수적이었다고 할 수 있고, 전술한 것처럼 工
頭層을 중심으로 이러한 활동이 이루어졌던 것으로 보인다.

계급의식 강화를 위한 선전과 교육활동은 중국공산당이 지속적으로
추진해 왔던 일이었다. 야학, 강연회, 연극, 야유회, 체육회 등 다양한
형태로 이러한 활동이 이루어졌다.[147] 중공은 노동자의 조직화에서 선
결되어야 할 문제로 노동자에게 계급의식을 고취시키는 것임을 강조하
였다. 중공의 노동자 교육 문제에 관련된 자료에 따르면 계급의식이 있
어야 단결 및 조직의 중요성과 투쟁의 방법을 알게 되기 때문에 일상
생활의 필요—識字敎育—도 중요하지만 더욱 중요한 것은 사회적인 계
급의식을 환기하는 것이라고 하였다.[148] 즉 중공에서는 노동자의 계급
의식의 성장이 노동운동의 조직화와 발전, 그리고 이들이 주체가 되는
민족운동의 발전을 가져오는 매우 중요한 요인으로 평가하고 있었던
것이다.

지금까지 '2월파업'부터 5·30사건 이전까지 기업별 노조의 내실을 기
하고 자신들의 지도력을 높이면서 중국공산당이 상해 노동계를 정치
적, 조직적으로 '통합'할 수 있는 기반을 조성해 가고 있었음를 살펴보
았다. 그 과정에서 기존 노동단체들의 영향력이 급속히 위축되면서 기
업별 노조가 조직 형식의 주종을 이루는 방향으로 변화되고, 중공이 상

참조.

146) 〈工會運動問題決議案〉, 앞의 책, p.192.
147) 이러한 활동에 대해서는 이미 널리 알려져 있으므로 자세한 활동내역에 대해서
　　는 생략하기로 한다. 이에 대해서는 任建樹·張銓, 《五卅運動簡史》, 上海人民出版
　　社, 1985, pp.23~34에 자세히 소개되어 있으니 이를 참고하라.
148) 〈工人敎育的決議案〉(1925. 5 第2次全國勞動大會), 《工會文獻》, p.30.

해 노동운동의 주도권을 장악하게 되는 등의 성과를 거두었다. 그리고
중국공산당이 5·30사건을 계기로 상해 사회에 팽배했던 혁명적 분위기
를 최대한 이용하여 상해총공회를 만들고, 노동운동을 신속히 발전시
킬 수 있었던 것도 바로 그러한 성과가 밑받침되었기 때문이었다.

Ⅳ. 맺 음 말

1920년대 전반기에 빈번했던 외자기업에서의 파업은 그 원인이 경영
혁신에 있었다. 즉 신기술에 대한 노동자들의 반발, 작업방식의 변화,
노동통제의 강화, 규칙의 엄격한 적용은 오랜 기간 동안 유지되었던 습
관의 변화를 초래했으며, 여기에다 해고의 위기감이 노동자들의 저항
을 격화시켰던 것이다. 그런데 근대적 산업을 선도한 방직업에서 시작
된 이러한 저항은 地緣網과 工頭層을 정점으로 형성되고, 유지되었던
기존의 관행과 구조가 붕괴의 위기에 봉착한 데 따른 결과였다는 점에
그 심각성이 있었다.

기존 틀의 붕괴에 대한 저항이 勞資 갈등을 심화시켰는데, 이것이
1920년대 초반에는 외자기업, 그 중에서도 연초, 방직업에 집중되었으
나 경영혁신이 대세로 된 상황에서 이에 대한 노동자의 저항은 경영혁
신의 폭과 비례하여 기타 산업 혹은 중국인 공장으로까지 확대될 수밖
에 없었다. 즉 同鄕幇口 지속의 토대가 심각히 동요 내지 붕괴되는 상
황과 이에 대한 저항이 노동자 사회의 분열상을 압도하는 형국이었다.
경영혁신의 가장 큰 피해자인 방직업 노동자들이 비교적 '통합'된 모습
으로 國民革命運動時期의 노동운동을 선도했던 것도 이와 무관하지 않
았다.

'2월파업'은 경영혁신에 대한 노동자의 저항임과 동시에 노동운동이
국민혁명운동으로 발전할 수 있는 가능성을 타진한 시험장이었다. '2월
파업'의 실질적인 원인과 대규모 동맹파업으로 확대된 까닭은 노동계

248

내외적인 요인으로부터 찾을 수 있다. 우선 내적인 그리고 가장 직접적인 요인으로는 경영혁신으로 누적된 노동자, 특히 공두층의 불만을 들 수 있다. 앞에서 분석한 바와 같이 경영혁신에 대해 공두층이 격렬히 저항하고, '2월파업'에서 이들이 핵심적인 역할을 수행했다는 사실은 그러한 점을 잘 말해 준다. 여기에다 일본인에 대한 민족적 반감이 파업의 저류에 흘렀으며 幇會의 '老頭子' 등이 그러한 민족적 반감을 공유했다. 이렇게 됨으로써 노동자들의 사회생활에서 기본단위라고 할 수 있는 同鄉幇口—工頭層이 주도—와 幇會—'老頭子'가 주도—가 자연스럽게 노동자를 파업으로 동원하게 되었다. '2월파업'이 대규모 동맹파업으로 확대될 수 있었던 이유는 바로 여기에 있었다.

외적인 요인은 상해 사회의 罷業支援體制 형성과 작동이었다. '2월파업'을 계기로 외국계 기업, 특히 일본계 기업의 파업에 대해 각종 사회단체와 상공계층이 중재 혹은 조정 역할을 적극적으로 맡았으며, 여론을 노동계에 유리한 방향으로 유도하고, 가능한 한 물질적 지원도 담당하는 구조가 만들어졌다. 정치적 경향을 불문하고 工商學 各界가 공동으로 조직한 '上海東洋紗廠罷工工人後援會'의 활동과 商總聯會와 上海總商會의 적극적인 파업 조정과 지원이 파업지원체제의 형성과 작동의 실례일 것이다. 그러한 활동은 國民運動的 勞動運動에 대해 상공계층과 상해 사회가 지원하는 시스템이 형성되고 있었음을 의미하는 것이었다.

한편, 사회적 협조하에서 전개된 '2월파업'의 최대의 성과는 기업별 노동조합의 발전이었다. '2월파업' 과정에서 중국공산당의 지도를 받아 기업별 노동조합이 조직되기 시작하였다. 이를 전환점으로 기업별 노동조합이 1925년 이전까지의 동업 노동단체, 동향 노동단체 및 연합회적 노동단체 등 이른바 명망가적 노동운동 지도자들이 주도했던 각종 노동단체를 대체하고 上海 勞動運動의 새로운 주체로 등장하게 되었다. 전술한 바와 같이 형성단계에서 기업별 노동조합이 많은 문제점을 안고 있었음에도 불구하고 이것은 조직상으로 上海 勞動界가 '統合'될 수 있는 토대가 되었다.

상해 노동계 통합에서 기업별 노동조합의 대두가 조직상의 토대였다면 이들 기업별 노동조합과 滬西工友俱樂部, '各紗廠工會聯合辦事處' 등의 조직을 주도했던 공산당 계열의 일련의 노동운동 주도자 그룹의 형성은 '통합'의 人的 主體 형성을 의미하는 것이었다. 이 그룹의 핵심 인자인 李立三, 項英을 비롯한 孫良惠, 劉貫之, 韓阿四, 李辰東, 李瑞淸, 陶靜軒, 張佐臣 등은 '2월파업'에서부터 집단적인 활동을 전개하기 시작했다. 그리고 이들이 주동이 되어 1925년 6월에는 上海總工會가 조직되었으며, 1927년 4·12정변으로 勞動界 '統合'의 상징인 이 단체가 瓦解될 때까지 그 활동을 주도해 갔다.

지금까지 살펴본 바와 같이 '2월파업'를 계기로 上海 勞動界에 새로운 변화가 발생했다. 변화의 실체는 上海社會의 罷業支援體制의 形成과 노동계가 政治的, 組織的으로 '統合'될 수 있는 人的, 組織的 土臺가 만들어졌다는 사실이었다. 이 점이 上海 勞動運動史에서 '2월파업'이 갖는 의미일 것이다.

1920년대말 南京國民政府와 上海商工階層*
—商民協會를 중심으로

李 昇 輝

Ⅰ. 머 리 말

南京國民政府의 성격에 대해서는 우리에게 각인된 용어들이 있다. 예컨대 '부르주아정권', '파쇼정권', 조금 더 구체적으로 들어간다면, 물질적 기반을 上海의 大資本家, 이른바 '江浙財閥'로 상정한다거나 그 정치적 성격과 아울러 '官僚獨占資本'이라고 해석해 왔다. 그러나 이제 이를 액면 그대로 인정하는 경우는 드물다. 우선 남경국민정부의 성립과정만 보더라도, 그 과정이 단순치 않았기 때문이다. 정치적으로는 국공합작의 분열과정을 통해 태생하였고, 성립 이후도 국내외적으로 불안정한 권력이었기 때문이다. 사상적으로도 三民主義가 단순히 부르주아지의 계급적 이해를 대변하는 이념도 아니었을 뿐 아니라 좌우 양파의 해석도 판이하게 달랐다.

이 글은 남경국민정부에 대한 이해라는 목표 하에 4·12정변을 전후로 상해의 상인조직의 추이를 살펴보고자 한다. 그런데 이 시기 상해의

---

* 이 논문은 1996년도 교육부 지원 학술진흥재단의 자유공모과제 학술연구조성비에 의하여 연구되었다.

252

상인단체의 구성은 아주 복잡하였다. 軍閥 孫傳芳의 지배 하에 있던 상
해는 北伐軍이 근접해 옴에 따라 혁명화하기 시작하여 북벌군이 직접
상해에 도착하기 직전, 상해의 시민들은 上海市政府라는 자치정부를
일단 만들어 내었다. 여기에는 노동자를 중심으로 한 세 차례의 폭동이
큰 역할을 하였다. 이 자치정부를 폭력으로 붕괴시킨 것은 다름 아닌
북벌군이었고, 이는 결국 국공 분열의 단초를 열었다. 이처럼 복잡하기
그지없는 과정이었기에 상공계층의 대응도 결코 단순하지는 않았다.
따라서 이 글의 주제와 관련된 기존의 연구를 검토하기 전에 먼저 이
시기 상해에서 전개된 상인조직의 움직임을 간단히 소개하고자 한다.

1920년대 전반 상해 상공계층의 조직은 크게 보면 두 개가 있었다.
하나는 이른바 '대자산계급'의 조직이라고 일컬어지는 上海總商會이고,
또다른 하나는 '중소자산계급'의 조직이라고 불리는 各碼路商界總聯合
會(商總聯會)였다. 이 두 조직의 내부 구성인원이 전혀 달랐던 것만도
아니었으며, 때로 의견을 달리한다고는 해도 '충돌'이나 '대립'으로까지
발전하지는 않았다. 이 두 조직이 존재하는 속에 1926년 4월 24일 호상
협회라는 조직이 만들어졌다. 호상협회는 당시 주목받지 못한 채 별 활
동 없이 해산된 듯하다. 그러나 호상협회는 이듬해인 1927년 3월 재건
하게 되는데, 당시 상황과 관련하여 주목해 둘 만한 단체이다.

한편 상해총상회는 1926년 6월 임원선거에서 선거부정문제가 정치
적, 사회적으로 큰 파문을 일으켜 심한 내부진통을 겪게 된다. 내부 진
통의 결과는 당시 상해를 지배하고 있던 군벌 孫傳芳의 지원을 받은 새
로운 회장(傅篠庵)이 당선되고, 당시까지 총상회를 끌어왔던 세력(虞洽
卿 등)은 총상회로부터 떨어져 나갔다.[1] 총상회에서 밀려난 세력은 上
海市 政府가 수립되고, 蔣介石의 北伐軍이 상해의 코앞에 다가온 1927
년 3월 22일 上海商業聯合會라는 단체를 조직한다.

1) 1926년 6월의 上海總商會 會長選擧의 과정에 대해서는, 李昇輝, 〈國民革命期
上海商工階層의 政治的 動向〉, 서울대 대학원 박사학위논문, 1994. 8, pp.199~
209 참조.

上海商業聯合會보다 이틀 앞선 3월 20일 상해에는 商民協會라는 단체가 조직되었는데, 상민협회는 스스로 '국민정부 지도 하의 최고의 상업기관[2]'이라며 자신의 정치적 성격을 분명히 한 상인조직으로 출발하였다. 3월 22일에는 앞서 본 滬商協會가 재건을 선언하고 27일 성립하였다. 그리고 4월 8일에는 商民協會와 滬商協會는 商民協會란 이름으로 합병하였다. 결국 4·12정변 직전 상해에는 기존의 上海總商會와 商總聯會, 그리고 새로이 조직된 上海商業聯合會와 합병된 商民協會가 있었다.[3]

4·12정변 이후 상해에서 국민정부는 적극적으로 상민협회의 조직 확대에 착수하여, 1928년 3월 上海特別市商民協會가 성립되었다. 그러나 국민정부는 1929년 5월 상인단체를 통일한다는 명분으로 上海市商人團體整理委員會를 만들고 동시에 기존의 모든 상인단체의 활동을 정지시켰다. 1930년 6월 22일 上海特別市 市商會가 조직됨으로써 상인단체의 '정리'는 일단락된다. 이상이 1920년대부터 존재했던 상인조직이 上海市商會로 통합되기까지의 과정이다. 이 과정을 좀더 단순화시켜 본다면, 1920년대 전반 상해의 많은 상인조직 속에서 4·12정변 직전 商民協會가 생겨났고, 이 商民協會는 4·12 이후 국민정부의 적극적 지원 아래 1928년 3월 上海特別市商民協會로 정식 발족하였다. 그러나 1년 뒤 商民協會는 기존의 상인단체와 함께 上海市商會로 통합되었던 것이다.(다음 쪽 그림 참조)

국공합작 하인 1926년 1월 국민당 2전대회는 기존의 상회를 '정돈'해야 할 '舊式商會'로 규정하고, '정돈'의 모범으로서 새로운 상인조직인 商民協會를 제시하였다. 이후, 1927년 기존의 상인조직 속에서 상민협회가 만들어져 1928년 3월 정식 출발하였으나, 결국 상민협회가 아닌 上海市商會로 일원화되었던 것이다. 따라서 商民協會는 국민당정권과

---

2) 〈商民協會徵求入會〉, 《民國日報》 1927. 3. 26.
3) 물론 이 밖에도 上海에는 지역조직으로서 縣商會, 閘北商會, 南市商會 등이 있었고, 업종조직으로는 銀行公會, 錢業公會 등 많은 조직이 있었다.

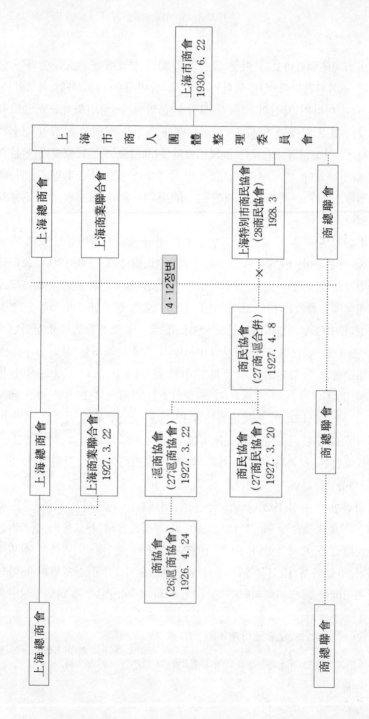

1920年代 上海 商人組織의 변화

上海市商會
1930. 6. 22

上海市商人團體整理委員會

上海總商會 — 上海總商會 — 上海總商會

上海商業聯合會 — 上海商業聯合會 1927. 3. 22

滬商協會 (27滬商協會) 1927. 3. 22

商協會 (26滬商協會) 1926. 4. 24

商民協會 (27商民協會合併) 1927. 4. 8

商民協會 (27商民協會) 1927. 3. 20

上海特別市商民協會 (28商民協會) 1928. 3

商總聯會 — 商總聯會 — 商總聯會

4·12정변

※ 괄호 안의 명칭은 이 논문에서 사용하는 약칭. ×는 서로 관계가 없음을 표시

상공계층의 관계를 보여 줄 수 있는 좋은 소재임에 틀림없다.

여하튼 이상의 과정은 외견상 국가권력에 의한 商界의 통일·통제과정으로 보이기도 하고, 또 이를 부인하는 연구도 없다. 즉 기존의 연구는 이상의 과정을 국민당의 '黨化', '以黨治國'的='訓政'的 통치를 유지하기 위한 黨의 정치적 통제라고 해석하고 있다. 그렇다면 왜 商民協會로 통일하지 못하고 市商會로 일원화하였을까.

기존 연구에 따르면, 國民黨二全大會에서 수립된 商民運動에 대한 방침(商民運動決議案)은, 중소상인을 중심으로 한 새로운 상인조직으로서 商民協會를 조직하여 기존의 買辦的·親軍閥的 舊商會를 대체하려 했다고 한다. 따라서 상해에 조직된 商民協會란 국민당 2전대회 이래의 정신을 이어받아 중소상인을 중심으로 조직되었고, 국민정부도 이 조직으로 일원화하고자 하였으나, 여러 가지 제약(통치자금의 필요,[4] 舊商會의 반발,[5] 길드적 질서의 완고함,[6] 黨과 政府의 갈등[7] 등) 때문에 결국 市商會로 일원화되었다는 것이다.

따라서 商民協會를 주도하고 구성한 사람들은 국민당원이자 商總聯會의 간부들이라는 것이다. 왜냐하면 상총연회는 總商會에 가입할 수 없었던 중소상인들이 결집한 단체이기 때문이다. 더구나 중소상인의 조직인 상총연회는 5·4 이래 商界의 혁신운동, 시민운동을 적극 전개하였고 특히 4·12정변 직전 상해의 자치운동에서 주도적 역할을 하며 상해 3차폭동의 성공에 크게 기여하였다는 것이다. 따라서 그들은, 중소상인의 정치활동에 비해 상대적으로 소극적이었던, 그리고 중소상인으

---

4) 이병인, 〈南京國民政府의 '民衆團體'再編과 上海社會, 1927~1937〉, 고려대 대학원 박사학위논문, 1999. 2.

5) 小浜正子, 〈南京國民政府下における上海ブルジョア團體の再編〉, 《近きに在りて》 13, 1988.

6) 이병인 앞의 글 ; 金子肇, 〈商民協會と中國國民黨(1927~1930) : 上海商民協會を中心に〉, 《歷史學研究》 598, 1989. 10.

7) Fewsmith, J., *Party, State, and Local Elites in Republican China : Merchant Organization and Political in Shanghai, 1890~1930*, Univ. of Hawaii Press, 1985.

로서는 들어갈 수 없었던 大商人의 총상회에 대해서 대항의식을 갖고
있었다는 것이다. 결국 상민협회는 국민당 2전대회 이래 기존 大商人을
중심으로 한 총상회를 중소상인으로 재편하려고 했던 조직이고, 한편
상총연회는 대상인의 상해총상회에 대항의식을 가지면서 급진적 정치
주장을 펴던 중소상인의 조직이었기에, 이 둘은 '二體同心'라는 것이다.

기존의 연구들은 이상의 주장을 논증하기 위해 신문에 실린 商民協
會 주도인물들에 대한 조사를 어느 정도 하고는 있지만, 상당히 부실할
뿐 아니라, 지나친 전제에 입각하고 있다. 즉 상해총상회는 대상인의
조직이고 대상인은 정치적으로 타협적인 반면, 상총연회는 중소상인의
조직으로 정치적으로 혁신적인 조직이라는 것이다. 이런 전제에 대한
타당성은 그만두더라도 기존 연구가 자신의 주장을 논증하기에는 부족
함에도 불구하고 자신의 주장을 확신시키는 것은, 당시 한 일본조사기
관의 보고 때문이 아닐까 생각한다. 당시 상해의 反日단체를 파악하려
는 목적에서 이루어진 이 조사보고서에는 1928년 3월에 성립된 上海特
別市 商民協會를 다음과 같이 파악하고 있다.

> 본회(商民協會)는, 國民政府가 작년 봄 江浙을 그 세력 하에 넣은 후 國
> 民政府가 공포한 商民協會章程에 준거하여 조직된 것인데, 본년(1928년) 3
> 월 개조하여 그 범위를 확장하고 나아가 유력분자를 받아 그 세력을 증대
> 시켰다.
> 본회와 各路商會總聯合會는 二體同心의 관계에 있다. 즉 商聯會의 조직
> 을 고쳐 商民協會로 삼았다고 보아도 대차 없다.[8]

이 글에서 보고자 하는 것은 일차적으로 商民協會는 商總聯會와 구
성상 정말로 '二體同心'인가이다. 만약 상민협회의 구성 내용을 통해 이
를 밝힐 수만 있다면 상민협회의 성격의 일단을 볼 수 있을 것인데, 본
론에 앞서 기존 연구의 문제점을 몇 가지 더 제기하고자 한다.

---

8) 上海滿鐵調査資料第五編,《上海於排日排貨運動直接間接關係有各種民衆團體解
剖》, 南滿洲鐵道株式會社 上海事務所, 1928, p.33.

먼저 商民協會의 명칭문제이다. 1927년 3월 20일 상해에서 처음으로 만들어질 때의 상민협회와 1928년 3월 1일 정식으로 만들어질 때의 上海特別市 商民協會가 명칭은 商民協會이지만 반드시 일치하지 않을 수도 있다는 점이다. 왜냐하면 이 1년 사이 상해의 상황은 크게 달라졌기 때문이다. 즉 1927년 3월의 상해는 國共合作 하의 혁명적 분위기 속에서 각 세력들이 국민혁명에 빨려 들어가 있던 상황이었다. 반면, 1928년 3월의 상해는 '蔣介石의 국민당'이 지배하고 있었다. 따라서 같은 명칭이라도 시기에 따라 조직의 내용이나 성격은 다를 가능성이 컸다.

그런데도 기존의 연구는 이런 가능성을 완전히 배제한 채 동질의 상인협회로 분석하고 있다. 이 글에서는 다음과 같은 약칭을 사용하여 구체적으로 살펴보고자 한다. 1926년 4월 24일 발기인대회를 가진 滬商協會는 '26滬商協會',[9] 1927년 3월 20일 주비대회를 개최한 商民協會는 '27商民協會',[10] 1927년 3월 27일 주비대회를 열고 재건한 滬商協會는 '27滬商協會',[11] 1927년 4월 6일 27商民協會와 27滬商協會가 합병한 商民協會는 '27商滬合倂',[12] 1928년 3월 1일 정식으로 성립한 上海特別市 商民協會는 '28商民協會'[13]라고 각각 명기한다. 이들 조직의 발기인이나 임원들의 인적사항은 각주에서 취한 것으로 이를 정리하여 이 글의 말미에 표로 실었다.

그런데 이들 조직은 기존의 상인조직과 어떤 관계에 있는지를 알기 위해서는 기존의 상인조직의 인적사항을 알아야 하는데, 上海總商會의 경우 자체에서 발행한 회원록[14]이 있으므로 알 수 있으나 商總聯會의

9)〈滬商協會昨開發起人會〉,《申報》1926. 4. 25.
10)〈商民協會籌備大會〉,《時報》1927. 3. 21 ;〈全埠民衆歡迎國民革命軍 : 商民協會常務委員會〉,《民國日報》1927. 3. 22.
11)〈滬商協會作開籌備大會〉,《時報》1927. 3. 28.
12)〈商民協會合倂執行委員會紀〉,《申報》1927. 4. 9.
13)〈上海特別市商民協會執紀委員一覽表〉,〈上海特別市商民協會業會會員〉, 上海市檔案館 所藏 檔案 Q221-2.
14)〈江蘇上海總商會民國九年九月一日改選職員表〉,〈民國十年六月以前上海總商會同人錄〉,《上海總商會月報》1-1, 1921. 7/《上海總商會會員錄》(1926. 6)/《上海總商

258

경우 그렇지 못하다. 따라서 기존의 연구에서는 당시 신문지상에 실린 기사에서 상총연회의 인적사항을 얻어냈을 뿐이다. 이 글에서는 1927 년 상해총상회가 발행한 《上海工商業彙編目錄》의 부록에서 상연회의 인적사항을 추출하였다.[15] 여기에는 商總聯會와 法租界商總聯會, 그리 고 14개 馬路의 商聯會 임원 54명의 인적사항이 수록되어 있다. 이 글 에서는 이를 '27商聯會'라고 쓰겠다.

II. 國民黨의 商民運動決議案과 商民協會章程

국민당이 상민운동이나 상인조직에 관심을 갖기 시작한 것은 1926년 1월에 열린 국민당 2전대회부터이다. 2전대회는 상민운동결의안을 채 택하여 이후 상민운동방침, 그리고 상민운동의 조직으로서 商民協會의 조직을 결정하였다. 먼저 상민운동결의안이 만들어지는 과정을 보자. 2 전대회가 열린 지 네 번째 되는 날 甘乃光이 상민운동에 대한 경과를 보고하였고,[16] 이어 商民運動報告審査委員會가 甘乃光을 포함하여 5인 으로 조직되었다.[17] 이 위원회가 8개의 원칙을 담은 商民運動決議案을 만들어 甘이 발표하고 대표대회가 이를 통과시킴으로써 국민당의 상민 운동방침이 만들어졌다.[18]

국민당의 상민운동방침이라고 해도, 국민당 2전대회가 좌파의 승리 라고 평가되고 있고, 또 공산당측에서도 2전대회의 결과를 만족스럽게

會會員錄》(1928. 4)
15) 上海總商會月報部 編印, 《上海工商業彙編目錄》, 1927, pp.453~462.
16) 〈中國國民黨第二次全國代表大會會議記錄(第4日 第8號)〉(1926. 1. 8), 中國第二歷史檔案館編, 《中國國民黨第一·二次全國代表大會會議史料》, 江蘇古籍出版社, 1986, p.228(이하 《一二全大會史料》라고 함).
17) 甘乃光 외의 심사위원은 周啓剛, 楊章甫, 李朗如, 陳嘉任. 〈中國國民黨第二次全國代表大會會議記錄〉(第5日 第10號, 1926. 1. 9), 《一二全大會史料》, p.241.
18) 〈中國國民黨第二次全國代表大會會議記錄〉(第12日 第24號, 1926. 1. 18), 《一二全大會史料》, p.379.

평가하고 있듯이, 상민운동결의안은 국공합작 하에서 만들어진 것이었다. 따라서 그 내용은 국공분열의 상황에서는 바뀔 가능성을 충분히 내포하고 있었던 것이다. 더구나 국민당의 계급적 기초를 상인의 경우 '小商人'에다 두고 있던 甘乃光(이른바 국민당 좌파의 한 사람)이 주도하여 결의안을 만들었기 때문이다.[19]

상민운동결의안을 통해 상인과 상인조직에 대한 당시 국민당의 방침을 보자.[20] 먼저 상인을 '不革命'분자와 '可革命'분자로 구분하고, 전자는 '제국주의와 밀접한 관계가 있어 제국주의자의 찌꺼기를 주워 먹고 살찐 자'인 반면, 후자는 '제국주의자의 압박을 받아 혁명에 근접한 자'라고 하였다. 상인조직에 대해서는, 기존의 상인조직인 商會는, '모두 구식상회로서 소수가 다수를 압박하고 단지 소수의 이익을 꾀하고 있으며 군벌 또는 제국주의자와 결탁하고 있기 때문에', '대다수 상민의 이익을 대표하는 상인조직으로서 商民協會'를 조직한다는 것이다.

이런 원칙 하에 새로운 상인조직인 상민협회를 조직하기에 앞서, 상민협회에 대한 章程을 만들었다. 商民協會章程은 상민운동결의안과 함께 초안되어 토론에 부쳐졌는데, 장정에 대한 이의가 제기되자(侯紹裘), 장정을 결의안 안에 넣지 말고 중앙집행위원회에 넘겨 결정하자는 의견(毛澤東)이 받아들여져 商民協會章程의 발표는 뒤로 미루어졌다.[21] 이후 장정의 심사는 劉芬과 黃鳴一 두 사람에 의해 진행되어 2월 23일 中央執行委員會의 통과를 거쳐 확정되었다.[22] 劉芬은 당시 中執委 常務委員會 秘書長으로 공산당원이었으며[23] 黃鳴一은 商民部 秘書로 商民

---

19) 2전대회 개최시기 甘의 국민혁명관, 국민당의 계급적 기초 등에 대해서는, 이병주, 〈제1차국공합작기의 甘乃光의 활동과 혁명인식〉(민두기 편, 《중국국민혁명 지도자의 사상과 행동》, 지식산업사, 1988) 3장 참조.

20) 이하의 내용은 〈商民運動決議案〉(《一二全大會史料》, pp.388~393) 참조.

21) 〈中國國民黨第二次全國代表大會會議記錄〉(第12日 第24號, 1926. 1. 18), 《一二全大會史料》, p.379.

22) 〈中央執行委員會常務委員會第7次會議錄〉(1926. 2. 23), 《一二全大會史料》, p.490.

23) *Biographic Dictionary of Chinese Communism, 1921~1965*, vol. 1(Harvard East Asian Series 57), p.569.

部長이었던 宋子文의 추천을 받아 비서가 되었다.[24] 따라서 장정을 기초한 사람은 공산당원과 '국민당 좌파'라고 할 수 있다.

이하 商民協會章程의 내용을 보자.[25] 장정은 10장 68조로 이루어져 있다. 상민협회를 조직하는 목적은, "國民革命의 宗旨에 따라, 제국주의와 군벌의 압박 하에 있는 상민을 모으고 그들로 하여금 完善된 조직을 갖게 하는 데 있다"고 전문에서 밝히고 있다. 회원자격은 성별을 불문하고 16세 이상의 중국의 상인이지만, 가입할 수 없는 자로서, 첫째 帝國主義의 走狗(現任 買辦, 현임 목사, 외국국적을 가진 자), 둘째 군벌의 주구 및 劣紳貪官汚吏를 들고 있다.(제1조) 일부 연구에서는 상민협회의 자격조건을 '16세 이상의 중국상인'으로 한 점을 들어, 商民協會는 서양과 같이 시민을 단위로 한 민주적 상인단체로서, '길드에 의거하지 않은 부르주아 단체의 편성'을 지향한 것이라고 평하기도 한다.[26]

상인조직의 회원이라는 것은 그 회원이 공상업을 하고 있기 때문이다. 따라서 상인조직의 구성은 자신이 종사하고 있는 공상업의 대표로 이루어질 수밖에 없는 것이다. 즉 상점이나 회사 또는 공장을 경영하고 있는 자는 상점이나 회사 또는 공장을 대표해서 상인조직에 참여하는 것이지 단지 상인이기 때문에 참여하는 것은 아니다. 따라서 기존 상회법에서 규정한 상회 회원의 자격[27]이 결코 비민주적이거나 전근대적이

24) 〈中央執行委員會常務委員會第4次會議錄:常務委員, 各部部長及監察委員聯席會議〉(1926. 2. 12),《一二全大會史料》, pp.478~479.
25)《商民協會章程》은 통과된 직후인 1926년 3월 國民黨中執委 商民部에서 발행한 것이 있다.(金子肇, 앞의 글, p.22, 주 2) 이 글에서는 國民革命軍東路軍前敵總指揮部政治部가 1927년 2월 23일 인쇄한 것을 이용한다. 물론 두 章程 사이에는 차이가 있을 수 없다. 왜냐하면 장정의 수정은 商民協會全國代表大會에서 가능하나(제68조) 열린 적이 없기 때문이다. 1927년 8월경 상민운동을 기술한 한 책에서도, 章程을 수정할 필요가 있으나, 國民黨 3全大會나 商民協會全國代表大會를 기다려야 한다[黃紹年,《商民運動沿革史》(再版), 上海 : 三民公司, 1928]고 서술하고 있는 것으로 보아도 그 사이 장정이 수정되지는 않았다.
26) 金子肇, 앞의 글, p.21 ; 이병인, 앞의 글, p.91.
27) 商會法 제6조에는, "總商會, 商會의 회원에는 인수의 제한이 없다. 다만 해당지역 내의 중화민국 남자로서 다음의 자격 중 하나를 구비한 자에 한한다. 一. 公司 본점 혹은 지점의 직원으로 公司의 經理인 자 ; 二. 各業이 선출한 董事로서 各業

었던 것은 아니었다. '16세 이상의 중국 상인'이라는 상민협회의 회원자격이 오히려 조직규정으로서는 모호한 규정이라고 할 수 있다. 물론 기존의 상회 내에서 業幇이나 同鄕조직의 영향력이 강했다고 하더라도 그것은 기존 상회법의 회원자격 때문은 아니었기 때문이다.

이처럼 모호한 회원자격을 규정한 것은 실제로 상민협회를 조직해 나가는 과정에서 나온 것이 아니라 혁명을 위해 상인을 동원하려고 장정이 마련되었기 때문일 것이다. 상해에서 상민협회가 현실적 조직으로 갖추어 나가던 1927년 6월에 만들어진 上海特別市商民協會章程이나 7월의 上海特別市商民協會區業分會暫行章程에는 기존 상회법과 같이 회원의 자격을 구체적으로 규정하고 있다.[28] 국민혁명을 추진하고 있던 국공합작의 국민당으로서는 상인을 혁명에 동원하는 것이 일차적 목표였다. 따라서 엄한 군벌의 지배 하에서 국민당에 찬성하는 상인을 조직하기 위해서는 개별적인 개인의 정치적 성향이 중요하였다. 따라서 군벌의 지배를 받고 있는 지역에서 상민협회는 비밀조직이었다.[29] 결국 상인들의 이해를 대변해 줄 새로운 조직으로서 상민협회가 만들어졌다기보다는, 국민혁명의 전위조직의 하나로서 만들어진 것이었다. 따라서 상민협회가 실제로 조직되게 되면 많은 문제가 따를 수밖에 없었던 것이다.

그 대표적인 것이 상점의 店員문제였다. 商民協會章程의 회원규정은 앞서 본 바와 같이 단순히 '성별을 불문한 16세 이상의 중국 상인'(제1조)이었다. 다만 회원의 회비를 규정한 제63조에 '店員職工의 입회비는

의 經理인 자 ; 자신이 독립적으로 工商業을 경영하며 工商業의 經理인 자"로 되어 있다.(江蘇省商業廳·中國第二歷史檔案館 編,《中華民國商業檔案資料匯編》第一卷 上冊, 中國商業出版社, 1991, p.48)

28) 제7조에 "業商民協會는 이 業의 商店 店東 및 現任 董事·經理·協理 등 중요직원을 회원으로 하며, 區商民協會의 分會는 業商民協會에 소속하지 않은 商店의 店東·經理·協理 및 해당지구 내의 각 商店의 店員·職工·小販을 회원으로 한다"고 규정하고 있다.(〈上海特別市商民協會章程〉, 上海市檔案館 所藏 檔案 Q222-1)〈上海特別市商民協會區業分會暫行章程〉의 제7조도 마찬가지다.(上海市檔案館 檔案 Q222-1)

29) 黃紹年, 앞의 책, 11, p.26.

1元을 초과할 수 없고 월회비는 3角을 초과할 수 없다'고 되어 있다. 기본적으로는 商民協會章程의 회원규정 자체가 모호했기 때문이지만, 이 때문에 회원의 규정을 자신이 편할 대로 해석하게 된 것이다. 예컨대 商民協會章程을 조문마다 풀이한 한 해설서(1927년 4월 발행)는 제1조의 회원규정을 설명할 때 제63조를 근거로, "商人이란 보통 상업을 경영하는 인민, 상점 내의 職工 및 市街上의 小販을 일괄하여 포함한다"[30]고 해석하였다. 上海特別市商民協會章程의 초안의 경우 회원규정에는, "小商人은 5角을 초과할 수 없고 월회비는 2角을 초과할 수 없다"(제23조)고 하여 店員職工이 小商人으로 대체되었다.[31] 그러나 확정된 上海特別市商民協會章程(1927. 6)의 규정에는, 業商民協會와는 달리 區商民協會의 회원에는 '상점의 店員·職工·小販'도 포함된다고 하였다.[32]

상민협회 회원의 규정은 이를 만든 국민당 당사자에게도 명확하지 않았다. 1926년 9월 국민당 上海特別市黨部는 점원에 대한 해석을 中央商民部에 다음과 같이 요구하고 있다.

근래 일부 小商人 동지들은 다수가 店員으로 피압박계급이어서 실제로 職工이지 商人이 아니다. 따라서 職工部를 따로 세워야지 商人部 아래 소속되어 職工 자신의 지위를 희생시켜서는 안 된다. 상인부의 이른바 상인은 계급성이 있는지, 오로지 商業資產階級 및 大小店主를 지칭하고 점원에는 미치지 않는지, 점원은 職工部를 응당 세워 상인부의 관할을 받지 않아야 하는지. 분명히 설명해 달라.

이에 대해 中執委는 商民部와 工人部가 상의해서 일단 정하고, 이후 재론하기로 하였을 뿐[33] 이후 결정된 바는 없었다. 앞서 본 바와 같이 1927년 6월 上海特別市商民協會章程이 확정된 뒤인 7월에도 중앙당부

30) 韓德光,《商民協會章程釋義》, 上海 : 中央圖書局, 1927. 4, p.2.
31) 〈上海特別市商民協會草章〉, 上海市檔案館 所藏 檔案 Q222-1.
32) 위의 글.
33) 〈中央執行委員會常務委員會第54次會議錄〉(1926. 9. 4),《一二全大會史料》, p.659.

의 조직부는, 상점직공이라도 상점자본과 관계가 있는 경우에만 상민
협회에 가입할 수 있기 때문에 상점자본과 관계가 없는 점원직공은 당
연히 商民協會에 가입할 수 없다고 하였다.[34] 그러나 중앙당부 조직부
는, 상점의 직공은 종사하는 직종에서 보면 商人에 속하지만 이해관계
에서 본다면 오히려 工人에 가깝다고 하였다.[35] 10월에는 상점의 점원
이란 점주를 도와 상업을 경영하므로 노동자와는 완전히 다르기 때문
에 상인에 포함시키는 것이 타당하다고 중앙 상인부는 결정하였다.[36]

장정이 만들어진 이후 점원이나 직공이 상인에 속하는가 아닌가가
문제가 된 것은 상점 점원들의 조직화와 파업에서 기인하는 것이었다.
점원들이 점원조직을 만들어 힘을 행사하는 것을 막아보려고 상점주인
들은 이들을 상민협회에 끌어들이려 하였던 반면에 점원들은 자신들의
조직을 통해 상점주에게 대항하고자 하였던 것이다. 그러나 1926년 초
상민협회 장정이 만들어질 때 상점주들의 이런 요구를 염두에 두고 상
협회원의 회비규정에 점원직공을 넣은 것은 아니었다고 생각된다.

장정을 초안한 사람이 바로 공산당원인 劉芬이었기 때문에 굳이 점
원직공의 계급성을 상실케 하는 내용을 장정에 넣을 리는 없었을 것이
다. 상민협회 장정에 '점원직공'이 들어간 것은 중국의 商慣行에 의한
것이 아닐까 생각된다. 중국의 상점은 이른바 合股경영이 많은데, 合股
경영에서는 출자자인 股東이 經理를 겸하기도 하지만 대개는 經理나
協理의 경우 별도로 초청받은 자가 많아 상점의 자본과는 직접적 관계
는 없으므로 일반 店員과 마찬가지이다. 그러나 經理나 協理는 자금 대
신 노력을 제공하기 때문에 '身股'를 갖고 있어, 자금 즉 '錢股'를 낸 股
東과 마찬가지로 이익에서 배당받는다. 이런 점에서는 상점의 자본과
관계가 있는 셈이다.[37] 따라서 商民協會章程의 회비규정에 들어가 있는

34) 〈上海工商兩會會員爭執案之解決〉,《申報》1927. 7. 7.
35) 〈中央組織部明定店員地位〉,《時報》1927. 7. 31.
36) 〈中央商人部明定工商標準〉,《申報》1927. 10. 28.
37) 金子肇, 앞의 글, p.29.

264

'점원직공'의 규정은 合股經營과 관련하여 들어간 것이라 생각된다. 앞서 인용하였듯이, "상점직공이라도 상점자본과 관계가 있는 경우에만 상민협회에 가입할 수 있기 때문에 상점자본과 관계가 없는 점원직공은 당연히 상민협회에 가입할 수 없다"는 中央 商民部의 해석은 당시의 商慣行에서 나온 것이라 할 수 있다.

더구나 대도시의 경우 상점의 점원 가운데에는 상점에 고용된 임금노동자로서의 점원이 갈수록 늘어갔다. 따라서 廣東의 국민당정권에서 만들어진 商民協會의 章程이 대도시 上海에서는 충돌할 여지가 많았다. 1926년 7월 中共의 제2차 擴大執行委員會 회의에서 결정된 상인운동결의안에는 이런 사정을 잘 보여 주는 대목이 있다.

商民協會는 수순한 中小商人의 조직으로 大商이 가입해서는 안 된다. 동시에 資本化된 大都市에서는 下級店員을 가입시켜서는 안 된다. 왜냐하면 이들 지방의 하급점원은 상업직공의 조직에 넣어야 하는데, 그들은 기타 상인과는 달리 특수한 지위가 있고 서로 이해가 충돌하기 때문이다.[38] (강조는 인용자)

'자본화된 대도시'인 상해의 하급점원은, 앞서 인용한 中央 商民部의 해석에 따르면 '상점자본과 관계가 없는 점원직공'이고, 자본화되지 못한 지역의 점원이란, '상점자본과 관계있는 점원직공'이었던 것이다.

상해의 店員聯合會는 이 시기 중공이 주도했던 노동운동의 핵심적 조직기반의 하나였다.[39] 앞서 인용한 바, 1926년 9월 국민당 상해특별시 당부가 중앙상인부에 점원을 상인이 아닌 직공으로 처리해 달라고 요구한 것도 아마 중공측의 입장이 전달된 것이라고 추정된다. 여하튼 2전대회 직후 商民協會章程을 만들 때, 회비규정에 점원직공이 들어간

38) 〈中國共産黨中央擴大執行委員會會議文件:商人運動議決案〉, 中央檔案館 編, 《中共中央文件選集》 第2卷, 中共中央黨校出版社, 1989, p.220.
39) 田寅甲, 〈國民革命時期 上海 勞動運動 研究:上海 勞動界의 '統合'과 관련하여〉, 서울대 대학원 박사학위논문, 1998. 2, p.270.

것은 당시의 상관행에 따른 것이고 상점주의 입장을 고려한 것은 아니었을 것이다.

다음으로 商民協會는 어디에 소속된 조직이었는가. 즉 국민당에 소속된 조직인가, 아니면 국민정부에 소속된 조직인가. 상민협회는 2전대회에서 논의되고 조직되기 시작하였으며, 商民協會章程은 國民黨 商民部에 의해 만들어졌고 국민당 中執委에서 통과되어 확정되었음은 이미 본 바이다. 그러나 章程 어디에도 상민협회가 어디 소속인지 밝혀져 있지 않다. 물론 당에 의해 조직되었다고 하더라도 외관상 자율적 조직으로 가장할 수는 있다. 그렇더라도 승인을 받는 곳은 있어야 한다. 예컨대 기존 商會法에서 商會는 農商部의 허가를 받게 되어 있다.[40]

장정의 내용 가운데 당과 관련시킬 수 있는 대목을 굳이 찾는다면 縣商民協會의 선전부가 집행해야 할 일 가운데 三民主義宣傳이 있다는 것뿐이다.(제50조) 甘乃光이 2전대회에서 상민운동결의안을 보고할 때 이미 商民協會章程의 초안이 만들어져 있었고, 이 초안의 내용(제2장 6조)에 대해 공산당원이기도 한 侯紹裘는, "黨(국민당)과 상인조직을 하나로 합쳐서는 안 된다"고 주장하여 결국 상민운동결의안과 商民協會章程은 분리되어 결의안은 2전대회에서 발표되고 장정은 중집위로 넘겨져 이후 劉芬 등에 의해 만들어졌던 것이다.[41] 장정에 대한 侯紹裘의 의견은 민중단체를 국민당의 지배 하에 두지 않으려는 중공의 뜻이 전달된 것이라 할 수 있는데, 결국 이것이 받아들여졌는지, 이후 확정된 장정에는 國民黨과 商民協會의 관계를 언급한 구절이 없다.

그러나 1927년 6월에 만들어진 上海特別市 商民協會章程의 표지에는 中國國民黨上海特別市黨部 商民部의 심사를 거쳐 중앙집행위원회가 비준하였다고 되어 있다. 뿐만 아니라 제13조에는 "본회는 상해특별시당부의 지도와 감독을 받아야 한다"고 규정되어 있다. 그러면서도 제

---

40) 江蘇省商業廳·中國第二歷史檔案館 編, 《中華民國商業檔案資料匯編》 第一卷 上冊, 中國商業出版社, 1991, p.48.
41) 주 21)과 주) 22).

1조에는 "본회는 국민정부가 반포한 商民協會章程에 따라 이름을 上海特別市 商民協會라고 정한다"고 규정되어 있다.[42] 그러나 이보다 앞서 나온 초안에는, "본회는 국민정부가 반포한 商民協會章程에 따라"라는 부분이 없다.[43] 한편 上海特別市 商民協會章程보다 뒤에 나온 上海特別市商民協會區業分會暫行章程 제1조에는, "본업분회는 중국국민당중앙집행위원회가 비준한 上海特別市商民協會章程에 따라"라고 되어 있다.[44]

이처럼 당과 정부가 혼동되고 있는 것은, 기본적으로 정부에 대해 당의 절대적인 우위라는 국민당의 구조 때문일 것이다. 그러나 또 하나, 4·12정변 이후 상민협회가 상인조직을 일원화하려는 움직임이 있었고, 이럴 경우 상민협회가 당의 조직으로서는 한계가 있었기 때문에 국민정부가 거론되었을 것이다. 이것은 1928년 3월 上海特別市 商民協會가 정식으로 출범하고서도 마찬가지였다. 1928년 10월에 가서야, "商民協會는 黨의 영도를 받고, 총상회 및 상회는 정부의 관리를 받는다"[45]는 결론을 억지로 내릴 수밖에 없었을 것이다.(이에 대해서는 후술)

상민협회는 국민당 2전대회 이래 기존 대상인 중심의 상회를 중소상인으로 재편하려고 했던 조직이고, 한편 상해의 상총연회는 대상인의 상해총상회에 대항의식을 가지면서 급진적 정치주장을 하던 중소상인의 조직이었기에, 이 둘은 '二體同心'라는 것이 기존 연구의 일치된 결론이며, 이에 대해 머리말에서 문제제기한 바 있다. 商總聯會와 商民協會의 관계는 다음 장에서 살피기로 하고 여기에서는 상민협회와 중소상인문제를 보자.

먼저 국민당의 상민운동결의안을 보면, 결의안에서는 상인을, 제국

---

42) 위의 글.
43) 〈上海特別市商民協會草章〉 上海市檔案館 所藏 檔案 Q222-1.
44) 〈上海特別市商民協會第區業分會暫行章程〉, 上海市檔案館 所藏 檔案 Q222-1.
45) 〈國民黨中央民衆訓練部制定之民衆團體組織原則及系統〉(1928. 10), 中國第二歷史檔案館 編,《中華民國史檔案資料匯編》第5輯 第1編 政治(三), 江蘇古籍出版社, 1994, p.8.

주의자와 결탁한 '不革命'의 상인과 제국주의의 압박을 받고 있는 '可革命'의 상인으로 구분하고 있음은 앞서 언급한 바이다. 그런데 '可革命'의 상인이란 구체적으로 "中國銀行商人, 土貨商人, 僑商, 手工業商人, 機械工業商人, 交通商人, 小販商人"을 들고 있다.[46] 이것만 가지고 '可革命'의 상인이 중소상인이라고 볼 수는 없다. 또 일부 연구에서는 기존 상회는 모두 구식상회로서, 소수인이 조정하고 소수인만이 이익을 얻고 있다는 결의안의 지적[47]을 들어, 상민협회의 주도권은 종래 상회로부터 배제되어 왔던 '부르주아중하층이나 小부르주아적 商工層'이 장악했다고 주장한다.[48] 그렇다면 상총연회는 기존의 상회가 아니라는 것이 되는 셈이다.

또한 商民協會章程에도 중소상인이라는 말이 전혀 언급되어 있지 않다. 다만 제63조의 회비규정에 "회원의 월회비의 多寡는 각지 商民의 상황에 따라 縣執行委員會가 결정한다. 그러나 입회비의 경우 普通商民은 최고 5元을 초과할 수 없고 商店職工은 1元을 초과할 수 없으며 小販은 5角을 초과할 수 없다. 월회비의 경우는 각각 1元, 3角, 2角을 초과할 수 없다"고 되어 있다. 바로 이 '普通商人, 店員職工, 小販'이야 말로 중소상인의 범위를 더욱 명확하게 한 것이라고 하는데,[49] 店員職工에 대해서는 앞서 언급한 바이고, 普通商人을 중소상인으로 볼 수 있는 근거는 어감상의 느낌 외에는 구체성이 없다. 국민당이 중소상인으로 상민협회를 조직한다고 분명히 한 것은 1928년 10월인 것 같다.

　商民協會와 商會가 다른 바는, 전자가 中小商人을 重心으로 한다면, 후자는 大商人을 重心으로 하기 때문이다. 대상인과 중소상인의 분별은 결코 사회계급의 차이가 아니라 영업범위의 대소 차이이다. 그러나 상인조직의 重心이 중소상인에 있는가 아니면 대상인에 있는가는 國民革命의

---

46) 〈商民運動決議案〉, 《一二全大會史料》, p.388.
47) 위의 글, p.389.
48) 金子肇, 앞의 글, p.22.
49) 이병인, 앞의 글, p.90.

基本力量의 구성상 하나의 큰 문제이다. 상인조직이 만약 상인에 의해 조정된다면, 商人조직과 農工조직은 곧 대립의 지위에서 충돌하기 쉽다. 이는 실제로 國民革命戰線上 農工商聯合에 장애가 된다. 반대로 한다면 農工商 각 민중단체는 통일적 역량을 구성할 수 있다.[50]

위의 글이 있는 문건에는, 앞서 인용한 바 있는 "商民協會는 黨의 지배를 받고 商會는 政府의 지배를 받는다"는 내용도 함께 들어 있다. 내용을 읽으면 읽을수록 '억지 논리'라고 볼 수밖에 없는데, 이는 당의 조직으로 민중단체를 규제하려 했기 때문이라고 할 수 있다.(후술) 더구나 이상의 해석을 내릴 당시의 商民協會(28商民協會)의 구성을 보면, 회원의 대부분을 차지하는 업회회원 238명 가운데 236명이 대상인의 기존 총상회 회원이라는 데서도 '억지 논리'임이 확연해진다고 하겠다. 이에 대한 구체적인 것은 다음 장에서 다룬다.

물론 국민당이 조직의 대상으로 삼았던 상인이 大商人보다는 中小商人에 무게중심이 실렸던 것은 사실이다. 上海特別市黨部가 上海의 商總聯會 대표의 廣州방문을 환영해 달라고 광주의 당중앙에 보내는 전보에서, "上海各馬路商總聯合會는 각 馬路의 중·소상인이 조직한 바, 단순히 大商資産階級을 대표하는 總商會와 같지 않으며 상인군중 속에서 거대세력을 점유하고 있다"고 소개하고 있다.[51] 더구나 商團사건을 거친 국민당으로서는 대상인에 대한 감정은 매우 좋지 않았던 터였다.[52]

그러나 앞서 언급했듯이 상민협회는 국민혁명을 추진하려는 (국공합작 하의) 국민당이 아직 뿌리를 내리지 못한 상인을 혁명의 전위조직의 하나로 삼기 위해 만든 것이었다. 엄한 군벌의 지배 하에서 기존 상인조직이 집단으로 국민당에 투신할 리는 없는 형편이었기 때문에, 비밀리 국민당의 노선에 찬성하는 상인을 규합하려는 것이 일차 목표

---

50) 주 45).
51) 〈中央執行委員會常務委員會第49次會議錄〉(1926. 8. 17), 《一二全大會史料》, p.638.
52) 〈商民運動決議案〉, 《一二全大會史料》, p.390.

였다. 따라서 여기에는 자본크기의 문제가 아니라 국민당과의 거리가
문제였다.

반면 계급정당인 중공은 상인운동의 대상을 중소상인으로 확실하게
정하고 중소상인은 민족운동의 연합전선 가운데 중요성분이라고 규정
하였다. 상인조직의 경우도 새로운 조직으로서 상민협회를 통해 중소
상인을 조직하여 기존 상회를 개조해야 한다는 것이었다. 따라서 상민
협회는 순수한 중소상인의 조직이어야 한다는 것이다. 그런데 중공이
말하는 중소상인이란 "공장이 없어 노동자의 파업을 걱정하지 않는다"
는 것이다.[53] 이렇게 본다면 중공의 중소상인이란 '小販' 정도를 상정한
것이라고 할 수 있다. 중공의 계급론에 입각하면 당연히 혁명성을 띤
것은 대상인이 아닌 중소상인이다. 그러나 실제로 중공이 중소상인과
함께 혁명을 추진하였던 것일까. 국민당의 국민혁명을 지원한 것은 실
제로 '상총연회의 중소상인'이었고, 또 결국 이들에 의해 1928년 3월의
商民協會가 조직되었던 것일까.

Ⅲ. 商民協會와 기타 商人組織의 人的 構成

1926년 1월 국민당 2전대회에서 상민운동결의안이 만들어지기 전,
이미 광동에서는 상민협회가 조직되고 있었으나, 다른 지방의 경우는
그렇지 못하였다.[54] 7월 북벌이 시작된 이후 국민정부의 지배지역이 커
져갔고, 이에 따라 廣東뿐 아니라 廣西, 湖南, 湖北, 江西의 各縣에 商民
協會가 성립하였다. 그러나 군벌지배 하에 있던 상해 등에서는 비밀리

53) 〈中國共産黨中央擴大執行委員會會議文件:商人運動議決案〉, 中央檔案館 編, 《中
 共中央文件選集》第2卷, 中共中央黨校出版社, 1989, pp.219~220.
54) 〈中國國民黨第二屆中執會第一次全會通過各省區黨務報告決議案:各省區黨務報告決
 議案〉(1926. 1. 25), 《一二全大會史料》, p.460. 廣東의 경우는 1926년 5월 21일 廣
 東全省商民協會가 성립하여 24개 縣의 대표 151명이 대회에 참가하였다.(黃紹年,
 앞의 책, pp.11~12)

진행할 수밖에 없었다.[55]

군벌지배 하의 상해에서 1926년 4월 24일 滬商協會(26滬商協會)라는 새로운 상인조직의 발기인대회가 30여 명에 의해 열렸다. 蕭效仁이 주석으로 추대되고 기록은 王俠峯이 맡았으며 林鈞이 籌備경과를 보고하였다. 이어 25명의 주비위원과 5명의 후보위원을 선출하였다.[56] 그런데 26滬商協會 관계자 27명 가운데 27상연회 임원은 단지 3명뿐이었다.[57] 총상회 회원은 한 명도 없었다. 따라서 26滬商協會는 일단 기존의 상인조직인 상연회나 총상회와는 거리가 먼 새로운 조직이라고 할 수 있다.

北伐 직전인 1927년 3월에 조직된 27商民協會와 27滬商協會, 그리고 위의 26滬商協會의 관계를 보면, 26滬商協會 관계자 가운데 27滬商協會 관계자는 7명[58]인 반면 27商民協會 관계자는 王漢良 단 1명뿐이다. 또 합병한 27商滬合倂에 관계한 사람은 7명이었다.[59] 그런데 1928년 3월 정식으로 성립한 28商民協會 임원에는 26滬商協會 관계자가 한 명도 없다.[60] 이상의 인적 관계에서 본다면, 26滬商協會는 기존의 상인조직과 거리가 있는 사람들에 의해 조직되었으며, 이들은 북벌 직전에 조직된 27商民協會에는 거의 가담하지 않고 그 일부가 27滬商協會를 재건하였던 것이다. 이후 27商滬合倂에 일부가 참여하였으나 정식의 28商民協會에서는 모두 배제되었다. 26滬商協會와 기타 상인조직과의 관계를 표로 만들면 다음과 같다.

---

55) 1926년 하반기, 江西省에는 40개 縣에, 湖南省에는 29개 縣에, 湖北省에는 10개 縣에, 廣西省에는 6개 縣에 商民協會가 성립하였다.(黃紹年, 위의 책, pp.15~26)
56) 〈滬商協會昨開發起人會〉,《申報》1926. 4. 25.
57) 王漢良(商總聯會 副會長, 江西路商聯會 副會長), 朱曉雲(九畝地商聯會 幹事), 陳際程(九畝地商聯會 幹事).
58) 蕭效仁, 汪醒齊, 王漢良, 林鈞, 章郁庵, 朱曉雲, 陳春盈. 26滬商協會 관계자 중 25.9%가 27滬商協會에 관계하였고, 27滬商協會 관계자 중에서는 28%가 26滬商協會 관계자인 셈이다.
59) 蕭效仁, 汪醒齊, 王漢良, 章郁庵, 朱曉雲, 陳際程, 陳春盈. 26滬商協會의 관계자 중 25.9%가 27商滬合倂에 관계하였고, 27商滬合倂의 관계자 중에서는 13.2%가 26滬商協會의 관계자인 셈이다.
60) 28商民協會 業會會員에도 1명(汪醒齊)뿐이다.

표 1. 26滬商協會와 기타 商人組織과의 관계 (단위 : 명)

26滬商協會 관계자	27商民協會 관계자	27滬商協會 관계자	27商滬合併 관계자	28商協會 任員	28商民協會業會會員	27商聯會 任員	總商會會員
27	32(1)	25(7)	53(7)	54(0)	238(1)	61(3)	759(0)

* 괄호 안은 26滬商協會 관계자의 수

　26滬商協會 관계자들이 기존의 상인조직인 총상회나 상연회와 관련이 거의 없는 것으로 보아, 정치적 이유에서 26滬商協會를 조직했을 가능성이 크다. 예컨대 조직의 주비경과를 보고한 林鈞은 1924년 7월 上海大學 社會學科에 입학하여 학생회 집행위원에 피선되었고 1925년 공산당에 입당하여 五卅운동 때에는 上海學聯을 대표하여 工商學聯合會의 상임위원이었다.[61] 학생이었던 그가 1년 만에 상인이 되어 참여했을 리는 없을 것이다. 또 주비위원으로 당선된 章郁庵도 공산당원이었다.[62] 상총연회의 부회장이었던 王漢良은 1926년 말 혁명적 정세 속에서 국민혁명을 위해 廣州의 국민당과 공산당을 오가며 분주히 활동하였다. 예컨대 1926년 10월 王漢良이 공산당원 韓覺民과 함께 孫傳芳의 국민당원 탄압을 보고하러 광주에 갔을 때, 國民黨中執委는 王이 "표면상 상총연회의 대표로서 광주를 참관하러 왔지만, 실제는 國民革命의 분투에 참여하기 위해 왔다"고 소개하였다.[63] 王의 이런 활동은 상총연회의 활동이 아니라 혁명적 정세 속에서 행한 정치적 활동이었다. 이런 王을 중공도 民校黨團의 일원으로, 市民會議 대표의 한 사람으로 삼고

61) 卞杏英·許玉芳, 〈爲建立市民政權而鬪爭 : 記上海工人第三次武裝起義中的林鈞同志〉, 《上海靑運史資料》 1984-3, pp.72~73.
62) 정문상, 〈국민혁명기 상해지역 학생운동연구〉, 연세대 대학원 박사학위논문, 1997. 2, p.324.
63) 〈中央執行委員會常務委員會第62次會議錄〉(1926. 10. 2)/ 〈中央執行委員會常務委員會第64次會議錄〉(1926. 10. 9), 《一二全大會史料》, p.688, 698. 이 밖에도 王漢良은 1926년 8월 上海特別市黨部의 주선으로 商總聯會의 廣州參觀 때 廣州를 방문하였다.[〈中央執行委員會常務委員會第49次會議錄〉(1926. 8. 17), 《一二全大會史料》, p.638]

자하였다.[64)]

1926년 7월 북벌이 시작되자 상해는 反孫傳芳운동＝자치운동을 통해 혁명화되어 갔다. 결국 세 차례의 노동자 무장폭동을 거쳐 상해특별시 시정부라는 자치정부를 만들어 내었다. 물론 이 과정에서 노동자의 움직임만 있었던 것은 아니고 여타 여러 세력도 이에 가세하였다. 이런 움직임 속에 1927년 3월 20일 商民協會 주비대회가 열려 31명의 執行委員을 선출하였다.[65)]

상민협회의 조직과정을 확인할 수 있는 분명한 자료는 없지만, 이와 관련된 중공측의 기록을 보면 조직과정을 조금은 엿볼 수 있다. 商界에 공작하고 있던 중공의 林鈞은 3월 8일 상연회의 임원들을 식사에 초대하였는데 22개 馬路에서 24명이 왔다. 토론중에 상인들은 비밀조직을 만들려 한다고 털어 놓았다.[66)] 3월 10일에는 조직을 만들려고 하는 商聯會가 임균에게 도움을 청하였고, 이름을 商民協會라고 정하였다.[67)] 이렇게 볼 때 商民協會의 조직에 중공이 직접 개입하지는 않았다 하더라도, 그 조직과정은 소상히 알고 있었던 듯하다.

27商民協會의 인적 구성을 보자. 먼저 1년 전 조직된 26滬商協會 관계자 가운데 27商民協會와 관련된 사람은 王漢良 단 1명뿐이다. 또 27商民協會보다 며칠 뒤에 성립한 27滬商協會와 관련해 보면, 27商民協會 관계자 32명 가운데 27滬商協會 관계자는 3명뿐이다.[68)] 이는 27商民協會가 26, 27兩 滬商協會와는 다른 상인층에 의해 조직된 것임을 알

---

64) 〈中共上海區委特別市民公會黨團會議記錄：黨團組織,對市民公會的策略及市民公會組織大綱〉(1926. 12. 6)；〈特委會議記錄：市民會議名單,組織上總糾察隊委員會〉(1927. 3. 11), 上海檔案館 編,《上海工人三次武裝起義》(이하《三次起義》라 함), 上海人民出版社, 1983, p.99, 309.

65) 〈商民協會籌備大會〉,《時報》1927. 3. 21.

66) 〈特委會議記錄：各界對組織市民代表會議的反映, 市民公會召開常委會問題〉(1927. 3. 9),《三次起義》, p.300.

67) 〈特委會議記錄：市民會議名單, 組織上總糾察隊委員會〉(1927. 3. 11 午後2時),《三次起義》, p.308.

68) 楊湧潤, 王漢良, 王曉籟. 이는 27商民協會 관계자 중 9.4%가 27滬商協會에 관계하였고, 27滬商協會 관계자 중에서는 12%가 27商民協會 관계자인 셈이다.

수 있다. 한편 27商民協會 관계자 가운데 1년 뒤 정식으로 성립한 28商民協會의 임원과 業會會員은 단지 5명과 3명뿐이다.[69] 따라서 27商民協會의 관계자가 28商民協會로 거의 이어지지 못하고 있음을 알 수 있다. 즉 27商民協會의 관계자가 크게 배제되고 새로운 사람들에 의해 구성된 것이 28商民協會라고 할 수 있다. 27商民協會와 상연회 및 총상회의 관계를 본다면, 32명의 27商民協會 관계자 가운데 商聯會 임원은 8명, 總商會 회원은 6명뿐이다.[70] 따라서 27商民協會에는 商聯會의 사람이 어느 정도 참여한 셈이다. 왜냐하면 이 글에서 사용한 商聯會 임원에 관한 자료가 상해 전체를 망라한 것도 아니고 또 임원만이지 회원은 아니기 때문이다. 그러나 여기에는 총상회 회원도 6명(18.8%)이나 참여하고 있기 때문에 27商民協會가 곧 商聯會였다고 보기는 어렵다. 이를 표로 만들면 다음과 같다.

표 2. 27商民協會와 기타 商人組織과의 관계 　　　　　　　　(단위 : 명)

26滬商協會 관계자	27商民協會 관계자	27滬商協會 관계자	27商滬合倂 관계자	28商民協會 任員	28商民協會 業會會員	27商聯會 任員	總商會 會員
27(1)	32	25(3)	53(29)	54(5)	238(3)	61(8)	759(6)

* 괄호 안은 27商民協會 관계자의 수

　　27商民協會가 조직된 지 이틀 후에 滬商協會가 재건을 선언하였다.[71] 3월 27일에는 주비대회를 열어 王漢良, 汪醒齊, 胡鳳翔을 주석단으로 뽑았다.[72] 26滬商協會와 27滬商協會 모두에 관여하고 있는 사람 가운데

69) 成燮春, 楊湧潤, 鄔志豪, 陸祺生, 陸文韶/ 霍守華, 鄔志豪, 陳翊庭. 27商民協會의 관계자 중 28商民協會 임원 및 업회회원인 자의 비율은 각각 15.6%, 9.3%이다.
70) 鄔志豪, 王延松, 王漢良, 袁履登, 錢龍章, 程祝蓀, 陳蔚文, 陳芝壽/ 霍守華, 沈田莘, 鄔志豪, 王曉籟, 虞洽卿, 陳翊庭. 27商民協會의 관계자 중 상연회 임원과 총상회 회원의 비율은 각각 25%, 18.8%.
71) 〈滬商協會恢復訊〉, 《民國日報》 1927. 3. 23.
72) 〈滬商協會昨開籌備大會〉, 《申報》 1927. 3. 28.

林鈞과 章郁庵이 있는데, 앞서 보았듯이 이들은 모두 공산당원이었다. 1927년 2월말 商界에 공작하고 있던 林鈞이 "상인 30, 40명을 조직할 수 있다"[73]고 하는 것으로 보아 이것이 모태가 되어 생겨난 것이 27滬商協會라고 추정된다. 27商民協會가 조직되자 마자 27滬商協會가 조직된 것은 아마 27商民協會에 대한 중공의 우려도 있었던 듯하다.

중공은, 27商民協會를 상해 상인의 대단결로 예의 주의할 필요가 있는 조직이라고 간주하면서,[74] 27商民協會의 구성에 크게 우려하였다. 즉 대소상인이 27商民協會로 연합하여 노동자에 대처하려 하고 있으며, 또 27商民協會 내에는 大小 買辦까지도 있기 때문에, 점원을 商民協會에 들여 보내 중소상인을 장악하려고까지 생각하였다.[75] 이렇게 본다면 27滬商協會는 27商民協會에 대응하기 위해 만들어졌을 가능성도 있다.

27滬商協會의 인적 구성을 보면, 26滬商協會의 관계자 27명 가운데 7명이 27滬商協會에 관계하고 있는 반면, 27商民協會에는 단지 1명만이 관계하고 있음은 위에서 이미 본 바이다. 말하자면 27滬商協會는 26滬商協會의 일부가 1년 뒤 다시 재건한 것이고, 이는 같은 시기에 조직된 27商民協會와는 다른 계열의 사람들이 조직한 것임을 알 수 있다. 27滬商協會와 28商民協會와의 관계는 27商民協會보다 더 희박하다. 즉 27滬商協會 관계자 25명 가운데 28商民協會 임원과 業會會員인 자는 각각 1명뿐이었다.[76] 또 27滬商協會 관계자 25명 가운데 상연회 임원과 총상회 회원인 사람은 각각 2, 3명뿐인 데서 알 수 있듯이 27滬商協會도 전형적인 정치조직임을 알 수 있다.

---

73) 〈特委會議記錄:宣傳, 軍事, 黨務情形〉(1927. 2. 27 밤8시), 《三次起義》, p.210.
74) 〈中共上海區委各部委產總連席會議記錄:市政府, 工會, 宣傳, 糾察隊等問題〉(1927. 3. 23), 《三次起義》, p.371.
75) 〈中共上海區委召開擴大活動分子會議記錄:區委報告這次暴動的歷史意義與今後的工作方針〉(1927. 3. 25), 《三次起義》, p.399.
76) 許雲輝/ 趙南公.

표 3. 27滬商協會와 기타 商人組織과의 관계 (단위 : 명)

26滬商協會 관계자	27商民協會 관계자	27滬商協會 관계자	27商滬合併 관계자	28商民協會 任員	28商民協會 業會會員	27商聯會 任員	總商會 會員
27(7)	32(3)	25	53(16)	54(1)	238(1)	61(2)	759(3)

* 괄호 안은 27滬商協會 관계자의 수

같은 시기에 성립된 27商民協會와 27滬商協會를 비교해 보면, 두 조
직의 관계자 대부분이 28商民協會의 임원이나 業會會員으로 되지 못했
지만, 그래도 비교해 본다면 27滬商協會보다 27商民協會가 28商民協會
와 관계를 좀더 갖고 있다. 그리고 기존 상인조직인 상연회와 총상회와
의 관계에서도 마찬가지이다.(표 2, 표 3 참조) 滬商協會에 공산당원들
이 직접 가담하고 있는 점도 염두에 둔다면, 27滬商協會는 27商民協會
보다 정치적으로 좀더 급진적인 세력에 의한 조직이라고 할 수 있다.
이 두 조직은 上海市黨部의 명령으로 합병하는데,[77] 합병한 商民協會
(27商滬合併)와 기타 상인조직의 관계는 다음의 표 4와 같다.

표 4. 27商滬合併과 기타 商人組織과의 관계 (단위 : 명)

26滬商協會 관계자	27商民協會 관계자	27滬商協會 관계자	27商滬合併 관계자	28商民協會 任員	28商民協會 業會會員	27商聯會 任員	總商會 會員
27(7)	32(29)	25(16)	53	54(5)	238(5)	61(13)	759(8)

* 괄호 안은 27商滬合併 관계자의 수

표 4에서 볼 수 있듯이 27商民協會 관계자 32명 가운데 무려 29명
(90.6%)이, 27滬商協會 관계자 25명 가운데 16명(64%)이 27商滬合併에
들어갔다. 26滬商協會 관계자도 7명(25.9%)이나 27商滬合併에 들어갔

77) 〈市黨部重組商民協會〉,《民國日報》1927. 3. 31.

276

다. 27商民協會가 주류를 이루는 속에 滬商協會의 흐름이 합쳐진 것이
27商滬合倂이라고 할 수 있다. 27商民協會와 27滬商協會가 합병한 것
이기 때문에 28商民協會나 기존 상인조직(상연회, 총상회)과의 관계도
소원할 수밖에 없다. 27商滬合倂 관계자 53명 가운데, 28商民協會 임원,
28商民協會 業會會員, 27商聯會, 總商會 회원인 자가 각각 5명(9.4%), 5
명(9.4%), 13명(24.5%), 8명(15.1%)이었다. 다른 조직에 비해 상연회 임
원의 비율이 다소 높지만 이것으로 27商滬合倂이 상연회로 구성되었다
고 할 수는 없다. 총상회의 비율도 무시할 수 없을 만큼의 수치이기 때
문이다.

4·12정변 이후 上海特別市商民協會章程, 業區分會暫行章程 등이 만
들어지면서 1928년 3월 上海特別市商民協會(28商民協會)가 정식으로
성립하였다. 商民協會의 회원은 지구별 분회인 '區會'와 업종별 분회인
'業會'로 나누어져 있었으나[78] 특별시의 경우 '區會'가 취소되었다.[79] 28
商民協會가 정식으로 성립할 당시 42개의 분회 가운데 '區會'가 있었다
고 하지만,[80] 당안 기록[81]에도, 그리고 당시의 상민협회에 관한 연구서
의 그림[82]에도 업회만 기록되어 있는 것으로 보아 '區會'는 이미 없어져
버린 것 같다(다음 쪽 그림 참조). 임원은 執行委員과 候補執行委員, 그
리고 紀律裁判委員과 候補紀律裁判委員으로 모두 54명이었다. 이들 임
원과 기타 상인조직과의 관계는 표 5와 같다.

표 5를 보면 28商民協會 임원의 구성은 기존 상인조직과는 전혀 새
로운 구성이라는 것을 한눈에 알 수 있다. 28商民協會 임원 가운데 26
滬商協會에 관계했던 사람은 없고 27滬商協會에 관계했던 사람은 단 1

78) 〈中國國民黨上海特別市黨部商民部公佈商民協會區會所屬分會之暫行組織法〉,〈中
國國民黨上海特別市黨部商民部公佈商民協會區會所屬業會之組織法〉,〈中國國民黨
上海特別市黨部商民部公佈商民協會組織程序〉, 上海市檔案館 所藏 檔案 Q222-1.
79) 〈中央商人部令催滬商民協會成立〉,《申報》1927. 11. 15.
80) 〈市政府呈報會員及代表人數〉,《申報》1928. 3. 8.
81) 〈上海特別市商民協會執行委員一覽表〉, 上海市檔案館 所藏 檔案 Q221-2.
82) 黃紹年, 앞의 책의 그림 참조.

商民協會組織系統表

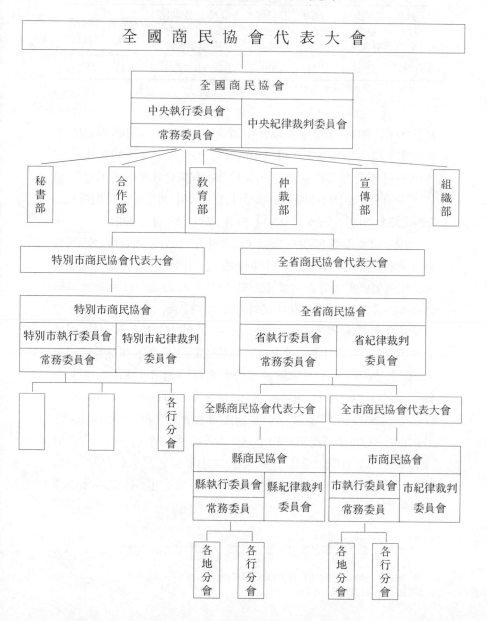

표 5. 28商民協會 임원과 기타 商人組織과의 관계 　　　　　　　(단위 : 명)

26滬商協會 관계자	27商民協會 관계자	27滬商協會 관계자	27商滬合併 관계자	28商民協會 임원	28商民協會 業會會員	27商聯會 任員	總商會 會員
27(0)	32(5)	25(1)	53(5)	54	238(4)	61(1)	759(7)

* 괄호 안은 28商民協會 임원의 수

명뿐이다(許雲輝). 또 27商民協會나 27商滬合併에 관계했던 사람도 각각 5명에 지나지 않는다.[83] 이는 10%에도 미치지 못하는 비율이다. 더욱 특이한 것은 27商聯會 임원 가운데 28商民協會의 임원인 사람은 단 1명에 지나지 않는다(張橫海). 그렇다고 총상회 회원이었던 사람으로 28商民協會 임원이 구성되었느냐 하면 그렇지도 않다.(6명)[84]

그런데 더욱 놀라운 것은 28商民協會의 임원 54명 가운데 28商民協會 業會會員인 자가 4명밖에 되지 않는다는 사실이다.[85] 이들 임원들이 자신의 직업난에 직업을 기재하고 있다.(부록 참조) 그러나 이들이 商聯會나 總商會에 거의 가입하지 못하고 있기 때문에, 그런 직업으로는 상연회의 임원이나 총상회의 회원이 될 수도 없다는 것을 뜻한다. 이와 같은 사실로, '기존의 舊式商會와는 다른' 28商民協會는 대상인도 아니요 중·소상인도 아닌 새로운 소상인에 의해 구성되었다고 설명할 수 있을 것이다. 그러나 이 해석은 28商民協會 업회회원의 내용을 보면 곧 그렇지 않음을 알 수 있다. 28商民協會 業會會員 238명 가운데 236명, 비율로는 99.2%가 총상회회원이었다. 회원은 이른바 대상인들이 모였다고 하는 총상회를 그대로 옮겨 놓은 것인데, 임원은 중소상인의 조직이라는 상연회에조차 들어가지 못할 정도의 '소상인'라는 조직이 28商民協會였다.

---

83) 成燮春, 楊湧潤, 鄔志豪, 陸祺生, 陸文韶/ 楊湧潤, 鄔志豪, 陸祺生, 陸文韶, 張梅庵.

84) 鄔志豪, 諸文綺, 馮少山, 陸費伯鴻, 陸鳳竹, 劉敏齊.

85) 鄔志豪, 陸費伯鴻, 諸文綺, 馮少山.

여하튼 28商民協會는 北伐期 새로이 조직된 상인조직들(26滬商協會, 27商民協會, 27滬商協會, 27商滬合倂)의 구성원이 거의 배제된 새로운 구성이라는 것만은 확실하다. 또 54명의 임원은 대부분 기존의 총상회 회원뿐 아니라 상연회 임원조차 될 수 없었던 '소상인'인 반면, 회원의 대부분인 업회회원 238명은 거의 모두 총상회회원이었다. 분명히 기형적인 조직이었다.

Ⅳ. 맺음말

이상의 검토를 통해 밝혀진 결과를 요약해 본다면 다음과 같다.

첫째, 北伐期 上海에 새롭게 만들어진 상인조직 가운데 滬商協會(26滬商協會, 27滬商協會)와 27商民協會는 구성원을 전혀 달리하는 조직이었는데, 전자가 후자보다 좀더 급진적인 조직이었다.

둘째, 27商滬合倂의 商民協會는 27商民協會가 주류를 이루면서 滬商協會와 합병한 조직이었다.

셋째, 기존 상인조직(27商聯會, 總商會)과의 관계를 본다면, 商民協會(27商民協會, 27商滬合倂)나 滬商協會 모두 기존 조직과는 거리가 있는 인적 구성이었다. 다만 이 둘을 비교해 본다면 후자보다 전자에 商聯會의 회원이 더 많기는 하지만 총상회회원도 어느 정도 있었다. 따라서 27상민협회가 상연회와 '二體同心'이라고 보기는 어렵다.

넷째, 정식의 28商民協會 임원는 北伐期의 商民協會나 滬商協會와 전혀 다른 사람으로 구성되었으며, 기존의 상인조직인 총상회와 상연회와도 거의 관계가 없다. 즉 28商民協會는 상연회와 '二體同心'이 아니라 '二體異心'의 조직이었다.

다섯째, 28商民協會의 내부 구성을 보면, 54명의 임원은 總商會나 商聯會와 전혀 관계가 없는 사람들이었던 반면, 238명의 業會會員은 거의 모두 總商會회원이었다. 이렇게 볼 때 28商民協會의 내부 구성은 기형

280

적이었다.

따라서 28商民協會 임원들은 순수한 상인이라기보다는 정치적 소상인들인 것만은 확실한데, 그것도 지극히 정치적인, 말하자면 급격한 정치적 변화를 틈탄 인물들이 아닐까 생각된다. 4·12정변에 이르는 시기에 조직된 상인단체들(26滬商協會, 27商民協會, 27滬商協會, 27商滬合併)은 국민혁명에 호응하여 만들어진 정치적 상인조직이었다. 그러나 이들은 28商民協會에 이르러 모두 제거된 셈이었다. 28商民協會 임원들에 대한 정보를 거의 찾을 수 없고, 일부 임원의 정치적 배경이 국민당의 하급당원이라는[86] 점밖에 없어 확인하기는 어렵지만, 오히려 거꾸로 이는 4·12정변을 계기로 크게 뒤바뀌는 정치정세 속에서 商界를 장악해 보려는 정치적 소상인들이라고 할 수 있지 않았까. 바꾸어 말하면, 軍閥 孫傳芳의 지배 하에 있던 上海에서 1926년 중반 이후 혁명적 정세가 고조되면서 일부 상인들은 국공합작 하의 국민당 혹은 공산당과 관계를 맺으면서 새로운 조직을 만들고, 마침내는 27商滬合併(商民協會)로 결집해 국민혁명에 참여하였지만, 결국 4·12정변 후 이들은 대부분 배제되고 급변한 정세를 틈타 상계를 장악해 보고자 한 사람들에 의해 28商民協會의 임원진이 구성된 것으로 보인다. 4·12정변으로 권력을 잡은 측에서 본다면 이 과정은 상인에 대한 '淸黨'과정이라고도 할 수 있을 것이다. 廣州의 國民黨과 上海의 共産黨이 접촉했던 上海 商界의 인물, 예컨대 王漢良, 王曉籟, 虞洽卿, 余華龍 등 대부분이 28商民協會 임원이 되지 못했고, 다만 鄔志豪와 陸文韶만이 임원으로 되었다.[87]

28商民協會의 執行委員會 常務委員이었던 鄔志豪를 보자. 浙江 奉化 출신인 鄔志豪는 寶成衣莊, 天福綢緞局을 운영하며,[88] 1924년 商總聯會 부회장, 1925~27년 회장을 지냈다.[89] 五卅운동 때에는 工商學聯合會

86) 金子肇, 앞의 글, p.24.
87) 中共 黨團會議錄(《三次起義》) 및 國民黨中執委會議錄(《一二全大會史料》) 참조.
88) 《上海總商會會員錄》(1926. 6) ; 《上海總商會會員錄》(1928. 4).
89) 上海總商會月報部 編印, 《上海工商業彙編目錄》, 1927.

내의 상총연회의 대표로 활약하였는데, 工商學聯合會가 제출한 17개조 요구조건에 대해 총상회가 13개조로 축소하여 공상학연합회와 총상회가 대립하였을 때 오지호는 "상총연회와 총상회는 같은 商界이므로 총상회의 주장에 찬동한다"고 하였다.[90] 공상학연합회 내부에서도 鄔志豪는 학생총회의 雷榮璞과 기금문제로 대립하여 사임하였다.[91] 이후 그는 상해총상회의 회원이 되었다. 1926년 부정선거 시비를 불러일으킨 총상회 회장선거에서 그가 어떤 태도를 취했는지는 모르지만, 선거 이후 傅篠庵 회장측에 섰던 것 같다. 1926년 10월 자치운동이 활발해지고 있을 때, 中共上海區委의 活動分子會議에서 羅亦農은 다음과 같은 보고를 하고 있다.

總商會 및 鄔志豪, 傅篠庵은 모두 孫傳芳의 아편 經理이다. 현재 鄔志豪가 林鈞을 만나 이야기하고자 한다. 이는 분명히 투기 표시일 것이다. 중소자산계급, 예컨대 大公司의 점원과 점주는 모두 북벌군을 환영하고 있으며, 各馬路商聯會는 현재 모두 鄔志豪, 傅篠庵이 孫傳芳派라고 욕한다. 余化龍, 王曉籟 등은 어제도 회의를 열어 孫傳芳을 반대하였다. 그러나 능력이 유약하여 적극적인 행동이 불가능하다.[92]

"孫傳芳 타도뿐 아니라 傅篠庵도 밀어내려 하는 중소자산계급"[93]으로부터 "孫傳芳의 아편 경리"로 비난을 받고 있던 鄔志豪는 당시의 정세를 감지하였는지 林鈞에 접근하였고 중공은 이를 '투기'라고 생각하였다. 그럼에도 불구하고 鄔志豪는 1926년 12월 市民公會 상무위원으로 위촉할 중공의 명단에 들어간다.[94] 이후 그는 27商民協會의 주비위

90) 〈議事錄:2次委員會〉(1925. 6. 11), 上海市檔案館 編, 《五卅運動》第1輯, 上海人民出版社, 1991, pp.433~434.
91) 이에 대해서는 필자의 학위논문 pp.186~187 참조.
92) 〈中共上海區委召開特別活動分子會議記錄：暴動動員及行動大綱〉(1926. 10. 18 上午8時), 《三次起義》, pp.18~19.
93) 〈中共上海區委召開活動分子會議記錄：上海暴動의 經過,敎訓及中央對暴動의意見〉(1926. 10. 26. 上午8時), 《三次起義》, p.52.
94) 〈中共上海區委特別市民公會黨團會議記錄：黨團組織,對市民公會的策略及市民公

원, 27商滬合併의 주비위원이 되었고, 마침내 28商民協會의 상무위원이
되었던 것이다.

다시 28商民協會로 돌아가자. 임원 54명은 대부분 상계에서는 이름
도 알려지지 않을 정도인 반면, 238명의 業會會員은 大商人인 총상회
회원들로 구성된 기형적 조직이 28商民協會였다. 앞서 인용한 바 있는
"商民協會는 중소상인이 重心이고 商會는 대상인이 重心"(1928년 10월)
이라는 국민당의 해석[95]이 얼마나 억지 논리인지 보여 주는 것이라고
하겠다. 따라서 28商民協會는 기존 상인세력의 반대에 의해서가 아니
라, 그 자체로서 존립하기 어려운 구조를 가졌다. 이후 전개되는 商人
團體整理나 上海市商會의 성립도 이런 관점에서 볼 필요가 있다.

28商民協會라는 기형적 조직이 생겨난 또하나의 이유는 국민당 자체
의 구조문제가 아닐까 생각된다. 정치정당에는 상인조직이 있을 수 있
다. 이 상인조직은 반드시 상인으로 구성될 필요는 없는 것이다. 왜냐
하면 黨의 商人組織이란 당의 상인정책을 결정하고 상인 속에 당의 기
반을 확대하는 것이기 때문이다. 반면에 사회의 상인이란 다양하기 때
문에 각자 이해를 같이하는 상인끼리 모여 자신들의 이해를 관철시키
는 것이다. 따라서 대상인은 대상인끼리, 중소상인은 중소상인끼리 모
이거나, 업종별로 혹은 지역별로 모일 수밖에 없는 것이다. 商民協會의
자격조건이 '16세 이상의 중국 상인'이라는 점을 들어, 서양과 같이 시
민을 단위로 한 민주적 지향이며, 길드에 의거하지 않은 부르주아단체
의 편성이라고 하지만, 예컨대 길거리의 노점상과 방직기업의 대표가
같은 '상인'으로서 하나의 조직을 구성하는 것이 가능할 것이며, 설사
가능하다고 해도 이것이 민주적 지향이고 부르주아적 지향일 것인가.
따라서 기형적 조직인 28商民協會가 上海特別市 市商會로 바뀌는 과정
은 黨의 조직으로 社會의 조직을 대체할 수 없었기 때문이지, '혁명'과

會組織大綱〉(1926. 12. 6),《三次起義》, p.101.
95) 주 50) 참조.

'건설'이라는 단계적 문제[96]가 아닌 것이다.

또 하나의 문제는 국민당의 '反帝反軍閥'이다. 1926년 2월 商民協會 章程에 제국주의와 군벌의 주구는 商民協會회원이 될 수 없다고 못박고 있고, 이는 28商民協會에까지 계속된다.[97] 그러나 이미 孫文의 三角同盟이나 국민당의 외교노선에서도 反帝 反軍閥의 불충분함은 드러났지만, 더욱이 4·12정변 이후 蔣介石의 국민당에 의한 반제 반군벌의 주장은 민중에게 받아들여지기 어려운 것이었고, 蔣介石의 국민당 그 자신도 갈수록 큰 부담이 되었을 것이다. 더 큰 문제는 반제 반군벌이 기회주의적으로 이용되어 반대세력을 제거하는 수단이 될 수도 있다는 점이다. 이 글에서는 이 문제를 다룰 여유가 없지만, 反孫傳芳=反軍閥에 적극적으로 참여했던 많은 상인들이 28商民協會에 모두 제외되었다는 것도 이를 시사하는 것이 아닐까.

---

96) 북벌이 완성된 후 국가건설(혁명적 건설)을 중시하게 됨에 따라 商民協會에서 市商會로 전환했다고 한다.(金子肇, 앞의 글 ; 이병인, 앞의 글)

97) 國民政府가 1929년 8월에 공포한 商會法에는 商會代表會員으로 될 수 없는 자는 '反革命行爲를 한 자'로만 규정하고 있다.(王均安 編,《商會法工商同業公會法釋義》, 上海 : 世界書局, 1929, p.23)

부록　滬商協會와　商民協會 및　發起人과　任員名單

1. 26滬商協會[98]

참가자	陳春盈	蕭效仁	王俠峯	林 鈞	
주 석	蕭效仁				
기 록	王俠峯				
籌備委員	汪醒齊	張靜廬	錢育才	王漢良	朱企民
	汪龍超	羅希三	蕭效仁	黃警頑	章郁庵
	朱曉雲	王俠峯	陳春盈	造 營	嚴應修
	陳星莊	沈松泉	陳際程	楊伯蘭	樓建南
	徐新三				
候補委員	廖陳運	姜昌年	陶翔聲	陳吉卿	王曉階

2. 27商民協會[99]

주석단	成燦春	冼冠生	沈田莘	楊湧潤	
蔣대표	嚴諤聲	余仰聖	鄔志豪	王彬彦	王延松
籌備委員	王肇成	王漢良	王曉籟	虞洽卿	袁履登
	俞銘巽	俞仰聖	俞紫標	劉仲英	陸祺生
	陸文韶	張子廉	張振遠	張賢芳	錢龍章
	程祝蓀	鄭繍三	陳勇三	陳蔚文	陳翊庭
	陳芝壽	邱良玉	曹志公	潘德春	朱曉雲

---

98) '참가자, 주석, 기록'의 참가자는 주비대회에 참가한 사람 중 신문에 기재된 사람, 주석은 주비대회의 주석을 맡은 사람, 기록은 주비대회의 기록을 담당한 사람을 말한다.
99) 蔣대표는 이후 장개석과 만날 대표로 뽑힌 사람.

3. 27滬商協會

執行·常務	陳勇三	王曉籟	王延松	鄔志豪	嚴諤聲
	張振遠	陸文韶	潘冬林	沈田莘	張子廉
執 行	虞洽卿	袁履登	霍守華	陳翊庭	張賢芳
	錢龍章	王漢良	成燉春	楊湧潤	兪紫標
	兪仰聖	王彬彦	冼冠生	兪銘巽	陳蔚文
	陸祺生	劉仲英	王肇成	尙雲洲	陳芝壽
常 務	程祝蓀	鄭緘三	余仰聖		

4. 27商滬合併[100]

主 席	王漢良				
記 錄	陳芝壽				
발언자	王延松	陳勇三	陸祺生	張子廉	陳翊庭
總 務	王漢良	王延松	王曉籟	鄔志豪	陳勇三
	王一亭	胡風翔	陳春盈		
財 政	陸星莊	袁履登	沈田莘	霍守華	王彬彦
	陳翊庭				
仲 裁	虞洽卿	陳良玉	王漢强		
文 牘	張振遠	嚴諤聲	楊宗凱	趙南公	陳芝壽
交 際	張賢芳	許雲輝	程祝蓀	張梅庵	汪維英
	蕭效仁	汪醒齊	陳際程		
庶 務	楊湧潤	余仰聖	馬潤生	王肇成	潘冬林
	陳蔚文	張子廉	劉仲英		

100) '주석, 기록, 발언자'는 주비대회에서 주석, 기록, 발언을 한 사람. '접촉'은 주비
대회에서 이후 총상회와 접촉할 대표로 뽑힌 사람.

宣 傳	陸文韶	冼冠生	尙榮周	余華龍	龐 龍
	兪紫標	兪??春	余銘巽	陸祺生	朱曉雲
	李鵠成	計健南	鄭緘三		
組 織	錢龍章	章郁庵	余華龍	陸祺生	許雲輝
	王漢强	蕭效仁	楊湧潤	陳翊庭	劉仲英
	張梅庵	陸文韶	程祝蓀	張子廉	馬潤生
접 촉	袁履登	總商會	鄔志豪	總商會	王漢良
	總商會	王延松	總商會		

5. 28商民協會 임원(執行委員 및 紀裁委員)

이름	職責	職位	籍貫	業種
鄔志豪	常務	委員	浙江 奉花	衣業
諸文綺	常務	委員	江蘇 上海	絲光棉織業
駱淸華	常務	委員	浙江 諸暨	綢緞業
陸文韶	常務	委員	江蘇 南滙	米業
成燮春	常務	委員	江蘇 鹽城	彩印業
胡芇之	仲裁	主任	安徽	火腿業
張梅庵	仲裁	委員	浙江 鎭海	藥業飮片業
應夢生	仲裁	委員	浙江 鄞縣	菜攤業
王福山	交際	主任	江蘇 上海	水爐業
蔣志剛	交際	委員	浙江 慈谿	裘業
陸祺生	交際	委員	浙江 上虞	煤炭業
王竹林	交際	委員	江西 南昌	板箱業
毛春圃	宣傳	主任	浙江 鎭海	煤炭業
張大連	宣傳	委員	江蘇 六合	醬酒業
陳廣海	宣傳	委員	廣東 番禺	牛羊業
章榮成	宣傳	委員	湖南 湘鄉	皮釘楦業
陳道生	宣傳	委員	廣東 新會	廣幇雜貨業
沈惠卿	宣傳	委員	江蘇 上海	飛花棉業
沈仲英	組織	主任	浙江 海甯	菜攤業
吳文湍	組織	委員	江蘇 武進	飯業
竺民進	組織	委員	浙江 鎭海	浦東分會木業

仇春山	組織	委員	江蘇 鎭江	人力車業
王守安	組織	委員	江蘇 江甯	牙骨器業
李如璋	組織	委員	浙江 嘉興	豆腐業
朱雲生	組織	委員	浙江 吳興	醬園業
鄭澄淸	合作	主任	浙江	南貨業
楊厚生	合作	委員	江蘇 武進	花紛業
陳寶德	合作	委員	江蘇 江甯	布業
王衡遠	敎育	主任	安徽 徽州	筆墨業
馮少山	敎育	委員	廣東 香山	紙業
胡鑑人	敎育	委員	江蘇	南貨業
候補執行委員				
姚泉榮			江蘇 無錫	麵館業
錢工榮			浙江 海甯	絲光棉織業
王聲和			浙江 鄞縣	布業
陶洪範			江蘇 南滙	履業
顧允中			浙江 杭縣	醬園業
徐君明			江蘇 吳縣	茶業
陸海泉			江西 豊城	板箱業
張載伯			江蘇 上海	浦東分會藥業
蔣忠義			江蘇 上海	舊花業
唐繼寅			江蘇 吳縣	布業
潘以三			浙江 餘姚	煤炭業
紀裁委員				
陸費伯鴻			浙江 桐鄕	書業
陳文彬			江蘇 鎭江	水爐業
潘旭昇			江蘇 上海	絲光棉織業
陸鳳竹			江蘇 靑浦	彩印業
余峴秋			安徽	梳粧鏡箱業
戴泳沂			江蘇 江甯	茶業
王介安			江蘇 吳縣	綢緞業
楊湧潤				繡業
張橫海			浙江	衣業
紀裁候補委員				
呂時新			浙江 吳興	綢緞業
劉敏齊			浙江 鎭海	紙業

6. 27商聯會 임원

鄔志豪	上海各路商界總聯合會 會長	余華龍	上海各路商界總聯合會 副會長
王漢良	上海各路商界總聯合會 副會長	梁耕舜	上海各路商界總聯合會 幹事
		鄭保元	上海各路商界總聯合會 幹事
張橫海	上海各路商界總聯合會 幹事	冼冠生	九畝地商界聯合會 會長
顧紫霞	八路商界聯合會 會長	王昌祥	九畝地商界聯合會 副會長
邱寅伯	九畝地商界聯合會 副會長	朱曉雲	九畝地商界聯合會 幹事
陳際程	九畝地商界聯合會 幹事	徐時隆	山東路商界聯合會 副會長
錢龍章	山東路商界聯合會 會長	王吉甫	山西路商界聯合會 會長
童理琿	山東路商界聯合會 幹事	孫靜山	中央九路商界聯合會 董事
許芸輝	山西路商界聯合會 副會長	潘守仁	中央九路商界聯合會 會長
詹松山	中央九路商界聯合會 董事	袁松亭	中央九路商界聯合會 副會長
甘新民	中央九路商界聯合會 副會長	趙南公	四馬路商界聯合會 會長
孫鏡湖	中央九路商界聯合會 幹事長	李徵五	四馬路商界聯合會 副會長
項松茂	四馬路商界聯合會 副會長	王漢良	江西路商界聯合會 副會長
袁履登	江西路商界聯合會 會長	黃金榮	法租界商界總聯合會 副會長
張嘯林	法租界商界總聯合會 會長	盛植人	法租界西區商界聯合會 會長
程祝蓀	法租界商界總聯合會 副會長	楊廷鈞	法租界西區商界聯合會 副會長
金立人	法租界西區商界聯合會 副會長	陳芝壽	河南路商界聯合會 副會長
		朱耐吾	河南路商界聯合會 幹事長
程蘭亭	河南路商界聯合會 會長	高耀庭	南北浙江路商界聯合會 副會長
張葭冬	河南路商界聯合會 副會長	孫鏡湖	南北浙江路商界聯合會 幹事長
蔣榮夫	南北浙江路商界聯合會 會長	張瑞琛	南陽橋商界聯合會 副會長
葉汲三	南北浙江路商界聯合會 副會長	馮國基	南陽橋商界聯合會 幹事
		徐子賢	唐家灣九路商界聯合會 副會長
吳進之	南陽橋商界聯合會 會長	潘國柱	唐家灣九路商界聯合會 幹事
龔靜岩	南陽橋商界聯合會 副會長	鄧傑南	湖北海口兩路商界聯合會 副董事長
方伯琴	唐家灣九路商界聯合會 會長	王子炎	湖北海口兩路商界聯合會 副會長
吳伯華	唐家灣九路商界聯合會 幹事	關萍沚	滬南六路商界聯合會 會長
孫志厚	湖北海口兩路商界聯合會 董事長	陳蔚文	滬西四路商界聯合會 會長
王延松	湖北海口兩路商界聯合會 會長	沈承甫	漢口路商界聯合會 董事長
		張秉鑫	漢口路商界聯合會 會長
張寶興	湖北海口兩路商界聯合會 副會長	朱殿元	漢口路商界聯合會 副會長
		鄒曉秋	副會長 漢口路商界聯合會
鄔承祖	滬南六路商界聯合會 副會長	王延松	副董事長 漢口路商界聯合會 副會長
倪鏡清	滬西四路商界聯合會		

7. 28商民協會 業會會員과 上海總商會의 關係[101]

賈玉田 21 合幇 / 26 合幇 / 28 代表

簡玉階 26 會董, 分幇/ 28 代表

葛傑臣 28 代表

葛繩武 28 代表

葛勝如 28 代表

江純福 28 個人

江裕生 21 分幇 / 26 分幇 / 28 個人

顧文耀 21 分幇 / 26 分幇 / 28 個人

高寶之*

高馥蓀 26 分幇 / 28 個人

顧子槃 20 會董 / 21 分幇, 合幇 / 24 會董 / 26 分幇, 合幇 / 28 執行, 代表

顧鼎梅 26 分幇 / 28 個人

高秋眉 28 執行, 代表

高翰卿 21 合幇 / 26 合幇 / 28 代表

孔繼遠 26 合幇 / 28 代表

過養默 28 代表

郭迺生 26 分幇 / 28 個人

郭碩朋 26 分幇 / 28 個人

霍守華 21 分幇 / 26 分幇 / 28 執行, 個人

郭若雨 21 合幇 / 26 合幇 / 28 個人

郭唯一 28 個人

郭仲良 28 代表

關兆楨 26 分幇 / 28 個人

關疊融 26 分幇 / 28 個人

101) 1904년 上海商業會議公所에서 上海商務總會로 바뀌면서 임원의 직명은 總理·協理·坐辦 혹은 總理·協理·議董이었다. 1916년 11월 商會法의 개정에 따라 上海總商會 임원의 직명은 會長·副會長·會董으로 바뀌었다. 1928년에는 主席委員·常務委員·執行委員·候補委員으로 바뀌었다. 회원의 경우도 分幇·合幇회원이던 것이 1928년에는 업종이나 회사를 대표하는 代表會員과 個人會員으로 구분하였다. 예컨대 "譚海秋 21 分幇 / 26 分幇, 合幇 / 28 執行, 代表"는, 1928년 상민협회 업회회원인 譚海秋가 상해총상회에서는 1921년에는 분방회원이었고, 1926년에는 분방회원이자 합방회원이었으며, 1928년에는 대표회원으로서 집행위원의 임원직을 맡고 있었음을 표시한다. *는 상해총상회의 회원이나 임원을 맡은 적이 없는 업회회원으로 단 2명이다.

瞿秋舫 28 代表
金慎之 28 個人
金元通 28 個人
金廷蓀 28 個人
樂振葆 20 會董 / 21 合幫 / 24 會董 / 26 分幫 / 28 執行, 個人
藍璧如 26 分幫 / 28 執行, 個人
勞敬修 13 議董 / 14 議董 / 16 會董 / 18 會董 / 21 分幫 / 22 會董 / 24 會董 / 26 分幫, 合幫 / 28 執行, 代表
勞澤生 26 分幫 / 28 個人
談炳麟 21 分幫 / 26 分幫 / 28 個人
談蓉圃 26 合幫 / 28 代表
譚海秋 21 分幫 / 26 分幫, 合幫 / 28 執行, 代表
唐冠東 28 個人
陶梅生 26 分幫 / 28 執行, 個人
陶廷耀 28 個人
陶昌海 26 分幫 / 28 個人
童季通 28 個人
杜月笙 28 個人
馬驥良 21 合幫 / 26 合幫 / 28 代表
馬玉山 22 會董 / 26 分幫 / 28 代表
馬駿卿 26 分幫 / 28 個人
方國樑 28 代表
方吉人 28 代表
龐松舟 28 代表
方粹彥 26 分幫 / 28 個人
方液仙 21 分幫 / 26 分幫 / 28 個人
方也廉 26 分幫 / 28 個人
范和笙 26 合幫 / 28 代表
范回春 28 代表
傅瑞銓 26 會董, 分幫 / 28 個人
傅佐衡 28 執行, 代表
費均甫 28 代表
謝掌生 28 個人
徐乾麟 21 分幫 / 22 會董 / 24 會董 / 26 分幫 / 28 個人

徐慶雲 22 會董 / 24 會董 / 26 合幇 / 28 執行, 代表
徐補孫 21 合幇 / 26 合幇 / 28 執行, 代表
徐時隆 21 分幇 / 26 分幇 / 28 個人
徐蔚伯 21 分幇 / 26 分幇 / 28 代表
徐春榮 21 分幇 / 26 分幇 / 28 代表
徐霞村 21 分幇 / 26 分幇 / 28 代表
席玉書 26 分幇 / 28 個人
席雲生 26 合幇 / 28 代表
石芝坤 21 合幇 / 26 合幇 / 28 常務, 代表
薛文泰 20 會董 / 21 分幇, 合幇 / 22 會董 / 26 會董, 分幇, 合幇 / 28 代表
邵寶興 28 代表
孫梅堂 20 會董 / 21 分幇 / 24 會董 / 26 會董, 分幇 / 28 個人
施善卿 28 代表
施才皐 26 分幇 / 28
沈九成 20 會董 / 21 分幇 / 26 分幇 / 28 個人
沈錦鴻 21 分幇 / 26 分幇 / 28 個人
沈吉良 28 代表
沈燮臣 21 分幇 / 24 會董 / 26 分幇
沈星德 26 分幇 / 28 代表
沈叔瑜 28 個人
沈承福 26 分幇 / 28 執行, 個人
沈芝芳 26 分幇 / 28 個人
沈厚齊 26 會董, 分幇 / 28 個人
楊季忻 26 分幇 / 28 個人
梁柏枝 28 個人
楊永祥 28 個人
嚴如齡 21 分幇 / 26 分幇 / 28 個人
嚴直方 26 分幇 / 28 代表
嚴祝三 26 分幇 / 28 個人
余葆三 26 合幇 / 28 代表
黎濟清 28 代表
葉安香 28 代表
葉鐘廷 28 代表
葉海田 28 代表

葉惠鈞 20 會董 / 21 合幫 / 22 會董 / 26 合幫 / 28 執行, 代表
葉鴻英 21 分幫 / 26 分幫 / 28 個人
倪文卿 21 分幫 / 26 分幫, 合幫 / 28 代表
吳南浦 21 合幫 / 26 合幫 / 28 代表
吳聲遠 21 分幫 / 26 分幫 / 28 個人
吳耀庭 21 分幫 / 26 分幫, 分幫 / 28 代表
吳偉臣 21 分幫 / 26 分幫 / 28 代表
吳麟書 21 合幫, 分幫 / 26 合幫, 分幫 / 28 代表
鄔志豪 26 分幫 / 28 執行, 個人
王啓宇 21 分幫 / 26 分幫 / 28 個人
王拔如 21 分幫 / 26 分幫 / 28 代表
王省三 28 個人
王星齊 21 分幫 / 26 分幫 / 28 個人
王紹坡 21 合幫 / 26 合幫 / 28 代表
王綏珊 28 個人
汪新齊 21 分幫 / 26 分幫, 合幫 / 28 代表
王心貫 21 分幫 / 26 會董, 分幫 / 28 個人
王養安 21 分幫 / 26 分幫 / 28 個人
王正德 26 分幫 / 28 個人
王棣輝 26 分幫 / 28 個人
王鴻濱 28 代表
姚錦林 21 分幫 / 26 分幫 / 28 個人
尤森庭 21 合幫 / 26 合幫 / 28 執行, 代表
虞善卿 21 合幫 / 26 合幫 / 28 代表
惲季申 21 分幫 / 26 分幫 / 28 代表
原福堂 21 合幫 / 26 合幫
袁祖懷 21 分幫 / 26 分幫 / 28 個人
袁忠雷 26 分幫 / 28 個人
魏乙青 26 分幫 / 28 代表
魏庭蓉 26 分幫 / 28 個人
劉錫基 26 分幫 / 28 代表
柳餘甫 26 分幫 / 28 個人
兪靜波 26 分幫 / 28 個人
猶秩東 21 合幫 / 26 合幫, 合幫 / 28 代表

劉鴻生 21 分幇 / 22 會董 / 26 分幇 / 28 代表
劉鴻源 26 分幇 / 28 個人
陸傑生 28 個人
陸琴舫 28 代表
陸伯鴻 24 會董 / 26 分幇 / 28 個人
陸鳳竹 21 分幇 / 26 分幇 / 28 常務, 個人
陸費伯鴻 16 會董 / 21 分幇 / 26 分幇 / 28 代表
殷傑夫 21 合幇 / 26 合幇 / 28 代表
李安綏 28 個人
李傳聲 26 分幇 / 28 個人
李澍棠 26 分幇 / 28 個人
李徵五 26 合幇
李學暢 21 分幇 / 26 分幇 / 28 個人
林康侯 26 分幇 / 28 個人
林承基 21 合幇 / 26 合幇 / 28 主席, 代表
林滌庵 26 分幇 / 28 個人
林聽濤 26 分幇 / 28 個人
林煥章 28 個人
張季棠 28 代表
張蘭坪 21 分幇 / 26 合幇 / 28 代表
張朗齋 21 分幇
張秉鏞 28 個人
張鈺章 21 合幇 / 26 合幇 / 28 代表
張雲江 21 分幇 / 26 分幇, 合幇 / 28 個人
張有舜 28 個人
張篆初 26 分幇 / 28 個人
張宗岳 28 個人
張竹卿 26 分幇 / 28 個人
張清笙 26 分幇 / 28 個人
張椿年 21 分幇 / 26 分幇 / 28 代表
錢梅生 28 代表
錢枚岑 26 合幇
鄭鑑之 28 個人
丁价侯 07 議董 / 09 議董 / 10 議董 / 16 董事 / 21 分幇 / 26 分幇 / 28 個人

程霖生 26 分幫 / 28 代表
鄭仁業 26 合幫 / 28 候補, 代表
丁滋華 26 分幫 / 28 個人
鄭佐之 28 個人
鄭晉卿 21 分幫 / 26 分幫 / 28 個人
諸文綺 21 分幫 / 26 分幫 / 28 執行, 代表
曹鉅卿 21 合幫 / 26 合幫 / 28 代表
曹蘭彬 21 分幫 / 26 分幫, 合幫 / 28 代表
趙南公 26 分幫 / 28 執行, 代表
趙福泉 26 分幫
趙聘三 21 合幫 / 26 合幫
趙晉卿 20 會董 / 21 分幫, 合幫 / 22 會董 / 26 分幫 / 28 主席, 個人
趙秋章 28 代表
曹顯裕 26 合幫 / 28 代表
周貴輔 28 代表
周湘舲 28 個人
周生發 26 分幫 / 28 代表
朱燮臣 26 分幫 / 28 個人
朱秀升 26 合幫 / 28 代表
朱壽丞 26 分幫 / 28 代表
朱耘農 28 候補, 代表
周渭石 21 分幫, 合幫/ 26 分幫, 合幫 / 28 代表
朱吟江 13 議董 / 14 議董 / 16 會董 / 18 會董 / 21 分幫, 合幫 / 22 會董 / 26
　　　分幫, 合幫 / 28 候補, 代表
朱子謙 20 會董 / 21 合幫 / 26 分幫, 合幫 / 28 代表
朱子衡 26 會董, 分幫 / 28 個人
朱靜安 26 分幫 / 28 個人
周靜齊 26 合幫 / 28 候補, 代表
周肇詠 21 分幫 / 26 分幫 / 28 個人
朱肖琴 26 分幫 / 28 個人
陳耕莘 28 代表
陳乃衍 26 分幫 / 28 個人
陳良槐 26 分幫 / 28 個人
陳文俊 28 代表

陳寶祺 26 分幫 / 28 個人
陳似蘭 26 分幫 / 28 個人
陳瑞德 26 分幫 / 28 個人
陳瑞源 28 代表
陳雪佳 21 分幫 / 26 會董, 分幫 / 28 個人
陳松源 28 執行, 代表
陳良玉 24 會董 / 26 會董, 合幫 / 28 執行, 代表
陳玉亭 21 分幫 / 26 分幫 / 28 代表
陳雲鵬 26 分幫 / 28 個人
陳渭芳 26 合幫 / 28 代表
陳翊庭 26 分幫 / 28 執行, 個人
陳翊周 21 合幫 / 26 分幫, 合幫 / 28 執行, 代表
陳引年 21 分幫 / 26 分幫 / 28 個人
陳才寶 26 分幫 / 28 執行, 個人
陳蝶仙 28 候補, 個人
陳佐唐 26 分幫 / 28 個人
陳芝生 26 分幫 / 28 個人
陳滄來 26 分幫 / 28 執行, 個人
陳初鄉 26 分幫 / 28 個人
陳濯江 21 分幫 / 26 分幫 / 28 個人
陳澤民 21 分幫 / 26 分幫 / 28 個人
蔡久生 28 候補, 代表
蔡明存 26 分幫 / 28 個人
蔡志階*
包竺峯 21 合幫 / 26 分幫 / 28 個人
馮少山 20 會董 / 21 合幫 / 22 會董 / 26 合幫 / 28 主席, 代表
馮詠梅 21 合幫 / 26 合幫
馮仲容 28 代表
夏巨川 21 分幫
夏筱芳 28 代表
何聯第 21 分幫 / 26 分幫 / 28 代表
何祖繩 28 代表
韓玉麟 21 分幫 / 26 分幫 / 28 代表
項如松 16 會董 / 18 會董 / 21 分幫, 合幫 / 24 會董 / 26 分幫, 合幫 / 28 代表

奚賡虞 21 合幫 / 26 合幫 / 28 代表
許錦芳 26 分幫 / 28 個人
許潤泉 21 分幫 / 26 分幫
許廷佐 28 執行, 個人
許輝芝 21 分幫 / 26 分幫 / 28 個人
嵇霄閭 26 分幫 / 28 個人
黃季巖 28 候補, 個人
黃首民 26 分幫 / 28 執行, 代表
黃玉書 21 合幫 / 26 合幫 / 28 代表
黃稚清 26 分幫 / 28 個人
黃鴻鈞 28 執行, 個人
黃煥南 26 分幫 / 28 個人

河南鎮平自治(1927~1934)와 地域自衛

孫 承 會

Ⅰ. 머 리 말

1920년대 河南은 紅槍會·土匪·軍隊가 다른 지역보다 광범하게 분포하면서 왕성한 활동을 보여 준 이른바 三多現狀이 두드러진 지역이었다. 필자는 이러한 현상이 왜 유독 하남에서 현저하였으며 會·匪·兵 三者의 상호 관계, 이들이 만들어 놓은 사회상, 그리고 이들과 중앙권력 또는 혁명세력과의 관계 등의 문제에 대해 관심을 가져왔다. 그런 관심 속에서 먼저 1920년대의 河南 紅槍會運動의 전개과정을 國民革命과의 관련 속에서 추적하는 가운데 지역사회상의 일단을 살펴보았고, 이때 해체된 官部 秩序를 대신하여 민간에 의해 자율적으로 형성된 하남사회를 '會·匪世界'로 규정한 바 있었다.[1] 앞서의 연구를, 홍창회가 어떠한 과정을 거쳐 '會·匪世界'의 한 축을 형성해 나갔으며, 또 하남의 지역민은 이러한 紅槍會運動을 통해 어떻게 自治的 自律的 지향을 보였는가를 살펴본 것이었다고 한다면, 남은 과제는 이 세계의 다른 한 축이라

---

1) 孫承會, 〈河南國民革命(1925~1927)과 '槍會'運動에 關한 一考察〉, 서울대 대학원 석사학위논문, 1996 참조.

298

할 수 있는 토비에 관한 검토, '회·비세계'의 형성 배경 문제, 그리고 南京政府라는 새로운 국가건설 시기에서의 이들 세계의 적응방식 등에 관한 검토라고 할 수 있다. 이 가운데 이 글에서는 일단 세 번째의 과제에 대해 검토하려 한다.

1920년대의 분열과 파괴를 겪고 성립한 남경정부는 통일과 건설이라는 시대적 과제를 수행하기 위해 다양한 노력을 기울였고, 이제 그 성과를 둘러싸고 새로운 평가도 이루어지고 있다. 그러나 국가건설에서 정치·군사의 통일, 제도의 완비, 경제의 건설, 도시의 발전, 무역의 성장, 외교 관계의 개선 등 형식적 외형적 성장의 측면[2]과 함께 성장의 실질적 내용을 담보해 줄 수 있는 요소—예컨대 대중의 건설 참여, 성장 과실의 분배, 농촌과 도시의 발전 격차 혹은 농촌의 희생을 통한 도시 발전, 결국은 建設·統一과 民主主義의 문제—등에 대한 고찰도 이루어져야 할 것이다. 필자가 지방자치에 관심을 둔 이유는 여기에서 찾을 수 있다. 왜냐하면 진정한 지방자치에 의해서 지역사회의 역량을 민주적으로 국가건설에 동원할 수 있고 분열된 지방을 통일시킬 수 있다고 생각하기 때문이다. 그러나 남경정부시기의 지방자치가 위와 같은 원칙에 충실했다고 보려는 것은 아니다. 오히려 새로운 통일권력 수립을 위해 좀더 적극적으로 지역을 장악해야 했던 남경정부로서는 '하향식 자치' 즉 官治의 정립이 더욱 필요했을 것이다. 그렇다면 이전부터 割據的 경향을 강하게 띠고 있었던 하남 지역사회는, 지방자치 전개라는 새로운 상황에 어떻게 대응하였는가?

한편, 하남은 성 내에서의 현저한 지역차를 보인 지역으로서 전통적으로 豫北(하남 북부), 豫西, 豫南, 豫東으로 구분되었다. 이 가운데 예북

2) 특히 南京정부의 이러한 외형적 성장의 측면을 강조한 선구적 업적으로 Paul K. T. Sih, *The Strenuous Decade : China's Nation-Building Efforts, 1927~1937*, St. John's University, 1970 ; Arthur N. Young, *China's Nation-Building Efforts, 1927~1937 : the financial and economic record*, Stanford : Hoover Institution Press, 1971 등을 들 수 있다. 이후 南京정부의 재평가 논의는 이 업적의 심화과정이라 할 만하다.

과 예동이 평야지대에 위치하여 인문·경제적으로 발달한 지역이라면, 예서와 예남은 산악지대에 위치하였다. 그러나 京漢·隴海·道淸鐵路의 부설에 따라 이같은 하남의 전통적 경제구획은 일변하여 '쇠퇴지구', '발달지구', '낙후지구'로 각각 구분되었다.[3] 이러한 변화에 따라 각 지역의 사회조직, 사회운동, 사회의식은 차별화될 수 있었고, 다른 한편으로 중앙의 장악 정도도 지역적으로 상이한 양상을 보일 수 있었다. 그렇다면 쇠퇴지구나 낙후지구를 중심으로 1920년대의 할거적 전통이 더욱 강하게 남아 있었을 것이다.

이 글은 위와 같은 문제의식에서부터 구체적으로 하남 鎭平縣에 주목하고자 한다. 그것은 진평을 포함한 宛西(南陽府 서부) 혹은 豫西南 지역이 伏牛山 남단과 桐柏山脈 사이의 전통적인 土匪區에 위치하여 국가권력의 침투가 제대로 이루어질 수 없었던 곳이며, 역사적으로 볼 때 1910~20년대에 걸쳐 白朗·老洋人·樊鐘秀와 土匪·紅槍會 등이 割據한 지역이기도 하였기 때문이다.

그런데 필자의 문제의식과는 다르지만 진평현은 남경정부시기 향촌건설운동의 중심지로서 일찍부터 주목받았다. 즉 향촌건설운동의 대표적 예로서, 근대적인 사회교육에서 출발한 晏陽初의 定縣, 禮敎精華의 발양을 통한 내재적 능력 배양을 목표로 한 梁漱溟의 鄒平縣, 縣政 개혁을 위한 江寧縣과 蘭谿縣, 合作社運動을 추진한 中華華洋義賑會, 농산품의 품종개량과 확산에 주력한 金陵大學과 中央大學의 實驗縣 등과 함께 자위활동을 특징으로 하는 진평현이 거론되었던 것이다.[4]

---

3) Odoric Y. K. Wou, "Development, Underdevelopment and Degeneration : Introduction of Rail Tranaport into Henan", *Asian Profile*, Vol. 12, No. 3, 1984, pp.220~225 ; Phil Billingsley, *Banditry in Repulican China*, Stanford University Press, 1988, pp.43~46.

4) 이상의 분류, 설명은 孫曉村,〈中國鄕村建設運動的估價〉,《中國鄕村建設批判》, 新知書店, 1937, 再版, pp.32~34 ; 李炳柱,〈江寧自治實驗縣에 대하여－南京政府 內政改革實驗의 一例〉,《東亞文化》16, 1979. 6 ; 李炳柱,〈中國鄕村建設運動에 관한 管見〉,《梨大史苑》22·23合輯, 1987 ; 范郁文,〈中國農村運動의回顧及展望〉,《農村週刊》120, 章有義 編,《中國近代農業史資料》(이하《農業史資料》) 3(1927~1937), 生活·讀書·新知三聯書店, 1957, p.938 ; 王伯平,〈鄕村運動之鳥瞰〉,《國聞週報》10-31,

300

또한 진평현 자치나 內鄕, 淅川, 鄧縣을 포함한 宛西 4縣自治에 대한
기존 연구는 그 평가를 둘러싸고, '중국자치의 모범', '기적'이라는 적극
적 평가[5]에서 자치 지도자 彭禹廷, 別廷芳, 陳舜德 등 '土豪劣紳에 의한
封建割據'라는 부정적 평가[6]까지 상반된 주장이 제기되었다. 평가의 문
제와는 별도로, 지역유력가의 역할을 강조하면서 국가와 지역사회의
관계를 더욱 중시하는 연구도 있다. 구체적으로 보면, Alitto는 진평현
이란 사례를 들어 전통적 농촌조직기구의 근대적 변용, 지방자치정부
와 향촌건설운동, '土豪劣紳'의 정체성과 그 기능 및 자기 인식, 지역군
사화의 경제적 결과, 정통성 위기와 지역사회 등 해명해야 할 과제를
제시하였다.[7] 그러나 이것은 민국시기 농촌사회 연구에서 해결해야 할
일반적 문제들로서, 그 자신도 구체적으로 다루지 않았다. 근자에
Zhang, Xin은 Alitto의 진평현 현지 인터뷰를 기초로 이상의 과제를
심도있게 추구하였다. 그러나 그의 주된 관심은 진평자치에 있기보다
는, 豫北이란 발달지구와 豫西南의 낙후지구에서 차별적으로 나타나는
지역유력가의 등장과정과 그 역할에 맞춰져 있었다.[8] 대만의 연구자 沈

1933. 8, pp.4~5.
5) 동시대의 향촌운동가들은 대개 진평현을 자치의 모범으로 긍정하였다.(鄕村工
作討論會 編,《鄕村建設實驗》第1集, 上海：中華書局, 1934, p.5；李宗黃,《李宗黃
回憶錄》, 臺北：中央地方自治學會, 1972, pp.324~329；芝生,〈鄕村運動之政治的
意義〉,《獨立評論》60(1933. 7. 23.), pp.9~10) 또한 항일전 시기 피난온 사람들
은 宛西를 '桃源'라 하였고, 반대로 항일전에 부심한 자들은 抗戰의 '모범구'로 판
단하였다.(選之,〈宛西印像記〉,《河南民國日報》1938. 3. 18, 1938. 3. 22) 그리하
여 閻錫山은 완서자치의 핵심지도인 彭禹廷과 別廷芳을 흠모한 나머지 敬彭堂과
愧別亭을 건립하였을 정도였으며, 1930년대 廣西의 '三自政策'은 宛西自治를 모
방한 것이라 지적되었다.(高應篤,〈宛西地方自治與陳舜德(1)〉,《中原文獻》2卷 11
期, 1970. 11, p.12) 自衛·自治·自給의 廣西 '三自政策'은 후술하는 自衛·自治·自富
의 鎭平 '三自主義'와 대응한다.
6) 張和宣,〈我所知道的別廷芳〉,《文史資料選輯》47, 1981. 8, pp.31~65；別光典,〈河
南內鄕土皇帝別廷芳〉,《文史資料選輯》38, 1980. 11, pp.176~189；杜薇麗,〈試論
宛西軍閥別廷芳的發跡〉,《河南史志資料》7, 1984. 11, pp.70~76.
7) Guy S. Alitto, "Rural Elites in Transition: China's Cultural Crisis and the
Problem of Legitimacy", Susan Mann Jones ed., *Select Papers from the
Center for Far Eastern Studies*, No. 3, 1978~79.
8) Xin Zhang, "Elite Mobility, Local Control, and Social Transformation in

松僑는 1930~40년대의 완서자치 연구를 통해 20세기 중국정치 발전과정 중에 나타난 국가-사회 관계의 변화를 추적하면서, 완서자치 또한 '土豪劣紳에 의한 지방정치의 독점'이라는 民國時期의 정치 전개의 기본방향을 벗어나지 못했다고 주장하였다.[9] 그간 큰 관심을 보이지 않았던 중국측의 최근 연구에서는 진평현 자치의 反國民黨的 性格과 함께 자치지도자 彭禹廷과 공산당과의 관련성을 찾으려는 정치적 경향을 엿볼 수 있으며 彭禹廷檔案館이 건립됨과 함께 점차 새로운 시각의 연구도 이어지고 있다.[10]

　기존 연구에 대한 검토를 통해 하남의 궁벽진 지역에 위치한 작은 현으로서 그다지 주목할 만한 것도 없어 보이는 진평현에 대해 적지 않은 연구가 진행되었음을 확인할 수 있다. 그러나 앞서 제시한 바와 같은 필자의 문제의식에서 출발하여 진평자치를 자위와 관련시키거나 진평자치의 역사적 의미를 천착한 예는 없다고 할 수 있다. 이하에서는 먼저 진평자치뿐만 아니라 완서자치의 중심인물로 활약했던 彭禹廷을 중심으로 논의를 시작하려 한다.

Modern China: Henan, 1900~1937", A Dissertation submitted to the Faculty of the Division of the Social Sciences in Candidacy for the Degree of Doctor of Philosophy, Chicago, Illinois, 1991.

9) 沈松僑, 〈從自治到保甲 : 近代河南地方基層政治的演變, 1908~1935〉, 《中央研究院近代史研究所集刊》 18, 1989. 6 ; 沈松僑, 〈地方精英與國家權力－民國時期的宛西自治, 1930~1943〉, 《中央研究院近代史研究所集刊》 21, 1992. 6.

10) 진평현 자치에 관한 비교적 최근의 중국에서의 연구를 소개하면, 徐有禮, 〈論三十年代宛西鄕村建設運動的理論依据〉 ; 胡振拴, 〈鎭平自治派與中國共産黨〉 ; 郭曉平, 〈宛西鄕建運動中的三自教育〉 ; 孫子文, 〈宛西鄕建中的自富道路〉, 이상은 모두 《鄭州大學學報》 31-3, 1998. 5. 이 밖에도 완서자치의 전개과정을 소설 형식으로 그린 牛硯秋, 《宛西自治》, 中國文聯出版公司, 1997 ; 吳國琳, 《亂世英杰－彭禹廷》, 河南人民出版社, 1994가 참조할 만하다. 한편 鎭平縣檔案館에는 1991년 5월 7일부터 총 71책, 2313쪽에 이르는 彭禹廷과 진평현자치에 관련된 자료가 수집되어 있다.(이상 팽우정과 관련된 당안의 내용과 목록에 대해서는 劉長淸, 〈彭禹廷檔案的建立〉, 《鎭平文史資料》 9, 1991, pp.255~260 참조)

Ⅱ. 彭禹廷(1893〜1933)의 '地方革命'論

彭禹廷(본명 彭錫田)은 鎭平縣七里莊에서 7畝 정도의 토지를 경작하면서 藥房을 경영하던 일반 농가에서 태어났다. 縣立高等小學堂, 縣立師範傳習所, 開封知新中學, 河南優級師範을 거쳐, 1915년 2년간의 北京滙文大學 유학을 마치고 돌아온 그는 南陽第5中學敎師, 河南印刷局副局長, 南陽絲厘局局長 등을 역임하였고, 이후 1927년 다시 回鄕할 때까지 馮玉祥, 張之江 등 西北軍 장성 휘하에서 서기관, 군법관, 비서장 등에 종사하였다. 이어 1929년 河南人民自衛團豫南第二區區長, 豫南民團總指揮, 河南村治學院의 초대 院長 등에 각각 임명되었다.[11]

이상의 경력을 통해 보면, 우선 1930년대 향촌운동의 중심기관인 山東鄕村建設硏究院의 전신으로 평가[12]받기도 한 河南촌치학원의 원장으로 팽우정이 발탁되었다는 사실이 주목된다. 촌치학원은 하남성정부가 향촌자치를 추진하기 위해 1929년 11월 輝縣 百泉에 설립한 연구기관이었다.[13] 이 기관의 중요 인물로는 원장 彭禹廷 외에 梁仲華(부원장), 梁漱溟, 王怡柯, 陳亞三(이상 교사와 각부 주임) 등이 있었다. 이 가운데

---

11) 팽우정의 개인 경력에 대해서는 鎭平縣十區自治辦公處, 《鎭平縣自治槪況》, 北京 : 村治月刊社, 1933에 보이는 자신의 회고 이외에 鎭平縣地方建設促進委員會編, 《鎭平自治槪況二集》, 北京 : 村治月刊社, 1936에 수록된 〈自治導師彭先生別世〉; 〈鎭平自治區〉, 《天津大公報》 1932. 8. 29 ; 孔雪雄, 《中國今日之農村運動》, 中山文化敎育館, 1934, pp.185〜189 참조. 이 밖에 문사자료로는 《河南文史資料》 14, 《鎭平文史資料》 1집은 팽우정 특집으로 참고할 만하다.

12) 이러한 평가는 1932년 7월 山東 鄒平에서 개최된 第一次戰國鄕村建設協進會(후에 鄕村工作討論會로 개칭)에서 행해진 梁漱溟의 보고에서 보인다.(梁漱溟, 〈山東鄕村建設委員會工作報告〉, 鄕村建設討論會 編, 《鄕村建設實驗》 1輯, 上海書店, 1934, p.31)

13) 촌치학원은 "향촌자치와 일체의 향촌문제를 연구하고 향촌자치(인원)과 기타 향촌복무인재를 배양하여 하남성 향촌자치 완성을 지도한다"를 종지로 삼고 그 내부에 농촌조직훈련부, 농촌사범부, 농촌경찰훈련부, 농업실험부, 촌장훈련부 등의 부서를 갖추고 있었다. 촌치학원의 설립과 조직, 교과내용 등에 대해서는 〈河南村治學院組織大綱〉, 《村治》 1卷 10期, 1929, pp.1〜11 참조.

王怡柯(字 秉程, 하남 汲縣人)는 토비에 대항하기 위한 '국민무장론'을
주창하면서 직접 紅槍會에 참가하였으나 河南軍閥 岳維峻의 탄압만으
로 뜻을 이루지 못했던 자로서[14] 梁曜祖(字 仲華, 하남 孟縣人)를 통해
그의 北京 滙文대학 동학이었던 팽우정과 관계를 맺게 되었다. 또한 양
수명은 1929년 당시 村治派의 기관지라 할 수 있는《村治》月刊을 발
행하던 王鴻一의 소개로 촌치학원 교무장으로 초빙되었다.[15] 여타의 인
물에 비해 당시 이렇다 할 명성을 얻지 못하였던 팽우정이 촌치학원 원
장에 임명될 수 있었던 것은 앞서 梁仲華가 지적하는 대로 서북군 출신
이라는 배경으로부터 당시 河南省長이었던 韓復榘의 지원을 받을 수
있었기 때문이었을 것이다.[16] 비록 1년도 안 되는 짧은 기간이었지만 촌
치학원의 경험은 팽우정의 사상, 활동에서 중요한 전변의 계기로 작용
했던 것 같다. 팽우정이 촌치학원의 경험을 기준으로 자신의 행적을 셋
으로 구분한 것도 이러한 추측을 가능케 한다. 즉 촌치학원 이전 시기
의 주된 활동이 토비에 의한 개인적 피해경험에서 비롯된 자위활동을
중심으로 하였다면, 이후는 더욱 체계적인 자위를 포함한 자치활동이
주를 이룬다고 하였던 것이다.[17]

---

14) 〈梁仲華先生講演詞〉, 鎮平縣十區自治辦公處, 鎮平自治旬刊社,《鎮平自治》2, 3期
　　合刊, 1934. 4, pp.2~3. 또한 王怡柯의 주장은 〈國民武裝論〉이란 제목으로《農民自
　　衛研究》에 정리되어 있다.(王怡柯,《農民自衛研究》, 河南村治學院同學會, 1932,
　　pp.1~15)
15) 당시 양수명은 향촌건설론의 정립과 실천을 위해 江蘇 崑山에 실행중이던 中華
　　職業敎育社의 鄕村改進事業, 河北 定縣의 翟城村自治事業, 山西 村政 등을 시찰하
　　고 돌아와 北京에 머물고 있었다. 이상 河南村治學院의 구성과 역할에 대해서는
　　梁漱溟,〈河南村治學院旨趣書〉,《梁漱溟全集》4, 山東人民出版社, 1991, p.912 ; 方
　　悴農,《農村建設實施記》, 1935(《農業史資料》, p.940) ; 李淵庭·閻秉華 編,《梁漱溟
　　先生年報》, 廣西師範大學出版社, 1991, p.67 ; 呂偉俊,《韓復榘傳》, 山東人民出版社,
　　1997, 第2版, pp.63~64 참조.
16) 따라서 彭禹廷 스스로가 "명색은 원장이었지만 일개 학생과 다름없었다"고 회
　　고한 점은 단순히 그의 겸손함을 보여 주는 대목만은 아닐 듯 싶다.[彭禹廷,〈在
　　南陽開綏靖會議之演詞〉(1932. 3. 8.),《鎮平縣自治概況》, p.249]
17) 그는 제1기 1927년에서 1929년 여름, 제2기는 1930년 가을, 제3기는 그 이후로
　　구분하면서 ① 민단의 건립, ② 학리상의 연구, ③ 연구 후의 시험 등으로 각각
　　중심활동을 소개하였다.[彭禹廷,〈在南陽開綏靖會議之演詞〉(1932. 3. 8.),《鎮平縣
　　自治概況》, p.247]

304

이제까지 팽우정의 경력을 통해 보면 그가 官府와 상당히 협조적인
관계를 유지하고 있었음을 알 수 있다. 그러나 中原大戰 이후 韓復榘가
河南省長의 지위에서 물러나자 상황은 일변하였다. 輝縣 縣長 李晉三
은 수백 명의 토비를 매수하여 학원을 약탈하였고 촌치학원은 1930년
開院 이후 1년도 안 되어 폐쇄되고 만 것이다.[18] 학원 폐쇄에는 여러 원
인이 복합적으로 작용했겠지만 팽우정은 '省都의 貪汚之輩'가 근본적으
로 村治에 반대했기 때문으로 이해하였다.[19] 촌치에 대한 官府의 탄압
에 분개한 팽우정은 때마침 현성까지 토비에게 함락당한 진평으로부터
의 요구를 받아들여 학원 업무를 副院長 梁仲華, 敎務長 郭海封에게 넘
기고 귀향하게 되었다. 1930년 가을 귀향 이후 팽우정은 촌치학원의 경
험을 진평에 적용할 수 있을 것이라는 기대에 부풀었으나 뜻밖에 진평
현장 闞葆貞의 견제를 받게 되었다. 그 직접적 계기는 民團의 주도권
쟁탈에서 비롯되었다. 이미 민단을 조직 운영한 바 있었던 팽우정이 재
차 그에 대한 통제를 강화하려 하자 주도권 상실을 염려한 현장이 팽우
정의 진평 퇴출을 요구하였던 것이다.

이러한 상황에서 1930년 10월 寧洗古 암살사건이 발생했다. 고향 鄧
縣에서 民團大隊長의 직책을 수행하는 등 1928년부터 팽우정과 함께
활동했던 황포군관학교 출신 영세고는 하남성장 劉峙의 초대에 응해
省都 開封으로 향하던 중 泌陽城 東門에서 이르러 살해당하였다. 범인
으로 鎭平縣長 闞葆貞와 泌陽縣長 薛賓侯가 지목되었다. 이미 민단을
둘러싸고 팽우정과 대립하였던 闞葆貞은 영세고가 팽우정과 함께 등현

18) 王伯平, 앞의 글. 李晉三은 石友三軍이 輝縣에 주둔할 때 현장으로 파견, 임명
된 인물로서 재임 5개월 만에 100만원의 소득을 올린 인물로 알려졌다.(行政院農
村復興委員會編, 《河南省農村調査》, 商務印書館, 1934, 〈調査日記〉, p.95)

19) 학원은 교육청이 아닌 성정부에 직속되었기 때문에 교육청의 반대를 받았고 第6
區 농장 실습문제를 둘러싸고 건설청의 반발을 야기하기도 하였다.(彭禹廷, 〈在南
陽開綏靖會議之演詞〉(1932. 3. 8), 《鎭平縣自治槪況》, p.249 ; 〈河南村治學院組織大
綱〉第1條.) 또한 梁仲華는 이 과정에 대해 "정부에 의지하여 진행하는 학문의 연구
는 거의 불가능하기 때문에 반드시 지방을 중심으로 해야 한다"고 설명하고 있다.
(〈梁仲華先生講演詞〉, 《鎭平自治》 2, 3期 合刊, p.3)

자치를 실행할지 모른다는 우려에서 일으킨 사건이었다. 이에 흥분한
대중은 縣署를 포위하고 영세고 살해와 貪汚罪를 이유로 진평현장을
살해했다. 이와 같은 과격한 관민의 대립은 당시 하남에 주둔하고 있던
영세고 스승 何敬之將軍이 복수를 천명하였고, 또 황포군관학교 교관
을 역임한 바 있던 劉峙가 河南省長에 있었다는 특수한 상황에서 이루
어진 것이기는 하지만, 이후 팽우정 등은 적어도 지방관부와의 긴장관
계를 피할 수는 없을 것이다.[20]

물론 당시 관민의 대립은 진평현에서만 발생한 일은 아니었지만,[21]
사건은 팽우정의 정치사상에서 커다란 전환을 이루는 계기로 작용하였
다. 즉 그는 이제 자치를 진전시키기 위해서는 인민의 자각과 자발성이
필요한 것이지 관부나 소수인에게 의지할 수 없다는 사실을 명확히 깨
닫게 되었다.[22] 즉 "'자치'라는 것은 절대 官民의 合作의 이치가 될 수
없는 것이다. 우리들이 '自治'를 진행하고자 하면, '官治'를 제거해야 한
다. '관치'를 제거한 후에 土豪劣紳이 그 지원세력이 없게 될 것이니 (그
후에) 자치를 추진하면 비로소 방해가 없을 것이다"[23]고 주장하기에 이
르렀다. 여기서 그가 자치와 관치를 엄격히 구분하고 官府에 대하여 강
한 불신을 갖고 있었음을 알 수 있으며, 이상은 결국 기존 '관민합작의

---

20) 이상 寧洗古 암살사건의 경과에 대해서는 趙德慶, 〈彭禹廷先生之政治思想及其實
施計劃〉, 《鎭平自治之紀念》, p.5 ; 梁仲華, 〈鎭平自治之鳥瞰〉, 《鎭平自治之紀念》, p.
11 ; 彭禹廷, 〈在南陽開級靖會議時之演詞〉(1932. 3. 8.), 〈在侯集紀念寧烈士洗古大
會演詞〉(1931. 10. 29), 〈鎭平縣自治宣傳大綱〉, 이상 《鎭平縣自治槪況》, p.250, p.223,
p.29 ; 趙金鑽·秦俊, 〈鄧縣寧洗古事略〉, 《河南文史資料》 第14輯, pp.44~47 ; 吳國琳,
〈彭禹廷回鎭平剿匪興興販地方自治期間大事記〉, 《鎭平文史資料》 第1輯, pp.90~91.

21) 한 예로, 진평자치가 한창 전개되던 1932년 1월에만 해도 安陽, 湯陰, 濬縣 등지에
서는 탐오의 혐의를 받은 현장과 수천의 현민이 무장충돌하여 현장이 억류되는 사
건이 발생하였다. 사건의 경과에 대해서는 〈安陽貪汚縣長周鵬年被民衆扣留〉(1932.
1. 9) ; 〈安陽御任縣長周鵬年貪汚賬目之一斑〉(1932. 1. 10) ; 〈貪官也有今日!〉(1932.
1. 17) ; 〈豫北民衆紛紛與縣長算賬〉(1932. 1. 14.), 《河南民國日報》 참조.

22) 趙德慶, 앞의 글, p.6. 趙德慶은 寧世古 사건을 계기로 팽우정의 입장이 官民合
作에서 人民自律性의 중시라는 입장으로 전환하였다고 설명하였는데 이후 팽우
정의 행적을 검토해 보면 타당한 지적이라 할 수 있다.

23) 彭禹廷, 〈對鄕村小學敎師講縮小的三民主義〉(1931. 7. 29), 《鎭平縣自治槪況》, pp.
204~205 ; 〈鎭平自治區〉(續), 《天津大公報》, 1932. 8. 29.

자치'에서 '새로운 자치'로의 정치사상적 전환을 의미하는 것이라 할 수
있다.

팽우정은 이상과 같은 자신의 입장을 '地方革命'으로 정리하였다. 먼
저 그는 자신의 이론의 정당성을 孫文의 三民主義에서 찾았다. 그는
'시간성'과 '공간성'의 개념을 이용, 1930년대 초 진평현이라는 구체적
실정에 맞도록 삼민주의를 재해석하였다.[24] 즉 그에게는 중앙에서나 통
용될 수 있는 국민혁명이란 간판과 삼민주의의 구호로는 지방의 고통
을 제거할 수도 혁명을 성공할 수도 없었으며, 그렇기 때문에 국민혁명
을 진평현 一縣에 맞는 '지방혁명'으로, 국민혁명의 수단인 民族·民權·
民生의 삼민주의를 지방혁명의 도구인 自衛·自治·自富라는 '地方主義'
로 축소해야 한다고 주장하였다. 좀더 구체적으로 둘의 관계를 보면,
민족주의=축소된 진평현의 민족주의=대토비·약탈군대·탐관오리에
반대하는 '自衛主義', 민권주의=축소된 진평현의 민권주의='自治主
義', 민생주의=축소된 진평현의 민생주의='自富主義'라고 각각 설명
되어 결국 '축소된 삼민주의'란 자위·자치·자부의 '三自主義'라는 것이었
다. 이상의 내용은 ① 國民革命의 도구－三民主義－救國主義－민족·민
권·민생, ② 地方革命의 도구－地方主義－自救主義－自衛·自治·自富로
도식화되며, "行遠者必自邇, 登高者必自卑"라는 표현으로 국민혁명에
이르는 지방혁명의 위상이 요약될 수 있었다.[25] 또한 팽우정은 농민을
'槍杆'(자위), '筆杆'(지식), '鋤杆'(생산) 능력을 갖추도록 훈련시킴으로써
政(衛)教養合一을 추구하였는데 이러한 '三杆教育'도 '삼자주의'와 동일

---

24) 彭禹廷,〈對鄉村小學教師講三民主義之時間性與空間性〉(1931. 7. 28),《鎮平縣自
   治概況》. 한편 周佛海가 이미 삼민주의의 시간성과 공간성에 대해서 설명하였다는
   사실을 고려하면, 이러한 삼민주의의 재해석은 팽우정만의 독특한 견해라고 볼 수
   는 없을 것이다.(周佛海,《三民主義之理論的體系》, 新生命月刊社, 1928, pp.7~9)
25) 이상 팽우정의 '지방혁명'에 대해서는 彭禹廷,〈對民團官長講話〉(1931. 5. 29.),
   p.190 ; 彭禹廷,〈對民團官佐演講地方革命〉(1931. 7. 19), pp.193~196 ; 彭禹廷,〈對
   鄉村小學教師講縮小的三民主義〉(1931. 7. 29), pp.203~206 ; 彭禹廷,〈對鄉村小學
   教師講三民主義之時間性與空間性〉(1931. 7. 28), pp.201~203. 이상은 모두《鎮平
   縣自治概況》부록〈彭禹廷先生講演詞〉에 수록.

한 논리적 구조를 지닌 것이었다.[26]

이 가운데 민족주의와 '자위주의'의 관계에 대한 팽우정의 설명을 좀
더 살펴보자. 중국 전체에 대한 정치·경제·인구의 3중 압박은 모두 외국
에서 비롯된 것인 데 반하여, 진평현의 토비·약탈군대·탐관오리의 3중
압박은 국내에서 비롯된 것이다. 따라서 이러한 3중 압박을 피하기 위
해서는 중앙에서 민족주의가 필요하듯이 진평현에는 '자위주의'가 필요
하다고 주장하였다. 그렇다고 민족주의가 실패할 경우 진평현도 그 화
를 면할 수 없음을 팽우정이 인정하지 않은 것은 아니었다. 다만 孫文
의 민족주의가 성공한 날이 곧 진평현 소멸의 날이 될 수도 있기 때문
에, 공허하게 민족주의만을 외치면서 진평의 자존의 길을 방기해서는
안 된다고 보았다. 심지어 열강의 침략에 의해 중국이 망할 경우라 해
도 지방자치가 효율적으로 진행된 20~30현을 기초로 국가를 재건할
수 있다고 주장하였다.[27]

이상에서 드러나듯 팽우정의 '三自主義'란 중앙에 대해 지방의 이익
과 필요를 우선하는 '지방주의'의 발현이라 할 수 있다. 이러한 팽우정
의 '지방주의'는 외부사업에 비해 지방사업을 중요시하는 그의 입장에
서도 입증된다. 즉 그는 일반인이 외지에서 일하는 것을 영예로 생각하
면서 本地에서의 '作事'를 무능하고 여긴다고 개탄하면서 지방·향촌·민
간의 하층공작을 강조하였다. 이 경우 그는 升官發財를 위한 '混事'와
대중의 이익을 위한 '作事'라는 표현으로 중앙(혹 외지)과 지방에서의
사업의 차이점을 설명하면서, "外邊에서는 '混事'하지만 지방에서는 '作
事'해야 한다"고 주장했다. 물론 역이 성립할 경우도 있지만, 그것은 예
외적이라고 보았다. 왜냐하면 외지에서는 '作事'를 하고자 해도 잠시 동

26) 李騰仙, 《彭禹廷與鎭平自治》, 河南鎭平縣地方自治建設促進委員會, 1936(이하 《鎭
平自治》라 함), pp.205~208. 또한 '三杆'敎育에 대해서는 時耀昌, 〈彭禹廷的"三
杆"敎育〉, 《鎭平文史資料》 第11輯, 1993, pp.200~204 ; 郭曉平, 앞의 글 참조.
27) 彭禹廷, 〈對鄕村小學敎師講縮小的三民主義〉(1931. 7. 29.), p.204 ; 〈宛汝各屬保衛
團幹部訓練所開學時講演〉(1932. 4. 12.), p.252 ; 〈對各區對鄕鎭長講話〉(1932. 8.),
p.258. 모두 《鎭平縣自治槪況》 所收.

308

안만 재직할 뿐이라는 심리 때문에 할 수 없고, 관리 또한 3~5개월 만에 바뀌어 믿을 수 없기 때문이었다. 반면 지방에서의 '혼사'는 불가능하였다. 지방에서는 1~2년 안에 업적이 없으면 淸議가 용납하지 않으며, 상부를 의식할 필요 없는 지방인사에 의해 지속적으로 업무가 진행될 수 있기 때문이었다.[28] 이상에서 팽우정은, 縣長으로 대표되는 관리의 임기제, 회피제, 그리고 정국 변화에 따른 잦은 관직의 변화 등의 문제점 때문에 어쩔 수 없는 외지에서의 '혼사'와 대비하여, 본지인을 통한 지속적이고 안정적인 지방사업, 즉 '작사'를 강조하였음을 알 수 있다. 또한 팽우정이 孫文의 국민혁명이 간디와 레닌의 성공적인 혁명에 미치지 못하는 까닭을 삼민주의라는 방법상의 문제가 아니라 하층공작에 대한 노력 부재에서 찾았던 점도 '작사'를 강조하는 그의 입장에서 이해할 수 있다.[29]

결국 팽우정은 孫文의 삼민주의를 '지방주의'라는 입장에서 재해석하면서 지방자치='지방혁명'=救民을 먼저 성공해야 전국혁명=救國을 실행할 수 있다고 주장하였던 것이다. 그런데 여기서 주목되는 것은 팽우정이 지방자치와 '지방혁명'을 동일시한다는 점이다. 사실 지방자치는 孫文에 의해 공언된 것으로 남경정부의 통치라는 일반적 상황에서는 결코 혁명적 수단이 될 수 없었다. 그러나 진평현이라는 특수한 상황에서 지방자치를 실행하기 위해서는 어쩔 수 없이 약탈군대, 탐관오리, 토비 등 그 장애물을 제거해야 하기 때문에 지방자치가 곧 '지방혁명'으로 전환된다는 것이다.

현정부에 대한 불신은 국민당에게까지 확대되기도 하였다. 예컨대, 1931년 겨울 자치파가 건립한 宛西中學에서 국민당원을 선발하기 위해 파견된 국민당 특파원 趙海樓는 팽우정에 의해 출입이 거부당하였고

---

28) 彭禹廷, 〈地方服務人員訓練班開學時講演〉(1931. 8. 11), 《鎭平縣自治槪況》, pp. 207~208 ; 《鎭平自治之紀念》, pp.13~16 ; 彭禹廷, 〈在第八區高臺對西五鄕保衛團民衆講話〉(1932. 1. 27), 《鎭平自治之紀念》, pp.56~57.
29) 彭禹廷, 〈對鄕村小學敎師講時代與地位〉(1931. 7. 27), 《鎭平縣自治槪況》, pp.200~201.

國民黨鎭平縣黨部의 간판 또한 南陽縣國民黨部 대문 밖에 걸 수밖에
없었다.[30] 더 나아가 팽우정 등은 정부의 苛捐雜稅의 취소를 요구하였
고 鴉片公賣特稅와 鴉片煙地畝捐 등에 대해서는 아편흡식 자체를 금지
함으로써 거부하였다.[31] 정상적인 세금에 대해서도 마찬가지였다. 1932
년 1월의 하남 토지등록세 수입 개황을 살펴보면, 먼저 開封 9천원, 鄭
州 5천원, 安陽·鄴城 2천원이었고, 許昌·洛陽·太康·輝縣·濬縣·武安·林縣·
臨潁 등은 적어도 2천원 이상을 기록한 반면, 商城·羅山·光山·潢川·自由·
平等·宜陽·伊陽·廣武·淇縣·延津·盧氏·淅川 등은 몇 백 원에 불과하였다.
수입액의 차이는 대체로 豫北과 철로 주변의 '선진지역'과 豫西와 豫南
의 '후진지역'의 구별을 의미하기도 했지만 무엇보다도 중요한 것은 성
정부가 진평현에서는 한푼의 세금도 걷지 못했다는 사실이다. 그 이유
로는 "민단단장 팽우정이 현내를 장악하여 몇 차례 교섭을 벌였으나 별
효과가 없었기 때문이었다"[32]고 지적되었다. 다음에 소개하는 《天津大
公報》의 현지조사 보고는 1932년 7월을 전후로 한 진평자치의 모습을
잘 보여 준다.

---

30) 胡振拴, 〈鎭平自治派與中國共産黨〉, 《鄭州大學學報》(哲學社會科學版) 31-3, 1998.
　　5, p.119.
31) 본래 완서 지역은 河南의 대표적 아편 생산지였다. 1921년 하남 전체에 걸쳐
　　아편세가 징수될 때, 남양부 소속 13곳이 가장 먼저 실시된 것도 이러한 배경에
　　서였다.(〈河南官吏公然徵收阿片稅〉, 《晨報》 1921. 12. 28) 아편금지 과정을 더
　　구체적으로 보면, 1931년 6월 30일 진평현은 烟館을 폐지하고 아편흡식을 금지
　　하고 1932년 5월 31일 재차 명령을 발하여 아편흡식자에 대해 5, 6월에는 매월
　　5角의 벌금을 부과하고 7월에는 1元으로 벌금을 부여한다고 하였다. 10월 30일
　　에는 3차 명령으로 아편경작 토지 몰수, 烟館 설치자와 아편흡식자에 대한 총살
　　등을 명했다.(吳國琳 整理, 〈彭禹廷回鎭平剿匪與興販地方自治期間大事記〉, 《鎭平
　　文史資料》 第1輯, pp.93~94 ; 《河南省農村調査》, p.113)
32) 〈河南契稅收入槪況〉, 《河南民國日報》 1932. 1. 25. 보도에는 彭禹廷을 彭玉亭으
　　로 잘못 표기되어 있어 바로잡았다. 또한 1931~1934년 동안 하남성정부에서 면
　　제해 준 苛捐雜稅의 각현 실적통계를 보면 완서자치의 중심지역인 鎭平縣과 內
　　鄕縣은 한 건도 기록되어 있지 않다. 성정부에 의해 면제된 가연잡세가 없다는
　　것은 그 만큼 이 지역에 부과된 가연잡세가 없었음을 추측하게 한다.(〈河南省四
　　年來豁勉苛雜捐稅種類統計表〉, 河南省政府秘書處統計室編, 《河南省政府四年來施
　　政統計目錄》, 1934. 10)

訟事가 이미 관부를 거치지 않게 되었고 평소대로의 地丁稅 이외에 일체의 苛捐雜稅에 대해서는 납세가 거부되었다. 또한 이른바 건설·공안 업무는 (自治)辦公處가 분주히 처리하고 있다. 따라서 省에서 파견한 縣長·承審·건설국장·공안국장 등은 성의 공문에 대한 서면답변 이외에 평소대로 봉록을 받고 공비를 지출할 뿐이므로 할 만한 일이 없고 저지를 만한 폐단도 없다. 현정부의 기관원 수 또한 적었고 印花稅, 煙酒稅 등의 國稅기관도 그저 규정에 따라 세금을 부과할 뿐이었다.[33]

위의 서술로부터 苛捐雜稅가 거부되고 있다는 사실 외에, 팽우정 중심의 辦公處로 대표되는 새로운 자치기구가 관부의 역할을 대체해 가고 있음을 알 수 있다.

하남성 정부는 이러한 상황에서 아편특세와 각종 신세의 납부거부를 이유로 팽우정에 대한 체포령을 내리게 되었다. 비록 후술하듯 反共, 反土匪와 지방건설이란 측면에서 중앙정부와 협력관계를 유지할 수 있었음에도 불구하고, 현장을 살해하고 관부의 기능을 대체해 가며 抗稅運動을 전개하는 진평현 자치를 省정부의 입장에서 인정할 수 없었을 것이다. 그러나 체포령에도 불구하고 당시의 省정부는 공산당의 소비에트에 비견할 만한 무장력과 민중동원력을 지닌 팽우정을 체포할 수 없었다고 한다.[34] 그런데 1932년 말에 이르게 되면 하남성 정부는 湖北·河南·安徽三省剿匪總司令의 훈령에 따라 自治를 중단하고 保甲으로 전환하게 되었고, 이에 따라 기층조직에 대한 통제를 더욱 강화하기에 이르렀다. 이에 따라 1934년 6월 진평현에서도 일체의 자치가 취소되어 기존의 자치위원회와 자치판공처가 병합, 지방건설촉진회로 개조되고, 鄕閭鄕鎭도 폐지되어 保甲으로 개편되었다. 결국 행정은 이제까지 유명무실했던 현정부로 귀속되고 만 것이다.[35]

33) 〈鎭平自治區〉(續),《天津大公報》 1932. 8. 28.
34) 芝生, 앞의 글, pp.9~10. 芝生 또한 진평현의 촌치지도자를 彭雨亭으로 잘못 표기하고 있다.
35) 王彬之,〈陳平鄕村工作報告〉,《鄕村建設實驗》 第2集, 上海 : 中華書局, 1935, p. 181 ; 趙秩甫·王扶山,〈一年來陳平自治工作報告〉,《鄕村建設實驗》第3集, 上海 : 中

1933년 3월 25일의 彭禹廷 암살사건은 이런 와중에서 발생한다. 암살자의 신원은 공식적으로 '劣紳' 楊瑞峯, 畢浴佛에 의해 매수된 楊天順으로 판명되었다.[36] 물론 팽우정이 추진한 아편금지나 쟁송금지 등의 조치에 의해 직접적으로 피해를 받은 '劣紳', '訟棍'의 불만이 사건의 직접 원인이 될 수 있겠지만, 지역 장악을 둘러싼 국가권력을 포함한 다양한 세력 갈등의 소산이라 할 수 있을 것이다. 이 점에서 당시 성장이었던 劉峙는 다음과 같이 회고하고 있다.

　일반 토호열신은 또한 무력으로 지방을 장악하여 향촌을 수탈한다. 따라서 나는 인민을 평안케 하기 위해서는 剿匪와 함께 地方惡勢力을 제거해야 한다고 생각했다. 예컨대 (성정부의) 명령을 거부하는 內鄕, 鎭平, 浙川 삼현의 자치조직을 취소하여 省政의 正軌로 들어오게 함으로써 吏治를 정돈시켰던 것이다.[37]

결국 省정부 입장에서 진평현 등의 자치조직은 제거되어야 할 '지방악세력'이며 동시에 '省政의 正軌'에서 이탈된 비정상적 존재였던 것이다. 이렇게 본다면 寧洗古, 彭禹廷으로 이어지는 일련의 암살사건은 단순한 縣 내부의 권력투쟁의 결과로만 이해할 수는 없을 것이다.

Ⅲ. 自治組織의 成立

남경정부시기의 현장과 그 휘하의 差役, 屬官은 '浮收', '中飽', '勒索' 등 다양한 방법[38]을 통해 지역수탈을 자행하였는데, 이 점에 관한 한 진

　華書局, 1937, p.348.
36) 〈自治導師彭禹廷別世〉,《鎭平自治槪況》 2集, pp.203~204 ;《鎭平自治》, pp.76~78.
37) 劉峙,《我的回憶》, 近代中國史料叢刊續輯 870, 1982, pp.119~120.
38) 浮收는 관리가 田賦 징수과정에서 농민의 무지를 이용하여 얻은 부수입을 가리킨다. 여기에는 '灑'(납부한 田賦를 사취하는 것), '戴帽'(납세영수증의 숫자 상

312

평현도 예외는 아니었다. 예컨대 팽우정은 1년에 3만~10만 량을 수탈하는 현장에 대해 언급하고 있다.[39] 또한 진평현과 함께 이후 완서자치의 중심지역으로 떠오르게 되는 內鄕縣의 縣長 楊文英은, 1932년 2월 토비 창궐로 인해 극도의 금융혼란이 발생한 시점에서, 사사로이 60萬串의 銅元票를 발행하여 강제로 통용시킴으로써 혼란을 가중시키기도 했다.[40]

향촌자치조직의 중심기관이라 할 수 있는 區公所의 區長과 鄕鎭長의 부패 또한 만연하였다. 1931년 하남성정부가 향진장의 사적 罰款을 금지시킨 조치나, 1933년 구장과 향진장의 사사로운 攤派를 금지하고 구공소의 운영경비를 현으로부터 수령케 한 조치 등은 현급 이하 유력가의 부패상을 역으로 보여 준다고 할 것이다.[41] 또한 당시 하남의 자치인원이 그것에 무지하거나 '토호열신'에 불과한 자들로서 주둔군대와 결합하여 兵差에만 전념한다고 비난받기도 하였다.[42] 특히 다수의 구장들이 자신의 지위를 升官發財의 기회로 삼으려 하자, 河南省民政廳은 구장의 탐오를 엄금하고 현장 또한 연대책임을 지우겠다는 명령을 발하기에 이르렀다.[43] 여기에 더하여 지역의 '土豪劣紳'은 현관리와 결탁하

하에 가필 조작을 통해 이익을 챙기는 것), '穿靴'(납세영수증 숫자 하단에 별도의 수치를 가필하는 것) 등이 있다. 中飽는 중간착취로서 '飛'(납부해야 할 세금을 황무지에 옮겨 보고한 대가로 세금의 일부를 갈취하는 것), '詭'(숙전을 황무지로 보고하고 대가를 받는 것), '寄'(납부 보고하지 않은 세금을 숨겨주는 것), 이외에 인민에게 체납 벌금을 임의로 징수하거나 地畝의 수나 화폐 단위의 끝자리를 조작하는 방법 등이 있다. 勒索은 관리에 대한 접대비, 車馬費 등 규정 외의 비용을 강탈하는 것을 이른다.(《鎭平自治》, pp.39~40)

39) 彭禹廷, 〈對鄕村小學敎師講縮小的三民主義〉(1931. 7. 29.), 《鎭平縣自治槪況》, pp. 204~205. 또 당시 속설로 '滅門知縣', '氣死莫告狀'이란 말이 있을 정도였다.(《鎭平縣自治槪況》, p.29)
40) 〈內鄕縣長擅發巨額錢票〉, 《河南民國日報》 1932. 2. 9.
41) 《河南省農村調査》, pp.72~73 ; 《鎭平縣自治槪況》, p.47 참조.
42) 〈光山葉縣自治人員非土豪劣紳卽昏庸老朽〉, 《河南民國日報》 1931. 12. 31 ; 〈固始自治工作未循序進行〉, 《河南民國日報》 1932. 1. 24. 또 長葛에서는 省에서 파견한 豫東自治督察員 陳西海라는 자는 아편을 흡식한 혐의로 체포되기도 하였다. (〈自治督察員吸食毒品〉, 《河南民國日報》 1932. 1. 9)
43) 〈民廳通令嚴禁各縣區長病民〉, 《河南民國日報》 1932. 1. 13. 소비에트의 중심지였던 商城縣의 區長과 劣紳의 횡포에 대해서는 〈赤匪盤居中心之商城〉(1932. 1.

거나 자치기관을 장악하여 '嫁稅'(세금의 전가), '拱錢'(고리대), '頂首'(소작에 대한 보증금), '經紀'(食糧, 耕牛 매매시 뜯는 일종의 구전), 도량형 조작, 소송 등의 방법을 이용해 지역을 수탈하였다.[44] 결국 위에서 살펴본 예는 남경정부시기 지방통치의 실상을 단적으로 보여 주는 것으로서 진평현도 예외는 아니었다.

팽우정은 이와 같은 기존의 향촌권력구조를 온존한 채 새로운 자치운동, 즉 '지방혁명'을 전개할 수는 없었으며 또 1927년 이래 진행했던 민단을 중심으로 한 자위운동 수준에서 한걸음 더 나아가기 위해 거기에 걸맞는 조직도 필요하였다. 1930년 10월 진평현의 지방인사들이 匪患 제거와 생계 도모를 목적으로 현지방자치의 실행을 결정하고, 全縣政務會議를 통해 鎭平縣十區自治辦公處(이하 辦公處라 함), 自治委員會, 息訟會 등을 건립하게 된 것도 이러한 배경에서 비롯된 것이라 할 수 있다. 그러나 한 가지 주의해야 할 것은 진평현의 자치운동이 성정부의 자치 추진과 무관하게 이루어지지 않았다는 사실이다. 우선 진평현 자치가 실행된 1930년 10월은 국민당이 하남을 완전히 장악하고 지방자치를 본격적으로 시작한 시점이기도 했으니 하남성 정부는 다음 표 1과 같은 구체적 자치 추진계획을 수립했다.

표 1에는 생략되어 있는 區長, 閭鄰長, 鄕鎭長 선출방식에 대해 좀더 부연해 보자. 먼저 구장은 민선에 의하지 않고 현장이 민정청에 임명을 위임하는 방식을 통해 선출되었다. 향진장은 구장이 향민대회 혹은 진민대회를 소집하여 배수로 선출하여 현정부에 위임하는 방식을 취했고, 여린장은 향진장이 閭鄰居民會議를 소집해 선출하였다. 이때는 결

---

18), 《河南民國日報》 참조.

44) 이상 《鎭平縣自治槪況》, pp.63~64 ; 《鎭平自治》, pp.37~49, p.252. 특히 진평현에서는 소송 브로커인 '訟棍'의 폐해가 자주 지적되어 그 피해액만도 매년 2,000건, 매건 500串 총 100만串의 비용이 드는 것으로 파악되었다. 즉 '訟則終凶'의 상황이었다.(《鎭平縣自治槪況》, p.30, pp.137~146, p.175) 물론 이러한 '訟風'은 당시 농촌의 보편적 현상이어서 西平의 경우 縣府에 도착하는 고소장이 하루 60여건에 이르렀다고 한다.(〈西平近況〉, 《河南民國日報》 1931. 12. 30)

표 1. 河南省各縣辦理地方自治分期進行程序表 (1931년 1월 공포)[45]

시기	업무사항	근거조항	기 한
제1기	자치구 획정	현조직법시행법 제5조	1931년 1월말
	자치 鄕鎭 編定	현조직법시행법 제5조	1931년 1월말
	區長 委任	현조직법시행법 제5조	구 획정 후 10일내
	區公所 조직	현조직법시행법 제6조	위임 후 10일내
	區印章 교부	구자치시행법 제50조	구조직시 즉시 실행
	향진구역의 획정	현조직법시행법 제6조	1931년 2월말
	鄕鎭公所 籌備處 설립	현조직법시행법 제8조 1항	1931년 2월말
제2기	호구조사·인사등기	현조직법시행법 제8조 2항 1관	1931년 3월 1일에서 4월말까지. 이 기간내의 분배는 각현이 지방정황을 참작해 결정
	鄕鎭公民宣誓 거행과 公民名冊 제조 보고	현조직법시행법 제8조 2항 2관	
	향진감찰위원 名額	현조직법시행법 제8조 2항 3관	
	鄕鎭長·副와 향진감찰위원 선거	현조직법시행법 제7조	
	향진 제1년도 예산	현조직법시행법 제8조 2항 2관	
	鄕鎭調解委員會組織規則과 선거규칙	현조직법시행법 제8조 2항 2관	
제3기	향진공소 조직	현조직법시행법 제7조	1931년 5월 1일에서 6월말까지. 이 기간내의 분배는 각현이 지방정황을 참작해 결정
	향진공소와 향진감찰위원회 圖記 교부	향진자치시행법 제45조	
	鄕民大會 또는 鎭民大會	향진자치시행법 제27조	
	閭鄰 획정	현조직법시행법 제9조	
	閭鄰長 선거	현조직법시행법 제9조	

과를 상부에 보고만 하면 되었지 다른 규정은 없었다. 이와 같은 구장

---

45) 표는 河南民政廳編, 《河南民政廳辦理自治組織總報告》(1931. 11)에서 정리한 것이다.

위임·향진장 배수 선출·여린장 선출이란 방식은 성정부의 하향식 관치적 자치의 의도를 보여 주는 부분이라 할 수 있다. 어쨌든 이상을 통해 1931년 1월 이후 하남성 정부가 더욱 체계적이고 의욕적으로 지방자치를 추진하고 있었음을 알 수 있다. 물론 이것은 성정부의 주관적 계획일 뿐이기는 하지만, 1931년 11월에 이루어진 하남민정청의 보고나 1947년 하남성자치협회가 편찬한 《河南自治史略》을 통해 보면 대부분의 현에서 일정대로 진행되었음을 알 수 있다.[46]

그렇다면 진평현에서는 어떠했을까? 이하에서는 위의 일정을 고려하면서 진평현자치의 전개과정을 자치기구의 건립을 중심으로 살펴보도록 한다. 앞서 지적하였듯이 최초 진평현 자치조직은 辦公處, 自治委員會, 息訟會로 구성되었다. 판공처는 집행부로서 자치위원회의 의결안을 집행하고, 각구 자치사무소와 지역기관을 독촉 관리하며, 자치위원회에 의해 선출되는 정·부처장과 그 아래의 사무부·조사부·재무부·선전부로 구성되었다. 기존 十區區長과 지방의 각 법정기관 대표에 의해 조직된 자치위원회는 전현의 자치업무에 관한 결정을 담당했다. 또한 식송회는 현의 소송사건을 해결하는 일종의 사법기관으로, 자치위원회와 판공처 처장에 의해 임명된 5명으로 구성되었다. 이로써 자치의 상호보완조직으로서 입법·행정·사법의 3부가 갖추어지게 되었다.[47]

이상 삼위일체형 조직의 임원은 대개 十區區長과 각 법정기관의 長에 의해 충원된 지역유력가였다. 그런데 이들은 관에 의해 임명되거나 팽우정의 권유에 따라 자치에 앞장선 인물들로서 지역민의 선거에 의해 선출되지 않았다. 이것은 당시 자치에 대한 지역민의 무지와 효율적인 자치 진행 때문에 불가피했을지도 모른다. 한편 팽우정과 함께 진평자치에 직접 참여했던 李騰仙은 이들을 가리켜 紳士라 하면서 이 단계

---

46) 河南省自治協會, 《河南自治史略》, 1947. 이 책은 《河南文史資料》 43, 44輯(1992)에 重印되어 있다. 특히 1931년 하남성 자치계획에 관해서는 44輯, pp.198~200 참조.

47) 이하 진평현 자치조직의 변화에 대해서는 특별히 주기하지 않는 한 《鎭平縣自治槪況》, pp.1~45 ; 《鎭平自治》, pp.191~205 참조.

의 자치를 '紳治'로 규정하고 있다.[48] 사실 당시 사료에 자주 보이는 '공정인사', '지방인사', '신동' 등과 청말 학위와의 관련성을 추적할 수 없기는 하지만 '송곤'이나 기타 '토호열신'과 구별하여 그들을 신사로 규정할 수 있을 것이다. 그러나 후술하는 바대로 진평자치의 특징을 하향식 관치적 자치와 구별되는 상향식 민주적 자치라 한다면 '신치'보다는 제한적이란 의미에서 '半自治'의 단계로 규정하는 것이 더욱 적절할 것이다. 이 점에서 "판공처란 인민 自治가 官治를 대체하는 과도기관"[49]으로 규정될 수 있었다.

결국 새로운 자치조직은 全縣政務會議 혹은 法定機關, 十區區長 등 기존의 현지배층을 완전히 변혁한 것은 아니었다. 그러나 이미 앞장에서 설명한 1930년 11월 진평현장 闞葆貞의 살해사건은 기존 현권력구조의 변동을 상징적으로 보여 준 것으로, 이후 현정개혁은 더욱 가속화될 수 있었을 것이다. 여기에 자치조직 편제 자체의 문제점도 부각되었다. 즉 조직 상호간의 관련성을 보면 자치위원회는 판공처·부처장·식송회 임원 임명권 등에서 드러나듯 강력한 권한을 지니고 있었지만 판공처 아래에 설치되어 둘의 권한 구분이 불분명하였다. 따라서 1931년 10월 1일 의결에 따라 자치위원회는 판공처로부터 독립하여 최고기관으로 되었고, 판공처도 하부에 총무·재정·조사·선전·건설의 5부를 설치하여 완전한 집행기관으로 등장하였다. 한편 개조 후 "(자치위원회) 위원은 25명으로 하는데, 판공처 정부처장, 각 기관 영수, 각 구 구장 등을 당연위원으로 하는 것을 제외한 나머지는 당연위원이 公推한다"(《自治委員會簡章》第4條)는 규정에 따라 새로이 王彬質, 王扶山, 冀台三, 張長齡, 李幹甫, 郭祥甫, 李騰仙, 趙海岑 등이 추가되었다. 이들 역시 인민

---

48) 《鎭平自治》, pp.191~192.

49) 즉 "십구자치판공처는 人民自治가 官治를 대체하는 과도기관으로서 소위 '自治籌備', '一縣의 訓政 완성'은 전현 인민이 자신의 이익을 위해 스스로 처리하는 것이지, 官治의 지배하에 현정부를 위해서 하는 것은 아니다. 따라서 십현자치판공처는 (여타) 각현의 보통 자치 주비의 성질, 목적과는 근본적으로 다르다"고 규정하였다.(《鎭平縣自治槪況》, p.1)

에 의해 직접 선출되지는 않았다는 의미에서 아직 '반자치'의 단계를
벗어나지는 않았다고 볼 수 있다. 그러나 새로이 추가된 인물 가운데
하나인 이등선은 위원회의 개조과정을 통해 이전 신사 일색의 위원회
에 교육계의 청년인사가 포함됐다는 사실을 강조하였다.[50] 여기에 위원
회 임원 가운데 당연직 이외는 임기를 1년으로 제한한다는 《自治委員
會簡章》 제7조의 규정을 고려한다면 위원회 구성의 변화 가능성도 예
상할 수 있다.

이상과 같은 상부 자치조직의 개조는 하부조직의 그것과 동시에 이
루어졌다. 먼저 초기의 진평현 하부 자치조직 상황을 알기 위해 1931년
6월까지의 진평자치 진행과정을 설명하는 하남성 민정청의 보고 내용
을 소개하면 다음과 같다.

1930년 12월 縣組織劃區委員會는 본래의 10구 경계에 대해 지방정형을
참작하여 획구사업을 추진하였고, 1931년 5월 10자치구, 183향, 11진 편성
을 비준받았다. 동시에 자치훈련 혹은 경험이 풍부한 자 10인이 각 구의
구장으로 임명되었고 구공소의 성립에 따라 區印章이 교부되었다. 한편으
로 각향진공소주비처를 설립하고 호구조사와 公民名冊을 갖추었으며 鄕
鎭正·副 및 鄕鎭監察委員, 調解委員을 선출하여 6월중에 鄕鎭公所 2,750閭,
14,090鄰을 편성하였다.[51]

보고의 내용은 기본적으로 진평현 자치가 하남성 민정청의 계획에
부합하고 있음을 보여 준다. 縣-區-鄕·鎭-鄰-閭의 편제, 구장·향진장·
여린장에 대한 '하향식' 선출,[52] 區印章의 교부, 호구조사와 公民名冊의
구비 등이 그러한 예이다. 그러나 1931년 9월 24일부터 판공처는 새로

---

50) 이등선은 위의 8인은 청년들로서 앞의 3명을 제외하면 모두 교육계의 인사들
이라 했다.(《鎭平自治》, p.195)
51) 〈鎭平縣辦理自治組織經過槪況〉, 《河南民政廳辦理自治組織總報告》, p.55.
52) 이때의 鄰閭鄕鎭長 선출에 대한 구체적 정황을 보여 주는 자료는 아직 발견하
지 못했다. 그러나 앞서 설명하였듯이 하남내 각현에서 민정청의 계획이 그대로
실행되었다는 점과 《鎭平縣自治槪況》에서 이후의 선거를 '상향식' 개선으로 설명
하고 있다는 점을 고려하면 '하향식' 선출로 이해해도 큰 무리는 없을 것이다.

이 각구의 鄕鎭長 선거를 실시하였다. 그 목적은 각촌의 명망 있는 자를 鄕鎭長으로 선출하고 동시에 '土豪劣紳'과 '교란분자'의 횡포를 막기 위함이었다고 한다. 방법은 먼저 各家에서 한 명을 내어 그 가운데 鄰長을 선출하고 다시 鄰長이 閭長을, 그리고 閭長과 鄰長이 鄕鎭長를 선출하는 방식이었다. 두 달에 걸친 선거의 결과 전현의 鄰閭鄕鎭長 모두가 새로이 선출되어 이전 '土豪劣紳'에 의해 장악되었던 鄰閭鄕鎭長은 이제 명확히 자치 의의를 이해하고 지방에 복무할 수 있는 간부로 변했다고 평가되었다.[53]

이어서 판공처는 區長의 개조를 시도하였다. 이유는 鄰閭鄕鎭長의 개조 때와 동일하였다. 즉 1931년 5월 자치훈련을 받았거나 경험이 풍부한 자들 가운데 현당국에 의해 선발 임명된 10명의 구장이 자치의 의의에 대해 명확히 인식하지 못했기 때문이라고 지적되었다. 방법은 이전의 하향식 임명제와 달리 자치위원회가 구별로 3명의 후보를 뽑고, 다음 區 소속의 鄰閭鄕鎭長과 小學敎員, 그리고 16세 이상의 소학 이상 졸업자 등이 3명 후보 가운데에서 한 명의 구장을 판공처의 감독 하에 선출하는 간선 방식이었다. 1931년 12월 15일 자치위원회는 구장 후보를 추천하였고, 이어 다음 표 2와 같은 명단의 구장이 선출되었다.

표 2를 통해 먼저 자치위원회 선거에서 1위를 차지한 대부분의 후보가 2차결선 투표에서 구장으로 선출되고 있음을 알 수 있다. 이는 자치위원회라는 상부조직의 의지가 구장선거에 반영되고 있음을 추측할 수 있다. 또한 제1구의 선거에서 '爭執'이 발생하여 구장 선출을 할 수 없게 되자 판공처가 王彬之에게 구장의 직을 위임하고 있고, 제8구의 선거에서 '지방의 문제' 때문에 선거가 이루어질 수 없자 彭禹廷이 구장을 겸임하고 그 후에는 판공처가 王憲卿에게 위임하고 있다. 여기서 '爭執'과

---

53)《鎭平縣自治槪況》, pp.8~13. 또한 팽우정은 1931년 5월, 촌장훈련소를 통해 촌장을 개선하고자 노력하였지만 실패하여, 촌장을 새로이 선출하기에 이르렀다고 설명하면서 그 결과 자치의 기초를 확립했고 자치의 전도에 희망이 보인다는 측면에서 자치 실행 이래의 최고의 업적으로 극찬하였다.[彭禹廷, 〈對全縣新鄕鎭長講話〉(1932. 1. 1),《鎭平縣自治槪況》, p.232]

표 2.

	1931. 12. 1차투표(득표수)	2차투표
제1구	王鼎修(13), 李幹甫(11), 程裕五(8)	王彬之. 분쟁 때문에 선거가 불가능해 판공처가 위임.
제2구	王碩卿(15), 陳乾齋(14), 雷佑齋(11)	王碩卿
제3구	宋子龍(21), 宋義亭(15), 關文卿(13)	宋子龍
제4구	선거 無	姜文柄. 구장 임기가 만료되지 않아 未改選
제5구	王啓予(22), 王貫一(22), 楊夏峯(20)	王啓予
제6구	張長齡(20), 安華亭(14), 吳兆祥(13)	安華亭
제7구	王藝閣(20), 王召棠(16), 王扶山(12)	王召棠
제8구	彭品三(16), 劉叔雲(13), 郭藩臣(12)	王憲卿대리. 지방문제로 인해 선거 불가능. 彭禹廷이 담당. 이후 王憲卿에 위임.
제9구	傅文英(22), 張雲漢(15), 師德新(13)	傅文英
제10구	冀台三(16), 趙梅岑(11), 畢靖波(9)	冀台三

'지방의 문제'가 구체적으로 무엇인지는 불분명하지만 이를 통해 판공처의 직권과 팽우정의 권한[54]이 매우 컸음을 추측할 수는 있다. 그런데 구장 선거에서 낙선한 張長齡, 王扶山, 趙梅岑, 李幹甫 등은 입법기관이며 자치 추진의 최고기관인 자치위원회의 위원으로 이미 선임되었던 인물이었다는 사실은, 진평현의 상부 자치조직이 소수 유력가를 중심으로 운영되고 있음을 보여 주는 예라 할 수 있을 것이다.

이상의 과정을 통해 새로이 선출된 구장은 다시 자치위원회의 당연 위원이 되어 위원회 구성의 변화를 초래하게 된다. 결국 구장-자치위원, 그리고 판공처 정부처장-자치위원 간의 상호 선거와 반복 추천의 과정은 임원의 대폭적 교체를 불가능하게 만들며, 더욱이 간선에 의한

---

54) 팽우정에 따르면 지방자치가 실시된 이후 8구의 혼란이 심하였고 또 낙후되어 구장의 인선이 매우 곤란하게 되자 스스로 판공처에 청하여 8구 구장을 위임받았다고 한다.[이상 彭禹廷, 〈對第八區區部人員講話〉(1932. 1. 15), 《鎭平縣自治槪況》, p.238]

320

구장 선출 등을 고려한다면 이 시기는 인민 의사의 상향식 전달이 전적으로 보장되지 않는 제한적인 '반자치' 단계라 할 수 있을 것이다. 그러나 이상의 한계에도 불구하고 구장에 대한 제한적 민선이란 형식은 현장이 선발하여 민정청에 임명을 위임하는 형식을 취했던 다른 현들과 비교할 때,[55] 진평자치의 '상향식 민주적' 성격을 웅변하고 있다고 볼 수 있을 것이다. 또한 제6구와 7구의 경우는 2위 후보자가 '지역여론'에 의해 구장으로 선출되었다는 면에서도 이번 선거가 하향식의 일방적 자치기구의 성립과정이라 할 수 없을 것이다.

그런데, 1932년 11월 28일 자치위원회는《自治委員會簡章》을 수정하여 선거위원 18명, 당연위원 17명, 합계 35명으로 자치위원의 수를 확대하였다. 또 별도의 선거법을 통해 선거인의 자격을 ① 正·副鄕鎭長, ② 雇員 이외의 각구 소속 공무원, ③ 각구 소학교원, ④ 고급 소학교 이상 졸업자로서 20세 이상인 자로 규정하였다. 이 규정에 따른다면, 자치위원회의 半 정도는 비록 제한이 있기는 했지만 인민의 직접선거로 선출될 수 있었고, 여기에 더하여 간선으로 선출되는 10명의 구장을 포함하면 35명의 자치위원 가운데 28명이 인민의 직·간접 선거에 의해 선출되었다. 이전 25명의 자치위원회 위원 가운데에서 10명만이 인민의 간선에 의해 결정되는 제한적 자치에서 한 걸음 더 자치의 본령에 접근해 갔다고 볼 수 있을 것이다.

결국 진평자치란 관치에서 소수의 지식분자와 신사에 의한 '半自治', 그리고 인민의 참여가 보장되는 '眞自治'로 점진적으로 지향하는 과정을 거쳤다고 할 수 있다. 이와 같은 점진적 변화는 일반민의 무지, 향촌 보수세력의 강고함, 자치인원의 부족 등을 고려하면 충분히 이해될 수 있는 과정이라 할 수 있지만, 여타의 지역에서 자치라는 이름으로 관치가 이루어졌던 것을 고려하면 매우 급진적 현상이라 할 수 있을 것이

---

55) 또한 1932년 10월 지방자치를 중지하고 보갑제를 실시하게 될 때에는 구장은 현장이 선출하여 해당 各區行政督察專員公署에 임명을 위임하여 민선은 더욱 요원해지게 된다.(이상《五年來河南政治總報告》, 河南省秘書處編印, 1935. p.22)

다. 또한 이 과정은 河南自治學社가 1932년 그간의 자치를 반성하면서 강조한 '민선의 중시'와 '縣府로부터의 자치기관 독립' 등을 주장했던 것과 부합하는 것이기도 했다.[56]

그러나 '진자치'로의 전개에는 안팎의 장애가 있게 마련이었다. 그 한 가지는 자치에 의해 타격을 받는 기득권 세력, 즉 '토호열신'이라 할 수 있다. 다른 하나는 현 외부의 하남성 정부였다. 앞서 설명하였듯이 自治에서 保甲으로의 전환을 통해 하층조직에 대한 통제를 강화함으로써 효율적인 소비에트 공격을 추진하려는 성정부는 1934년 調解委員會를 취소하고 십구판공처와 자치위원회를 건설촉진위원회로 통합할 것을 명령하였다.[57] 이에 따라 진평현의 자치조직은 이전 진평현지방자치위원회—십구판공처(調解委員會·民團支隊部)—건설부·조사부·지도부·사무부·재무부·문서부와 농업개량위원회·農民借貸所·絲綢改良委員會 등—구공소—향진공소라는 방대한 조직계통에서 지방건설촉진위원회—총무조·설계조·지도조·조사조라는 간단한 조직으로 변모하게 되었다. 특히 후자의 경우 財務組는 縣財政委員會에 통합되었다. 이전 縣財政局이 징수하던 丁糧과 수집소가 자치판공처의 재무부의 관리에 들어가게 됨으로써 縣財政權 역시 자치판공처로 이전되었던 사실[58]을 고려하면 이것은 결국 자치 이전 현행정기구의 강화와 자치기구의 약화를 의미하는 것이었다. 팽우정의 암살이라는 진평현 자치지도자의 상실은 이러한 경향을 더욱 재촉하였고, 이후 완서자치의 중심은 內鄕縣의 別廷芳으로 옮겨졌다.[59]

---

56) 〈河南地方自治之回顧與前瞻〉, 《河南民國日報》 1932. 1. 1 ; 張瑞生, 〈地方自治幾個先決問題〉, 《河南民國日報》 1932. 1. 21, 22. 河南自治學社의 성립과 활동에 대해서는 《河南自治史略》, p.201 참조.

57) 공산당 토벌이라는 군사적 수요에 따라 區長의 권한이 강화되면서 자치에서 보갑으로 전환됐다는 시각에서 하남현대정치제도사를 설명하는 것이 沈松僑, 〈從自治到保甲:近代河南地方基層政治的演變, 1908~1935〉, 《中央研究院近代史研究所集刊》 18期, 1989. 6이다.

58) 孔雪雄, 《中國今日之農村運動》, 中山文化敎育館, 1934, p.202.

59) 選之, 〈宛西印像記〉, 《河南民國日報》 1938. 3. 18.

322

Ⅳ. 鎮平自治와 地域自衛

팽우정의 '三自主義'에 입각한 '지방혁명'이 성공을 거두기 위해서 다시 말해 지방자치의 장애를 없애고 동시에 이루어 놓은 지방자치의 성과물을 지키기 위해서는 무장력에 기반한 自衛가 필수적이었다고 할 수 있다. 앞에서도 지적하였듯이 1927년 고향에 돌아온 팽우정의 첫번째 救鄕運動도 토비에 의한 개인적 피해 경험에서 촉발된 자위활동이었다.

자위는 먼저 토비를 상대로 이루어졌다. 토비는 본래 하남 전체의 보편적 현상이지만, 진평이 위치한 豫西南 또는 豫西 지방은 특히 '토비의 발생지', '토비의 요람' 혹은 '토비세계'라 할 만하였다.[60] 정확한 수치라고는 할 수 없겠지만, 민국시기(1920~1934) 진평 출몰 토비의 정황을 이등선의 조사에 따라 정리하면 다음 표(①, ②, ③)와 같다.[61]

표의 통계는 진평현에 빈번하게 토비가 출몰하여 약탈을 자행했다는 사실 외에 1927년경을 전후로 토비 규모의 차이를 보여 준다. 앞 시기의 토비의 수가 최소 20인에서 최대 500인으로 평균 120여 명을 넘는 정도였다면, 1926/27년 이후는 최소 1천인에서 최대 3만인으로 평균 7,200 명을 넘고 있다.(물론 후자의 통계에는 소규모의 토비는 생략될 수도 있을 것이다) 이러한 차이는 진평현의 자위활동과 관계된 것으로 보인다. 즉 1927년 진평현은 팽우정을 중심으로 적극적인 자위활동을 전

---

60) 豫西南의 鎮平, 內鄕, 淅川 일대 혹은 南陽 일대는 하나의 토비세계를 이루고 있었음이 지적되었다.(《河南省農村調査》, 1934, p.2 ; 孔雪雄, 앞의 책, pp.183~184) 또한 민국시기 토비에 관한 전문적 연구자인 필 빌링슬리 역시 豫西南 지역을 중요한 토비세계로 다루고 있다.(Phil Billingsley, *Bandits in Republican China*, Stanford University Press, 1988 ; 李文昌 譯, 《中國의 土匪文化》, 一潮閣, 1996)

61) 《鎮平自治》, pp.23~28. 이 밖에도 《鎮平文史資料》第8輯은 1920~30년대 匪患 專輯으로 참고할 만하다. 인구의 증감 역시 토비의 출몰과 관련이 있었다. 진평현에 바로 근접하고 완서자치의 또다른 중심현인 鄧縣의 경우 清乾隆年間 80만의 인구가 1933년 40만으로 감소하였는데 이는 완전히 토비의 영향이었음이 지적되고 있다.(《河南農村調査》, 〈調査日記〉, p.109)

개함으로써 토비가 더이상 현 내에 발붙이지 못하게 하였고, 그에 따라
토비들은 서로 연합하여 그 규모를 확대하였던 것이다. 팽우정이 1927
년을 기준으로 민단의 萌芽時期와 盛行時期를 구분하였던 것도 이상과

① 1920~1926년

匪首名	人數	소요지대	匪首名	人數	소요지대
張石匠	30인	현동부	田 三	20인	현동부
劉 某	30인	현동부	王傳及	20인	현동부, 南陽 서북부
趙 堂	20인	현동부	吳刻山	50인	현동부
段二怪	100인	현동부, 동남부	張之娃	200인	현동남부
郭子揚	100인	현동남부	劉寶國	40인	현서남부
周刻山	200인	현북부, 南召, 南陽	郭占魁	100인	현서북, 內鄉
吳鳳山	100인	현서북, 內鄉, 南召	裵相玉	100인	현서북
王明新	500인	현서북	一個饟	30인	현남부, 鄧縣
十八扯	20인	현남부, 鄧縣	趙允升	200인	현남부
陳希齡	100인	현서부	劉寶斌	200인	현남부
王排長	100인	현서남부	余三黑	30인	현북부
徐竹杆	30인	현남부	馬超群	30인	현남부
吳天祿	30인	현동부	王文勝	30인	현남부
魏寶慶	300인	현서부	劉子靑	50인	현남부
曾大少	100인	현동남부	薛 某	300인	현남부, 등현
張 某	300인	현남부, 등현	陳四麥	500인	현남부, 등현

② 1926/27~1934년

匪首名	人數	소요지대	匪首名	人數	소요지대
趙金斗	2천명	현동남, 南陽, 鄧縣	魏寶慶	1천명	현서남부
王光斗 등	1천명	현서남부	張大先, 楊小黑	6천명	현서남부, 鄧縣
薛成德, 魏寶慶	4천명	현서북 高邱鎭 파괴	崔二旦	1만명	縣 邊境
王 太, 魏國株	3만명	전현 2/3	馬西有	3천명	현동부
張鐵頭	8천명	현동부			

③ 구체적 피해 정황

匪首名	시기	피해구역	피해정황
劉寶斌 등	1920~1921	제3, 4구	가옥 1천여 채 파괴. 拉票勒贖額 50만원
陳四麥	1923 봄	張樓鎭 파괴	손해액 10만원
魏寶慶	1928년 봄	제8구	20여 촌 파괴. 손실액 不詳
張大先, 楊小黑	1929년 8월	현성 파괴	가옥 9천채 파괴. 1만 3천인 납치. 손실액 300만원
薛成德, 魏寶慶	1929년 겨울	高邱鎭 파괴	30여 리 파괴. 손실액 불상
王 太, 魏國柱	1932년 1월	1, 2, 6, 7, 8, 9, 10구	11만 2천인 피해. 손실액 211만 7천원
馬西有	1934년 3월	2, 3구	100여 채 파괴, 손실액 10만원

같은 자신의 구체적 경험과 1927년 자위의 중심이 紅槍會에서 민단으로 넘어간다는 하남 자위활동의 일반적 정황에 근거하여 이루어진 것으로 보인다.[62] 또한 위의 표에서 드러나듯 토비는 진평현에 국한되지 않고 주변 현과 연계되어 활동하였기 때문에 진평현 자위는 이후 그 범위를 확대할 필요가 있었다. 1930년 10월 鎭平, 內鄕, 鄧縣, 淅川을 각각 대표한 팽우정, 별정방, 영세고, 진순덕 등이 내향에서 聯防會議를 개최하여 완서 지방 자위단을 건립한 것도 이상과 같은 사정을 배경으로 하고 있었다.

자위활동은 또한 약탈군대를 상대로 이루어졌다. 군벌에 의한 지역

---

62) 팽우정은 민단활동을 금지시기(淸代), 萌芽時期(민국 초기), 성행시기(1927년 이후), 성공시기(1930/31년 이후)로 구분해 설명하였다. 이상 彭禹廷, 〈在民團敎導隊講演民團意義之表解〉(1930. 12), 《鎭平縣自治槪況》, pp.180~184. 여기서 성공시기를 민국30년부터라는 팽우정의 주장은 명백한 오류이므로 본격적으로 진평자치가 진행된 1930년이나 1931년으로 바로잡았다 한편 馮玉祥에 의한 紅槍會의 민단 개편 조치에 대해서는 〈河南紅黃槍會改編民團〉, 《天津大公報》 1927. 8. 8 ; 〈省政府通令奉總部電飭將紅槍等一律改編民團文〉, 《河南行政月刊》 第3期(1927. 9. 30) ; 〈馮總司令布告紅槍會等一律改爲民團實行自衛文〉, 《河南行政月刊》 第3期(1927. 9. 30). 이상 《河南行政月刊》은 陳傳海 等編, 《河南紅槍會資料選編》, 河南史志資料 第6輯, 1984, pp.147~148 참조.

수탈은 하남 전체에 걸친 일반적 현상으로서 진평현도 예외일 수는 없었다. 이러한 수탈은 주지하듯 "兵一變而爲匪, 匪一收而爲兵, 兵則是匪, 匪則是兵"이라는 '兵匪不分'의 상황에서 비롯된 것이었다. 진평현에 대한 군벌 수탈에 관해 이등선은 다음과 같이 소개하고 있다.[63]

표 3.

시기	군대	정형	인수	주둔시기	손실
1924	某軍	주둔	3천명	10개월	3만 8천원
1924	모군	경과	1만 3천명		車 85輛, 2,400원
1925	모군	주둔	2천명	10개월	1만원
1926	모군	주둔	1천명	6개월	3만원
1927	모군	주둔	2천명	5개월	4만원
1927	모군	주둔	2만명	2개월	1만 3천원
1927	모군	주둔	1천명	10개월	車 20輛, 21만원, 보리 2천석
1929	모군	경과	1만명	1개월	3만원, 車100輛
1929	모군	주둔	1만 8천명		71만원, 보리 5천석

이등선은 주둔군의 명칭을 구체적으로 밝히고 있지 않다. 그러나 "우리 현이 토비식 군대에 의해 입은 피해는 1925년 음력 12월 張治公이 주둔한 이래 樊老二(樊鐘秀－필자) 馬文德, 魏鳳樓 등에 이어 1928년 8월 南路軍에 이르기까지 3년도 안 되는 기간 동안 총 130만여 원에 이른다"는 《鎭平縣自治槪況》의 설명에 따르면 그 대강을 짐작할 수 있다.[64] 진평현의 입장에서는 그 소속이 어찌되었든 '토비식 군대' 즉 약탈 군대에 대한 방어가 절실했을 것이다. 다른 한편, 진평현에 대한 각종

63) 《鎭平自治》, p.35.
64) 《鎭平縣自治槪況》, p.29. 다른 조사에 따르면 1928년에는 岳維峻 부대가 진평에 주둔하면서 80만원을, 1929년에는 石友三 군대가 20만원을, 1930년에는 某部이 50만원을 각각 징발했다고 한다.(《河南省農村調査》, p.78) 이 모군에 대해 팽우정은 1931년의 연설에서 과거 1년간 진평에 주둔한 揚軍의 兵差가 70여만원에 이르러 3년간 더 주둔한다면 토비가 없어도 진평은 망할 것이라 설명하였다.[彭禹廷, 〈對鄕村小學敎師講縮小三民主義〉(1931. 7. 29), 《鎭平縣自治槪況》, p.204]

통계에서 1931년 이후 '토비식 군대'의 수탈이 보고되지 않은 점은 팽우정 중심의 자치운동이 본격화된 사정과 관계있는 것으로 판단된다.

팽우정이 주장하는 바에 따르면 共産黨, 즉 '共匪' 또한 방어의 대상이었다. 본래 팽우정은 공산주의 자체에 대해서는 반대 입장을 명확히 보이지는 않았다. 오히려 소련공산당은 사회주의 정당으로서 인류의 행복을 추진하는 훌륭한 것이며, 공산주의 역시 최신의 사회주의로 보았다. 그러나 철로나 의회제 등 외국에서는 제대로 기능을 발휘하던 것들이 중국에서 변질되듯이 공산주의도 동일한데, 이는 중국의 농촌사회가 원래 자본주의의 길로 가지 않아 공산이 불필요하기 때문이라 하였다. 또한 그는 공산당이 몰락해 가는 중국 농촌의 파산을 재촉함으로써 무산계급을 의도적으로 만들며 사회를 공포로 몰아넣는다고 이해하였다. 공산당이 내거는 국제주의란 것도 '지방혁명'을 추구하던 그로서는 받아들일 수 없는 논리였다. 더구나 그에게는 공산당이란 성질 여하에 관계없이 행동면에서 토비와 구별되지 않는 존재였다.[65] 여기에 더하여 진평현 근처에까지 영향력을 확대해 가는 鄂豫皖 소비에트를 중심으로 한 공산당 세력은 팽우정으로 하여금 공산당에 대한 방비를 서두르게 했던 것이다.[66]

진평현 자위의 구체적 수단은 민단이었다. 팽우정의 주도로 건립된 민단은 "무장하고 조직과 훈련을 갖추어 자위의 능력을 지닌 일반 인

---

65) 彭禹廷, 〈對旅行菩提寺之南陽訓練隊講話〉, 《鎭平縣自治槪況》, p.262. 따라서 팽우정과 공산당과의 관계를 우호적으로 묘사한 胡振拴, 〈鎭平自治派與中國共産黨〉, 《鄭州大學學報》 31-3, 1998. 5 ; 吳國琳, 〈彭禹廷與紅軍〉, 《河南文史資料》 第14輯 등은 팽우정의 조카이자 공산당원인 彭雪楓 혹은 관계자의 회고에 기초한 무리한 해석으로 보인다. 또한 팽우정과 밀접한 관련을 갖고 있었던 梁漱溟 등 당시 향촌운동가의 성향이나 내향의 별정방의 공산당 진압활동을 통해서도 공산당에 대한 팽우정의 태도를 간접적으로 엿볼 수 있다.(《內鄕文史資料》 第2輯 別廷芳事錄, pp.156~158) 그러나 전평자치의 反國民黨的인 분위기 아래에서 개별적인 공산당의 활동이 활발했음을 부정할 수는 없을 것 같다. 한 예로 宛西中學 교사 가운데에는 周達夫, 吳夢蘭, 周子凡, 王雲楓 등 공산당원이 포함되어 있음이 지적되고 있다.(胡振拴, 위의 글, p.119)

66) 공산당에 의한 지방자치의 파괴에 대해서는 〈民廳令商城舉辦自治〉, 〈固始自治工作〉, 《河南民國日報》 1932. 1. 24 참조.

민"으로 정의되었다. 그는 1927년 匪禍를 직접 목격한 후 鎭平縣南區區長에, 또 河南人民自衛團豫南第2區區長에 임명되면서 민단 건립에 착수하여 지역자위에 진력하였다. 그러나 1929년 팽우정이 잠시 진평을 떠나자 민단은 쇠퇴하여 급기야 1929년 8월과 11월에는 현성이 토비에 의해 파괴되는 지경에 이르기까지 되었다. 1930년 가을 다시 진평에 돌아와 민단을 재건한 팽우정은 더 나아가 1930년 10월 宛西地方自衛團을 성립시켰고, 1932년에는 常備民團을 內鄕·鄧縣·淅川·鎭平四縣聯防總部-支隊部-團-營-連으로 편성하였다. 민단은 '增加實力, 輕減負擔'을 원칙으로 하고 '化兵爲工'의 상비민단과 '寓兵於農'의 後備民團으로 구분되었다. 운영방식으로는 스위스의 의무민병제의 원칙을 채택하여 18~45세의 장정 모두는 4개월 간의 군사훈련을 받아야 했는데, 1932년 당시 1기 1,500명, 2기 900명, 3기 1,300명의 장정에 대해 훈련을 실시되었다. 훈련중인 상비민단에게는 월 16串의 보수를 지급하였고, 훈련을 마치고 회향한 후 隊라는 지역단위로 편제된 후비민단에 대해서는 매월 1일과 중순에 대장에 의해 집합, 점검을 받고 토비방어에 주력하는 조건으로 월 3관씩의 보수를 지급하였다. 이 밖에도 보위단이란 것도 있었다. 선발된 자에 국한하여 훈련을 실시한 민단과 달리 보위단에는 성인 모두가 소속되었으며 평상시의 토비에 대한 검색과 유사시의 향촌경찰 기능을 담당하였다. 즉 전체적으로 보면 보위단은 과거의 보갑제의 방식을 모방한 고정적인 조직인 데 반하여 민단은 군대식의 활동적 조직이라 할 수 있었다.

진평 민단은 이상과 같은 조직과 훈련을 통해 淸鄕, 築城, 무기의 등록,[67] 초비활동 등 지방 치안유지에 커다란 역할을 수행하였다.[68] 그 가

---

67) 하남 민간소유 무기는 지방 무장조직의 확장 추세에 따라 급속히 증가하여 갔다. 1927년 하남민단국 등의 조사에 따르면 민간 각지에 흩어져 있는 무기는 대포 520문, 박격포 600문, 신식총 50만 정, 구식총 10여 만정에 이르렀으며, 1927년 이후 전쟁으로 인해 민간에 유포된 무기는 더욱 증가했다고 한다.(王怡柯,《農村自衛硏究》, 河南村治學院同學會, 1932, pp.169~170) 이러한 사정 때문에 민단의 주요 임무 가운데 하나가 민간에 흩어져 있는 무기들을 등록시키는 것이었다. 한편,

328

운데 1927년에서 1933년에 이르는 구체적 초비활동을 《鎭平自治槪況》
2集 부록에 수록된 〈鎭平縣民團先後剿匪實錄〉을 중심으로 정리해 보
면 다음 쪽의 표 4와 같다.[69]

이 표를 통해 보면 앞서도 지적한 바와 같이 1927년 이후 토비의 규
모가 크게 확대되어 1~2杆에서 10~20杆까지 토비간 연합이 이루어지
고 있으며 소요지역도 한 현에 국한되기보다는 縣 교계지역이나 몇 개
縣을 포괄하는 등 대규모화하고 있음을 알 수 있다. 또한 이에 상응하
여 주변 민단과의 연합, 그리고 주둔군대와의 협조작전도 긴밀하게 이
루어짐으로써 효과적인 초비활동이 수행되었다. 그러나 표에서 匪首의
이름이 계속 반복되는 데에서도 알 수 있듯이 초비활동은 대개 현 경계
너머로 토비를 몰아내는 데에 그침으로써 토비활동을 완전히 근절시키
지 못했던 것 같다.

한편 초비활동을 둘러싸고 보여 주는 관부와 진평현 민단의 협조적
관계[70]는 특히 '共匪' 즉 공산당을 상대하여 긴밀하게 유지되었다. 몇 가
지의 예를 들어보자. 1932년 '赤匪' 徐向前이 湖北 隨州, 棗陽에서 新野
를 거쳐 鄧縣에 도달하자 劉峙는 十一路軍에게 토벌을 명령함과 동시
에 팽우정에게 협조할 것을 지시하였다. 이에 따라 팽우정은 민단 총단
장 王金聲과 함께 2천 명의 단정을 이끌고 등현 남부의 刁河 북변을 방

무기 등록은 일반 백성을 두렵게 한 관부에 의한 일방적 무기 수거와는 다른 것
으로 민단 성공의 한 요인으로 지적되기도 했다.(選之, 〈宛西印象記〉, 《河南民國
日報》 1938. 3. 18) 또한 《鎭平縣自治槪況》에는 淸鄕의 한 방법으로 1933년 11월
15일 제정된 〈隣右連坐切結辦法〉을 소개하고 있다.(pp.182~184)
68) 이상 진평민단의 성립·확대·조직·훈련과정에 대해서는 《鎭平縣自治槪況》, pp.147~
160, 178 ; 鎭平縣地方建設促進委員會, 《鎭平鄕村實驗事業調査》, 1936, pp.5~7 ;
吳國琳 整理, 〈彭禹廷回鎭平剿匪與興辦地方自治期間大事記〉, 《鎭平文史資料》 第1
輯, pp.85~99 ; 王德慶, 〈鎭平縣匪患大事記〉(1927~1933), 《鎭平文史資料》 第8輯,
1990, pp.112~121.
69) 이하의 내용은 鎭平縣地方建設促進委員會 編, 《鎭平自治槪況》 2集, 北平村治月
刊社, 1936, pp.242~248에 따른다.
70) 초비활동에 공이 있는 민단에 대한 河南省長 劉峙의 직접적 지원은 豫南5縣民團
지원을 통해서도 확인할 수 있다.(〈潢光固息商民團槪況〉, 《河南民國日報》 1932. 1.
11 ; 〈南五縣民團〉, 《河南民國日報》 1932. 1. 14)

표 4.

시기	비수명	인수	소요지대	토벌 과정	전과
27.11	王長安	400	侯集寨 공격	팔우정 南區長이 隊와 寨衆을 기회. 당시 區公所 寨內에 위치.	남쪽으로 도주하는 토비를 20리 추적 8명 사살. 총 11정 노획.
28.2.	趙連承	수십	고향 趙營에 잠입	팔우정은 趙營隊長에게 공격을 명함.	2명 사살. 出境.
28.7.	史家全	500	현 서남부 張林街	팔우정은 王金聲, 梁星照에게 區隊 40명 인솔 명령. 격침 團丁 인솔.	수십인 사살. 출경
27.8	王光斗, 劉華亭	200	鄧縣 三城隍廟	신사 요청에 의해 팔우정 隊을 인솔	20인 사살. 야간 도주
29.2.	劉華亭, 王光斗	200	宋營寨 공격	後集의 왕금성과 黑龍集의 양성조 협공	비도 다수 부상, 사망.
29.2.	趙金斗, 王文斗	200, 무기 천여정	남양, 등현 사이	팔우정은 隊長 王金鐸 과견. 민단 수백명을 이끌고 남양주둔군과 협조.	백명 사살. 인질 300명 구출.
29.5.	張大先, 王光斗	300	현 경계 黑龍集	팔우정은 분대장 郭新泉에게 80명 인솔을 명함. 왕금성, 양성조 협조.	20여리 추적하여 12명 사살. 총2정 노획, 등원으로 도주.
29.6.	王光斗, 劉華亭, 張大先, 薛成德, 趙運勝, 張恒金, 徐春三	1000	등현 서쪽에서 남구 孫樓 일대 침입	팔우정 왕금성에게 各隊를 인솔, 공격지킴.	2일간의 격전을 통해 80명 사살.
29.6.	王泰		方城縣 포위 공격	팔우정 대대장 李森, 내장 趙文華에게 장정 200명 인솔	방성 포위 해제

일자	명단	인원	지역	작전 내용	결과
29.7.	張振江, 曾大少	300	등현북부 小崗營	구공소와 각중대는 협의하에 중대장 과건 張振江, 梁星照	200여 인질 석방. 10명 사살. 말2필, 무기 12정 획득.
29.8.	楊小黑, 薛成德, 張大先, 張振江, 劉華亭, 趙連勝, 曾大少 등 20餘杆	6000	현성 함락	大隊附 梁星照, 中隊長 張庚權, 王金聲, 竇金擎 등과 성내 육박전 전개.	100명 사살. 인질 수백명 구출. 등현 서쪽 廟溝로 도주.
29.10.	鄧縣 匪首 楊小黑, 張大先, 張振江	1000	東北 三城隍廟 萬營 일대	구공소는 왕금성을 과견. 4시간 격전.	서남쪽으로 도주. 10여명 사살.
29.11.	魏賓慶, 張大先, 張振江, 趙連勝, 陳希齡 등 10여 杆	4000	鄧西 교계지역을 따라 진격 盧醫廟 高坵 일대 약탈	대대장 王金聲은 趙文華, 梁星照, 王金鐸, 張庚權 등 각 중대장을 이끌고 剿匪에 나섬.	남쪽으로 도주. 주력하여 가축과 인질을 구출. 말6필, 총2정 획득. 100여명 사살.
30.4.	徐春三		5구 大余營	왕금성은 150명 인솔 공격.	등현 서쪽으로 도주.
30.7.	魏賓慶	300	5구 唐營寨 일대	趙文華 매복 공격	등현 小余營으로 도주.
30.7.	魏賓慶		鄧縣 北部 小余營	왕금성은 왕금타에게 공격 명령	동남으로 도주. 3명 사살.
31.2.	崔二旦	만여명(무기5천, 말천필)	남양 남서에서 등현 침입.	支隊長 鄺우정은 團長 왕金성 과견, 鄺우정은 직접 500명의 단정을 인솔. 내향 민단과 연합.	1000명 섬멸. 동쪽으로 도주. 주적하에 1000명 사살. 인접 다수 구출.

날짜					
31.4.	張嶺頭, 魏國柱 및 최이단의 잔병	8000	南召에서 남양 경계 약탈. 이후 남하	광우정은 營長 왕금타에게 민단 2천 인솔 공격	수십인 사살. 남양 경계로 도주.
31.8.	남양 주둔군 이둥에 따라 안둥 데병, 토비 봉호		남양 둥부	남양의 요청에 따라 광은 團長 陳性之에게 단정 천명 인솔시킴	남양성내의 치안유지
31.12.	魏國柱, 李長有		南召 靑山花子嶺 일대	광우정은 왕금성에게 南陽 三岔口, 진성지에게 五垛山 방어, 十一路軍을 기다려 공격하게 함	
32.2.	王泰	만명	縣東區 馬營街	광우정은 왕금성, 진성지 등에게 내향민단과 협공하라고 명함.	八里廟, 何營業 등에서 1천명 섬멸, 수천명이 인접 唐縣 나머지는 북쪽으로 도주.
32.2.	王泰, 魏國柱, 李長有	2만명, 말천말	南陽의 南河店, 三岔口에서 공격	슈수무제이었으나 十一路軍이 남양에 도착. 남營長 王備康 邢良臣, 團長 王備五 등이 이에 광도 협조.	參謀長 張蒙三이 직접 지휘, 縣西에서 섬전의 결과 2천명 토비 사살, 3천 인접 민단은 군과 서쪽으로 도주. 民단은 鄧縣 경계 함께 주직하여 鄧縣 경계 孔庄張村 일대에서 1천명 사살, 1천명 인접 구출. 다시 등원 서부 蒯溝로 주직 수백명 사살, 左후 湖北 光化縣에서 공격

어함으로써 '적비'가 등현남부로 향하던 진로를 바꿔 隕陽으로 도주하게 하였고, 계속해 十一路軍과 함께 淅川의 李官橋까지 추격하기도 하였다. 또한 1932년 11월 11일 '적비' 賀龍이 수천의 군을 이끌고 호북 隨州, 棗陽에서 북으로 桐柏, 泌陽, 唐河, 方城 鄧縣을 거쳐 南召의 草店 일대에 이르렀을 때, 팽우정은 유치의 명을 받아 總團附 王金鐸과 함께 2천의 단정을 이끌고 대적하여 그들을 북쪽으로 몰아내었다. 이 밖에도 1932년 10월 26일 등현 비수 張恒金이 공비 토벌의 틈을 이용하여 南陽과 光山의 교통을 단절하고 군량미를 약탈하여 토벌군대에 곤란을 입힌 적이 있었다. 이때에도 팽우정은 유치의 명에 따라 이들을 몰아내어 관부의 초비활동에 적극적으로 협력하였다.[71] 이러한 '적비'에 대한 직·간접적인 진평민단의 협조는 공산당에 대한 팽우정의 태도에서도 예상할 수 있는 결과였다.

이상과 같은 민단의 활발한 활동은 초비의 성과와 함께 민단규모 확대를 통해서도 추측할 수 있다. 구체적으로 1933년에 조사된 하남 각현의 무장역량을 비교해 보면 다음 표 5와 같다.

표를 통해 鎭平, 鄧縣, 內鄕 등 완서지역의 민단과 무기의 수치가 월등히 높게 나타난다는 사실을 알 수 있다. 이 표가 현정부의 보고에 근거하여 작성하였다는 점에서 반드시 정확하다고는 할 수 없겠지만 진평을 중심으로 한 宛西의 민단세력의 강성함을 입증하는 데에는 큰 무리가 없을 것이다.

민단과 함께 지역 치안의 중요한 수단은 寨였다. 초비과정에서 민단의 주요 거점이기도 하고, 또 반대로 토비의 근거지로 활용되기도 했던 채[72]를 새로 수축하거나 보수하는 것은 진평자치의 필수과제로 등장했다. 특히 1932년 토비 王泰와 魏國柱 등을 민단이 막아내지 못하여 파괴와 약탈이 자행되자 새로운 寨堡의 수축과 그를 이용한 堅壁淸野 전

---

71) 《鎭平自治槪況》 2集, pp.246~247.
72) 앞서의 〈鎭平縣民團先後剿匪實錄〉에는 주요 거점으로서 기능한 채로 侯集寨, 唐營寨, 穆家寨, 呂營寨, 石頭寨 등이 보인다.

표 5. 各縣 保安隊 및 警衛 實力表[73]

현별	인수	무기수	全年 經費總數	비 고
輝縣	321	221	10,900원	丁兩附加
汲縣	390	322	不詳	
新鄕	416	340	불상	全縣 壯丁隊 33163명, 총 1311
淇縣	80	70+	불상	
修武	200+	150+	불상	
滑縣	420	420	41,880	무기는 各區에서 분담, 경비는 地丁 부가
許昌	605	步槍 420, 馬槍 35, 手槍 50	86,384	
洧川	80	80	불상	
鄢城	490	430	불상	
臨潁	303	211	불상	
鄢陵	500+	400+	每兩地丁 附加二元	
新鄭	240	110+	불상	
鎭平	常備 1,200, 後備 2,000, 壯丁 30,000+	快槍 6,000+, 그외에 刀, 錨, 土炮	불상	
鄧縣	민단 3,000	5,000	불상	
內鄕	민단 8,000	미상	불상	
新陽	743	570	불상	

술이 강조되기에 이르렀고, 1934년 자치위원회 2차회의에서는 다음과 같은 〈修築碉堡辦法〉을 제정하였다.[74]

---

73)《河南省農村調查》, p.74.

74) 이하 법규는 鎭平縣十區自治辦公處 自治旬刊社,《鎭平自治》創刊號, 1934. 4, pp. 17~18.

1. 碉寨修築은 구공소가 소속 향진장을 소집, 호구의 다과를 고려하면 서, 적당한 지점이 어느 곳인지 몇 곳을 건설해야 상호 연락하기에 가장 좋은지를 감정하여 정한다.
2. 지점을 감정한 후, 각 寨에는 正寨長 1인, 副寨長 4인을 선택하여 업무를 담당시키며, 향진장은 당연책임자가 된다.
3. 지점 감정 후, 村莊을 정하여 합작 수축한다. 그러나 촌장을 구분함에 있어 區界를 구분하지 않고 합작 수축의 편리를 도모함을 원칙으로 한다.
4. 새로운 寨를 수축할 때 舊法을 묵수할 필요는 없으니 높고 두터우면 垓字가 없는 담장도 가능하다.
5. 寨의 범위가 지나치게 크면 圍 내부로부터 형세에 따라 小圍 몇 곳을 건립하며 소위를 건립할 때 碉樓 한두 곳을 설치하여 방어에 편리하도록 한다.
6. 新寨를 건립하든 舊寨를 고치든, 土力이 약해 견고함을 유지할 수 없을 경우 지나치게 높게 수축하지 말고 폭을 넓게 해야 하며 양쪽에 수목을 조밀하게 한다. 혹 기와, 돌, 三和土 중 어느 것을 이용하여 수축할지는 모두 상황을 참작하여 처리한다.
7. 新寨 건립이든 舊寨 보수든 채의 상황을 고려하여 寨牆의 측면에 碉樓 몇 곳을 설치하여 좌우 사격에 편리하도록 한다.
8. 寨牆 밖에는 깊고 넓은 寨溝를 판다. 만약 여의치 않으면 다른 장애물을 설치하여 적이 갑자기 寨根에 접근하지 못하도록 한다.
9. 寨牆 밖의 寨濠 양쪽에는 수목을 심거나 木椿을 세워 철조망을 치는 데 편리하게 하고, 동시에 가시나무를 심어 적이 사다리로 오르는 것을 방어한다.
10. 수축공정(비용)은 地畝와 인구수에 따른 灘派를 통해 충당하며 佃戶는 단지 노동력만 탄파한다.
11. 수축을 청부하거나 나누어 실시할 수 있다. 수축 이후 正副寨長은 보수한 곳이 있는지 수시로 조사하며 즉시 상황을 판단하여 처리한다.
12. 이상의 규정은 때와 장소에 맞게 수정할 수 있다.

위의 규정을 보면 區公所－鄕鎭長－正·副寨長으로 이어지는 위계를 통해 자위수단인 寨가 자치조직에 연계되어 있음을 알 수 있다. 문제는 채의 건립과 보수에 필요한 막대한 자금인데, 비록 地畝와 인구수에 따른 공정한 탄파로 충당한다고 규정하고 있지만 실제적으로는 제1구를 제외하고는 판공처의 보조에 의해 마련되었고, 그 결과 1933년에서 1934년 봄에 이르기까지 총 64개의 채가 새로이 건립되거나 보수되었다.[75] 규정에 따라 건립된 채의 구체적 형태는 확인할 길이 없지만 王怡柯가 소개하는 다음의 모델은 참고할 만하다.(그림 1)[76]

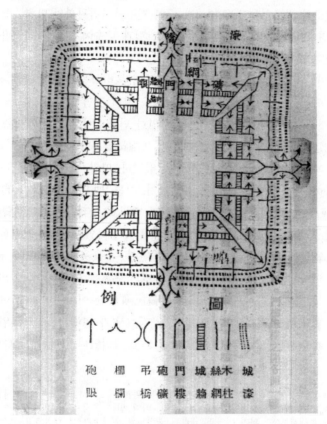

그림 1. 雙層城寨圖

---

75) 1934년 3월, 4월 자치위원회 3차회의와 4차회의는 판공처가 총 2천원의 보조금을 지급한다고 의결하였다.(이상《鎭平自治槪況》2集, p.186)
76) 王怡柯, 앞의 책, p.183.

이것은 1931년 河南全省保甲大會에 周祖武, 高積培 등이 제출한 雙層寨의 모형이다. 진평현의 채가 명확히 쌍층의 형태를 취했는지는 분명치 않다. 그러나 왕이가는 팽우정과 함께 촌치학원에 참여했던 인물이고 쌍층채의 효용이 1928~1930년 사이 魯山 일대에서 입증되어 沙河 이남에 광범하게 이용되었다는 周祖武의 주장, 그리고 개량된 축성법 연구를 강조하는 1932년 3월 15일 진평자치위원회의 명령[77] 등을 고려하면 위의 모형이 진평현의 채의 건립과 보수에 영향을 끼쳤을 것으로 보아도 큰 무리는 없을 것이다.

한편, 이상의 채를 기반으로 활발하게 초비활동을 전개했던 진평자위의 핵심조직인 민단은 어떠한 성격을 지닌 것인가? 宛西地域의 경우 팽우정과 같은 시기 민단을 설치 운영한 인물로서 淅川의 陳舜德, 內鄕의 別廷芳, 鄧縣의 寧世古 등 다수가 존재하였지만 팽우정 만큼 체계적으로 자신의 입장을 정리한 사람은 없었다. 따라서 팽우정의 민단론을 통해 이 시기 민단의 성격을 살펴보자. 그는 '地方的, 自救救人的, 生産的, 建設的, 固定的, 永久的'인 민단과 '私人的, 自殺殺人的, 消費的, 破壞的, 人爲的, 流動的, 暫時的'인 군대를 구별하였다. 또한 진정한 민단이란 官長이 파견한 것이 아니며 貪官汚吏, 土豪劣紳, 地痞流氓, 武斷鄕曲을 일삼는 자, 토비와의 타협자, 客軍의 名義를 받은 자 등에 의해 장악된 '假民團'과는 차원이 달랐다. '眞民團'이란 이기적인 욕심이 아닌 救世救人의 목적을 지닌 지방의 '공정신사'가 영수가 되고 직업과 훈련을 갖춘 '良家의 子弟'가 團丁이 되는 조직이었다.[78] 여기서 그가 가장

---

77) 1932년 자치위원회 1차회의는 "각처의 舊寨를 조사하고 혹 적당한 지점을 택해 민중과 연합하여 신채를 건립하라. 이때 인근 촌장은 마땅히 협조해야 하며 회피해서는 안 되며 아울러 개량된 축성법을 연구하라"고 결정했고, 이어 2차회의는 "첫째, 각 구장이 채 보수계획과 繪圖, 彙報를 입안하면 辦公處가 검사한다. 둘째, 구채를 수리하든 신채를 건립하든 구의 경계를 따지지 않는다"고 정하였다. 또한 이전에 이미 絲綢捐를 기금으로 현성에 대한 몇 차례의 보수가 진행되었다.(이상 《鎭平縣自治槪況》, p.161)

78) 彭禹廷, 〈在民團敎導隊講演民團意義之表解〉(1930. 12, 1931. 1), 《鎭平縣自治槪況》, pp.180~184.

강조하는 것은 민단과 군대의 차이, 혹은 민단의 眞僞 변별이란 문제였음을 알 수 있다. 결국 그는 민단과 군대, 그리고 '假民團'을 엄격히 구별하여 민단－군대－토비의 악순환을 끊고자 했던 것이다.

그럼에도 불구하고 앞에서도 민단을 살펴 보았듯이 초비활동이나 공산당 토벌에서 성정부 혹은 주둔 군대와 민단과의 긴밀히 협력하였다. 이는 '지방의 公正紳士'를 지도자로 하고 '良家子弟'를 團丁으로 하는 민단이나, 또 지역을 완전히 장악하고 있지 못한 성정부 모두에게 이익이 되는 일이었다. 그러나 명확히 관부의 영향력에서 벗어난 민단이란 무장력을 옹유한 지역유력가가 단지 지역의 치안유지나 초비활동만을 위해 이를 사용하지 않았다. 즉 '지방혁명'을 추진하였던 진평현 등의 宛西 4현은 민단이란 무장력을 바탕으로 관부와 대립하면서 지역을 할거할 수 있었고, 이러한 측면에서 팽우정 등은 반대세력에 의해, 군대가 아닌 민단을 통해 지역을 수탈, 장악한다는 의미에서 군벌에 비견되는 '團閥' 혹은 '土豪劣紳'으로 비난받기도 했던 것이다.[79]

V. 맺음 말

진평현에서 자위란 자치의 필요조건, 즉 출발점이지 최종 목적이 될 수는 없었다. 이러한 측면에서 '自富主義'는 현내의 부 개발을 통한 여타 건설의 재원 마련과 인민의 생활 향상을 도모하는 진평자치의 중요한 부분이라 할 수 있다. 즉 민단 이외에 財政, 金融, 經濟, 敎育, 風俗改

---

79) '團閥'이란 용어는 梁仲華, 〈鎭平自治之鳥瞰〉, 《鎭平自治之紀念》, p.20에 보인다. 물론 梁仲華는 彭禹廷이 '團閥'이 아님을 강조하였다. 또한 팽우정 스스로는 물론 부인하지만 자신이 '토호열신'으로 비난받고 있었던 사실은 알고 있었다.(彭禹廷, 〈對宛汝各屬保衛團幹部訓練所畢業學員講話〉(1932. 7. 15), 《鎭平縣自治概況》, p.256.) 한편 왕이가는 농촌자위를 이용하여 관부와 군대보다 더한 수탈을 자행하는 존재로서 山大王, 團閥을 설명하고 있는데, 그에 따르면 이 둘은 團覇로 통칭되고 더 나아가 團匪로 변모될 수 있었다.(王怡柯, 앞의 책, pp.80~86)

良, 衛生, 救濟, 地畝整理, 戶口調査, 合作社 등 다양한 '현건설'이 이루어졌던 것이다. 그리고 그 성과는 "夜不閉戶, 路不拾遺, 村村無訟, 家家有餘"의 16자의 구호로 세간에 널리 알려졌고 동시에 향촌건설운동의 모범지역으로 평가되었다. 이러한 진평의 '현건설' 과정은 남경정부 '국가건설'의 축소판이라고도 할 수 있다. 따라서 양자가 상호 대립할 이유는 없었다. 또한 공산당이나 초비활동에 민단과 군대가 협조할 수 있었고, 팽우정이 삼민주의를 1930년대 초의 진평현에 맞춰 재해석함으로써 자신의 '지방혁명'론을 정립했다는 사실도 남경정부와의 대립을 피해 가게 할 수 있었다. 그러나 현장을 살해하고 省政府의 苛捐雜稅를 거절하는 등 자율적 지향을 강화[80]해 가는 진평현을 중앙의 입장에서 방기할 수 없었을 것이다. 더욱이 중앙의 성정부는, 1932년 自治 중지와 保甲의 실시를 공포함으로써 통일적 지향을 더욱 분명히 했다. 彭禹廷이나 그의 동료 寧洗古 암살사건은 바로 이상과 같은 국가-사회 사이의 모순이란 정황 속에서 이해할 수 있을 것이다. 진평현의 할거 양상은 또한 자치기구의 건립과 그 변화과정을 통해서도 확인할 수 있었다. 즉 기존의 '假自治'＝官治에서 '半自治', 그리고 '眞自治'로의 점진적 과정을 추구함으로써 진평현은 여타 지역의 자치와 차별성을 보여 주었다.

한편, 향촌건설운동은 초기 다양한 단체가 뚜렷한 조직적 연계 없이 독자적으로 나름의 實驗縣를 통해 전개하였다. 따라서 운동의 統一性과 함께 독자성 내지는 차별성을 지닌다고 할 수 있는데, 이는 추진 주체의 성격과 지역 상황의 차이에 따른 것으로 보인다. 이 점과 관련하여 진평현 건설운동이 民團을 중심으로 한 자위활동에서 시작되었다는 점에서 독특하였다. 이것은 주로 진평현이 전통적 '土匪世界'의 하나인 豫西南에 위치했기 때문이었다. 그런데 본래 토비 등에 대항하기 위

---

80) 劉家驥는 1930~40년 사이 완서4현은 나름의 제도와 법령을 갖추어 국민당정부도 어찌할 수 없는 '獨立王國'을 형성했다고 회고하고 있다.(劉家驥, 〈豫西南的 '獨立王國'〉, 河南省文史研究館 編, 《中州鉤沉》, 上海書店, 1994, pp.57~59)

해 조직된 민단이란 무장역량은, 더 나아가 기존의 통치질서를 대체한 새로운 자치기구를 형성시켜 自衛·自治·自富의 '三自主義'를 실천할 수 있는 실질적 토대로 작용할 수 있었다. 그 결과 鎭平의 彭禹廷, 內鄕의 別廷芳, 淅川의 陳舜德 등 지역유력가들은 군벌에 대응하는 '團閥'로 매도당하기도 하였지만 토비·군벌·공산당 등 지역에 침투하려는 외부세력에 대항하면서 '眞自治'를 추구하였던 것이다. 필자는 이러한 鎭平自治運動(더 나아가 宛西自治運動)을 1920년대 토비·약탈군대·공산당 등에 동일하게 대항하면서 지역의 이익을 보위했던 紅槍會運動의 연장선상에 위치시키고자 한다. 비록 둘은 이념에서는 '槍槍不入'의 주술 등에서 보이는 바와 같은 '전통주의'와 三民主義라는 '近代主義'가 대조를 이루고 있으며, 구체적 수단으로 홍창회와 민단이란 차이를 드러내지만, 조직의 주체, 운영원리, 투쟁대상 등에서 둘은 서로 통하였다.[81] 이렇게 본다면 1920년대 紅槍會에 의한 地域割據의 양상은 1930년대 초 남경정부의 국가건설시기에 이르러, 宛西라는 낙후지역을 중심으로 하는 '眞自治'로의 지향이라는 형태로 변용되었다고 할 수 있을 것이다.

---

81) 紅槍會와 진평자치의 중심수단인 민단과의 관련성에 대해서는 이미 동시대인의 주목을 받았다. 물론 이들은 규율 있고 조직적인 민단을 조직과 훈련이 제대로 이루어지지 않으면서 미신을 신봉하는 홍창회와 대비해 설명하고 있다.(孔雪雄, 《中國今日之農村運動》, 中山文化敎育館, 1934, p.184 ; 梁仲華, 〈鎭平自治之鳥瞰〉, 嚴愼修編, 《鎭平自治之紀念》, 1934. p.5)

抗日戰爭前 일본의 중국침략에 대한 平津지식인의 반응 *
― 傅斯年을 중심으로

車 雄 煥

Ⅰ. 머 리 말

20세기 전반기에 중국이 해결해야 할 많은 과제 가운데에서 가장 중요한 것은 일본의 침략을 물리치는 것이었다고 할 수 있다. 전통시대 중국은 일본을 섬나라 오랑캐[倭夷] 정도로 간주하여 무시해 왔는데, 이제는 오히려 전력의 역전현상이 일어나서 침략을 당하는 처지가 된 것이다. 청일전쟁에서 청이 패배하고 난 뒤부터 일본은 힘의 우위를 이용하여 지속적으로 중국침략에 나서게 되었고, 마침내 1931년 '9·18 사변'을 일으켜 침략정책을 노골화, 본격화했다. 1945년 일본의 패전으로 전쟁이 종결되었지만, 수많은 인명상해와 재산상의 손실을 중국 측에 안겨 주었다. 일본의 침략행위에 대해 당시 지식인의 반응은 격렬했다. 어느 시대이건 간에 국가가 어려운 상황에 처하게 되면 지식인은 깊은 책임감을 갖게 되지만, 전통시대 '先天下之憂而憂'의 정서 속

* 이 논문은 학술진흥재단의 연구비(1997년 신진교수연구과제)를 받아 수행되었다.

에 있던 그들은 國難에 민감하게 반응했고, 문제해결책을 찾아서 제시
하기도 했다.

일본의 침략코스가 중국의 동북 지방에서 시작하여 熱河·長城을 이
어 華北 지방으로 내려오는 양상이었기 때문에 전통시대 중국 정치·문
화의 중심지이었던 북방지역(구체적으로 北平·天津지역)은 국방상의 최
전선이 되어 버렸고, 따라서 이 지역의 지식인들은 일본 침략에 특히
민감한 반응을 보였으며 정서도 매우 격앙되어 있었다. 더구나 남경국
민정부가 '9·18사변'부터 시작된 일본군의 본격적인 침략에 대해서 적
극적으로 저항하지 않았기 때문에 학생층을 중심으로 한 중국민중은
對日宣戰과 卽時抗戰할 것을 정부에 강력히 요구하는 通電·시위·청원
운동을 벌였고, 不抵抗主義者들을 엄벌하라고 주장했다. 당시 北京大學
을 중심으로 한 북방지역 대부분의 대학교수나 신문사·잡지사의 기자·
주필 등 언론계 종사자들은[1] 항일문제에 깊은 관심을 갖고 저술활동을
활발히 했지만, 반응은 상당히 차분한 편이었다. 이들 가운데 상당수가
蔣介石 정권에 비교적 가까운 편이었기 때문에 일본침략 즉시 남경정
부를 熱戰으로 내몰지 않았는지도 모른다. 당시 국가역량의 열세를 인
정하여 국민정부의 소극적인 저항을 어느 정도 용인해 준 측면이 있다
는 말이다.

그런데 이른바 이들 '理性的 지식인' 가운데에서 독특한 인물이 하나
있다. 그가 바로 傅斯年이다. 이들 지식인 중에서 傅斯年은 항일문제에
관한 한 가장 강한 저항파로 알려져 왔다. 어떠한 형식이 되었건 일본
과의 타협과 투항을 반대하고 비판해 온 인물이라는 데에 대부분의 학

---

1) 李雲漢은 이들이 사회를 이끌어 갈 스승의 자격이 있는 자들로서 엄정한 民族
大義와 이성적인 구국주장노선을 견지하고 있다고 보아 '고급지식분자'라고 지칭
하고 있다. 특히 이들 가운데에서 위험한 北平에서 근무하는 자들을 一群의 '北
方學統'으로 분류하고 있고, 이 북방학통의 지식인들이 華北政局을 안정시키는
데 중요한 힘을 발휘하고 있다고 보아서, 국방의 제1선에서 '민족정신의 만리장
성'을 세우고 있다는 陶希聖의 말을 인용하고 있다.(李雲漢, 〈抗戰前中國知識分子
的救國運動－民國二十年至二十六年〉, 徐復觀 等著, 《知識分子與中國》, 臺北 : 時
報文化出版公司, 1980. 8, p.389)

자들이 동의해 왔다는 이야기다.[2] 심지어 傅를 국가와 민족을 먼저 염려하는 애국자—그것도 '열광적인 애국자'(熱狂的愛國者)[3]라고까지 치켜세우는 사람이 있을 정도이다.

그러면 傅斯年은 과연 지금까지 알려진 대로 이른바 '이성적인 지식인' 가운데에서 가장 강경한 對日저항론자 임에 틀림이 없는가? 이것이 사실이라면 그는 왜 그렇게 강렬하게 저항을 주장했으며, 또 그 계기는 무엇일까? 만약에 傅가 알려진 것과 달리 철저한 저항론자가 아니라면, 그가 진짜 주장하는 바는 무엇이며, 또 그 근거는 어떠한 것이었을까? 그리고 지금까지 傅가 저항론자로만 알려지게 된 원인은 어디에 있을까? 이것과 더불어 傅가 장개석과 국민당정권을 어떻게 바라보고 있고, 정부에 요구하는 바는 무엇이며, 또다른 정치세력인 중국공산당을 어떤 집단으로 보고 있을까? 결국 傅의 對日認識의 수준은 어느 정도였고, 그가 제시한 구체적인 항일대책은 무엇이며, 또 항일운동의 주도권을 누가 장악해서 지도해 나가야 된다고 생각하고 있는가? 이 글은 이러한 문제들을 해결함으로써 1930년대 중일전쟁이 발발하기 직전 한 중국지식인의 抗日문제 인식과 반응을 살펴보려고 한다.

傅斯年에 대한 연구는 그동안 비교적 소홀하게 다루어져 왔다. 중국혁명의 성공이라는 환경 속에서 연구자의 이목이 주로 기존의 左派나, 최근에는 '중간파'(제3세력)에 치우쳐 있었기 때문이다. 1990년대에 들어서는 이들 외에 자유주의계열이나 우파지식인에 대한 관심과 연구도 활기를 띠고 있는 편이나, 북방지식인을 대표한다고 할 수 있는 胡適에 대한 연구에 가려서 臺灣海峽 양안에서 모두 傅斯年은 별로 주목을 받지 못한 탓이다.

---

2) 岳玉璽·李泉·馬亮寬, 《傅斯年─大氣磅礴的一代學人》, 天津人民出版社, 1994. 3, p.214.
3) 위의 책의 序文을 쓴 楊志玖가 쓴 표현이다. 위의 책 序, p.2. 애국자는 그 개념규정이 모호한 표현인데 중국학자들은 많이 사용하고 있는 편이다. 애국을 하지 않을 사람이 얼마나 있겠는가? 따라서 애국을 했느냐 안 했느냐를 가지고 한 인물을 평가하는 것은 적절한 기준이 아닌 것 같다.

이 글 연구의 대상시기를 1931년에서 1937년까지로 잡은 동기는 주지하다시피 1931년 9·18사변부터 일본의 중국침략이 본격화되어서 부사년의 抗日인식과 반응을 살필 수 있는 적당한 시기로 보았고, 또 1937년 7·7사변부터는 이미 중·일 간에 전면전쟁이 시작되어서 중국으로서는 저항 이외의 다른 선택을 할 수 있는 제2의 길이 없어 보였기 때문이다.

Ⅱ. 抗日問題認識

일본의 중국침략은 1930년대 들어서 본격화하는 양상을 띠기 시작했으며, 9·18사변은 그 서막을 알리는 것이었다. 일본의 침략은 9·18사변으로 끝나지 않았으며, 그 후로도 지속적으로 계속되고 있었다는 데 특징이 있다. 중국이라는 국가 자체가 워낙 크고 인구가 많기 때문에 단시간에 한번의 공격으로 무너뜨릴 수 없을 것이라고 생각되어서인지, 일본은 중국을 조금씩 조금씩 점령하는 정책을 썼던 것이다. 그러므로 당시 중국의 지식인들도 일본문제를 만주침략이라는 일회성이 아닌 지속적인 침략으로 보고 심각하게 생각했다. 일본이 침략을 멈추지 않고, 1932년 1월 3일 遼寧省의 중요한 거점인 錦州를 가볍게 점령해 버리자 국가를 생각하는 지식인들은 심리적으로 커다란 타격을 받게 되었으며,[4] 이 사건으로 인하여 당시 지식인들은 일본을 새롭게 인식하게 되었다.

이른바 '理性的'인 지식인 가운데에서도 抗日問題에 비교적 강경한 견지에 있었던 傅斯年은 9·18사변은 有史 이래 가장 엄중한 國難이고, 최근 100년 동안 동아시아에서 일어난 최대의 전환점이며, 제1차세계

---

4) 楊奎松, 〈七七事變前部分中間派知識分子抗日救亡主張的異同與變化〉, 《抗日戰爭研究》 1992-2, p.75.

대전·러시아혁명과 더불어 20세기 세계사에서 일어난 가장 큰 3大 사건 가운데 하나[5]라고 강변하고 있는데, 傅의 입장에서 보면 이것은 전혀 무리한 주장은 아니었던 것이다. 더구나 傅는 1930년대 초반 당시의 상황을 1914년 제1차세계대전 직전의 모습과 비교하여 몇 배나 더 위험한 局面이라고 규정하고, 다음 대전은 제1차세계대전과 달리 반드시 중국과도 직접적으로 연관될 것[6]이라고 강변하면서 抗日문제를 세계대전의 구도에서 파악하려고 하고 있기 때문에 일본침략문제를 더 심각하게 보고 있다.

일본이 錦州를 점령하고 나서 다시 熱河지역까지 침략의 손길을 뻗치려고 하자[7] 傅斯年은 중일문제의 평화적인 해결에 대한 희망을 아예 포기해야 한다고 강하게 주장하고 있다. 그가 이러한 주장을 한 근거는 역시 일본이 중국을 침략할 의도를 계속 가지고 있다는 점이다. 중·일 평화가 이루어지려면 반드시 일본을 만족시켜야 하는데, 그러려면 중화민국이 독립을 취소하고, 이른바 '大日本帝國'의 順民이 되든가, 아니면 다음과 같은 최소한의 요구라도 들어주어야 한다고 말한다. 즉 1) 만주국(僞滿)의 독립을 승인하고, 熱河와 灤東을 바칠 것. 2) 북방에 정부를 하나 만들어, 일본의 지휘를 받게 할 것. 3) 전국이 어떠한 公的私的 배일운동을 하지 말고 일본상품 판매를 힘써 도와주어서 서양각국을 능가하게 할 것. 4) 애국주의 교육을 취소할 것 등이 일본을 만족시키는 최소한의 조건인데 과연 이 조건을 들어줄 수 있겠는가 하는 논리다. 이것을 들어주지 않으면 일본은 반드시 끊이지 않고 계속 중국을 가만두지 않을 것이며, 일본의 침략이 임박한 熱河도 일본이 결코 포기

5) 傅斯年, 〈九一八一年了!〉, 《獨立評論》 18(1932. 9. 18) ; 《傅斯年全集》 第5冊, 臺北 : 聯經出版公司, 1980. 9, p.74.(이후 傅斯年의 글은 특별히 출전을 밝히지 않는 한 모두 《傅斯年全集》 第5冊에 의거한 것이다. 따라서 쪽수도 모두 이 전집 第5冊의 쪽수를 말한다)
6) 〈中國現在要有政府〉(1932. 6. 19), p.62.
7) 일본의 熱河侵略에 대한 당시 지식인들의 자세한 반응에 대해서는 車雄煥, 〈日本의 熱河侵略과 《獨立評論》(1932~1933)〉, 《中國現代史研究》 3輯(1997. 6) 참조.

하지 않을 것임은 태양처럼 너무나 명백한 사실이라는 것이다. 9·18사
변 이후 일본의 침략이 중단 없이 계속되고 있다는 데에 傅斯年은 주목
하고 있다. 일본이 침략전쟁이 이렇게 분명한데도 이른바 '理性的' 선생
들은 일본의 행위는 일본군벌의 행위이기 때문에 일본국민을 설득하거
나 일본의 합법적인 이익을 보장해 주면 중일문제 해결의 가능성이 있
다고 보는데, 이것은 달콤한 꿈에 불과하다는 것이다. 따라서 今日의
'倭寇'대책은 항복 아니면 전쟁 두 방법밖에 없으며, 평화적인 해결책은
전혀 없다고 단호하게 말하고 있다.[8]

傅斯年이 예상했던 대로 일본은 1933년 3월 4일 承德에 진주함으로
써 마침내 열하를 점령해 버렸다. 전통시대 열하성은 北京·天津지역 —
즉 중국의 수도지역을 지키는 보호벽 역할을 했고, 關內와 關外를 연결
시키는 목구멍과 같은 역할을 하는 전략상의 요충지로서,[9] 중국의 중요
한 방어선이라고 할 수 있다. 이처럼 중요한 열하가 함락되고 난 뒤 傅
斯年은 일본에 대한 인식을 다시 새롭게 하고 있다. 이처럼 적극적인
일본의 대륙정책을 보고 傅斯年은 일본이 이제 아시아의 지배자로 자
임하면서 육해군 방면에서 다른 아시아 여타 국가보다 더욱더 우월한
병력을 가지려는 논리를 만들고, 이 군사력으로 계속 침략정책을 고수
하려할 것으로 보고 있다. 9·18사변 이전에는 그나마 일본의 온건파라
도 적극적인 대륙정책을 찬성하지 않았는데, 군부가 온건파의 입김을
무시하고 군비확장을 계속할 논리를 만들고 있고, 이러한 추세는 이미
멈출 수 없는 단계에 이른 것이며, 따라서 일본의 침략정책을 되돌리기
가 불가능할 것으로 傅斯年은 보고 있는 것이다.[10]

한편 일본이 열하까지 점령해 버리자, 국민정부는 1933년 5월 31일,
塘沽에서 정전협정을 맺어 전쟁을 잠시 중지시키고, 우선 華北地方을

---

8) 〈日寇與熱河平津〉(1932. 8. 14), pp.67~69.
9) 劉維開, 《國難時期應變圖存問題之硏究─從九一八到七七》, 臺北 : 國史館, 1995. 6,
   pp.95~96.
10) 〈今天和─一九一四〉(1934. 2. 18), p.344.

보존하려고 했다. 그러나 이 정전협정의 내용을 보면 중국측에게 매우
굴욕적인 것임을 알 수 있다. 즉 중국군은 延慶-昌平-順義-香河-寧河
線(北京-天津線 바로 위—곧 長城線을 가리킴)의 以西와 以南지역에서
철수하고, 이후에도 이 선을 넘어서 나갈 수도 없고, 또 일체의 도전이
나 소란행위도 할 수 없으며, 일본군은 이 사항이 잘 지켜지고 있는지
확인하기 위해서 수시로 비행기 등을 이용해서 시찰할 것이고, 중국은
이 시찰행위를 보호하고 각종 편의를 제공해야 된다는 것이다.[11] 중국
은 이 조약으로 인해 일본군의 장성선 이북지역 점령을 사실상 인정한
것이나 마찬가지였다. 이 협정에 대해 傅斯年은 커다란 치욕이며,[12] 아
주 잘못되었다[大錯特錯]고[13] 강하게 비판하고 있다. 胡適은 이 협정으
로 인해 華北 지방을 지킬 수 있다는 입장에서 이 협정에 동조하는 〈保
全華北的重要〉라는 글을 발표하는데, 傅는 이 글을 보고 크게 화가 나
서 胡適과의 관계를 끊으려고까지 했다.[14] 傅가 이 정전협정에 얼마나
비판적이었는가를 단적으로 보여 주는 부분이다. 더구나 傅斯年은 이
정전협정의 효용성에 대해서도 의문을 표시하고 있다. 즉 협정을 준수
하기 위해서 日本軍이 장성선 이남까지 침략을 못하는 것이 아니라, 서
구열강이 일본의 瀋陽·長春 점령을 합법적인 것이라고 승인해 주지 않
고 있기 때문에 北京까지 공격을 계속하지 못한 것이며, 바로 이 서양
세력 때문에 일본군은 단지 평화공세라는 연극을 계속하고 있을 뿐이
라고 傅는 보고 있는 것이다.[15]

'9·18사변' 이후 일본의 대중국정책은 군사작전을 통한 영토침략과
점령이라는 강경책을 고수하는 편이었다. 그런데 이 점령정책이 熱河
점령 후 南京 국민정부와 塘沽停戰協定을 맺고부터는 잠시 중단되는

11) 〈中日塘沽停戰協定〉(1933. 5. 31), 羅家倫 主編,《革命文獻》38輯, 臺北 : 中國國
民黨中央委員會黨史史料編纂委員會(1984. 5), 影印再版, pp.2232~2233.
12) 〈睡覺與外交〉(1934. 8. 19), p.141.
13) 〈政府與對日外交〉(1934. 6. 10), p.137.
14) 자세한 것은 車雄煥, 앞의 글, p.103 참조.
15) 〈中日親善 ??!!〉(1934. 3. 3~10), pp.154~155.

방향으로 나갔다. 1933년 9월에 등장한 廣田弘毅 日本 외상의 주도로
이루어진 이른바 和協外交가 바로 그것인데, 이 평화정책이란 南京정
부의 華北 장악을 잠시 용인하는 것으로, 그 결과 양국의 외교관계가
公使級에서 大使級으로 승격되고(1935. 5), 중국의 항일운동을 금지시
키는 邦交敦睦令(1935. 6)을 중국측이 받아들이는 데까지 발전했다. 그
러나 廣田의 이 和協外交라는 것도 일본의 중국침략이라는 진짜 의도
를 잠시 숨기고, 표면적인 중일친선관계를 강조한 것에 불과하다. 9·18
사변 후 국제연맹은 일본군의 철수를 이사회에서 통과시키기도 하고
(1931. 10. 24), 국제연맹 조사단(이른바 리튼조사단)을 파견하여 일본침
략과 만주국 건국의 부당성을 지적하는 보고서를 올리기도 했다(1932.
10). 이에 대해 일본은 국제연맹 탈퇴(1933. 3)라는 초강수의 외교정책
으로 맞대응하면서 반발하기도 했지만, 영·미 등 강대국과의 관계에서
외교적인 고립을 감수해야만 했던 것이다. 더구나 중국에서는 反日여
론이 드세지고 있었기 때문에 일본으로서는 어떻게든지 외교적 고립을
탈피하고 중국의 반일여론을 잠재우기 위한 대책이 필요했고, 그 결과
나온 묘책이 바로 이 표면적인 평화정책이었던 것이다.[16] 이러한 일본
의 대중국정책이 일본의 중국침략 의도를 숨긴 허구에 불과하다는 사
실은 和協外交政策 이후 일본의 태도를 보면 금방 알 수 있다. 일본 梅
津·何應欽協定(1935. 6. 10), 土肥原·秦德純協定(1935. 6. 27)을 중국측에
강요하여 체결하게 함으로써 중국군의 장성선 이남으로의 철수와 항일
여론 금지, 排日기관 해산 등을 관철시켰다. 더구나 冀東防共自治政府
(1935. 11. 25)와 冀察政務委員會(1935. 12. 7)를 만들어서 화북 지방을 南
京정부의 지배로부터 분리시키고(이른바 華北特殊化) 이곳에 괴뢰정권
을 세우려는 정책을 시도하고 있는 것이다.[17] 다시 말하자면 華北 지방
에 제2의 滿洲國을 건국시켜서 滿洲에 이어 華北까지 실질적으로 일본

---

16) 자세한 사항은 中國社會科學院 近代史硏究所,《日本侵華七十年史》, 北京 : 中國
社會科學出版社, 1992. 10, pp.304~376 참조.
17)《日本侵華七十年史》, pp.377~417 참조.

의 손아귀에 넣으려고 한 것이다.

일본의 이러한 평화외교 공세에 대해서 傅斯年은 中日親善은 虛名일 뿐이며 실제로는 일장기[太陽旗]를 北平正陽門에 걸어 다는 것을 잠시 중지한 것일 뿐이라고 혹평하고 있다.[18] 전쟁에서 上策은 싸우지 않고 이기는 것[不戰而勝]이고, 외교에서의 上策은 取實棄名인데, 이런 관점에서 보면 침략이란 모름지기 최소의 대가를 치르고 최대의 이익을 얻는 것이 최고의 책략인 것이다. 傅가 보기에 일본은 직접 나서지도 않고, 군사·경제 방면에서 화북을 야금야금 점령해 나가다가 나중에 확실하게 장악해 버리려는 정책을 사용하고 있는데, 이것이 바로 일본의 이른바 평화외교라는 것이다.[19] 그러므로 일본인의 태도, 특히 동북에 대한 태도가 바뀌기 전에는 中日親善은 절대로 불가능하다는 입장이다.[20] 동북문제의 본질이라는 것은 법률적으로도 사실로서도 하등 복잡할 것도 없는, 일본의 영토침략이기 때문에[21] 일본이 반드시 東北四省을 돌려주어야만 일본과의 교섭이 가능하며, 그렇지 않으면 모든 교섭을 이야기할 수 없는 것이라는 생각이다. 중국의 대토지를 점령하고 나서 다시 교역상의 특혜를 달라는 것은 억지이며, 정부가 이러한 의견을 명백히 밝히지 않으면 일본은 교섭 가능성에 대한 희망을 갖게 되고, 그러면 장래에 반드시 문제가 발생한다는 것이다.[22]

같은 시각에서 傅는 이른바 경제제휴라는 것도 亡國으로 가는 길로 보고 있다. 모름지기 경제제휴는 평화와 호혜의 원칙이 전제되어 있지 않으면 큰 것이 작은 것을 합병해 버리기[大倂小] 십상이고, 심지어 本國과 식민지의 관계로 전락해 버릴 수도 있기 때문이라는 것이다. 그러므로 일본이 추진하는 중·일 경제제휴도 日滿經濟合作으로 미루어 짐

---

18) 〈不懂得日本的情形!?〉(1934. 2. 4), pp.125~126.
19) 위의 글, p.127.
20) 〈中日親善??!!〉, p.151.
21) 〈國聯調査團報告書一瞥〉(1932. 10. 16), p.89.
22) 〈政府與對日外交〉, p.139.

350

작해 보면, 중국 전체가 제2의 만주국으로 가는 첩경인 것이다.[23] 중국은 일본의 보호국이라는 일본 외무성 관리의 선언에 대해서 廣田外相은 의회의 답변을 통해서 이러한 對中國정책은 不變하다고 말하고 있는 것을 보아도 廣田 평화외교의 허구성을 능히 알 수 있다고 주장하고 있다. 더구나 지금은 서양 열강이 주시하고 있기 때문에 일본이 평화의 제스처를 보이지만 중국에서 국제적인 세력균형[國際均勢]이 사라지면 일본은 바로 중국동포를 살육하고, 중국정부를 멸망시킬 것이라고 강하게 얘기하고 있다.[24] 다시 말해서 일본이 말하는 '共存共榮'이니 '東亞同種共濟' 같은 얘기는 모두 사람을 속이는 사기이므로, 싸우고 희생을 치르지 않으면 생존은 불가능하며, 조선과 같은 길로 갈 뿐이니, 제휴라는 것은 合邦의 前一幕이라는 사실을 명심해야 할 것이라고 경고하고 있다.[25]

위와 같은 입장에서 華北自治니 華北特殊化니 하는 일본의 북중국 분리공작에 대해서도 반박하고 있다. 중국은 秦漢 이래로 계속 통일국가로 존재해 왔으며, 중화민족은 같은 말을 하고, 같은 문자를 쓰고, 같은 문화를 누리고, 같은 윤리 속에 있기 때문에 한 가족이며, 북쪽과 남쪽으로 나누고, 분열시킬 수 없다는 것이다.[26] 북방인과 남방인 사이에 서로 욕하고 비난하는 모습이 없는 것은 아니지만, 그렇다고 해서 국민정부가 북방인을 소홀히 대한다거나, 남방인이 북방인을 통제한다고 하는 것은 신경과민한 이야기에 불과한 것이니, 중국을 북과 남으로 나눌 수 없음은 명백하다고 보는 것이다. 북방인은 남방에 비해서 역사적으로 외족의 침략을 많이 받았기 때문에, 亡國의 위기 때에 투쟁에 적극 참가해 왔는데, 지금이 바로 그 위기이니, 이미 最前線이 되어 버린 북방에서 전 국가와 전 민족을 위해서는 일본의 화북분리공작에 나서 싸

---

23) 〈中日親善??!!〉, pp.152~153.
24) 위의 글, pp.153~154.
25) 위의 글, pp.154~156.
26) 〈中華民族是整個的〉(1935. 12. 15), pp.174~175.

워야 된다고 말하고 있다.[27] 또 일본의 화북분리공작에 동조해서 북방에
새로운 조직을 만들려고 하고 있는 북방 지방 執政者들에게도 북방의
安危라는 이유를 내세워 신조직을 만들지 말 것을 요구하고 있다. 지금
은 단지 中央을 받들어야만, 비로소 抗日의 방법이 나올 수 있는 것이
니, 신조직이 무슨 색깔이든지 절대로 만들어서는 안 된다는 논리다.[28]

傅斯年의 항일의식이 어떠한지를 얘기할 때 흔히 이야기되는 그의
몇 가지 행동이 있다. 1932년 후반 일본의 熱河침략이 임박하자 平津
지방이 위협받게 되었다. 전통적으로 중국의 수도 역할을 했던 平津 지
방을 바라보는 지식인들의 눈은 남달랐다. 이 지방을 일본의 침략·점령
으로부터 보호하기 위해서 1932년 10월에 馬叔平을 비롯한 일단의 文
人들이 北平을 '文化城'이라는 중립지구로 만들려는 운동을 벌인 적이
있다. 이에 대해 傅斯年은 강하게 반대하면서 馬叔平 등에게 이 운동을
중지하라고 권고했으나 실패했다.[29] 그 후 傅는 北平사회를 혹독하게
비판하고 있다. 이른바 '고상한 선생'들이 국보를 지키기 위해서 이 운
동을 벌이고 있는데, 태평성대에나 국보의 가치가 있는 것이지, 혼란시
기에는 마치 祭器를 안고 피난가는 것처럼 어리석은 짓이며, 東北 지방
을 잃은 것에 비하면 국보라는 것도 별다른 가치가 있는 것이 아니라는
것이다. 후손들에게 국보보다는 평화로운 영토를 물려주는 것이 기본
의무라는 이야기다. 北平 지방은 이미 국방상의 최전선이나 마찬가지
인데도, 北平의 어디에도 憂國의 소리는 들려오지 않고, 청년들은 사랑
타령, 노인들은 돈타령, 학생들은 시위, 교원들은 자기 이익 지키기, 상
인들은 일본상품 판매에만 열을 올리고 있다는 것이다.[30]

2~3년이 지나 일본의 중국지배가 더 강해지고 있을 때 傅斯年의
항일의식이 얼마나 강한지 알 수 있는 사건이 하나 더 발생했다. 冀察

27) 〈北方人民與國難〉(1935. 12. 15), pp.184~185.
28) 〈北局危言〉(1936. 7. 5), pp.202~203.
29) 岳玉璽·李泉·馬亮寬, 《傅斯年》, pp.216~217 참조.
30) 〈日寇與熱河平津〉, pp.70~71.

事變이 발생하고 일본이 화북특수화(화북자치)운동을 벌이고 있을 때, 친일파들은 일본인들 비위 맞추기에 급급하고 있었다. 宋哲元의 막료인 蕭振瀛이 北平市長 역할을 맡고 있을 때 북평 교육계 인사들을 초대한 좌담회에서, 일본에 투항하든지, 아니면 최소한 입을 다물고 抗日言論을 발표하지 말 것을 강요했다. 모두가 당혹해 하고 있는데 胡適과 傅斯年만이 일어나서 蕭에게 격렬한 반대의사를 밝히고, 민족을 배반하고 조국을 분열시키는 행위를 하지 말 것을 친일파에게 경고했다고 한다. 그 당시 화북의 상황은 친일파가 횡행하고, 일본 특무공작원들이 공개적으로 활동하고 있었기 때문에, 이런 抗日행위는 생명의 위험을 무릅쓰고 하는 것이었다고 羅家倫은 술회하고 있다.[31] 傅斯年의 이날 발언은 당시 北京大學을 비롯한 北平各界에 큰 영향을 끼쳤다. 그 결과 北京大學에서는 北大의 南遷반대, 굴복하지 않을 것, 마지막 하루까지 남아서 北平을 지킬 것 등을 선언하는 대회를 열기도 했다.[32]

이상에서 살펴본 것처럼 傅斯年의 항일인식은 친국민당 계통의 지식인 중에서는 가장 격렬한 편이며, 胡適·羅家倫을 비롯한 당시 지식인들도 이 점은 모두 인정하고 있다.

Ⅲ. 抗日對應策

일본의 중국침략문제에 비교적 강한 반응을 보인 傅斯年은 과연 이 문제를 어떤 방식으로 해결해야 된다고 생각했을까? 傅가 보인 첫 번째 반응은 저항해야 된다는 것이다. 침략에 대한 저항이라는 공식은

---

31) 羅家倫, 〈元氣淋漓的傅孟眞〉, 中央日報, 1950. 12. 31 ; 傅樂成,《傅孟眞先生年譜》, 臺北 : 傳記文學出版社, 1979. 5, p.38에서 재인용.
32) 陶希聖, 〈傅孟眞先生〉, 中央日報, 1950. 12. 23 ;《傅孟眞先生年譜》, pp.38~39에서 재인용.

약간 당연해 보이는 논리일지 모르지만, 傅가 不抵抗政策과 더불어 화평·타협론자가 적지 않았던 당시 국민당 내부 분위기를 알고 있는 국민당계열의 지식인이라는 입장을 생각하면 이 논리가 무의미한 것은 아니다.

傅斯年은 당시의 상황이 저항말고는 다른 선택의 여지가 없다고 말하고 있다. 뒤에는 大海, 양쪽은 높은 담으로 둘러싸여 있고, 앞에서 猛虎가 나타났는데 싸우는 것말고 살아날 수 있는 다른 방법이 있겠는가 하는 이야기다.[33] 일본인들은 키는 작아도 野慾이 無限하기 때문에 중국의 영토를 계속 요구할 것이고, 이것을 들어주려고 오늘은 長城을 주고, 내일은 黃河를 내어주는 식으로 후퇴하다 보면 중국이 아무리 큰 나라라고 해도 토지가 남아나지 않을 것이니, 지금 희생을 각오하고 싸워야 한다는 논리다.[34] 물론 중국이 일본에게 승리할 수 있는 가능성은 많지 않지만,[35] 그렇다고 自殺이 유일한 해결책은 아니라는 것이다. 중화민족을 멸망시킬 수 없다는 사실은 3천년의 역사를 통해서 알 수 없으며, 특히 동북 지방은 고난에 찬 중국인들이 이주해서 만든 지역이기 때문에 일본인이 교육을 통해서 동화시킬 수 없을 것이라는 희망을 傅는 가지고 있다. 중국인은 흉노·선비·돌궐·거란·여진·몽고족 등 북방민족의 지배에도 견딘 민족이고, 연운 16주의 역사에서 보듯이 정치의 중심만 있으면 민족의식이 살아날 수 있으니, 얕게 보면 절망 밖에 안 보이지만 조금만 깊게 보면 큰 희망이 보인다는 것이다.[36] 다시 말해서 저항하지 않으면 아무런 결과가 없고, 작게 저항하면 작은 결과가, 크게 저항하면 큰 결과가 있는데 그래도 저항하지 않겠는가[37]라고 저항의 당위성을 주장하고 있다. 중국인의 부저항은 세계의 치욕이고, 북방인

---

33) 〈日寇與熱河平津〉, p.72.
34) 〈政府與對日外交〉, pp.138~139.
35) 〈日寇與熱河平津〉, pp.72~73.
36) 〈九一八一年了!〉, pp.80~85.
37) 〈國聯態度轉變之推測〉(1933. 2. 26), p.122.

354

의 부저항은 전 중국인의 수치라고 질책하면서, 동북의용군이 어려운 환경 속에서도 저항하고 있음을 본받아 화북의 軍政組織을 재정비하여, 북방의 군대가 上海의 十九路軍처럼, 북방인들이 모두 淞滬抗日시기의 上海시민들처럼 장렬하게 싸워서 9·18사변 시기에 부저항했다는 불명예를 회복하는 기회로 삼아야 한다고 호소하고 있다.[38]

부사년이 아무 계획없이 저항만을 강조한 것은 아니다. 조직적인 저항을 해야만 國運을 회복할 수 있다고 보고, 나름대로 대책을 이야기하고 있다. 아직은 정세가 매우 긴박한 상태는 아니기 때문에, 이 시기에 화북 지방을 전쟁작전을 위한 형태로 배치하고 준비시켜야 한다고 말하면서 다음과 같은 대비책을 제시하고 있다.[39] 철로 운수를 전쟁을 위한 배치로 바꿀 것, 식량을 군대에서 사용할 수 있도록 집중시킬 것, 대학생은 후방에서 보조작업을 할 것, 교육계 종사자를 포함하여 자리를 이탈한 관리를 엄벌에 처할 것 등이다. 대규모의 저항은 엄격하게 국민을 훈련시켜 시작해야 하는데, 그 가운데 하나로 일본상품 불매운동을 제시하기도 한다. 2角짜리 일본상품을 사는 행위는 중국인을 쏘는 데 사용하는 총알 하나를 일본에 주는 것과 같고, 2元짜리 물건을 사는 것은 포탄 하나를, 5만 원짜리 일본상품을 사는 행위는 일본에게 비행기 한 대를 주는 것과 같은데,[40] 그래도 일본제품을 사겠는가 하고 반문하고 있다.

이처럼 傅斯年의 항일문제 인식은 상당히 강렬한 편이고, 일본 침략 문제를 해결하기 위해서는 저항을 해야 한다고 엄한 어조로 주장하고 있다. 그런데 여기서 문제되는 것은 항일운동의 주체가 누가 되느냐 하는 것이다. 傅斯年은 저항을 이야기하고 있지만, 주로 중국인민, 그 중에서도 일본침략을 직접 받고 있는 동북인이나 일본침략 위협에 가장 가까이 노출되어 있는 북방인, 특히 군인들의 각성을 촉구하는 요구가

---

38) 〈中國人做人的機會到了!〉(1933. 1. 15), p.114.
39) 위의 글, pp.114~115.
40) 〈九一八一年了!〉, p.76.

대부분이다. 말하자면 누구나 인생은 백년이고, 한번 죽기는 마찬가지
이므로, 중국인은 죽을 각오를 해야 하고, 특히 군복 입은 자들은 이 사
실을 잊어서는 안 된다는 식이다.[41] 또한 그의 글 속에는 저항을 위한
구체적인 대책이 많은 것도 아니다. 어찌되었든 당시의 중앙정부는 南
京국민정부이고, 정부의 최고책임자는 蔣介石이 분명한데도 傅斯年은
南京정부나 장개석에게 강력히 저항하라고 직접 요구하고 있지는 않다
는 것이다. 군인이나 국민들에게 각성하고 저항하라고 아무리 강하게
촉구해 보아도 중앙정부의 기본정책이 부저항이라면 아무 소용이 없을
것이다. 傅斯年이 이러한 이치를 모를 리가 없을텐데도 정부와 장개석
에게 직접 저항하라고 요구하지 않은 이유는 무엇일까? 傅의 사고구조
속에는 항일을 위한 다른 대책이 있었던 것은 아니었을까? 이 시기 그
의 글을 자세히 분석해 보면 지금까지 알려진 傅斯年의 표면적인 모습
과는 다른 점을 발견할 수 있다.

'9·18사변'이 발생한 직후에 이 사변에 대해서 북방지식인들은 의외
로 심각하게 받아들이지 않은 것으로 보인다.[42] 사변 직후 부사년의 반
응을 직접 볼 수 있는 그의 일기나 편지, 잡지나 신문에 기고한 글 등은
볼 수 없는 실정이지만 부사년의 반응도 마찬가지였던 것 같다. '9·18
사변'이 발생한 후 北京大學에서 교수를 소집하여 時勢를 토론하는 좌
담회를 개최했는데, 傅는 여기에서 "書生이 어떻게 국가에 보답할 것인
가?" 하는 문제를 제출하여 학자들로 하여금 민족의 위기극복에 적극
적으로 나서도록 호소했다. 이 書生報國 활동의 일환으로 傅는 《東北
史綱》을 편찬하여 東北地方이 역사적으로 중국영토라는 사실을 증명
하려고 했다. 그럼으로써 일본이 '滿洲'는 중국의 영토가 아니라는 명분
을 내세워 만주를 분리시켜 지배하려는 일본의 의도를 반박했다. 특히
傅는 이 《東北史綱》의 주요 부분을 李濟將에게 英文으로 번역시켜서

---

41) 주 33)과 같음.
42) 당시 북방 지식인의 반응에 대해서는 車雄煥, 〈'九·一八사변(1931)'과 中國北方
   知識人〉, 《全南史學》 11, 1997. 12 참조.

국제연맹 리튼(李頓)조사단에 제출하여 동북 지방이 중국의 영토라는 증거로 삼고자 했다는 사실이다.[43] 부사년이 당시 국제연맹이라는 실체를 어떻게 인식하고 있고, 이 연맹을 어떻게 이용하려고 했는가를 단적으로 보여 주는 대목이다.

물론 부사년도 일본의 중국침략문제는 기본적으로 중국문제인데, 이 문제를 가지고 국제연맹이나 열강의 반응과 태도를 보고 그들에게 의지하려는 것에 대해서 최대의 치욕이라고 부끄러워하고 있다.[44] 또한 국제연맹은 자체 무기가 없어서 동북문제를 해결할 능력도 없으며, 심지어 간단한 만주국 불승인도 못할 만큼 나약해서 일본의 양보를 이끌어 낼 수 없으니,[45] 국제연맹은 이미 그 존재의미를 상실하고 있고, 군축회의마저도 이미 墓地 속으로 들어가 버린 것이나 마찬가지[46]라고 말하면서 국제연맹에 대해서 극도로 불신을 표시하고 있다. 그러나 몇 년이 지난 뒤에는 오히려 국제연맹에 대해서조차도 기대감을 표시하고 있다. 국제연맹은 제1차세계대전의 산물로서 최근 10여 년간 국제협조 면에서 효용도 많았고, 최근 100여 년 이래로 자유와 인도주의의 최고 결정품으로, 이 조직이 실패하면 大禍가 바로 폭발할 것이기 때문에 반드시 지켜져야 한다는 것이다.[47]

더구나 중국을 비롯한 遠東문제를 생각하면 국제연맹과 열강이 일본의 중국침략 문제 해결을 위한 실마리를 제공할 수 있다는 점을 계속제기하고 있다. 지구상에 중국과 일본 두 나라만 존재했다면 일본은 육·해·공군을 파견해서 바로 중국을 점령해 버렸을 것인데도 일본이 왜 중국을 점령하지 않고 있는가? 일본의 중국점령 능력이 충분한데도 불구하고 주저하고 있는 것은 국제관계 때문이라고 보는 것이다.[48] 즉 열

---

43) 岳玉璽·李泉·馬亮寬, 《傅斯年》, pp.210~213 참조.
44) 〈九一八一年了!〉, pp.76~77.
45) 〈這次的國聯大會〉(1932. 12. 18), p.107.
46) 〈不懂得日本的情形!?〉(1934. 2. 4), p.126.
47) 〈國聯組織與世界和平〉(1936. 5. 15), pp.260~261.
48) 〈不懂得日本的情形!?〉, pp.125~126.

강이 일본의 瀋陽 점령을 시인하지 않으니까 일본이 북경까지 공격을
계속하지 못한다는 것이다. 그러므로 遠東문제는 단순히 中·日 양국만
의 문제가 아니라 영·미·러와 같은 열강과도 깊은 이해관계를 가지고
있음을 알 수 있다는 이야기다.[49] 東北사건이 없었다면 독일이 어찌 감
히 국제연맹을 탈퇴했을 것이며, 동북사건과 독일의 退盟이 없었다면
뭇솔리니가 어찌 감히 제멋대로 굴겠는가 하는 발상이다. 모두 동북사
변이 발단이 되어 국제형세가 나빠지게 되고, 특히 동북사변을 制裁하
지 않음으로써 나타난 현상이라는 것이다.[50] 그러므로 국제연맹을 저
주, 멸시하거나 분개해서는 안 되며, 국제연맹의 원칙 위에서 국제연맹
을 대해야 장래 중국이 도움을 받을 수 있다는 논리다. 국제연맹의 입
장—즉 집단안전을 기준으로 중국의 특수환경이 약간의 희생을 감소하
더라도 국제연맹의 결의를 이행하고, 중국이 먼저 연맹을 도와야 된다
는 것이다.[51]

  결국 눈앞의 국면에서 중국이라는 국가의 생존을 위협하는 것은 단
지 일본뿐이고 歐美국가는 결코 중국을 망하게 하지는 않을 것이라는
믿음을[52] 傅斯年은 강하게 갖고 있다. 따라서 국제연맹이나 열강의 도
움을 받기 위해서는 일본의 중국침략에 대한 실상을 자세하게 알리고
선전할 필요까지 있다고 생각하고 있다. 일본인이 중국의 통일이나 근
대화를 방해한 행위는 어디서부터 써야 될지 모를 정도로 방대해서 이
에 대해 十七史를 써도 부족할 것이라고 말한다. 특히 '九一八' 동북침
략이나 만주국 설립은 일본의 침략행위가 명백한데도 리튼조사단은 일
본의 침략을 도외시하고 이것을 애매모호하게 보고하는 데 그쳤으며,[53]
그 배경에는 중국이 침략의 실상을 조사단에게 잘 알리지 못한 책임도

---

49) 〈中日親善??!!〉, pp.150~154.
50) 〈一喜一懼의 國際局面〉(1935. 10. 7), p.356.
51) 〈國聯與中國〉(1935. 10. 27), pp.166~169.
52) 〈政府與對日外交〉, p.136.
53) 〈國聯調査團報告書一瞥〉(1932. 10. 16), pp.86~87.

358

있다고 보는 것이다. 《동북사강》의 편찬이나 영문 번역작업도 이러한 그의 생각에서 나온 것이다.

이것을 만회하기 위해서는 일본침략의 실상을 외국잡지(특히 영문잡지)에 잘 알려야 한다는 것이다. 즉 20여 년 간에 걸친 일본의 중국통일 파괴행동, 내란조장행위 등을 외국잡지에 소개하고, 능력 있고 지위가 높은 외국인을 찾아서 자료를 제시하면서 알려야 된다는 말이다.[54] 그런 면에서 만주국 문제에 대한 정부의 대처도 미약하다고 보고 있다. 만주국 성립에 대해서 외교부 성명으로 그칠 것이 아니라 일본의 국제연맹탈퇴에 상관없이 정식외교 公文으로 국제연맹 비서처에 통지해서 법률적 효력을 갖도록 해야 한다는 것이다. 동북 지방의 법률적인 지위도 국제연맹의 결의안에 의지해야 유지할 수 있으므로 정중하지만 명료하게 '九一八' 이후 일본의 범죄행위 일체에 대한 책임의 소재를 연맹에 알려야 된다고 말하고 있다. 중국이 나서서 동북문제를 이야기하지 않으면 중국이 이 문제를 묵인하는 것으로 열강은 생각할 테니까 그렇지 않도록 사전에 막아야 된다는 것이다.[55] 傅斯年이 말하는 일본침략행위에 대한 실상의 소개, 선전의 중요성은 여기에 있다.

앞에서도 서술했듯이, 傅斯年은 중국의 당면목표를 일본침략의 저지에 두고 있다. 이를 위해서는 열강과의 연합이나, 심지어 열강의 도움에 의지하려는 모습도 꽤 보이고 있다. 倭人의 暴擧는 미국의 태평양 정책에 대해서 정면으로 타격을 줄 것이고 해상에서 세계 제일의 존재로 군림하고 있는 대영제국에 위협이 될 것이며, 소련과 일본의 관계도 이로 인해서 첨예화될 것이고, 국제연맹의 효능도 상실시켜 버릴 것이라고[56] 傅斯年은 단호하게 말하고 있다. 이들 열강이 일본의 적수가 될 수 없는가? 또 이들이 일본의 행동을 그냥 놔두고 말 것인가? 동북사변 발생 초기만 해도 傅斯年은 특히 영국의 태도에 실망을 했다. 일본 군

---

54) 〈這次的國聯大會〉(1932. 12. 18), p.110.
55) 〈溥逆竊號與外部態度〉(1934. 3. 11), pp.131~132.
56) 〈九一八一年了!〉, p.77.

벌이 이미 아시아·오세아니아에 대제국을 건설하겠다고 명백히 밝혔
는데도 영국의 다수 여론은 만주문제는 자기와 관계없다고 소극적으로
나왔고, 이로 인해 그 화가 영국까지 바로 미칠 것으로 보인다고 傅斯
年은 보고 있다. 영국이 수에즈운하 以東지역을 포기하지 않으려면 일
본의 동북지배를 그냥 놔두어서는 안 된다는 것이다. 일본이 아시아·오
세아니아 지역에 세력을 착착 확충해서 먼저 영국의 시장을 빼앗고 다
음에는 정치까지 통치할 것이기 때문이라고[57] 마치 영국의 여론주도자
처럼 영국정부를 질책하고 있다. 傅斯年이 영국의 태도에 이렇게 민감
한 반응을 보인 이유는 영국의 정책이 열강 각국에게 깊은 영향을 끼친
다고 보기 때문이다. 열강 각국은 영국이 어떻게 할 것인가를 지켜본
다음에 정책결정을 할 가능성이 많다고 보는 것이다.
   서구 열강 중에서 동북문제에 관심을 많이 갖고 있는 국가는 소련이
다. 동북에서 倭人이 횡행하면 조만간 소련과 분쟁을 유발할 가능성이
매우 높다고 傅斯年은 보고 있다. 다음과 같은 이유로 소련측보다도 오
히려 일본이 주도적으로 나서서 소련을 침공할 수 있을 것으로 보고 있
는 것이다.[58] 첫째, 의용군도 이미 쇠퇴해 버리고, 만주국 군대도 일본군
이 장악하고 있기 때문에 동북 지방에서 일본의 군사적 지위가 이미 공
고해졌다. 둘째, 중국군은 저항하지 않고 기가 죽어 있어서, 일본군이
중국의 견제력을 별로 중시하지 않는다. 셋째, 소련의 국제적인 지위가
명목상 올라가 있기는 하지만 실제로 일본과 전쟁이 발생하면 열강이
소련에 물질적인 도움을 주지 않을 것이다. 이것을 종합해 보면 지금이
일본이 소련을 침략할 최상의 시기는 아니지만 앞으로는 더욱더 일본
이 불리할 것이기 때문에 충돌 가능성이 충분히 있으며, 중국은 이러한
국제적인 대치상황을 이용해야 된다고 주장하고 있는 것이다.
   결국 傅斯年은 중국의 생존을 위협하는 일본을 물리치기 위해서 영

---

57) 위의 글, pp.77~78.
58) 〈日俄衝突之可能〉(1934. 9. 2), pp.349~352.

국·미국·소련 등 열강과 국제연맹을 이용해야 된다는 논리를 전개하고
있다. 마치 전통시대 북방민족을 저지하기 위해서 다른 북방민족을 이
용하는 以夷制夷방식을 사용하려고 한 것이다. 일본의 침략이 현실적
으로 바로 해결해야만 될 급박한 문제이기는 하지만 그렇다고 서구열
강의 중국침략 위험성을 무시하면서까지 열강을 끌어 들여야 하는가?
또 중국이 필요하다고 아무 때나 열강이 일본 저지에 나설 것인가 하는
것은 다른 차원의 문제로 보이는데, 당시 傅斯年의 눈에는 이러한 모순
들이 잘 보이지 않은 것 같다.

더구나 傅斯年은 한걸음 더 나아가서 세계대전 발생의 가능성까지
거론하면서 열강의 중국 문제개입을 희망하고 있다. 일본이 이미 동북
지방을 점령했으니 일본은 소련과 대항할 수 있는 정도의 육군, 미국
과 대결할 수 있는 해군을 유지해야 할 것이고, 소련과 미국을 비롯한
영국·프랑스도 비슷한 정도로 나설 것이니 제1차세계대전 개전과 같
은 형세가 생길 것이라고 본 것이다.[59] 또한 일본과 소련의 방어배치상
태가 제1차세계대전 前의 독일·프랑스 대치상황과 너무 유사하고, 미
국과 일본의 해군 군함 건조 경쟁이 당시의 영국·독일의 모습과 비슷
하니, 지금의 원동상황이 제1차세계대전이 발발한 1914년 가을 이전의
정경과 똑같다는 것이다. 다른 점이 있다면 세계의 화약고가 유럽에서
원동으로 옮겨 왔고, 일본과 소련문제가 먼저 발생하여 일·소가 전쟁
의 중심이 될 것이며, 일본이 워싱턴회의에서는 굴복했으나 열강이 전
쟁을 두려워하는 심리를 이용해서 적극적으로 나설 것이라는 점 정도
이다.[60] 비록 원동이라는 지역에서 발생한다고 해도 세계대전이 발발하
면 영국·미국 등 열강이 가만히 있지는 않을 것이라고 낙관하고 있다.
그들 국가도 모두 원동의 이해관계에 관심을 갖고 있고, 자국의 국익
과도 관계되기 때문이라는 것이다. 미국의 태도가 소극적인 면이 있지

---

59) 〈不懂得日本的情形!?〉, p.129.
60) 〈今天和一九一四〉(1934. 2. 18), pp.344~345.

만, 영국과 미국의 합작추세가 대세이며,[61] 영국과 프랑스·벨기에 등도
연합의 길로 갈 것으로 보고 있다.[62] 결국 사회주의 집합체인 소련과
영국과 프랑스 중심의 국제연맹이 합작하고, 거기에 미국이 참여하여
도와주면 독일·일본·이탈리아 등의 파시스트 국가를 물리치고 光明의
길로 나갈 수 있다는 것이다.[63] 傅斯年의 논리는 민족주의 국가가 동맹
을 성립시켜서 집단안전을 저해하는 파시스트 동맹을 방어하자는 주
장이지만[64] 그 이면에는 열강동맹의 도움을 받아서 일본침략을 저지하
자는 傅의 속셈이 들어 있는 것이다. 西安事變이 해결되고, 일본이 본
격적으로 중국 침략을 준비하여 中日戰爭이 발발하기 직전인 1937년
초기단계까지도 傅斯年은 영국이 대일문제 해결에 상당한 쓸모가 있
을 것이라고 믿고 있을 정도라는 사실을 통해서도[65] 그의 열강에 관한
관점을 알 수 있다.

  이상에서 살펴본 것처럼 傅斯年은 항일문제에 대해서 강경한 발언을
많이 하고 있고, 이 문제를 해결하기 위한 대책으로 저항해야 한다는
주장도 하고 있는 것이 사실이지만, 저항의 주체가 되어야 할 남경국민
정부나 장개석에게 저항을 강하게 요구하고 있지는 않다는 점을 알 수
있다. 그리고 오히려 傅斯年은 국제연맹이나 열강의 힘을 이용하여 일
본침략을 물리치려는 전술을 지속적으로 구사하고 있다는 사실을 알
수 있다. 지금까지 알려진 抗日강경론자 傅斯年의 새로운 모습이자 진
면목을 볼 수 있는 대목이다.

61) 〈國聯態度轉變之推測〉, p.120.
62) 〈歐洲兩集團對峙之再起〉(1936. 8. 23), p.370.
63) 〈國聯組織與世界和平〉, p.363.
64) 〈國聯之淪落和復興〉(1936. 5. 10), pp.197~198.
65) 1937년 1월 4일 傅斯年이 胡適 등에게 보낸 편지, 中國社會科學院 近代史硏究
   所 中華民國史硏究室 編, 《胡適來往書信選》中冊, 中華書局, 1979, p.347.

Ⅳ. 抗日運動의 領導權問題

앞에서 살펴본 것처럼 傅斯年은 對日 강경론자로 알려진 것과는 달리 중국의 항일문제를 해결하기 위해서 국제관계를 이용하려는 생각이 상당히 강했다. 물론 傅斯年은 일본에 대해서 저항해야 한다고 말하고 있지만 저항의 주체가 되어야 할 南京국민정부나 장개석에게 즉시항전을 요구하고 있지는 않다. 그러면 당시 중국국민당과 더불어 중국내의 또 하나의 정치세력인 중국공산당의 항일문제 대응에 대해서 그는 어떻게 생각하고 있었을까? 저항을 주장하는 그의 입장으로 보아서 혹시 공산당의 항일대책을 더 신뢰하고 옹호하지 않았을까? 항일문제에 관한 한 소극적인 정책으로 일관하고 있는 국민당의 대체세력으로서 공산당의 존재를 제한적으로나마 인정하지는 않았을까? 중국정치의 出路가 전혀 없어 보이는데도 그러면 혹시 공산당이 出路가 될 수도 있다고 생각하지 않았을까?

傅斯年이 중국 공산당을 어떤 시각으로 바라보고 있는가를 살펴볼 수 있는 글은 많지 않다. 기본적으로 傅斯年이 공산당을 '共匪'로 지칭하고 있다는 사실에서[66] 그의 공산당관의 일단은 볼 수 있다. 傅斯年은 공산당이 중국문제를 해결할 수만 있다면 계급이라는 이유로 설혹 자신의 생명을 잃더라도 참을 수 있으며, 자기는 고생하는 대중을 착취하기는커녕 맡은 바 직분을 다해 왔지만 화재가 발생하면 玉石을 가리지 않고 모두 불타버리듯이 다 죽게 되는데, 이러한 연유로 탐관오리보다 먼저 죽더라도 하나도 애석하지 않다고 자부하고 있다.[67] 그러나 傅는 중국공산당은 스스로의 역량 자체에도 한계가 있다고 보고 있다. 지금의 중국공산당은 소련이나 독일 공산당처럼 어떤 主義나 경험이 있는

---

66) 〈一夕雜感〉(1935. 8. 11), p.158.
67) 〈九一八一年了!〉, p.79.

혁명당이 아니며, 중국역사에서 전통적으로 있어 왔던 流寇에 불과하다는 것이다.[68] 더구나 중국혁명의 형세는 다음과 같이 소련과 크게 다르다고 보고 있다.[69] 첫째 지리적으로 뚜렷이 다르다는 점이다. 소련은 공략하기 어려운 江山과 배후에 있는 北氷洋으로 인해서 地勢上 천연의 保衛형태를 갖추고 있는데, 중국은 국토가 바다로 뻗어 있어서 모든 제국주의 국가들의 자유로운 전쟁터가 될 수 있다는 것이다. 둘째는 국민 경제상 다른 점인데, 소련은 富가 미국 다음으로 많고, 또한 토지는 넓고 인구가 비교적 적기 때문에 여유가 있는 반면에, 중국은 약간의 자본도 모두 조계나 경제적으로 조계의 지배를 받고 있는 대도시에 집중되어 있어서 마치 거지나라처럼 자본이 없으니 경제발전은 물론이고 정치활동이나 제대로 할 수 있겠는가 하는 것이다. 셋째 혁명인재상의 차이점이다. 소련 혁명당은 역사가 거의 100년이나 되어서 초등교사, 저급관리, 기술자, 소상인, 소공업자 등 적지 않은 혁명인재를 흡수하고, 훈련시켜서 국가건설이 가능했던 반면에 중국은 혁명의 역사가 짧아서 지식과 훈련이 부족한 소수의 인재밖에 없다는 것이다. 따라서 중국공산당은 하루 아침의 정권탈취는 가능할지 몰라도 결코 국가를 건국시키지는 못할 것이라고 비판하고 있다.

傅斯年이 항일문제와 연결시켜서 중국공산당을 어떻게 바라보고 있는가를 알 수 있는 중요한 자료가 하나 있다.[70] 傅가 西安사변이 해결되고 장개석이 석방된 뒤인 1937년 1월 4일에 蔣夢麟·胡適·周炳琳 등 세 사람 앞으로 보낸 편지가 바로 그것이다.[71] 장개석이 풀려난 뒤의 西安

---

68) 〈中國現在要有政府〉, p.61.

69) 〈九一八一年了!〉, pp.78~80.

70) 《胡適往來書信選》中冊, pp.345~347.

71) 傅斯年은 이 편지 서두에 '반드시 비밀은 지킬 것'(absolutely confidential)이라고 썼는데도 불구하고, 또 편지 말미에 '읽고 난 후에 태울 것'(看後焚之)이라고 쓰고 있다. 편지라는 것의 속성이 공개적으로 발표된 문장보다는 훨씬 더 자기의 솔직한 생각을 쓰는 법인데, 여기다가 위와 같은 두 가지 조건을 달고 있는 것으로 보아서 이 편지의 내용이 부사년의 가장 솔직한 견해라고 보아도 무방할 것이다.

분위기를 전한 다음에 공산당과 항일문제에 대해서 다음과 같이 그의 의견을 이야기하고 있다.[72]

지금 당장의 실제문제는 동북군과 陝軍 약 15만에 赤軍을 합하여 합계 20만인데, (이들은) 地形의 편리함을 겸하고 있어서 어떻게 칠 것인가를 두고 이곳은 매우 주저하고 있다. 어떤 사람은 한 번 치면 수습할 수 없을 것이라고 생각하고 있다.

그러나 나는 치지 않을 수 없다고 생각한다. 만약에 진짜 형식적으로라도 紅軍을 개편하면, 이들 20만으로 하여금 모두 서북 국제노선을 지지하게 할 것이니 그러면 西北五省은 東北四省과 맞먹게 될 것이다. 만약에 진짜 이런 정치적 합의가 이루어지면 冀察은 반드시 즉각 변할 것이고, 일본도 반드시 즉시 출병시킬 것이나 우리나라의 준비(상황)는 (아직) 필적할 수 없는 정도이다. 만약 이렇게 한바탕 전쟁이 벌어지면 중앙군은 반드시 반 년 안에 그 절반을 소모해 버릴 것이고, 화북은 모두 잃을 것이며, 남방은 반드시 공산(당)천하가 될 것이다. 그런고로 나는 이 길은 절대로 통할 수 없다고 생각한다. 우리들의 對日方法은 내가 생각하기에 어떤 곳에서든지 사건이 생기면 저항하되 만부득이할 때를 제외하고는 지금 당장은 확대시킬 필요는 없다. 군사적 외교적으로 (힘을) 충당시켜 준비가 되는 즉시 중대한 충돌(major clash)을 준비해야 한다. 만약 일본이 먼저 중대한 충돌을 (도전)해 오면, 우리도 이에 마땅히 대응해야 한다. 총괄적으로 말해서 抗日과 자살[上弔]은 다른 것인데, 중국공산당이 정부를 압박하는 행위는 자살이지 항일이 아니다.

蔣介石 정권은 1934년 말부터 소련과 접촉을 시작하여 우호적인 관계를 성숙시켜 가고 있는 가운데 1935년 가을부터 공산당측과 몇 차례 비밀협상을 진행해 왔고, 西安事變을 계기로 내전의 중지와 국·공 간의 지속적인 정상회담을 공산당측의 협상책임자인 周恩來에게 약속했다.[73] 이처럼 장개석 정권이 이미 공산당을 하나의 정치세력으로 어느

---

72) 위의 글, pp.346~347.
73) 자세한 사항은 白永瑞, 〈第2次 國共合作의 成立過程과 그 意義〉, 서울대학교 동양사학연구실 편, 《講座中國史 Ⅶ—新秩序의 摸索》, 지식산업사, 1989. 10, pp.180~187 참조.

정도 인정하기 시작했는데도 傳斯年은 공산당의 행위를 항일이 아닌
자살로 규정함으로써 극도의 불신감을 나타내고 있다. 단 동북군·서북
군, 그리고 홍군 사이의 연합이 이루어지면 일본이 출병하게 되고, 준
비가 부족한 중앙군은 華北과 南方을 일본과 공산당 측에 잃게 될 것으
로 보고 있다. 일본과 전면전쟁을 벌일 상황도 아니고 공산당의 국민당
압박행위를 용인해서도 안 된다는 주장이다. 그래서 그는 장개석이 西
安에서 (容共抗日 문제에 대해서) 동의의 표시는 보인 것 같으나 한 글
자도 서명하지 않은 것에 안도했고, 이 동의 역시 임시변통의 계책
(expediency)일 뿐이니, 앞으로 어떻게 할 것인가는 다른 차원의 문제[74]
라고 말함으로써 장개석이 동의한 내용을 번복할 수도 있음을 내비치
고 있다.

이제 傳斯年이 항일문제 해결을 위한 주체세력은 누가 되어야 하고,
그 해결책은 어떠해야 된다고 생각하고 있는지 약간은 명백해진 편이
다. 일본의 침략이라는 중국역사 이래 가장 큰 시련을 극복하기 위해서
는 국가의 구심체가 반드시 있어야 하는데, 그 역할을 수행할 수 있는
조직적인 政團은 당시로서는 중국국민당밖에 없다는 것이다. 중국공산
당은 잠재력만 있을 뿐이고, 나머지의 정치조직인 安福系·硏究系·政學
系 등이나 皖系·直系·奉系 등의 군벌들도 과거의 성적이나 오늘날의
역량으로 보아서 정권을 담당할 능력이 없으니 국민당말고는 조직이
있는 제2의 政團이 없다는 이야기다. 따라서 국민당이 중국정치에서 떠
나 버리면 중국은 정부 없는 국가가 되어 지금보다 열 배나 더 문란해
질 것이라고 주장하고 있다.[75]

傳斯年의 西安事變에 대한 기본적인 인식도 결국 이러한 시각의 연
장선 위에 있다. 張學良을 '張賊'이라고 하고, 西安事變을 '叛變'으로 규
정하고 있는 데서도 알 수 있듯이 傳斯年은 이 사변을 매국행위로 간주

---

74) 傳斯年의 1937년 1월 4일자 편지, 《胡適往來書信選》中冊, p.346.
75) 〈中國現在要有政府〉, pp.62~63.

하고 있다.[76] 건실한 정권이 있어야 항일을 할 수 있고, 정권이 완전하
려면 집중력과 기동력, 그리고 그것보다도 더 중요한 조건은 영도자가
있어야 한다는 것이다. 영도자가 없으면 太平시대에도 亡國을 초래할
수 있는데, 하물며 지금과 같은 위기상황에는 더 말해서 무엇하겠느냐
는 말이다.[77] 따라서 장개석의 안위가 중국의 국가운명에 매우 중요한
관계가 있다는 사실을 漢奸이나 공산당을 제외하고는 모두 인정할 것
이니 신속하게 군대를 파견하여 西安을 단단히 포위하고 난 다음에 '張
賊'과 담판을 벌여야 한다고 주장하고 있다.[78] 장개석이 풀려나지 않고
西安事變이 해결 징후를 별로 보이지 않자,[79] 자신이 理性的인 지식인
이라는 사실도 망각하고 다음과 같이 감정적인 언어를 구사하면서까지
사건의 해결을 바라고 있다.[80]

　　현재 전국 上下에는 응당 한 가지 의지밖에는 없는데 그것은 바로 '打!
打! 打!'이고, 응당 하나밖에 없는 간절한 소망은 바로 '勝! 勝! 勝!'이며,
張賊에게 내릴 수 있는 유일한 명령은 바로 '降! 降! 降!'뿐이다. 이 밖에
賊에게 할 어떠한 말도 없다.

傅斯年이 사건의 원만한 해결과 장개석의 안전한 귀환에 얼마나 조
급해 있었는지를 알 수 있는 대목이다. 사건이 해결되고 장개석이 南京
으로 돌아올 때 장개석이 그럴 필요가 없다고 하는데도 불구하고 張學
良이 동승하겠다고 강하게 말해서, 蔣과 같은 비행기로 歸京한 것에 대
해서 傅斯年이 이 점이 바로 張賊의 유능한 모습이라고[81] 드물게 칭찬

---

76) 〈論張賊叛變〉(1936. 12. 16), p.204.
77) 〈西安事變之敎訓〉(1937. 2), p.213.
78) 〈論張賊叛變〉, pp.204~205.
79) 程滄波의 회고에 의하면 서안사변이 발생해서 해결될 때까지 2주 정도 부사년은
　　거의 매일 저녁 南京 中央日報社에 와서 사건의 전개상황을 묻고, 거의 2일마다 서
　　안사건에 관한 문장을 하나씩 썼다고 한다. 당시 程은 南京 中央日報 主辦人이었
　　다.(程滄波,〈記傅孟眞〉, 傅樂成,《傅孟眞先生年譜》, pp.40~41면에서 재인용)
80) 〈討賊中之大路〉(1936. 12. 21), p.209.
81) 傅斯年이 蔣夢麟·胡適·周炳琳 3인에게 보내는 1937년 1월 3일자 편지,《胡適往

하고 있는 것으로 보아서도 傅斯年이 蔣의 생명안전에 얼마나 신경을
쓰고 있었는지 알 수 있다. 傅斯年의 이러한 태도들은 모두 국민당만이
유일하게 항일문제를 해결할 수 있다는 그의 소신을 보여 주는 것이다.
張學良과 楊虎城이 사변을 일으킨 명분이 抗日이었는데도 불구하고 傅
斯年이 兩人의 과거 행적으로 보아서 그들의 抗敵口號는 一笑의 가치
도 없다고 무시해 버린 것도 항일의 주도권을 국민당과 장개석이 가져
야 된다는 傅의 의식을 보여 주는 대목이다. 모름지기 지금과 같은 긴
박한 外患의 위기상황에서는 군대는 반드시 국가의 군대여야만이 쓸모
가 있는 것이며, 그렇지 않으면 대외작전에 장애만 될 뿐이라는 지적[82]
도 역시 같은 맥락에서 이해할 수 있다.

　그렇다고 해서 傅斯年이 국민당의 현재 모습에 대해 불만이 전혀 없
는 것은 물론 아니다. 국민당이 안고 있는 문제 가운데에서 가장 심각
한 근본요인은 집안싸움[家爭]―즉 국민당의 분열이라고 傅斯年은 보
고 있다. 국민당은 1927년 북벌 이래로 표면적으로는 성공을 거두고 있
는 것처럼 보이나, 스스로 그 조직을 파괴하고 있으니 국가건설은 말할
수도 없게 되었고, 또한 전에 없는 國難에 봉착하게 되었다는 것이다.
국민혁명군이 山海關에 도착했을 때는 주원장이 몽고족을 물리친 이래
중국민족에게 온 좋은 기회였는데, 국민당의 집안싸움 때문에 그 기회
를 다 놓쳐 버렸다는 말이다.[83] 또한 국민당의 집안싸움으로 인하여 중
국인민 수십만 명이 죽었고, 재산손실도 이미 수억에 달하고 있으며,
신용의 상실, 조직의 문란 등 국민당 자신의 손실도 작지 않다고 보고
있다. 더구나 국민당 분쟁의 결과로 인하여 국민당의 혁명성이 얼마나
남아 있으며, 국민당이 인민의 입장에 서 있는가 하는 문제에 대한 가
장 큰 책임은 국민당의 영도자들―특히 胡漢民, 汪精衛, 蔣介石 3인에
게 있는 것으로 보이는데, 이들 국민당의 중심인물 중에서 국가의 일에

　　來書信選》中冊, p.344.
　82) 〈西安事變之敎訓〉, p.216.
　83) 〈九一八一年了!〉, p.75.

책임을 지려는 자세가 별로 보이지 않는다는 것이다. 胡는 인격이 강직하고, 汪은 사람에 대한 흡인력이 있고, 蔣은 의지가 강하기 때문에 이들 3인이 협력하고 廣州·南京·漢口·北平이 통합하여 힘을 합하면, 그리고 여기에다가 깔끔한 업무처리, 근대지식만 더한다면 국난극복의 기본은 이루어지리라고 말하고 있다.[84] 현재의 국민당은 자신의 力量으로 그 체제를 유지하고 있지 않다는 사실을 알고 경각심을 느껴야 하며, 국민에게 미안한 마음을 가져야 한다는 것이다. 이것을 극복하기 위해서는 절대로 많은 말이 필요 없으며, 오로지 힘써 행하기만 하면 된다고 말하고 있다.[85]

국민당이 해결해야 할 가장 큰 문제는 위에서 살펴본 것처럼 당의 통합이라고 할 수 있는데, 그러면 傅斯年은 국민당의 분열이 해결되면 抗日문제의 유일한 出路인 중앙정부가 바로 전면적인 對日戰爭에 나서야 된다고 생각하고 있는가? 앞에서 인용한 傅斯年의 편지에서도 말하고 있듯이 그는 일본이 먼저 전면전을 걸어오기 이전에는 중국이 나서서 중대한 충돌을 일으킬 필요는 없다고 말한다. 즉 정부에게 對日문제에 대해서 강경한 태도만 취하라고 말하지는 않는다는 이야기다. 앞에서도 서술했듯이 그것은 지금 당장 일본과 전면전이 벌어지면 중국이 승리할 가능성이 별로 없어 보인다는 현실적인 판단에서 나온 것이다. 이러한 그의 시각은 소극적인 저항으로 일관해 온 장개석 정권과 抗日문제 해결책에서 그 궤를 같이하고 있다고도 볼 수 있는 면이다. 그러면 국민당정권은 일본의 침략을 어떠한 방법으로 물리쳐야 될 것인가?

전면전에 대비해서 철저히 준비하자는 것이다. 다시 말해서 정부가 지금의 어려운 상황을 충분히 인식해서, 적당히 시간을 보내거나 일본에 다시 양보하는 태도를 취하지 말고, 장래에 일어날 전쟁에 대비해서 各方이 준비하면 지금의 정부는 과거 북양군벌 시대의 정부와 비교할

---

84) 〈中國現在要有政府〉, pp.63~64.
85) 〈多言的政府〉(1932. 12. 11), p.102.

수 없는 위치에 있으니, 최후에는 국민을 안심시킬 수 있는 길을 갈 수 있다는 것이다.[86] 지금 중국이 일본보다 국력이 뒤처진다고 투항해야 되는가? 그렇지 않다는 이야기다. 제1차세계대전 이전의 독일 국력이 해군의 질에서는 당시의 영국을, 육군에서는 질과 양 모두 프랑스를 앞질렀고, 아마 지금의 일본국력을 능가했었을 텐데도 전쟁에서 패배하지 않았는가 반문하고 있다. 민족의 흥망은 대체로 장거리 달리기 경주와 같은 것이라서 '後死者勝'하게 되기 때문에 절대로 지금 포기해서는 안 된다고 주장하고 있다.[87] 환언하면 傅斯年은 장기전으로 가면 중국이 승리할 수 있으니 이에 미리 대비하자는 말이다. 더구나 중국의 역량은 농민에게 있는데, 3억 4천만 명이나 되는 농민의 잠재력을 생각하면 중화민족은 절대로 멸망하지 않을 것이라고 단언하고 있다.[88] 오래 버틸수록 중국에게 유리한데 중국의 농민이 그 버팀목이 되어 줄 것으로 본 것이다. 또한, 장기전으로 가면 일본의 滿洲併呑은 마치 폭탄을 먹은 것과 같아서 일본 스스로 폭파되어 버릴 것이라고 말하고 있다. 일본은 이미 東北을 점령했고, 이곳을 지키기 위해서는 반드시 육해군을 확장할 것이고, 이는 재정난을 불러일으켜 이른바 '騎虎不下'의 형세에 봉착할 것이기 때문이라는 것이다.[89]

결국 傅斯年은 抗日對應이라는 면에서 공산당은 출로가 될 수 없으며, 분열된 국민당이 통합하여 항일전의 영도자가 되어야 한다고 주장하고 있다. 또 지금 당장 일본과 전면전을 벌이면 중국측의 승산이 없기 때문에 장차 있을 중대한 충돌에 대비해서 미리 철저히 준비하자는 생각을 갖고 있으므로, 그가 당시 학생들이나 일반 민중들이 주장하는 이른바 卽時抗戰派는 아님을 알 수 있다. 따라서 일본침략문제를 해결하기 위한 대책으로서는 중국이 오래 버틸수록 유리한 국면을 이용하

---

86) 〈政府與對日外交〉, p.139.
87) 〈不懂得日本的情形!?〉, pp.124~125.
88) 〈日寇與熱河平津〉, pp.72~73.
89) 〈這次的國聯大會〉, p.111.

기 위해서 장기전을 지지하는 편이다. 이런 면에서 볼 때 傅斯年은 국
민당과 장개석 정권의 소극적인 항전전략과 어느 면에서는 그 궤를 같
이하고 있다고 할 수 있다.

V. 맺 음 말

주지하다시피 9·18사변부터 본격적으로 시작된 일본군의 중국침략
에 대해 학생들을 중심으로 하여 자연스럽게 항일운동이 일어났다. 어
쩌면 침략행위에 대한 당연한 반응일지 모르지만, 이들은 對日宣戰실
행과 即時抗戰을 강하게 주장했다. 宋慶齡·蔡元培 등의 中國民權保障
同盟이나 救國會·全國學生救國聯合會 등도 기본적으로 對日抗戰을 지
지하고 있었다.[90] 그러나 국민당측에 비교적 가까운 자유주의 계열의
지식인들은 即時抗戰 주장에 크게 동조하는 편은 아니었다. 傅斯年도
역시 即時抗戰派는 아니었음을 앞에서 살펴보았다.[91] 傅斯年이 對日 강
경론자로 알려진 바에 의하면 즉시항전하자고 주장했을 것 같은데 그
렇지 않았다는 말이다.

그렇다고 해도 다른 일반 자유주의 계열의 지식인과는 달리 傅斯年
은 상당히 강하게 對日저항을 주장했던 것은 사실이다. 일본의 중국침
략이 끊이지 않고 계속되고 있는 상황에서 중·일 간의 평화가 이루어
지려면 반드시 일본인을 만족시켜야 하고, 그러려면 중화민국이 독립
을 취소하고 이른바 '大日本帝國'의 順民이 되어야 하는데 중국이 이것
을 용인할 수 있겠는가라고 傅는 항변하고 있다. 따라서 '倭寇' 대책은
항복 아니면 전쟁 두 방침밖에 없으며, 평화적인 해결책은 전혀 없다는

---

90) 자세한 상황은 白永瑞, 앞의 글, pp.156~164 참조.
91) 당시 《獨立評論》 동인 가운데에는 즉각 對日作戰을 수행하자는 사람이 없었고,
   이 점에서 동인 모두는 주장이 일치했었다고 蔣廷黻은 회고하고 있다. 蔣廷黻英
   文口述稿, 謝鐘璉 譯, 《蔣廷黻回憶錄》, 臺北 : 傳記文學出版社, 1984. 2, p.142.

것이다. 그러므로 傳는 塘沽協定은 치욕이며 아주 잘못되었다고 혹평하고 있고, 中日親善이라는 이름 아래 일본이 벌이는 평화공세도 싸우지 않고 중국을 점령하려는 기만책략이며, 중·일 경제제휴도 전중국이 제2의 만주국이 되어 亡하게 되는 지름길이라 비판하고 있다. 화북자치나 화북특수화도 마찬가지로 일본의 북중국 분리공작에 불과하니 무슨 색깔이 되었건 북방에 새로운 조직을 만들지 말고 중앙정부를 받들어 抗日을 해야 된다고 주장하고 있다. 傳斯年이 어떠한 계기로, 왜 이렇게 對日저항론자가 되었는지는 잘 알려져 있지 않았고, 또 구체적인 근거도 별로 없는 편이다. 다만 5·4운동 시기부터 직접 운동에 참여하면서 일본제국주의의 본질이나 침략성에 대해서 다른 지식인들보다 더 잘 이해하고 있지 않았을까 하고 추정할 수 있을 뿐이다. 어쨌든 傳斯年의 항일인식은 국민당계열의 지식인 가운데서는 가장 격렬한 편이며, 胡適을 비롯한 당시 지식인들도 이 점은 모두 인정하고 있다. 그러나 역시 항일 강경론자로 알려진 傳斯年마저도 對日卽時抗戰論者는 아니며, 이것이 그가 가진 한계다.

이처럼 傳斯年은 對日 저항을 해야 한다고 강하게 주장하고 있지만, 실제로 抗日문제를 해결하기 위한 방책으로서 즉시항전 쪽보다는 국제연맹이나 영·미·러·프 등 국제적인 관계를 잘 활용하자고 주장하고 있다. 制裁능력이 없는 국제연맹이 만능은 아니고 열강들도 遠東문제를 심각하게 생각하지 않는다는 사실을 傳斯年도 인정하고 있지만, 중국의 국가생존을 위협하는 것은 단지 일본뿐이고, 구미국가는 중국을 멸망시키지는 않을 것이라고 믿고 연맹과 열강을 이용하자고 그는 주장하고 있는 것이다. 일본이 당장 전 중국을 점령해 버릴 수 있는 능력이 있는데도 주저하고 있는 이유는 국제관계 때문이라는 것이다. 영·미 등도 중국에 이권을 가지고 있기 때문에 일본이 단독으로 중국을 점령하는 장면을 그대로 두고 보지는 않을 것이다는 희망을 갖고 있는 것이다. 그는 전통시대 漢族이 북방민족을 통어하던 방법인 以夷制夷정책을 생각하고 있었는지도 모르겠다.

傅斯年이 抗日하기 위한 대책으로 국제적인 힘의 관계를 이용하려고 하는 근본적인 이유는 지금 당장 일본과 전면전이 벌어지면 중국이 승리할 가능성이 별로 없어 보인다는 현실적인 판단 때문이었다. 지금은 국력이 일본보다 못하지만 전면전에 대비해서 준비를 철저히 하면 최후에는 승리할 수 있다고 보고 있다. 어차피 한 민족의 흥망은 장거리 달리기 경주 같은 것이어서 나중에 죽는 자가 승리하는[後死者勝] 것인데, 중국은 3억 4천만 명이나 되는 농민의 잠재력을 버팀목으로 삼으면 오래 버틸 수 있고, 그러면 승산이 있다는 것이다. 이런 면에서 傅斯年은 같은 논리를 가지고 抗日문제에 대해 소극적인 저항으로 일관해 온 장개석 정권과 항전전략 면에서 그 궤를 같이하고 있다고 할 수 있다. 이것이 지금까지 항일 강경론자로만 알려진 傅斯年의 새로운 모습이자 그의 진정한 항일방법론이라고 할 수 있을 것이다. 말하자면 국민당계열의 자유주의 지식인 가운데에서 가장 격렬한 항일저항론자로 알려진 傅斯年마저도 역시 적극적인 즉시항전론을 주장한 것이 아니며, 오히려 국제연맹과 열강 등 국제관계를 이용하여 일본문제를 해결하려고 했다고 말할 수 있다.

따라서 그는 항일문제를 해결하기 위한 영도권도 당연히 국민당과 장개석 정권이 가져야 된다고 생각하고 있다. 당시 중국에서 책임있게 정치를 이끌고 나갈 수 있는 政團은 오직 국민당뿐이라는 시각이다. 공산당은 정권탈취는 가능할지 모르나 국가를 세울 능력이 없을 뿐만 아니라, 국민당을 압박하는 공산당의 행위가 결코 抗日의 행동이 아니고 자살행위라는 그의 공산당관에서 알 수 있듯이 공산당의 抗日 태도와 능력에 극도의 불신을 보이고 있다. 오직 장개석 정권만이 抗日을 이끌 영도능력이 있다는 말이다. 정권을 담당할 대체세력이 없다는 논리로 국민당이나 국민정부의 기득권을 인정해 버린 것이다. 장개석 정권에게 그 책임소재를 당연히 물어보아야 할 이른바 '부저항' 문제는 회피해 버린 측면이 있다. 일본의 계속되는 침략에 대해서 저항하라고 강하게 얘기하지만, 그 모두가 북방인, 특히 북방군인에게 요구하는 주문이

었지, 즉시 저항하자는 논리를 당시 최고책임자인 장개석이나 집권당
인 국민당에게 요구하고 있지는 않고 있다. 또 공산당의 집권·건국 능
력을 의심하면서 결코 국민당의 대체세력이 될 수 없다고 주장하고 있
는데, 그렇다면 국민당과 공산당의 합작을 통한 對日연합전선 같은 구
상을 왜 일찍부터 하고 있지 않았을까 하는 점 등이 그가 가진 한계로
보인다.